Der Begriff der „Bedrohung des Friedens“ in Artikel 39 der Charta der Vereinten Nationen – Die Praxis des Sicherheitsrates

Europäische Hochschulschriften
Publications Universitaires Européennes
European University Studies

Reihe II
Rechtswissenschaft

Série II Series II
Droit
Law

Bd./Vol. 4346

PETER LANG
Frankfurt am Main · Berlin · Bern · Bruxelles · New York · Oxford · Wien

Andreas Schäfer

Der Begriff der „Bedrohung des Friedens“ in Artikel 39 der Charta der Vereinten Nationen

Die Praxis des Sicherheitsrates

PETER LANG
Europäischer Verlag der Wissenschaften

Bibliografische Information Der Deutschen Bibliothek
Die Deutsche Bibliothek verzeichnet diese Publikation in der Deutschen Nationalbibliografie; detaillierte bibliografische Daten sind im Internet über <http://dnb.ddb.de> abrufbar.

Zugl.: Berlin, Freie Univ., Diss., 2005

D 188
ISSN 0531-7312
ISBN 3-631-54546-0

www.peterlang.de

Vorwort

Die vorliegende Arbeit wurde von dem Fachbereich Rechtswissenschaft der Freien Universität Berlin im Sommersemester 2005 als Dissertation angenommen.

Mein Dank gilt in erster Linie Herrn Prof. Dr. Albrecht Randelzhofer für die Betreuung der Arbeit. Weiter danke ich Frau Prof. Dr. Beate Rudolf, die die Zweitkorrektur übernommen hat.

Besonders aber bedanke ich mich bei meiner Familie, ohne deren Geduld und Verständnis die Fertigstellung der Arbeit nicht möglich gewesen wäre.

Jena, im Dezember 2005 Andreas Schäfer

Inhaltsverzeichnis

Abkürzungsverzeichnis

a.A.	anderer Ansicht
aaO	am angegebenen Ort
a.F.	alte Fassung
AdG	Archiv der Gegenwart
AR	Annual Register
Art.	Artikel
ChVN	Charta der Vereinten Nationen
CP	Cot/Pellet, La Chartre des Nations Unies, 2. Auflage, 1991
ders.	derselbe
Diss. Op.	Dissenting opinion
EA	Europa-Archiv
Ebd.	ebendort
FAZ	Frankfurter Allgemeine Zeitung
FN	Fußnote (n)
FWA	Fischer Weltalmanach
GAOR	General Assembly Official Records
GHS	Goodrich/Hambro/Simons, Charter of the United Nations – Commentary and Documents, 3. Auflage, 1969
ICJ Rep.	Reports of the International Court of Justice
IGH	Internationaler Gerichtshof
ILC	International Law Commission
IStGH	Internationaler Strafgerichtshof
m.w.N.	mit weiteren Nachweisen
m.z.w.N.	mit zahlreichen weiteren Nachweisen
NZZ	Neue Züricher Zeitung
op.para.	operative paragraph
pr.para.	preambular paragraph
Rdnr.	Randnummer
RP	Repertory of the Practise of the Security Council
SCOR	Security Council Official Records

SCR	Security Council Resolution
S/PV	Security Council/Provisional Verbatim Records of the Meetings of the Security Council – Protokolle der Sitzungen des Sicherheitsrates
TLZ	Thüringische Landeszeitung
VBS	Satzung des Völkerbundes
VN	Vereinte Nationen
vorl.	vorletzter (op.para./pr.para)
WÜV	Wiener Übereinkommen über das Recht der Verträge
YUN	Yearbook of the United Nations

Für übliche Abkürzungen wird verwiesen auf Hildebert Kirchner, Abkürzungsverzeichnis der Rechtssprache, 4. Auflage, 1993.

A. Einführung

Die Charta der Vereinten Nationen (ChVN) vermeidet den Begriff des Krieges[1] im Gegensatz zur Satzung des Völkerbundes[2] weitgehend. Dafür taucht der Begriff Frieden gleich an über 30 Stellen[3], der Begriff der Gewalt (force) an vier Stellen der Charta auf[4].

Erstes Ziel der Vereinten Nationen ist es, den

> „Weltfrieden und die internationale Sicherheit zu wahren und zu diesem Zweck wirksame Kollektivmaßnahmen zu treffen, um Bedrohungen des Friedens zu verhüten und zu beseitigen, Angriffshandlungen und andere Friedensbrüche zu unterdrücken…“ (Art. 1 Nr.1 ChVN).[5]

Damit verwendet die Charta den Begriff der „Bedrohung des Friedens“ (im Folgenden auch: „Friedensbedrohung“) gleich in ihrem allerersten Absatz ihres ersten Artikels, der sein operatives Gegenstück in Kapitel VII ChVN („Actions with Respect to Threats to the Peace, Breaches of the Peace, and Acts of Aggression“) und dort insbesondere in Art. 39 ChVN findet, dem Dreh- und Angelpunkt[6] des Systems kollektiver Sicherheit, das die Charta vorsieht. Art. 39 ChVN lautet im englischen Original:

> „The Security Council shall determine the existence of any *threat to the peace*, breach of the peace, or act of aggression and shall make recommendations, or decide what measures shall be taken

---

1 Er taucht in dem ersten Absatz der Präambel auf: „we the peoples of the United Nations determined to save succeeding generations from the scourge of war, …“ – der Begriff des „Krieges“ ist hier jedoch nicht im technischen Sinne zu verstehen – vgl. *Arntz*, S. 22; vgl. außerdem Art. 53 (2), 77 (1) (b) und 107 ChVN, dort „Second World War“.

2 2. Absatz der Präambel, Art. 11 VBS, Art. 15 VBS, Art. 16 VBS.

3 Zu den einzelnen Stellen unten S. 25.

4 7. Absatz der Präambel: „armed force“; Art. 2 (4) ChVN: „threat or use of force“; Art. 41 ChVN: „armed force“; Art. 44 ChVN: „force“; zum Gewaltbegriff siehe unten S. 20.

5 In der englischen Fassung lautet Art. 1 Nr. 1 ChVN: „[The Purposes of the United Nations are:] 1. To maintain international peace and security, and to that end: to take effective collective measures for the prevention and removal of threats to the peace, and for the suppression of acts of aggression or other breaches of the peace…“ – Die Wahrung des Weltfriedens hat Vorrang vor den anderen Zielen der Charta – sep. op. Sir G. Fitzmaurice zum *Certain Expenses*-Gutachten, ICJ Rep. 1962, S. 151, 213 ff.

6 Vgl. die Äußerung des amerikanischen Außenministers nach der Verabschiedung der Charta: „If any single provision of the Charter has more substance than others it is this one sentence“ – zit. nach *GHS*, Art. 39 ChVN, S. 293.

in accordance with Articles 41 and 42, to maintain or restore international peace and security."[7]

und in der deutschen Übersetzung[8]:

„Der Sicherheitsrat stellt fest, ob eine *Bedrohung* oder ein Bruch *des Friedens* oder eine Angriffshandlung vorliegt; er gibt Empfehlungen ab oder beschließt, welche Maßnahmen auf Grund der Artikel 41 und 42 zu treffen sind, um den Weltfrieden und die internationale Sicherheit zu wahren oder wiederherzustellen."

Liegt der Tatbestand einer Friedensbedrohung vor, so ermöglicht dies dem Organ der kollektiven Sicherheit, dem Sicherheitsrat, weitreichende Maßnahmen, insbesondere Zwangsmaßnahmen militärischer oder nichtmilitärischer Art zu ergreifen.

Da die beiden anderen Tatbestandsmerkmale des Art. 39 ChVN, Bruch des Friedens und Angriffshandlung, jedenfalls in ihrem Kern einfacher zu fassen sind, kommt dem Tatbestandsmerkmal der Friedensbedrohung wegen seiner in Zweifelsfällen sich anbietenden Unbestimmtheit besondere Bedeutung zu[9].

Entsprechend oft hat der Sicherheitsrat sein Handeln auf die Feststellung einer Friedensbedrohung gestützt. Feststellungen eines Friedensbruchs oder einer Angriffshandlung erfolgten weit seltener und sind in der Regel weniger umstritten[10].

Der Begriff der Friedensbedrohung ist Ansatzpunkt vieler Überlegungen zu einer neuen Rolle der Vereinten Nationen in einer veränderten Welt nach dem Ende des Kalten Krieges, in der zahlreiche Probleme nicht mehr isoliert, sondern global betrachtet werden müssen und können. Er taucht immer wieder im Zusammenhang mit dem in diesem Zusammenhang von dem amerikanischen Präsidenten George Bush sen. geprägten Begriff der „Neuen Weltordnung" auf[11].

---

7 Hervorhebungen des Verfassers.

8 BGBl. 1973 II S. 431; Die Übersetzung ist völkerrechtlich unverbindlich; Hervorhebungen des Verfassers.

9 *Gross* spricht auf S. 224 von dem Konzept der Friedensbedrohung, „the vagueness of which has made it so attractive to the members of the United Nations.", *Herdegen* auf S. 5 von einer „geringen normativen Dichte bei der tatbestandlichen Steuerung" des Sicherheitsrates.

10 Zu den entsprechenden Resolutionen siehe unten S. 212 ff.; auch die neuere Literatur zu Art. 39 ChVN befasst sich überwiegend mit dem Begriff der Friedensbedrohung. Die übrigen Tatbestandsmerkmale des Art. 39 ChVN werden vernachlässigt. So verweist *Schilling* auf S. 73 in FN 42 u.a. auf SCR 660 (1991) als Resolution, die die Feststellung einer Friedensbedrohung enthalte – dort ist jedoch nur von einem Bruch des Friedens die Rede.

11 Rede vor dem Kongress am 06.03.1991 – EA Bd. 46 (1991) S. D 220.

Der Begriff der Friedensbedrohung („threat to the peace") wird nur an zwei Stellen der Charta verwandt[12]. Er ist ebensowenig wie der Begriff des Friedens legaldefiniert[13] und daher nur durch Auslegung inhaltlich fassbar. Mit der vorliegenden Arbeit soll der Versuch unternommen werden, den Inhalt des Begriffs zu ermitteln. Besonderer Stellenwert wird dabei der Praxis des Sicherheitsrates in den Konflikten seit 1975 bis Mitte 2003 eingeräumt, deren Darstellung und Analyse dementsprechend am meisten Raum eingeräumt werden wird.

---

12 Art. 1 (1) und Art. 39 ChVN; in Art. 99 ChVN heißt es: „The Secretary-General may bring to the attention of the Security Council any matter which in his opinion may *threaten the maintenance of international peace and security*" (Hervorhebung durch den Verfasser). Abgesehen davon, dass es hier nicht „threat to the peace" sondern „threaten the *maintenance* of..." heißt, bringt diese Vorschrift keine weiteren Anhaltspunkte für die Auslegung des Friedensbedrohungsbegriffes des Art. 39 ChVN.

13 Grund war, dass die Feststellung durch den Sicherheitsrat durch Definitionen nicht zu sehr eingeschränkt werden sollte – *GHS*, Art. 39, S. 298 f.; *Bentwich/Martin*, Art. 39, S. 88; *McDougal/Reisman*, S. 7; *Lorinser*, S. 40; *Higgins*, 1963, S. 173.

B. Wörtliche und systematische Auslegung

Bei dem Begriff der Friedensbedrohung handelt es sich um einen unbestimmten Rechtsbegriff der ChVN[14], dessen Inhalt sich nur durch Auslegung bestimmen lässt[15]. Zur Bestimmung der zulässigen Auslegungsregeln sind die Art. 31-33 des Wiener Übereinkommens über das Recht der Verträge (WÜV) heranzuziehen.

I. Anwendbarkeit der Auslegungsregeln des Wiener Übereinkommens über das Recht der Verträge auf die Charta der Vereinten Nationen

Einer unmittelbaren Anwendbarkeit der Art. 31-33 WÜV steht die Regelung des Art. 4 WÜV entgegen, der folgenden Wortlaut hat:

> „Unbeschadet der Anwendung der in diesem Übereinkommen niedergelegten Regeln, denen Verträge unabhängig von dem Übereinkommen auf Grund des Völkerrechts unterworfen wären, findet das Übereinkommen nur auf Verträge Anwendung, die von Staaten geschlossen werden, nachdem das Übereinkommen für sie in Kraft getreten ist."[16]

Das WÜV ist am 27.01.1980 in Kraft getreten[17]. Damit ist eine unmittelbare Anwendung auf die VN-Charta ausgeschlossen.

Bei den Art. 31 bis 33 WÜV handelt es sich jedoch um kodifiziertes Völkergewohnheitsrecht[18] im Sinne des Art. 4 WÜV. Daher sind die Auslegungsregeln des WÜV entsprechend anzuwenden.

Dem steht auch nicht entgegen, dass es sich bei der VN-Charta um den Gründungsvertrag einer internationalen Organisation handelt. Zwar trifft es zu, dass die rechtsanwendenden Organe nicht Vertragspartner des Gründungsvertrages sind, im Falle der VN-Charta sind sie jedoch mit Vertretern der Mitgliedstaaten besetzt, die – mit Ausnahme der Richter des IGH – an deren Weisungen gebun-

---

14 *Dahm* II, S. 389; *Herdegen*, S. 6; eingehend *A. Stein*, S. 111 ff.; *Bothe*, 1993 I, S. 70; *Lorinser*, S. 40; *Conforti*, S. 174: „Very vague and elastic hypothesis"; *Schilling*, S. 87, bezeichnet den Begriff der Friedensbedrohung als „offenen" Begriff.

15 *Delbrück*, 1992-1, S. 80; *Schilling*, S. 87, m.w.N. zur Gegenansicht. *Schreuer*, 1994, S. 82: „I do not think that the traditional instruments of treaty interpretation are an adequate method of dealing with the UN Charter."

16 Deutsche Fassung in BGBl. 1985 II S. 926.

17 Die Voraussetzungen des Art. 84 WÜV lagen zu diesem Zeitpunkt vor – vgl. UN Doc. ST/LEG/Ser.D/13 vom 31.12.1979, S. 597 ff. Für die Bundesrepublik gilt das WÜV seit 20.08.1987.

18 *Bernhardt*, S. 1423 ff.; *Ress* on Interpretation, Rdnr. 8, in *Simma* (Hrsg.): Charter, 2. Aufl.; *Gading*, S. 44, FN 9; *Verdroß/Simma*, § 775; *Sinclair*, S. 153.

den sind[19]. Im Übrigen sieht Art. 5 WÜV im Falle der zeitlichen Anwendbarkeit des WÜV auch eine Anwendung auf die Gründungsverträge internationaler Organisationen vor.

Wegen des Verfassungscharakters der ChVN[20] sind jedoch insoweit Besonderheiten zu beachten, als der „gelebten" Praxis (Art. 31 Nr. 3b WÜV) besonderes Gewicht beizumessen ist:

Viel mehr noch als ein mit bestimmten Teilbereichen zwischenstaatlicher Interaktion befasster Vertrag muss der umfassende Gründungsvertrag der Vereinten Nationen, dem fast alle Staaten, davon der überwiegende Teil erst nach 1945, beigetreten sind, den sich ändernden internationalen Bedingungen angepasst werden. Da eine Änderung der UN-Charta auf der Grundlage des dafür in Art. 108 ChVN vorgesehenen Verfahrens die Einigkeit von 2/3 der Mitgliedstaaten erfordert, die bei über bloße Verfahrensfragen hinausgehenden Fragen nur sehr schwer zu erzielen sein wird[21], kommt somit der sog. dynamisch-evolutiven, an der Praxis und der Weiterentwicklung des Völkerrechts orientierten Auslegung der Charta besondere Bedeutung zu[22]. Die travaux preparatoires müssen demgegenüber in den Hintergrund treten[23].

---

[19] Dies ändert jedoch nichts an der Tatsache, dass der Sicherheitsrat als Organ im Namen der VN und nicht der Mitgliedstaaten handelt – vgl. *Delbrück* zu Art. 24, Rdnr. 11, in: *Simma* (Hrsg.), Charter, 2. Aufl.

[20] *Skubiszewski*, 1993, S. 891 ff.; *Tomuschat*, 2003, S. 42; *Simma*, 1994, S. 261 ff.; sehr eingehend *Paulus*, S. 286 ff.; *Herdegen*, S. 10; *Derpa*, S. 41; *Schaefer*, S. 350 – dazu *Fink*, S. 854; *Uerpmann*, S. 129; *Bruha/Krajewski*, S. 13 ff.; *Waldock*, S. 20 ff.; *Ress* on Interpretation, Rdnr. 1 und 2, in: *Simma* (Hrsg.), Charter, 2. Aufl.; nach *A. Stein*, S. 78, handelt es sich um einen Gemeinplatz, er spricht auf S. 80 von einem „multilateralen Vertrag mit verfassungsähnlichem Charakter"; eingehend *Faßbender*; eingehend und kritisch *Lorinser*, S. 84 ff.; kritisch auch *Fink*, S. 854.

[21] Bisher sind erst drei Vertragsänderungsverfahren zur Änderung von reinen Verfahrensvorschriften durchgeführt worden. Sie betrafen Art. 23, 27, 61 und 109 ChVN. Obwohl sie inhaltlich überholt sind, sind die sog. „Feindstaatenklauseln" der Art. 53 und 107 ChVN bis heute Bestandteil der Charta, sie werden jedoch als gegenstandslos angesehen (vgl. *Randelzhofer*, 1985, S. 231). Zu Reformbemühungen, die ChVN betreffend: *Karl/Mützelburg/Witschel* zu Art. 109, Rdnr. 21 – 28, in: *Simma* (Hrsg.), Charter, 2. Aufl.; *Conforti*, S. 18 ff.

[22] Zur „dynamisch – evolutionären" Auslegung *Ress* on Interpretation, Rdnr. 19, in *Simma* (Hrsg.): Charter, 2. Aufl.; *Schaefer*, S. 354 ff.; *A. Stein*, S. 85 ff.; vgl. auch *Schilling*, S. 76. Zur Anwendung der völkerrechtlichen Regeln im Zeitpunkt der Auslegung vgl. IGH im *Namibia-Gutachen*, ICJ Rep. 1971, S. 16, 31, para. 53: „an international instrument has to be interpreted and applied within the framework of the entire legal system prevailing at the time of the interpretation." und im *Ägäis-Festlandsockel-Fall*, ICJ Rep. 1978, S. 3, 33 f., para. 80 – siehe auch unten FN 31.

[23] Vgl. Art. 32 WÜV; *Ress* on Interpretation, Rdnr. 24 f., in *Simma* (Hrsg.): Charter, 2. Aufl.; *Bernhardt*, S. 1420; *Skubiszewski*, 1993, S. 895; *Simma*, 1992 II, S. 181; *Schreuer*, 1994, S. 82. Zur **Entstehungsgeschichte des Art. 39 ChVN** vgl. *Fro-*

Um die mit Bedacht in Art. 108 ChVN gewählte Hürde der Zweidrittelmehrheit bei einer Vertragsänderung nicht leichtfertig zu umgehen[24], muss eine solche „dynamische" Auslegung jedoch behutsam vorgehen und darf sich nicht völlig von dem Wortlaut und der Systematik der VN-Charta entfernen[25].

Speziell für den Sicherheitsrat ist dabei zu beachten, dass – anders als bei Entscheidungen anderer Organe – die Mitgliedstaaten der VN verpflichtet sind, seine Entscheidungen „anzunehmen und durchzuführen" (Art. 25 ChVN). Eine Möglichkeit der Mitgliedstaaten, die Rechtmäßigkeit von Entscheidungen des Sicherheitsrates anzugreifen oder gerichtlich überprüfen zu lassen, sieht die ChVN nicht vor[26]. Die Praxis des Sicherheitsrates (dazu unten unter C.) erhält dadurch zusätzliches Gewicht. Da im Sicherheitsrat jedoch nur 15 Mitgliedstaaten der Vereinten Nationen vertreten sind und es nicht immer zu einer einstimmigen Verabschiedung der Resolutionen kommt, ist allerdings fraglich, ob

---

wein/Krisch, Introduction to Chapter VII, Rdnr. 1 ff. und Kommentierung zu Art. 39 ChVN, Rdnr. 2, in *Simma* (Hrsg.) Charter, 2. Aufl.; *Arntz*, S. 55 ff.; *Gading*, S. 166 ff.; *A. Stein*, S. 140 ff.; *Menk*, S. 107; *Krökel*, S. 67 ff.; die Diskus-sion dreht sich vor allem um die Frage, ob dem Sicherheitsrat nach dem Willen der Verfasser der ChVN eine „entire decision" hinsichtlich seiner Zuständigkeiten zustehen solle – vgl. *Kelsen*, S. 727 f.; dafür Weeramantry, diss. op. *Lockerbie, Provisional Measures*, ICJ Rep. 1992, S. 2, 170; *Lillich*, 1994, S. 64 ff.; *Verdroß/Simma*, § 232.

24 Zum Verhältnis zwischen Vertragsänderung und Vertragsauslegung eingehend *Karl*. Zu dem Verfahren nach Art. 108 ChVN vgl. *Seidel*, S. 35 ff.

25 *Ress* zu Auslegung, Rdnr. 22, in *Simma* (Hrsg.), Charta, spricht von dem „normalen Wortlaut als Grenze zur Abwehr interpretatorischer Beliebigkeit."; vgl. auch *Herdegen*, 1995, S. 111 und *Fink*, S. 855. *A. Stein*, S. 86, betont, dass es – bei Festhalten an dem ursprünglichen Zweck – zunächst um eine veränderte, an die tatsächliche Normsituation angepasste Auslegung geht, davon zu unterscheiden ist die Variante der dynamischen Auslegung, die die Ziele einer Regelung selbst einer dynamisch – evolutiven Betrachtung unterzieht (theory of emergent purpose). Hier gerät man in den Grenzbereich der Vertragsänderung. *A. Stein* empfiehlt daher (auf S. 58) die Aufnahme einer neuen Regelung in Kapitel VII ChVN, um künftig eine Ausdehung des Begriffs der Friedensbedrohung „bis zur Grenze der Glaubwürdigkeit" zu verhindern.

26 Die Frage, ob und unter welchen Voraussetzungen Maßnahmen des Sicherheitsrates einer Rechtskontrolle durch den IGH unterliegen ist umstritten – vgl. dazu die Arbeit von *Martenczuk*; *Alvarez*, S. 1 ff; *A. Stein*, S. 347 ff.; vgl. auch unten FN 698 auf S. 146; *Fink*, S. 862 ff., befürwortet für den Fall einer Rechtsbeugung durch den Sicherheitsrat die Annahme eines Rechtes eines Mitgliedsstaates zur außerordentlichen Kündigung der Mitgliedschaft. *Fink* geht jedoch nicht darauf ein, dass der Sicherheitsrat verschiedentlich eine Bindungswirkung seiner Entscheidungen auch gegenüber Nichtmitgliedstaaten angenommen hat – vgl. die Fälle Südrhodesien, Südafrika, Restjugoslawien. Im Übrigen stellt die Kündigung der Mitgliedschaft in Anbetracht der damit verbundenen politischen Folgen keine wirkliche Option dar. Nach *Schilling*, S. 95, sind die Mitgliedstaaten an rechtswidrige Feststellungen des Sicherheitsrates nicht gebunden, auf S. 104 f. vertritt *Schilling* sogar ein Recht auf Selbstverteidigung gegen rechtswidrige Maßnahmen des Sicherheitsrates.

die Resolutionspraxis einen ausreichenden Auslegungskonsens im Sinne des Art. 31 III b WÜV darstellt[27].

Im Folgenden soll im Wege der wörtlichen und systematischen Auslegung die Stellung und der Inhalt des Begriffs der Friedensbedrohung in der Charta bestimmt werden, um ein Vorverständnis für die sich daran anschließende Untersuchung der Praxis des Sicherheitsrates zu schaffen[28]. Dabei wird zunächst getrennt zwischen den beiden Begriffsteilen „Frieden“ und „Bedrohung“. Zum einen beruht dies auf der ausdrücklichen Trennung dieser Begriffe in der ChVN selbst, zum anderen ist dies zum Zwecke der besseren Abgrenzbarkeit von anderen Begriffen der Charta erforderlich[29].

II. Wörtliche Auslegung des Begriffs der „Bedrohung des Friedens“ in Art. 39 ChVN

1. Der Friedensbegriff

Der Begriff des Friedens ist ein in besonderem Maße unbestimmter, wertausfüllungsbedürftiger Begriff, dessen Inhalt je nach Herangehensweise und (wissenschaftlicher) Herkunft des Interpretierenden unterschiedlich ausgelegt wird[30]. Eine entscheidende Rolle bei der Suche nach dem Verständnis des Begriffes spielt der Zeitpunkt der Auslegung. Es ist dabei davon auszugehen, dass die UN-

---

27 *Ress* on Interpretation, Rdnr. 30 ff., in *Simma* (Hrsg.), Charter, 2. Aufl., hält dies für möglich, wenn die Praxis nicht auf Widerstand von Mitgliedstaaten innerhalb und außerhalb des Sicherheitsrates stößt. Nach *Herdegen*, S. 7, ist die Praxis des Sicherheitsrates zu einer Art Satzungsgewohnheitsrecht der Vereinten Nationen geworden. Zum Konsenserfordernis allgemein: *Ress*, aaO, Rdnr. 29 f.; Richter Spender in seinem Sondervotum zum *Certain Expenses*-Gutachten, ICJ Rep. 1962, S. 151, 195; *Fink*, S. 855; *A. Stein*, S. 92, 109.

28 Zur Bedeutung der **teleologischen Auslegung** *A. Stein*, S. 82 ff. – danach ist die Organpraxis des Sicherheitsrates Teil der teleologischen Auslegung (S. 89). Zur Bedeutung der **historischen Auslegung** vgl. oben FN 23.

29 In der Literatur wird diese Trennung sehr häufig nicht mehr vollzogen. Stattdessen wird der Begriff der Friedensbedrohung von vorneherein als „standing term“ behandelt – vgl. z.B. *Schilling*, S. 78 ff. Ebenso auch in dem Urteil des Jugoslawien-Tribunals (Appeals Chamber) zum Fall Prosecutor v. Tadic vom 02.10.1995, HRLJ 16 (1995), S. 442, para. 30; Grund dafür ist wahrscheinlich die Praxis des Sicherheitsrates, die keine nachvollziehbaren Kriterien zur Abgrenzung zwischen Bedrohung und Gefährdung des Friedens bietet. Der Sicherheitsrat bemüht sich ebenfalls nicht um eine Abgrenzung von Bedrohung und Bruch des Friedens – dazu unten S. 213. Z.T. wird auch pauschal ein weiter Friedensbegriff angenommen, ohne dass auf die Bedrohungskomponente eingegangen wird – vgl. z.B. *Bauer*, S. 199.

30 Nachweise zur Friedensforschung bei *Schaefer*, S. 15, FN 3, *Randelzhofer*, 1979, S. 15 ff., *Gading*, S. 81 ff., vgl. auch die Aufsätze bei *Senghaas*.

Charta nicht bezogen auf das Verständnis zum Zeitpunkt ihres Inkrafttretens, sondern zum Zeitpunkt der Auslegung interpretiert werden muss[31].

Dem **allgemeinen Sprachgebrauch** nach bezeichnet das Wort „Frieden" im hier gegenständlichen internationalen Zusammenhang[32] jedenfalls die Abwesenheit von Krieg und Gewalt. Dabei ist jedoch schon zweifelhaft, ob es sich dabei immer um zwischenstaatliche Gewalt handeln muss oder ob nicht auch innerstaatliche Gewalt oder (staatlich geförderter) Terrorismus das Bestehen des Friedens ausschließt. Auch ist über 50 Jahre nach Gründung der Vereinten Nationen festzustellen, dass Aspekte wie Schutz der Menschenrechte, von Minderheiten sowie der Umwelt Eingang in das allgemeine Verständnis des Wortes „Frieden" gefunden haben[33].

Im **politik- und rechtswissenschaftlichen Verständnis** sind im Wesentlichen zwei unterschiedliche Auffassungen vom Inhalt des Friedens zu unterscheiden: Der positive und der negative Friedensbegriff[34]. Dabei schließen sich beide Begriffe nicht gegenseitig aus, teilweise werden nur andere Rechtsfolgen daran angeknüpft.

Während die Anhänger einer negativen Definition des Friedens „Frieden" definieren als Abwesenheit (zwischenstaatlicher) militärischer Gewalt[35] und damit nur noch wenig Auslegungsspielraum lassen, versuchen die Anhänger einer eigenen, inhaltlichen, wertmäßigen – positiven – Aufladung des Friedensbegriffs diesen mit bestimmten wertorientierten Begriffen zu umschreiben[36]. Frieden ist danach für manche[37] Abwesenheit „struktureller Gewalt", wobei unter dieser

---

31 *Ress*, zu Auslegung, Rdnr. 19 ff., in: *Simma* (Hrsg.), Charter, 2. Aufl.; *A. Stein*, S. 85 ff.; *Klein*, S. 343 m.w.N; siehe oben FN 22.

32 Zum „internationalen" Frieden vgl. unten S. 34 ff.; Der Begriff „Friede" bezeichnete im germanischen und alten deutschen Recht den Zustand der ungebrochenen Rechtsordnung als Grundlage des Gemeinschaftslebens – Duden, Etymologisches Wörterbuch, Duden Band 7, 1963 zu „Friede[n]". Die Verwendung des Wortes in dem Sinne von „innere Ruhe, Seelenfrieden" ist für den Gegenstand der Untersuchung nicht relevant.

33 Andeutungen in diese Richtung enthält die Erklärung des Präsidenten des Sicherheitsrates vom 31.01.1992 – vgl. *Ipsen*, 1992, S. 42.

34 Zur Unterscheidung zwischen positivem und negativem Friedensbegriff vgl. eingehend *Randelzhofer*, 1979; *Arntz*, S. 18 ff.; gegen die Terminologie unter Berufung auf *Steinberger* zu Recht *Schaefer*, S. 15, FN 9 m.w.N.; zur qualitativen Kennzeichungswirkung der Begriffe positiver/negativer Friedensbegriff *Gading*, S. 82.

35 *Randelzhofer*, 1979, S. 22 m.w.N. – nach *Randelzhofer* fällt auch die Drohung mit militärischer Gewalt unter den negativen Friedensbegriff.

36 So vor allem die Vertreter der modernen Friedensforschung – vgl. die zahlreichen Nachweise bei *Randelzhofer*, 1979, S. 13 ff. und *Gading*, S. 83; *Dicke*, 1993, S. 275; vgl. auch *A. Stein* 120 f., unter Hinweis auf das „Dilemma" der Vertreter dieser Lehre, wenn es um die Durchsetzung des positiven Friedens mit militärischen Mitteln geht.

37 Insbesondere *Galtung*, S. 86.

jede soziale Ungerechtigkeit verstanden wird[38]. Friede umfasst danach u.a. die Wahrung der Menschenrechte, die Sicherung freundschaftlicher Beziehungen zwischen Staaten, die wirtschaftliche und soziale Entwicklung, mithin „die Gesamtheit der politischen, wirtschaftlichen, sozialen, kulturellen und ökologischen Voraussetzungen im Leben der Staaten und Einzelmenschen, die ein dauerhaft konfliktfreies Zusammenleben erst garantieren“[39]. Der (internationale[40]) Frieden wird inhaltlich stark mit der Idee der Gerechtigkeit verknüpft und kann knapp umschrieben werden als ideale, gerechte Ordnung zwischen den Staaten[41]. Der Begriff beschreibt daher weniger einen Zustand, als vielmehr eine dauernde Entwicklung[42] mit dem Ziel der Realisierung gemeinsamer, sich ständig wandelnder Wertvorstellungen. Eine exakte Definition ist daher – jedenfalls solange unter den Staaten ein Wertepluralismus besteht – nicht möglich[43].

2. Der Begriff der Bedrohung

Der Begriff „Bedrohung“ bezeichnet im allgemeinen Sprachgebrauch eine wie auch immer geartete Gefahr für den Bestand des status quo. „Bedrohung des Friedens“ ist die Vorstufe zum „Bruch des Friedens“, wobei der Begriff in Abgrenzung zur bloßen „Gefährdung“ schon ein höheres Maß an Konkretheit (was die Quelle der Gefahr angeht[44]) und Unmittelbarkeit der Gefahr impliziert[45].

3. Ergebnis

Die Auslegung nach dem Wortlaut ist nicht eindeutig. Als kleinster gemeinsamer Nenner ergibt sich jedoch, dass der Frieden *jedenfalls* dann bedroht ist, wenn zwischen zwei Staaten eine militärische Auseinandersetzung unmittelbar bevorsteht[46].

---

38 *Galtung* S. 63 – soziale Gerechtigkeit bedeutet nach *Galtung* gleiche Verteilung von Macht und ressourcen (S. 87), *Galtung* grenzt die strukturelle Gewalt von der personalen Gewalt ab, deren Abwesenheit negativen Frieden bedeutet – (S. 86 f.); vgl. auch *Arntz*, S.19, und eingehend *Randelzhofer*, 1979, S. 16 f.

39 *Martenczuk*, S. 224; vgl. auch die Nachweise bei *Gading*, S. 83.

40 Dazu unten S. 34 ff.

41 Vgl. *Randelzhofer*, 1985, S. 230.

42 Vgl. *Randelzhofer*, 1979, S. 18, zur Vorstellung vom „Frieden als Prozeß“ m.w.N. in FN 27; es wird auch zwischen „statischem“ und „dynamischen“ Frieden unterschieden – vgl. *Schaefer*, S. 16 m.w.N., *A. Stein*, S. 120.

43 Nach *Randelzhofer*, 1979, S. 30 f. handelt es sich wegen der fehlenden Definierbarkeit nicht um einen Begriff sondern um den *Typus* des positiven Friedens; *Gading*, S. 83.

44 *Kühne* bevorzugt daher (auf S. 70) „risk“ statt „threat“.

45 Anders insoweit *Arntz*, S. 21. Wie hier: *Wright*, S. 525 f.

46 *Schilling*, S. 89 f.

III. Systematische Auslegung des Begriffs „Bedrohung des Friedens" in Art. 39 ChVN

1. Der Friedensbegriff

a. *Verwendung in der Charta*

Der Begriff des Friedens wird in der VN-Charta an mehr als 30 Stellen verwandt. Davon 28-mal in der Formulierung *„international peace and security"*[47], davon wiederum 23-mal im Zusammenhang mit dem Verb *„maintain"* bzw. dem Substantiv *„maintenance"*[48]. Der Begriff *„threat to the peace"* taucht zweimal[49], der Begriff *„breach of the peace"* dreimal[50] in der Charta auf. Ansonsten verwendet die Charta den Begriff „peace" in folgenden Formen: *„universal peace"*[51], in Verbindung mit dem Verb *„endanger"*[52], *„maintenance of peace and security"*[53], *„peace-loving states"*[54] und ohne jeden Zusatz[55].

Soweit sie sich mit den Aufgaben des Sicherheitsrates befasst, verwendet die Charta die Wendung *„maintenance of international peace and security"*[56]. So verwendet auch die entsprechende Zentralnorm[57], Art. 24 ChVN, diesen Ausdruck, der mit *„Wahrung des Weltfriedens und der internationalen Sicherheit"* übersetzt wird[58]. Die *Wahrung* des Weltfriedens wiederum ergibt nur dann Sinn, wenn er noch nicht gebrochen ist – dann kann er nur noch wiederhergestellt

47 *6. Absatz der Präambel, Art.1 (1)*, Art. 2 (3), *Art. 11 (1) und (2), Art. 12 (2), Art. 15 (1), Art. 23 (1), Art. 24 (1), Art. 26, Art. 33 (1), Art. 34, Art. 37 (2), Art. 39, Art. 43* – zweimal, *Art. 47, Art. 48 (1), Art. 51* – zweimal, davon einmal „maintain or restore", *Art. 52 (1), Art. 54,* Art. 73 – zweimal, Art. 76 (a), *Art. 84, Art. 99, Art. 106 ChVN*

48 Vgl. die in der vorangegangenen Fußnote *kursiv* gedruckten Artikel.

49 Art. 1 (1), Art. 39 ChVN.

50 Art. 1 (1) – zweimal, Art. 39 ChVN.

51 Art. 1 (2) ChVN.

52 Art. 2 (3), Art. 11 (3), Art. 33 (1), Art. 34, Art. 37 (2) ChVN.

53 Art. 2 (6) ChVN – „international" fehlt.

54 Art. 4 ChVN.

55 5. Absatz der Präambel der VN – Charta.

56 Vgl. die oben in FN 47 kursiv gedruckten Artikel, davon mittelbar auch die Art. 11 (1) und (2) und 23 ChVN.

57 *Schaefer* räumt dieser Norm auf S. 18 eine „Art Kristallisationsfunktion im Rahmen der Begriffsbestimmung" ein. Dabei sei die jeweilige Ausfüllung abhängig von den dem Sicherheitsrat in der Charta eingeräumten Einzelbefugnissen.

58 BGBl. 1973 II, S. 431.

(„*restore*") werden. Der Begriff der „*Wahrung*" steht somit in engem Zusammenhang mit dem der „*Bedrohung*" des Friedens[59].

Im Folgenden soll zunächst untersucht werden, ob sich aus der jeweiligen Verwendung des Begriffs „Frieden" in den einzelnen Artikeln und der Präambel der Charta etwas über dessen Inhalt ergibt.

Arntz schließt aus der seines Erachtens vorliegenden Übereinstimmung in der Zielrichtung der **Präambel** („to save succeeding generations from the scourge of war" – Absatz 1) und **Art. 1 (1) ChVN** („to maintain international peace and security" als Ziel der Vereinten Nationen) auf einen engen Friedensbegriff der Charta im Sinne einer Antithese zum Krieg[60]. Die Charta könne in ihrem materiellen Teil nicht über die in der Präambel vorgegebene Zielsetzung hinausgehen[61].

Diese Betrachtungsweise übersieht jedoch, dass die folgenden Absätze der Präambel, insbesondere bereits der nächste Absatz[62], auf wesentliche Elemente eines positiv verstandenen Friedens eingehen. Im Gegensatz zu der deutschen Übersetzung[63] sind diese beiden Absätze mit dem Wort „and" verbunden und in einem Absatz zusammengefasst, was die inhaltliche Verbindung unterstreicht und den Rückschluss, den Arntz zieht, so ohne weiteres nicht zulässt.

Es entbehrt jedoch nicht einer gewissen systematischen Logik, den ersten Absatz der Präambel, Art. 1 (1) ChVN, Art. 24 ChVN und über dessen Absatz 2 die Kapitel VI, VII, VIII und XII ChVN in einen Zusammenhang zu stellen. Diese Sichtweise spricht dann in der Tat für einen negativen Friedensbegriff in Art. 39 ChVN. Der Schluss ist allerdings nicht zwingend.

Die Charta enthält starke Elemente des positiven Friedensbegriffs insbesondere in der Präambel, in Art. 1 (2)[64], 1 (3), 13, 55, 62, 73 und 76[65]. Dabei fällt

---

59 Vgl. *Kelsen*, S. 13; *McDougal/Reisman*, S. 8, FN 28 (allerdings mit dem Widerspruch zum Text: „When peace is threatened, the function of the United Nations is to *restore* peace..." – Hervorhebung durch den Verfasser).

60 *Arntz*, S. 22 f. – dabei versteht die Charta den Begriff „Krieg" nicht im rechtstechnischen Sinn, sondern zur Bezeichnung der militärischen Gewalt, *Arntz* S. 22 FN 4 m.w.N.; wie *Arntz* zuvor schon *Derpa*, S. 74.

61 *Arntz*, S. 23.

62 Der erste und zweite Absatz der Präambel lauten: „We the peoples of the United Nations determined to save succeeding generations from the scourge of war, which twice in our lifetime has brought, untold sorrow to mankind, and to reaffirm faith in fundamental human rights, in the dignity and worth of the human person, in the equal rights of men and women and of nations large and small, ...".

63 BGBl. 1973 II, S. 431.

64 Dazu gleich unten S. 28.

65 Vgl. *Randelzhofer*, 1979, S. 27; ders., 1985, S. 236; *Köck*, S. 348; *Schaefer*, S. 18 ff; *McDougal/Reisman*, S. 11 f.

jedoch auf, dass in Art. 1 (3), 13, 55 und 62 ChVN das Wort „Frieden“ nicht auftaucht. Art. 55 ChVN verwendet das Wort *„peaceful“*[66], in Art. 73 und 76 ChVN, die beide wesentliche Elemente des positiven Friedens ansprechen, werden der Weltfrieden und die internationale Sicherheit zwar angesprochen, jedoch in eigenen Unterabsätzen[67]. Die Verbindung zum Friedensbegriff wird in den Einleitungssätzen deutlich, in denen es heißt:

> „With a view to the creation of conditions of stability and well-being which are necessary for *peaceful* and friendly relations among nations based on respect for the principle of equal rights and self-determination of peoples...“ (Art. 55)[68]

und

> „Members of the United Nations which have or assume responsibilities for the administration of territories whose peoples have not yet affirmed a full measure of self-government recognize the principle that the interests of the inhabitants of these territories are paramount, and accept as a sacred trust the obligation to promote to the utmost, within the system of *international peace and security* established by the present Charter, the well-being of the inhabitants of these territories...“ (Art. 73)[69].

Es fällt jedoch auf, dass in beiden Fällen nicht von der *„maintenance* of international peace and security“ die Rede ist. Diese Wendung wird in der Charta stets im Zusammenhang mit der Aufgabenzuweisung an den Sicherheitsrat verwandt[70].

Daraus und aus der Stellung der genannten Vorschriften kann man folgern, dass die Charta unter „Frieden“, jedenfalls im Zusammenhang mit dem Begriff „Wahrung“ („maintenance“), überwiegend die Abwesenheit militärischer Ge-

---

66 In der Literatur wird insbesondere Art. 55 ChVN besondere Bedeutung beigemessen – vgl. dazu und insbesondere zur Frage, ob ein Verstoß gegen Art. 55 (c) ChVN automatisch eine Friedensbedrohung darstellt (ablehnend) *Gading*, S. 78 ff.; nach *McDougal/Reisman*, S. 12 wird aus Art. 55 die „intimate interdependence of the maintenance of minimum human rights and international peace and security“ besonders deutlich (in FN 50 wird der Teil „international peace and security“ im Text durch „minimum world order“ ersetzt!). Dem liegt nach Ansicht der beiden Autoren die Erkenntnis zugrunde, dass schwere rein innerstaatliche Menschenrechtsverstöße leicht auf andere Staaten übergreifen und damit internationalisiert werden.

67 Art. 73 (c) ChVN und Art. 76 (a) ChVN.

68 Hervorhebung durch den Verfasser; Vgl. zur Bedeutung des Einleitungssatzes *McDougal/Reisman*, S. 16, FN 59; mit der Aufnahme der Wendung „friendly relations“ wird eine Verbindung zu Art. 1 (2) ChVN hergestellt.

69 Hervorhebung durch den Verfasser.

70 Siehe bereits oben S. 25.

walt zwischen Staaten versteht, aber den Elementen des positiven Friedens für die Wahrung des negativen Friedens eine sehr große Bedeutung beimisst[71]. Menschenrechte, das Selbstbestimmungsrecht der Völker, wirtschaftliche und soziale Entwicklung und freundschaftliche, auf den Prinzipien guter Nachbarschaft beruhende Beziehungen zwischen den Staaten sind Bedingungen der Wahrung und Erzielung des „negativ" verstandenen Friedens. Abwesenheit von Krieg wird ohne diese Bedingungen nicht ewig bestehen[72]. Insoweit sind diese Elemente des positiven Friedens Bestandteil des negativen Friedens und des Friedenssicherungssystems der Charta, der Begriff „Frieden" wird in der Charta jedoch ganz überwiegend im Sinne der Abwesenheit von zwischenstaatlicher bewaffneter Gewalt verwandt. Dafür spricht auch Art. 2 (3) ChVN, in dem der Begriff „justice" ausdrücklich neben „international peace and security" verwandt wird[73].

Wenn *Wolfrum*[74] **Art. 1 (2) ChVN**[75] als Beleg seiner Behauptung anführt, dass die Charta den positiven Friedensbegriff verwende, dann trifft dies nach dem Gesagten insoweit zu, als die Charta das Bestehen des positiven Friedens anstrebt und fördert und in den Worten Wolfrums zusammen mit der Präambel, Art. 1 (1) und (3) ChVN „auf eine evolutionäre Entwicklung der internationalen Beziehungen" verweist, „die diejenigen Gründe abbauen soll, die möglicherweise zu kriegerischen Auseinandersetzungen führen könnten". *Ziel* dieser Entwicklung ist also auch nach Wolfrum die Sicherung des Friedens im Sinne der Abwesenheit militärischer Gewalt. In Art. 1 (2) ChVN wird die Entwicklung von „friendly relations" als Maßnahme zur Festigung des Weltfriedens[76], nicht jedoch als dessen Bestandteil bezeichnet, ein Zeichen dafür, dass es sich dabei um eine Bedingung des Friedens, nicht jedoch um den Frieden selbst handelt[77].

---

71 Nach *Gross*, S. 226 liegt die Betonung in der Charta auf dem positiven Friedensbegriff. Er begründet dies u.a. mit der weltpolitischen Lage im Jahre 1945.

72 *Von Weizsäcker*, S. 35: „Das Friedensproblem im engeren Sinn ist das Problem der Eindämmung oder Überwindung des Krieges. Das Friedensproblem im weiteren Sinn ergibt sich hieraus; es ist die Frage nach den Kräften und Einrichtungen, die zuverlässigen Frieden möglich machen."

73 So auch *Nowlan*, S. 172.

74 Kommentierung zu Art. 1, Rdnr. 5, in: *Simma* (Hrsg.), Charta, und Rdnr. 9, in: *Simma* (Hrsg.), Charter, 2. Aufl.

75 Art. 1 (2) ChVN hat folgenden Wortlaut: „[The Purposes of the United Nations are:] 2. To develop friendly relations among nations based on respect for the principles of equal rights and self-determination of peoples, and to take other appropriate measures to strengthen universal peace;".

76 Die englische Fassung verwendet hier den Ausdruck „universal peace", die französische Fassung „paix du monde" und damit eine von der sonstigen abweichende Diktion – vgl. dazu *Menk*, S. 24 und *GHS*, Art. 1, S. 29, für die diese Formulierung „of interest – though of no particular significance" ist.

77 Vgl. auch *Arntz*, S. 23, mit dem Hinweis, dass bei unfreundlichen Beziehungen nicht gleich der Frieden gebrochen ist; nach *Nowlan*, S. 172, wäre die gesonderte Erwähnung

Andererseits kann „Festigung“ auch bedeuten, dass es sich bei den freundschaftlichen Beziehungen um einen „Baustein“ des Friedens handelt. Das Argument Wolfrums ist daher nicht zum Beleg der Tatsache geeignet, dass die Charta insgesamt einen positiven Friedensbegriff verwendet, eindeutig widerlegen lässt sich das Argument allerdings auch nicht.

Für ein weiteres Verständnis von „Frieden“ im Rahmen des Art. 39 ChVN könnte sprechen, dass **in Art. 39 ChVN** nur von „peace“ und **nicht** von **„*international* peace“** die Rede ist. Dessen Wahrung bzw. Wiederherstellung ist zwar Zweck des Kapitels VII ChVN, wie sich aus dem zweiten Halbsatz des Art. 39 ChVN und aus dem Zusammenhang mit Art. 1 (1) ChVN[78] ergibt. Es fällt jedoch auf, dass z.B. im sechsten Kapitel durchgängig von einer Gefährdung der Wahrung des *Welt*friedens und der *internationalen* Sicherheit die Rede ist. Dasselbe gilt für das Hinweisrecht des Generalsekretärs nach Art. 99 ChVN, das dann gegeben ist, wenn eine Angelegenheit nach seinem Dafürhalten geeignet ist, „die Wahrung des *Welt*friedens und der *internationalen* Sicherheit“ zu bedrohen.

Diese Weglassung der Zusätze „international“ und „international security“ findet sich an anderer Stelle der Charta nur im fünften Absatz der Präambel wieder, wo es heißt:

> „and for these ends to practise tolerance and live together *in peace* with one another as good neighbours, and to unite our strength to maintain international peace and security...“[79].

Man kann[80] diese Stelle in der Präambel so auslegen, dass Frieden gute Nachbarschaft voraussetzt und damit Elemente des positiven Friedensbegriffs umfasst[81]. Die Weglassung des Zusatzes „international“ könnte dann als Indiz dafür gewertet werden, dass „Frieden“ in Art. 39 ChVN in diesem erweiterten Sinne zu verstehen ist.

Für einen negativen Friedensbegriff wiederum spricht die Tatsache, dass **Kapitel VI** ChVN und auch **Art. 99 ChVN** von der Gefährdung/Bedrohung der *Wahrung* des Weltfriedens und der internationalen Sicherheit sprechen. Sie setzten daher früher an: Die Wahrung des Friedens ist eher bedroht als der Frie-

---

der freundschaftlichen Beziehungen überflüssig, wenn der Charta ein positiver Friedensbegriff zugrunde läge.

78 Siehe dazu bereits oben S. 26.

79 Hervorhebung durch den Verfasser.

80 A.A. *Arntz* S. 23, nach dem Frieden auch bestehen kann, wenn es an guter Nachbarschaft fehlt – „Wäre es anders, so wären die Worte 'as good neighbours' überflüssig.“ – dagegen ausdrücklich *Schaefer*, S. 20.

81 Vgl. 2. Absatz der Präambel der „Friendly-Relations-Declaration“, GV-Res. 2625 (XXV) vom 24.10.1970; *Randelzhofer*, 1979, S. 29: „Gute Nachbarschaft ist [...] mehr als bloße Abwesenheit militärischer Gewalt“.

den selbst. Die Beschränkung des Art. 39 ChVN auf die „Bedrohung des Friedens" könnte demnach ein Hinweis darauf sein, dass Art. 39 ChVN „klare Verhältnisse" schaffen will, die nur mit dem negativen Friedensbegriff ohne jeden „Vorhof" erreicht werden können. Die auf den negativen Friedensbegriff hindeutende Wendung[82] „to maintain or restore international peace and security" wird stattdessen erst im zweiten Halbsatz des Art. 39 ChVN verwandt.

Ebenfalls für einen negativen Friedensbegriff der Charta spricht die Verwendung der Wendung „maintain [or restore] international peace and security" in **Art. 51 ChVN**, der ein Selbstverteidigungsrecht der Mitgliedstaaten für den Fall eines bewaffneten Angriffs („armed attack") vorsieht, bis der Sicherheitsrat „measures necessary to maintain international peace and security" vorgenommen hat. Mit dieser Wendung sind Maßnahmen nach Kapitel VII ChVN – hier als Reaktion auf bewaffnete Auseinandersetzungen – gemeint.

Die Analyse der Verwendung des Friedensbegriffs an den verschiedenen Stellen der Charta lässt den Schluss darauf zu, dass „Frieden" in der Charta jedenfalls im Sinne von „Abwesenheit militärischer Gewalt" zu verstehen ist. Dass „Frieden" auch in einem weiteren Sinne verstanden werden kann, wird durch die systematische Auslegung jedoch nicht ausgeschlossen.

b. Verhältnis zum Begriff der „internationalen Sicherheit"

Wie bereits dargestellt, taucht der Begriff des Friedens in der VN-Charta ganz überwiegend im Zusammenhang mit dem Begriff der „internationalen Sicherheit" („international security") auf. Der Begriff der „Bedrohung des Friedens" in Art. 39 ChVN kommt ohne diesen Zusatz aus. Es stellt sich daher die Frage, ob aus der Abgrenzung zu dem Begriff der Sicherheit Anhaltspunkte für den Inhalt des Friedensbegriffs der Charta gewonnen werden können.

Nach *Kelsen* handelt es sich bei den Begriffen Frieden und Sicherheit um identische Begriffe. Eine Begründung für seine Haltung gibt Kelsen nicht[83].

Nach anderer Auffassung ist der Begriff der Sicherheit weiter als der Begriff des Friedens mit der Folge, dass beide Begriffe sich ihrem Inhalt nach umso mehr annähern, je mehr sich der Begriff des Friedens ausweitet[84]. So beschreibt

---

[82] Vgl. oben zu FN 70.

[83] *Kelsen*, S. 13: „It is doubtful whether there is a difference between 'peace' and 'security'. International security is guaranteed if international peace is maintained. It seems that the addition of the word 'and security' is rather superfluous."; *Derpa*, S. 72 f., folgt *Kelsen* und leitet diese Definition der Sicherheit aus dem System der kollektiven Sicherheit der Charta ab.

[84] So *Wolfrum* zu Art.1, Rdnr. 8, in *Simma* (Hrsg.), Charter, 2. Aufl.; indirekt *Randelzhofer*, 1979, S. 33, anders aber S. 37.

Menk[85] Sicherheit mit den Worten, mit denen *Skubiszewski* den Begriff des internationalen Friedens beschreibt –

> „[It] is a condition in which states maintain order and justice, solve their problems by cooperation, and eliminate violence. It is a condition in which states respect each other's sovereignty and equality [and] refrain from intervention…"[86].

Nach *Urquhart* ist es heute „fashionable", unter „Sicherheit" auch „environmental problems, social justice, population planning, economic equity and so on" zu fassen[87].

Andere wiederum bemühen sich um eine eigenständige Definition des Begriffes der Sicherheit unter Zugrundelegung der Teilaspekte objektiver, subjektiver, individueller und kollektiver Sicherheit[88]. Danach bezweckt die Wahrung der internationalen Sicherheit die

> „Entwicklung und Aufrechterhaltung von Bedingungen des internationalen Verkehrs, die gewährleisten, dass der Friede nicht so leicht gebrochen werden kann und damit die Menschen in den einzelnen Staaten in der Freiheit von Furcht, d.h. objektiv und wenn möglich auch subjektiv in Sicherheit leben können"[89].

Verosta bringt den Begriff der internationalen Sicherheit in engen Zusammenhang mit dem Prinzip der Wahrung des politischen Gleichgewichts und des status quo[90]. Auch so verstanden ist „Sicherheit" weiter als „Frieden" und umfasst die Bedingungen für dessen Sicherung, also Elemente des positiven Friedens.

Geht man also davon aus, dass ein Zustand der Sicherheit im wesentlichen Aspekte des positiven Friedens umfasst, so kann man im Umkehrschluss daraus folgern, dass die Kombination des Begriffs des Friedens mit dem der Sicherheit an so vielen Stellen der Charta nur dann einen Sinn ergibt, wenn die Charta unter „Frieden" den negativen Frieden versteht. Die Weglassung des Begriffs der Sicherheit bei der Wendung „threat to the peace" bestätigt demnach die Ausle-

---

85 Auf S. 20.

86 *Skubiszewski*, EPIL, S. 909; *Menk* entnimmt der Definition *Skubiszewskis* die Teile, die über die Beschreibung des negativen Friedens hinausgehen.

87 *Urquhart*, S. 315.

88 Vgl. *Berber* III, S. 123 ff.; *Verosta*, S. 533 ff.; *Menk*, S. 19 f.

89 *Verosta*, S. 534, *Verosta*, S. 540 ff., zeigt die historische Entwicklung des Begriffspaares „international peace and security" von der VBS über die Atlantic-Charter und die Moskauer Erklärung über allgemeine Sicherheit bis zur ChVN auf. *Reisman*, 1992 I, S. 14, versteht unter Sicherheit „the maintenance of minimum international order through a period of time."

90 *Verosta*, S. 542 und 546.

gung, dass es sich bei der Friedensbedrohung um eine Bedrohung des negativen Friedens handeln muss.

Selbst wenn man dem Begriff der Sicherheit einen über die Umschreibung des positiven Friedens hinausgehenden Inhalt beimisst, ist die Frage für die Auslegung des Begriffs der Friedensbedrohung in Art. 39 ChVN jedoch insoweit nicht von Bedeutung, als auch bei einer Verwendung des Ausdrucks „threat to international peace and security“ durch das Erfordernis des *kumulativen* Vorliegens beider Merkmale jedenfalls der Frieden bedroht sein müßte und eine bloße Bedrohung der internationalen Sicherheit nicht ausreichte. Dann allerdings ließe die Abgrenzung zu dem Begriff der Sicherheit keine Rückschlüsse auf den Inhalt des Friedensbegriffs zu.

Der Sicherheitsrat geht in seiner Praxis dem Problem aus dem Wege, indem er in seinen Resolutionen fast durchgehend von einer Bedrohung des Weltfriedens *und* der internationalen Sicherheit ausgeht[91].

Wegen der Unklarheiten bei der Beschreibung und der Verwendung des Begriffs der „internationalen Sicherheit“ und seines unklaren Verhältnisses zum Friedensbegriff ist ein zwingender Rückschluss auf den Inhalt des Friedensbegriffs nicht möglich. Geht man jedoch davon aus, dass Sicherheit und positiver Friede im Wesentlichen inhaltsgleich sind, so spricht einiges dafür, dass die Charta mit „Frieden“ den negativen Frieden meint.

c. *Verhältnis zu „Bruch des Friedens“ und „Angriffshandlung“*[92]

Möglicherweise trägt eine Betrachtung der anderen Tatbestandsmerkmale des Art. 39 ChVN, „Bruch des Friedens“ und „Angriffshandlung“ zu einer Klärung der Frage bei, was die Charta in Art. 39 unter „Frieden“ versteht.

Bei der „Angriffshandlung“ handelt es sich um einen Unterfall des Friedensbruchs. Dies ergibt sich systematisch eindeutig aus Art. 1 (1) ChVN („... acts of aggression or *other* breaches of the peace“)[93]. Ganz überwiegend wird davon ausgegangen, dass der Unterschied zwischen beiden Begriffen darin besteht, dass bei der Angriffshandlung der Angreifer feststeht[94]. Es ist weitgehend unbestritten und auch aus der (für den Sicherheitsrat unverbindlichen[95]) Resolution 3314 (XXIX) der Generalversammlung zur Definition der Angriffshandlung

---

[91] Vgl. dazu unten S. 59 ff.

[92] Zur Verwendung dieser Tatbestandsmerkmale in der Praxis des Sicherheitsrates siehe unten S. 212 f.

[93] Hervorhebung durch den Verfasser; *Derpa* bezeichnet Art. 1 (1) ChVN auf S. 80 als die „korrektere Fassung“ und die Abweichung in Art. 39 ChVN als „Redaktionsversehen“.

[94] *Derpa*, S. 81.

[95] *Menk*, S. 11.

vom 14.12.1974[96] zu entnehmen, dass Voraussetzung einer Angriffshandlung der Einsatz militärischer Gewalt ist.

Daraus folgt jedoch noch nicht, dass ein „Bruch des Friedens“ stets mit der Anwendung militärischer Gewalt einherzugehen braucht. Legt man allerdings einen positiven Friedensbegriff zugrunde, stellt sich die Frage, wann dieser dann „gebrochen“ ist. Abgesehen von den allgemeinen definitorischen Problemen bei der Umschreibung des Begriffs des positiven Friedens, muss dessen „Bruch“ eindeutig feststellbar sein. Dies erfordert wiederum eine genaue Kenntnis und Beschreibung der einzelnen Merkmale des positiven Friedens. Fraglich ist darüberhinaus, wann der positive Friede „bedroht“ und wann er i.S.v. Kapitel VI ChVN „gefährdet“ ist. Der Begriff der Friedensbedrohung, der schon seinem Begriffskern nach mehr Auslegungs- und Anwendungsspielraum lässt als die beiden anderen Tatbestandsmerkmale des Art. 39 ChVN, bietet sich für solche Einschätzungen besser an. Auch der Sicherheitsrat hat bisher in Zweifelsfällen stets den Begriff der Friedensbedrohung verwandt und Feststellungen von Friedensbrüchen oder Angriffshandlungen nur in den Fällen vorgenommen, in denen eindeutig militärische Maßnahmen der Parteien vorlagen[97].

Die beschriebenen Schwierigkeiten bei der Bestimmung eines „Bruchs“ des positiven Friedens sprechen ebenfalls für einen negativen Friedensbegriff in Art. 39 ChVN[98].

Andererseits könnte man sich auch auf den Standpunkt stellen, dass die Fälle, in denen bei bewaffneten Auseinandersetzungen der Angreifer nicht feststeht, so gering an der Zahl sind, dass dies allein eine Differenzierung zwischen Bruch des Friedens und Angriffshandlung nicht rechtfertigt. Danach ergibt die Aufnahme des Begriffs der Angriffshandlung nur Sinn, wenn es daneben noch andere Arten des Friedensbruchs, z.B. i.S.d. Bruchs eines positiv verstandenen Friedens gibt. Dieses Argument vermag jedoch die im vorherigen Absatz beschriebenen Zweifel nicht auszuräumen. Ihm ist auch mit dem Hinweis auf die Entstehungsgeschichte des Art. 39 ChVN zu begegnen. Danach geht die Einfügung des Tatbestandsmerkmales „Angriffshandlung“ auf einen sowjetischen Vorschlag zurück, der von den anderen Staaten akzeptiert wurde, obwohl man den Begriff „Bruch des Friedens“ als ausreichend ansah[99]. Hintergrund des sowjetischen Wunsches war der Bekanntheitsgrad des Begriffes, dessen Ausle-

---

96 Diese Definition ist weitgehend anerkannt – vgl. *Menk*, S. 109, der ihre Bedeutung für Art. 39 ChVN allerdings nur für begrenzt hält; allgemein zum Aggressionsbegriff *Derpa*, S. 82 ff.

97 Vgl. zu den Anwendungsfällen in der Praxis unten S. 212 f.

98 In diesem Sinne auch *A. Stein*, S. 124.

99 *GHS*, Art. 39 ChVN, S. 298.

gung bereits seit langem Gegenstand völkerrechtlicher Diskussionen gewesen war[100].

Die Gegenüberstellung mit den anderen Tatbestandsmerkmalen des Art. 39 ChVN spricht somit eher für den negativen Friedensbegriff. Anders wäre dies allerdings, wenn es gelänge, den positiven Frieden hinreichend klar zu umschreiben[101].

d. „Internationaler" Frieden

aa. Präambel, Art. 1 (1) ChVN, Art. 39, 2. HS ChVN

Obwohl nach dem Wortlaut des Art. 39 ChVN die Feststellung des Bestehens „of *any* threat to the peace" für ein Handeln nach Kapitel VII ChVN ausreicht, muss es sich um eine Bedrohung des *internationalen* Friedens handeln[102]. Dies ergibt sich zum einen aus dem zweiten Halbsatz des Art. 39, der als Ziel des Handelns des Sicherheitsrates nach Kapitel VII ChVN die Wahrung und Wiederherstellung des *internationalen* Friedens und der internationalen Sicherheit beschreibt, zum anderen aus dem Zweck der Vereinten Nationen, der auf die Sicherung des internationalen Friedens gerichtet ist (Art. 1 (1) ChVN)[103]. Dementsprechend taucht der Begriff des Friedens in der Charta auch fast ausschließlich in Verbindung mit dem Adjektiv „international" auf[104]. „International" ist dabei so zu verstehen, dass der Friede zwischen mindestens zwei Staaten bedroht sein muss[105].

Auch der fünfte Absatz der Präambel spricht für die Verwendung des Wortes „Frieden" im Sinne von zwischenstaatlichem Frieden: Die Mitgliedstaaten sollen „als gute Nachbarn in Frieden" miteinander leben.

---

100 *Krökel*, S. 68; zur völkerrechtlichen Diskussion über den Aggressionsbegriff *Derpa*, S. 90 ff.

101 Dies übersieht *Martenczuk*, S. 226.

102 *Gading*, S. 69 f. m.w.N.; *Frowein* zu Art. 39, Rdnr. 7, in: *Simma* (Hrsg.), Charter, 2. Aufl.; *Schaefer*, S. 17; vgl. *Kelsen*, S. 19, 731 und S. 732, FN 2, in der er ausführlich die verschiedenen Standpunkte anlässlich der Diskussionen im Sicherheitsrat zur Palästina-Frage 1948 darstellt. Der Vertreter Großbritanniens vertrat danach die Auffassung, dass die Weglassung des Wortes „international" „may be due to an oversight", wohingegen der Vertreter der USA von einem beabsichtigten Fehlen des Wortes ausging – „'any' includes ‚interational' and includes all other kinds of threats to the peace" – zit. nach *Fink*, S. 154. Als eine Bedrohung des internationalen Friedens kann nach *Kelsen* aaO jedoch auch eine rein innerstaatliche Angelegenheit angesehen werden.

103 *Gading*, S. 523 m.w.N.

104 Vgl. dazu oben S. 25.

105 *Menk*, S. 21 spricht von „interstatal".

bb. Art. 2 (7) ChVN

Ein weiterer Hinweis darauf, dass „Frieden“ in Art. 39 ChVN „internationalen Frieden“ meint, lässt sich aus Art. 2 (7) ChVN entnehmen[106]:

Art. 2 (7) ChVN normiert mit dem Gebot der Nichteinmischung der Vereinten Nationen in die inneren Angelegenheiten ihrer Mitgliedstaaten eines der wichtigsten Garantien des Prinzips der souveränen Gleichheit aller Staaten, auf dem das System der Vereinten Nationen gem. Art. 2 (1) ChVN aufbaut[107] und hat (auszugsweise) folgenden Wortlaut:

> „Nothing contained in the present Charter shall authorize the United Nations to intervene in matters which are essentially within the domestic jurisdiction of any state [...].“

(1) Inhalt des „domaine réservé“

Dabei ist umstritten, was zum sog. domaine réservé (domestic jurisdiction) eines Staates gehört[108]: Im Vergleich zu Art. 15 Abs. 8 VBS, nach dem eine Intervention in eine Angelegenheit, die *„by international law* is *solely* within the domestic jurisdiction“ belegen war, verboten war[109], geht Art. 2 (7) ChVN weiter, indem die Einmischung in Angelegenheiten „which are *essentially* within the domestic jurisdiction of any state“ durch Organe der Vereinten Nationen verboten wird[110].

Inhalt und Umfang des domaine réservé der Staaten sind nicht feststehend, sondern unterliegen ebenso wie der positive Friedensbegriff je nach Entwick-

---

106 *Gordon*, 1996, S. 48.

107 *Schaefer*, S. 24; *Gading*, S. 36; *Gordon*, 1994, S. 520 m.w.N.

108 Vgl. zum Streitstand: *Köck*, S. 331 ff.; *Conforti*, S. 135 ff.; *Ermacora* zu Art. 2 (7) ChVN in: *Simma* (Hrsg.), Charta und *Nolte* zu Art. 2 (7), Rdnr. 24 ff., in: *Simma* (Hrsg.), Charter, 2. Aufl.; *Schaefer* S. 23 ff.

109 Art. 15 (8) VBS lautete: „If the dispute between the parties is claimed by one of them, and is found by the Council to arise out of a matter which by international law is solely within the domestic jurisdiction of that party, the Council shall so report, and shall make no recommendations as to its settlement.“ – zit. nach *Kelsen*, S. 770. Der Ständige Gerichtshof hat in dem Gutachten zu den Tunis – Morocco Nationality Decrees, PCIJ 1923, Ser.B; No. 4 auf S. 24 ausgeführt, dass die Frage, ob eine Angelegenheit „solely within die domestic jurisdiction“ liege „an essentially relative question“ sei „It depends upon the development of international relations.“

110 Dieser Unterschied wird von allen Kommentatoren besonders hervorgehoben – vgl. nur *Köck*, S. 338; *Conforti*, S. 134 und 137 f., der darauf hinweist, dass diese Änderung in Anerkennung der Tatsache erfolgte, dass immer mehr Bereiche völkerrechtlich geregelt und damit der „domestic jurisdiction“ entzogen würden, daher auch der Verzicht einer Definition über das Völkerrecht; vgl. auch *Kelsen*, S. 771, 776 ff.

lungsstand des Völkerrechts einem ständigen Wandel[111], da die völkerrechtliche Regelung eines Sachverhaltes diesen dem domaine réservé entzieht[112].

Gehörte z.B. noch zu Zeiten der Gründung der Vereinten Nationen die Frage der Einhaltung der Menschenrechte zu den inneren Angelegenheiten der Staaten[113], so hat sich dies schon mit Wirksamwerden der Charta[114] und spätestens seit Inkrafttreten der Allgemeinen Erklärung der Menschenrechte 1948[115] bzw. der Menschenrechtspakte 1966[116] geändert[117]. Inzwischen besteht weitgehend Einigkeit darüber, dass – *unabhängig von vertraglichen Bindungen* – zumindest schwere Menschenrechtsverletzungen nicht mehr zum domaine réservé der Staaten gehören, sondern „of international concern"[118] sind[119].

Seit dem Urteil des IGH im Barcelona Traction – Fall[120] hat sich entsprechend eine Kategorie von sog. „obligations erga omnes" entwickelt, Verpflichtungen,

---

111 *Ermacora* zu Art. 2 (7) ChVN, Rdnr. 41, in: *Simma* (Hrsg.), Charta; zur Definition über das Völkerrecht *Köck*, S. 342; *Gading*, S. 37 ff.; *Gordon*, 1994, S. 524 und 534; *Dupuy*, S. 493: „conventional distinction between domestic and international matters is now less and less clear – cut." nach *A. Stein*, S. 88, handelt es sich bei Art. 2 (7) ChVN um ein Paradebeispiel für einen „erkennbar beabsichtigten dynamischen Charakter einer Regelung". Vgl. oben FN 109 zu dem Gutachten des PCIJ in Sachen Morocco Nationality Decrees.

112 *Nolte* zu Art. 2 (7) ChVN, Rdnr. 29, in: *Simma* (Hrsg.), Charter, 2. Aufl.

113 *Köck*, S. 341 f. und 348; *Gordon*, 1994, S. 534; differenziert: *Nolte* aaO, Rdnr. 39 f.

114 Vgl. zu den in San Franzisko vertretenen Auffassungen *Gading*, S. 207; *Tomuschat*, 1995, S. 17: „Das bloße Dasein der Vereinten Nationen ist der verkörperte Gegensatz zu Nichteinmischung."

115 GA Res. 217 (III) vom 10.12.1948, von *McDougal/Reisman* auf S. 12 als „increasingly authoritative" bezeichnet.

116 Internationaler Pakt über bürgerliche und politische Rechte vom 19.12.1966 (BGBl. 1973 II, S. 1534) und Internationaler Pakt über wirtschaftliche, soziale und kulturelle Rechte vom 19.12.1966 (BGBl. 1973 II, S. 1570).

117 *Gading*, S. 39, zu den weiteren Verträgen, die in diesem Zusammenhang von Interesse sind; *Gordon*, 1994, S. 534 f.; *Krylov*, S. 374.

118 Sehr kritisch zu dieser Wendung *Köck*, S. 335 f., *Köck* spricht im Zusammenhang mit dem Verhältnis zwischen Art. 2 (7) ChVN und dem Menschenrechtsschutz von einer „Uminterpreta-tion" und nicht einer Auslegung der Charta; die Wendung „international concern" wird beispielsweise verwendet von *McDougal/Reisman*, S. 15, *Gordon*, 1994, S. 538, und *Tomuschat*, 1995, S. 18; *White* spricht auf S. 51 von der „doctrine of international concern".

119 Vgl. nur *Verdroß/Simma*, § 265; *A. Stein*, S. 137; *Nolte* aaO, Rdnr. 40; *Simon*, S. 135 f.; nach *Randelzhofer*, 1993, S. 55, gehört die Behandlung der eigenen Bevölkerung nicht mehr zu den inneren Angelegenheiten eines Staates.

120 Die entscheidende Passage in paras. 33 und 34 des Urteils (S. 32) lautet: „In particular, an essential distinction should be drawn between the obligations of a State towards the international community as a whole, and those arising vis-à-vis another state in the field of diplomatic protection. By their very nature the former are the concern of all States. In view of the importance of the rights involved, all States can be held to have a legal inter-

die die Staaten gegenüber jedermann und gegenüber allen anderen Staaten treffen. Es ist heute weitgehend unbestritten, dass das Verbot von Völkermord[121], Sklaverei, Apartheid, Folter, sonstiger schwerer Menschenrechtsverletzungen oder Verletzungen der grundlegenden Regeln des humanitären Völkerrechts[122], das Selbstbestimmungsrecht der Völker[123] und das Gewaltverbot obligations erga omnes darstellen und damit jedenfalls dem domaine réservé entzogen sind[124]. Zum domaine réservé gehören z.B. noch die Fragen des Regierungssystems und der internen Organisation des Staates[125].

(2) Intervention

Umstritten ist ebenfalls der Begriff der *Intervention*[126]: Einige, insbesondere betroffene Staaten, tendieren zu einer sehr weiten Auslegung. Danach ist schon das Setzen eines innerstaatlichen Problems auf die Tagesordnung[127] und die an-

---

est in their protection; they are obligations erga omnes. Such obligations derive, for example, in contemporary international law, from the outlawing of acts of aggression, and of genocide, as also from the principles and rules concerning the basic rights of the human person, including protection from slavery and racial discrimination." vgl. auch die weiteren IGH-Fälle, zitiert bei *Herdegen*, FN 56.

121 IGH *Genocide, Preliminary Objections*, ICJ Rep. 1996, S. 595, 615 f., para. 31.

122 IGH *Nuclear Weapons-Gutachten*, S. 257, ICJ Rep. 1996, S. 226 ff., para. 79: „intransgressible" (unter Berufung auf den *Corfu Channel* Fall).

123 IGH *East Timor*-Urteil, ICJ Rep. 1995, S. 90, 102, para. 29; vgl. auch ILC-Kommentar zu Art. 40 des ILC-Entwurfes 2001 S. 284.

124 Vgl. z.B. die Äußerung des britischen Vertreters im Sicherheitsrat anlässlich der Verabschiedung von SCR 688 (1991) – S/PV. 2982, S. 64 – 65; vgl. i.ü. *Simma*, 1992 I, S. 127 m.w.N., und *Nolte* aaO, Rdnr. 41.

125 Vgl. *Bentwich/Martin* zu Art. 2 (7) ChVN; *D'Amato*, S. 1090; nach *Conforti*, S. 136 ist – mit großer Vorsicht – die traditionelle Regel anwendbar. Danach gehören zum domaine réservé die Behandlung der eigenen Staatsangehörigen, die Staatsorganisation und die Nutzung des Staatsgebietes, auf S. 146 beschränkt *Conforti* den Bereich jedoch auf die beiden zuletzt genannten Aspekte; *Tomuschat*, 1995, S. 18, weist zutreffend darauf hin, dass die politische Verfassung eines Landes heute vor internationaler Kritik nicht gefeit sei – vgl. auch unten FN 1209; zu den Beispielen Südafrika und Haiti siehe unten S. 82 ff. und S. 161 ff.

126 Vgl. den Ausspruch von Talleyrand (zit. nach *Derpa*, S. 57): „... non-intervention est un mot diplomatique et énigmatique, qui signifie à peu prèt la même chose qu'intervention"; Nach *Tomuschat*, 1995, S. 17 ist das bloße Dasein der Vereinten Nationen der verkörperte Gegensatz zur Nichteinmischung. *Kelsen* bezeichnet es auf S. 773 als kaum möglich, die den Vereinten Nationen in Art. 55 und 62 ChVN zugewiesenen Aufgaben ohne Verletzung des Art. 2 (7) ChVN zu erfüllen. Zum Interventionsbegriff vgl. auch *Isensee*, S. 423 ff.

127 Stets zulässig – *Conforti*, S. 147; vgl. auch *Nolte* zu Art. 2 (7) CVN, Rdnr. 11 und 13 f., in: *Simma* (Hrsg.), Charter, 2. Aufl.

schließende Diskussion[128] und evtl. Empfehlung des jeweiligen Organs[129] eine Einmischung. Andere sehen erst eine „dictatorial intervention" als Einmischung an[130]. Eine weitere Auffassung bewegt sich zwischen diesen beiden Extremen und stellt darauf ab, ob die jeweilige Handlung dazu geeignet ist, die Ereignisse in dem betreffenden Staat zu beeinflussen, ohne dass der betreffende Staat Gelegenheit gehabt hätte, sich dagegen zu erklären[131]. Andere halten eine Einmischung bei mehrfach hintereinander ergangenen Empfehlungen und der Einsetzung einer Kommission für möglich[132].

Zwangsmaßnahmen des Sicherheitsrates zur Wahrung/Wiederherstellung des Friedens nach Kapitel VII ChVN, die innere Angelegenheiten der Staaten betreffen, sind nach allen Ansichten eine Intervention.

(3) Der zweite Halbsatz

Letzteres haben die Verfasser der Charta vorausgesehen. Daher enthält der zweite Halbsatz die wichtige Einschränkung[133]:

> „but this principle shall not predjudice the application of enforcement measures under Chapter VII."

Damit ist dem Sicherheitsrat die *Anwendung* von Zwangsmaßnahmen ohne Rücksicht auf die Frage der inneren Zuständigkeit des betroffenen Staates ermöglicht. Dieser Halbsatz weist zugleich auf einen erweiterten Interventionsbegriff der Charta hin, da diese Ausnahmeregelung sinnlos wäre, sähe die Charta nur den Fall der – nur dem Sicherheitsrat und nur auf der Grundlage des

---

128 So die kommunistische Theorie – vgl. die Nachweise bei *Ermacora* zu Art. 2 (7) ChVN, Rdnr. 35, in: *Simma* (Hrsg.), Charta und *Nolte* aaO, Rdnr. 10 und 15; dazu, dass Südafrika sich in diesem Zusammenhang auf Art. 2 (7) ChVN berufen hat vgl. *Gordon*, 1994, S. 539, FN 106; es ist inzwischen jedoch allgemein anerkannt, dass die bloße Diskussion einer Angelegenheit im Sicherheitsrat keine „Intervention" ist – vgl. *GHS* Art. 2 (7) ChVN, S. 67 m.w.N.; *Ermacora* aaO (Charter) Rdnr. 13; nach *Conforti*, S. 147, ist die Diskussion jedoch auf die Frage zu begrenzen, ob die diskutierte Angelegenheit eine solche des „domaine réservé" ist oder nicht.

129 Vgl. die Nachweise bei *Schaefer*, S. 27 und *Nolte* aaO, Rdnr. 16 f.; *GHS*, Art. 2 (7) ChVN, S. 68, differenzieren zwischen allgemeinen und an einen bestimmten Staat gerichteten Empfehlungen – bei letzteren liege eine „Intervention" vor – so auch *Conforti*, S. 142; nach *Köck*, S. 339 f. sollten nach den Vorstellungen der Staaten in San Franzisko Empfehlungen nach Kapitel VII ChVN ausdrücklich an Art. 2 (7) ChVN zu messen sein.

130 Vgl. die Nachweise bei *Ermacora*, aaO, Rdnr. 36; *Derpa*, S. 57 ff. m.z.w.N.; *Oppenheim – Lauterpacht*, S. 305, § 134; *Kelsen*, S. 770.

131 *Ermacora*, aaO, Rdnr. 34.

132 *Gordon*, 1994, S. 537; *Nolte*, aaO, Rdnr. 21.

133 Zur Geschichte dieses Halbsatzes, der auf einen Vorschlag der australischen Delegation zurückgeht und daher als „Australian amendment" bezeichnet wird vgl. *White*, S. 50; *Gross*, S. 226 f.

Kapitels VII ChVN möglichen – „dictatorial intervention“ als Intervention an[134]. Die Ausnahme beträfe dann nämlich den so noch verbleibenden gesamten Anwendungsbereich des Art. 2 (7) ChVN, denn nur ein Handeln des Sicherheitsrates könnte noch gegen Art. 2 (7) ChVN verstoßen.

Der Wortlaut des zweiten Halbsatzes umfasst jedoch *nicht* die *Feststellung einer Friedensbedrohung* aufgrund eines allein in der inneren Zuständigkeit eines Staates liegenden Umstandes[135] und die sich daran anschließenden Empfehlungen nach Art. 39 ChVN und Maßnahmen nach Art. 40 ChVN[136], denn dabei handelt es sich nicht um „Zwangsmaßnahmen“ i.S.d. Art. 2 (7) ChVN.

Aus systematischen Erwägungen im Verhältnis zu Art. 39 ChVN verweisen manche zugleich unter Hinweis auf die Entstehungsgeschichte[137] und den Sinn der Vorschrift des Art. 2 (7) ChVN[138] darauf, dass der zweite Halbsatz jede Maßnahme nach Kapitel VII ChVN zulasse[139], die sich auf das Bestehen einer Friedensbedrohung stütze[140]. Eine andere Auffassung sei „absurd“[141], da dem Sicherheitsrat ein Handeln auf einer niedrigeren Stufe als der Ausführung einer Zwangsmaßnahme in den Art. 2 (7) ChVN tatbestandlich betreffenden Fällen dann nicht möglich sei. Worin die Friedensbedrohung bestehe, sei gleichgültig. Bei deren Feststellung als notwendige Voraussetzung eines Handelns nach Kapitel VII ChVN sei der Sicherheitsrat nicht durch Art. 2 (7) ChVN behindert[142].

Diese Auffassung führt konsequenterweise dazu, dass alle Handlungen des Sicherheitsrates auf der Grundlage des Kapitels VI ChVN von dem Anwendungsbereich des Art. 2 (7) ChVN ausgenommen werden müssten, um dem Sicherheitsrat sehr früh ein präventives Tätigwerden zur Vermeidung von Handlungen nach Kapitel VII ChVN zu ermöglichen[143].

---

134 *Gordon*, 1994, S. 537, FN 96.

135 *Szasz*, 1983, S. 352; *Fink*, S. 71, 240, 790 und 875; *A. Stein*, S. 139.

136 Dazu, dass auch der Sicherheitsrat davon z.B. im Fall von SCR 688 (1991) ausgeht *Fink* S. 603.

137 *White*, S. 50; *Gross* aaO; gegen eine solche historische Auslegung *Endemann*, S. 120 f. m.z.w.N.

138 *Schaefer*, S. 89.

139 *Kelsen*, S. 789; *Conforti*, S. 150, beschränkt die zulässigen Maßnahmen auf solche nach Art. 40, 41 und 42 ChVN.

140 *Schaefer*, S. 26; *Bentwich/Martin*, Art. 39, S. 17; *Kelsen*, S. 786 ff.; *Gross*, S. 227; *White*, S. 50, meint dass der Sicherheitsrat so handele und dass dies dem Willen der Parteien in San Franzisko entspreche, der im „australien amendement“ nur unzureichend zum Ausdruck gekommen sei.

141 *Schaefer*, S. 26.

142 *White*, S. 51; *Kelsen*, S. 772 f., 790 f.; *Conforti*, S. 149.

143 Nicht konsequent daher *Conforti*, S. 150, der nur Maßnahmen nach Art. 40 ChVN in den letzten Halbsatz aufnimmt, da diese „closely functional“ zu den Art. 41 und 42 ChVN sei. Bei Empfehlungen nach Art. 39 ChVN sei das nicht der Fall. Manche sehen Handlungen

Damit würde Art. 2 (7) ChVN als Grenze für Handlungen des Sicherheitsrates völlig entwertet. Außerdem wird übersehen, dass der zweite Halbsatz des Art. 2 (7) ChVN nur dann Sinn ergibt, wenn innere Angelegenheiten überhaupt von Maßnahmen nach Kapitel VII ChVN betroffen sein können[144]. Der Vorschrift käme nach der dargestellten Ansicht keinerlei Bedeutung bei der Bestimmung der Handlungsbefugnisse des Sicherheitsrates nach den Art. 39 ff. ChVN und – soweit sie Art 2 (7) ChVN für die Feststellung der Voraussetzungen des Art. 39 ChVN für nicht anwendbar erklärt[145] – für die Bestimmung des Begriffs der Friedensbedrohung zu[146].

Es soll daher im Folgenden davon ausgegangen werden, dass ein Beschluss, der die *Feststellung einer Friedensbedrohung* enthält[147], sowie Empfehlungen nach Art. 39 ChVN[148] oder (nicht bindenden) Maßnahmen nach Art. 40 ChVN, an Art. 2 (7) ChVN zu messen sind[149]. Wegen der ständigen Verkleinerung des domaine réservé sind die Auswirkungen dieser Auffassung jedoch in der Praxis gering.

Ob allein die Feststellung einer Friedensbedrohung als notwendige Voraussetzung der Durchführung von Zwangsmaßnahmen eine Intervention darstellt, ist dabei abhängig vom jeweiligen Einzelfall zu beurteilen. Auch bei sich daran anschließenden Maßnahmen nach Art. 39 und 40 ChVN ist (für diese Maßnahmen) das Vorliegen einer Intervention zu prüfen. Ein Verstoß gegen Art. 2 (7) ChVN liegt nur dann nicht vor, wenn der betreffende Gegenstand nicht zur inneren Zuständigkeit des Staates gehört, völkerrechtlich geregelt, also „interna-

---

des Sicherheitsrates nach Kapitel VI ChVN allerdings nicht als „Intervention“ an. Zu den Diskussionen in San Franzisko, bei denen dieses Problem erkannt wurde vgl. *Preuss*, S. 591 ff.

144 *Wolfrum/Heinz/Phillip*, S. 126 – dagegen *A. Stein*, S. 139; mittelbar auch *Conforti*, S. 186 und *Verdroß/Simma*, § 234; *Gading*, S. 71 m.w.N.; *Endemann*, S. 124; *McDougal/Reisman*, S. 14, bezeichnen den letzten Halbsatz des Art. 2 (7) ChVN unter Berufung u.a. auf *Higgins*, 1963, S. 87, als überflüssig, da die Angelegenheit ohnehin keine innere mehr sei, wenn eine Friedensbedrohung vorliege.

145 Vgl. oben FN 142.

146 Das sieht auch *White*, S. 51, so, der aber dennoch diese Ansicht vertritt.

147 A.A. *Nolte*, aaO, Rdnr. 71.

148 *Gordon*, 1994, S. 538, FN 103, zu den in diese Richtung weisenden travaux preparatoires; *Nolte*, aaO, Rdnr. 67 ff.

149 Siehe bereits oben S. 39; so auch das Appeals Chamber des Jugoslawien-Tribunals im Fall Prosecutor v. Tadic, HRLJ 16 (1995), S. 443, para. 33 a.E.; *Fink*, S. 603, unter Hinweis auf die Diskussionen im Sicherheitsrat zu SCR 688 (1991) und S. 877; *Arntz*, S. 61 f. und 68 f.; *Preuss*, S. 588 ff.; *Dahm* II, S. 388, 390; *Kresock*, S. 209 f. und wohl auch *Franck*, 1993, S. 86; *Schilling*, S. 84.

tionalisiert" ist. Wie bereits dargestellt[150], ist letzteres *jedenfalls* für die Fälle der „obligations erga omnes" anerkannt.

Für den Friedensbegriff folgt daraus, dass sich insbesondere Zustände im Inneren eines Staates nur dann für die Feststellung einer Friedensbedrohung *eignen*, wenn sie „internationalisiert" und dem domaine réservé des Art. 2 (7) ChVN entzogen sind[151]. Dies ist *jedenfalls* bei der (drohenden) Verletzung des Gewaltverbotes der Fall (und zwar auch dann, wenn es sich bei dem Zustand im Übrigen um eine innere Angelegenheit handelt[152]), aber z.B. auch bei der Verletzung sonstiger obligations erga omnes[153]. Damit lässt Art. 2 (7) ChVN auch Raum für einen erweiterten Friedensbedrohungsbegriff, wobei offen bleibt, ob diesem ein erweitertes Verständnis des Friedens oder der Bedrohung zugrunde liegt.

(4) Ergebnis

Insgesamt ist jedoch der Wert einer an Art. 2 (7) ChVN orientierten Auslegung problematisch, da sich hierbei zahlreiche ungeklärte und umstrittene Vorfragen wie der Umfang des domaine réservé und des Interventionsbegriffes stellen[154]. Die hier vorgestellte, aus der Sicht des Art. 2 (7) ChVN weiteste denkbare und am Wortlaut orientierte Lösung bietet jedoch den Vorteil einer an dem Umfang des domaine réservé orientierten Dynamik, ohne Art. 2 (7) ChVN für die Zwecke des Kapitels VII ChVN völlig zu entwerten. Sie behindert in keinem Fall die Feststellung einer Friedensbedrohung im Falle (drohender) zwischenstaatlicher Gewaltanwendung, lässt aber auch die Annahme eines positiven Friedensbegriffs zu.

2. Bedrohung

Der Begriff der Bedrohung taucht in Zusammenhang mit dem Friedensbegriff in Art. 1 (1), Art. 39 und Art. 99 ChVN auf. In Art. 1 (1) und Art. 39 ChVN heißt es jeweils „threat to the peace". Dies ist bedingt durch die Tatsache, dass das Ziel des Art. 1 (1) ChVN seine operative Entsprechung in Art. 39 ChVN findet. In Art. 99 ChVN heißt es: „The Secretary – General may bring to the attention of the Security Council any matter which in his opinion may *threaten the main-*

---

150 Oben S. 36 und *Ermacora* zu Art. 2(7) ChVN, Rdnr. 40, in *Simma* (Hrsg.) Charter.

151 Vgl. auch *Lailach*, S. 35 f., der dies schon dem Wort „international" entnimmt.

152 Dieser Aspekt wird von *Nolte*, aaO, Rdnr. 71, übersehen.

153 Unverständlich daher *Fink*, S. 898, für den ein Handeln des Sicherheitsrates nach Kapitel VII ChVN allein wegen Menschenrechtsverletzungen gegen Art. 2 (7) ChVN verstößt.

154 Es ist darüber hinaus auch unklar, wer über den Umfang des domaine réservé und das Vorliegen einer Einmischung entscheidet – vgl. *Ermacora*, aaO, Rdnr. 46 f.; *Kelsen*, S. 783 f.; nach *Gordon*, 1994, S. 535, bestimmen die Organe der Vereinten Nationen den Anwendungsbereich des Art. 2 (7) ChVN nach politischen Kriterien.

tenance of international peace and security“. Alle drei genannten Vorschriften helfen bei der Auslegung des Begriffs der Bedrohung nicht weiter.

Der Begriff „threat“ wird außerdem in Art. 2 (4) ChVN im Zusammenhang mit dem Begriff der Gewalt („force“) gebraucht. Dort erfolgt die Verwendung jedoch aktivisch i.S.v. „Androhung“. Bei Art. 2 (4) ChVN ist eine enge Auslegung des Begriffs „threat“ sinnvoll, da es sich bei der Androhung von Gewalt z.T. um den Ersatz von deren Anwendung handelt, die im Interesse der Vermeidung der tatsächlichen Gewaltausübung in gewissem Maße hingenommen werden muss[155].

Der einzige Anhaltspunkt, der sich in der Charta für eine Auslegung des Begriffs der „Bedrohung“ bietet, ist dessen Abgrenzung zum Begriff der „Gefährdung“ des Friedens in Art. 2 (3), 11 (3), 33 (1), 34 und 37 (2) ChVN[156]. Dabei sind die Art. 2 (3) und 11 (3) ChVN auf die genannten Vorschriften des sechsten Kapitels bezogen, auch wenn in beiden Artikeln auf die „Gefährdung des Weltfriedens und der internationalen Sicherheit“ und nicht wie in Kapitel VI ChVN auf die „Gefährdung der *Wahrung* des Weltfriedens und der internationalen Sicherheit“ Bezug genommen wird, so dass den Vorschriften des Kapitels VI ChVN besondere Bedeutung bei der Abgrenzung zukommt.

In Anbetracht der geringen Eingriffstiefe der Vorschriften des Kapitels VI ChVN[157], das in seiner Anwendung auch dem Interventionsverbot des Art. 2 (7) ChVN unterliegt[158], und des allgemeinen Sprachgebrauchs stößt eine sehr weite Auslegung des Begriffs der „Gefährdung“ auf keine Bedenken. Dies wiederum legt in Anbetracht der deutlich größeren Eingriffsintensität des Kapitels VII ChVN und ebenfalls in Anlehnung an den allgemeinen Sprachgebrauch eine demgegenüber engere Auslegung des Begriffs der Bedrohung nahe[159]. Bei der „Bedrohung“ handelt es sich folglich um eine in Hinblick auf die zeitliche Komponente und Konkretheit qualifizierte Form der Gefährdung.[160] Bedrohung setzt demnach voraus, dass der Bruch des Friedens zeitlich in nicht allzu ferner Zukunft zu erwarten ist und dass eine Erwartung besteht, dass es auch tatsäch-

---

155 Vgl. *Randelzhofer* zu Art. 2 (4) ChVN, Rdnr. 38, in: *Simma* (Hrsg.), Charter, 2. Aufl.

156 *Gordon*, 1994, S. 526, spricht von „potential threat“.

157 Vgl. dazu *Randelzhofer*, 1989, S. 748, nach dessen Auffassung die Vorschriften des VI. Kapitels höchst ungenügend sind.

158 Dabei wird es – wegen der geringen Eingriffsintensität der Maßnahmen nach Kapitel VI – kaum zu Konfliktfällen kommen.

159 Nach *Frowein* zu Art. 39, Rdnr. 17, in: *Simma* (Hrsg.), Charter, 2. Aufl., ist eine abstrakte Unterscheidung zwischen „Bedrohung“ und „Gefährdung“ nicht möglich.

160 Nach *Fink*, S. 881, erinnert die Unterscheidung zwischen Friedensgefahr (er meint Friedensgefährdung) und Friedensbedrohung an die im deutschen Polizeirecht bekannten Unterscheidung zwischen einer abstrakten (Friedensgefährdung) und konkreten Gefahr (Friedensbedrohung).

lich zum Bruch des Friedens kommen wird, wenn der Sicherheitsrat nicht tätig wird. Dabei wird jedoch davon ausgegangen, dass Kapitel VI und VII ChVN derselbe Friedensbegriff zugrundeliegt[161].

Genaueres lässt sich einer systematischen Auslegung des Bedrohungsbegriffs nicht entnehmen.

3. Verhältnis zwischen Friedensbedrohung und Gewaltverbot des Art. 2 (4) ChVN

Aus dem bisher Gesagten[162] ist bereits deutlich geworden, dass der Begriff der Gewalt im Zusammenhang mit der Bestimmung des Friedensbegriffs eine große Rolle spielt. So ist unter „Frieden" *jedenfalls* die Abwesenheit grenzüberschreitender militärischer Gewalt zu verstehen. Manche Vertreter des positiven Friedensbegriffs verwenden zur Definition des Friedens den Begriff „Strukturelle Gewalt", was soviel bedeutet wie soziale Ungerechtigkeit[163].

a. Inhalt und Umfang des Gewaltverbotes

Art. 2 (4) ChVN verbietet die Anwendung oder Androhung von Gewalt in den internationalen Beziehungen[164]. Diese Möglichkeit bleibt – außer im Fall des Art. 51 ChVN – letztlich allein dem Sicherheitsrat vorbehalten[165]. Nach einer in der Literatur vertretenen Auffassung[166] stellt Kapitel VII ChVN ein Sanktionssystem für Verletzungen des Gewaltverbotes dar. Bevor auf die Begründung für diese These eingegangen werden kann, stellt sich zunächst die Frage nach dem Umfang des Gewaltverbotes in Art. 2 (4) ChVN.

Art. 2 (4) ChVN lautet:

> „All Members shall refrain in their international relations from the threat or use of force against the territorial integrity or political independence of any state, or in any other manner inconsistent with the Purposes of the United Nations."

---

161 A.A. wohl *Schaefer*, S. 19; wie hier *Lailach*, S. 148.

162 Vgl. oben S. 23 f.

163 Eine sehr eingehende Untersuchung des Gewaltbegriffs aus Sicht der sog. kritischen Friedensforschung enthält der Aufsatz von *Galtung* („Gewalt, Frieden und Friedensforschung") bei *Senghaas*.

164 Mit einer Erweiterung des Gewaltverbotes auf interne Konflikte befasst sich *Nolte* auf S. 201 ff. Zutreffend lehnt er eine Erweiterung im Ergebnis ab.

165 Zum Gewaltmonopol des Sicherheitsrates als wesentliches Element des Systems kollektiver Sicherheit *Derpa*, S. 72.

166 *Arntz*, S. 26 ff. m.z.w.N. in FN 27 auf S. 27; *Randelzhofer*, 1979, S. 35 f.; ders., 1992, S. 49; ders., 1985, S. 238; *Derpa*, S. 77; *White* stellt diese Auffassung auf S. 33 sehr gut vor, schließt sich ihr aber nicht an; vgl. zu dieser Auffassung auch *Menk*, S. 105 f., *Gading*, S. 72 ff.

Für manche bedeutet „Gewalt“ jede Art von physischer Gewalt[167], für andere militärische und nichtmilitärische physische Gewalt, soweit diese ähnliche Auswirkungen hat wie die militärische Gewaltanwendung[168], für andere wiederum fällt auch wirtschaftliche Gewalt unter den Gewaltbegriff des Art. 2 (4) ChVN[169].

Es ist jedoch davon auszugehen, dass unter „Gewalt“ i.S.d. Art. 2 (4) ChVN nur direkte und indirekte militärische Gewalt zu verstehen ist[170]. Das ergibt sich zunächst aus der Charta selbst. Die Charta verwendet den Begriff „force“ nämlich bereits in dem siebten Absatz der Präambel in der Form „armed force“[171], ebenso in Art. 41 ChVN und in Art. 44 und 46 ChVN zwar ohne den Zusatz „armed“, aus dem Zusammenhang wird jedoch deutlich, dass auch hier nur „armed force“ – „bewaffnete Gewalt“ gemeint sein kann[172].

Außerdem bliebe bei einer weiten Auslegung des Begriffes „Gewalt“ keine zulässige Form zwischenstaatlicher Druckausübung mehr[173]. Die Tatsache, dass ein auf eine Erweiterung des Gewaltverbotes abzielender Vorschlag Brasiliens in San Franzisko zurückgewiesen wurde[174], spricht ebenso für einen engen Gewaltbegriff wie die „Friendly Relations Declaration“ vom 24.10.1970[175], die im ersten „principle“ die Staaten *zusätzlich* auffordert, not to „encourage the use of economic, political or any other type of measures to coerce another state…“[176]. Daraus, dass das als Ausnahme zu Art. 2 (4) ChVN konzipierte Recht auf Selbstverteidigung nach Art. 51 ChVN nur gegenüber einem bewaffneten Angriff besteht[177], folgt, dass im Falle eines weiten Gewaltverbotes eine Lücke

---

167 Vgl. dazu *Randelzhofer* zu Art. 2 (4) ChVN, Rdnr. 21, in: *Simma* (Hrsg.): Charter, 2. Aufl.

168 *Arntz*, S. 43 m.w.N.; *Gading*, S. 74; *Derpa*, S. 25.

169 Vgl. die Nachweise bei *Schaefer*, S. 22, FN 48, und *Randelzhofer*, aaO, Rdnr. 16, FN 26; *Derpa*, S. 43 ff.

170 *Randelzhofer* zu Art. 2 (4) ChVN, Rdnr. 16 ff. m.z.w.N, in: *Simma* (Hrsg.): Charter, 2. Aufl.; *Gading*, S. 73; zur Unterscheidung zwischen direkter und indirekter Gewalt *Derpa*, S. 18 ff. m.z.w.N.

171 Kritisch zu dieser Auslegung *Derpa*, S. 38.

172 *Derpa*, S. 34 ff, der die Argumentation aber letztlich für angreifbar hält.

173 *Randelzhofer* zu Art. 51 ChVN, Rdnr. 17, in: *Simma* (Hrsg.), Charter; *Derpa*, S. 52; *Seidl – Hohenfeldern*, Rdnr. 1784; *Berber* II, S. 44; *Higgins*, 1963, S. 175.

174 *Derpa*, S.122 f. m.z.w.N. – *Derpa* selbst hält das Argument jedoch nicht für alleine tauglich.

175 Declaration on Principles of International Law Concerning Friendly Relations and Cooperation among States in Accordance with the Charter of the United Nations – GA Res. 2625 (XXV) vom 24.10.1970.

176 *Randelzhofer*, aaO, Rdnr. 18; ders., 1982, 265, 268; *Schaefer*, S. 21; vgl. auch GA Res. 2131 (XX), 2. Abschnitt.

177 *Schaefer*, S. 23; *Higgins*, 1963, S. 176; zur abweichenden Mindermeinung, nach der Art. 51 ChVN ein weiterreichendes Selbstverteidigungsrecht nach allgemeinem Völker-

zwischen Art. 2 (4) und Art. 51 ChVN entstünde[178]. Dies spricht dafür, den „bewaffneten Angriff" des Art. 51 ChVN weitestgehend mit dem Begriff der Gewalt zu harmonisieren.

b. Verhältnis zwischen Gewaltverbot und Friedensbedrohung

Überträgt man diesen Gedanken auf Art. 39 ChVN, so liegt es nahe, Art. 2 (4) ChVN als Grundsatz und Kapitel VII ChVN als Verfahren zu dessen Durchsetzung i.S.d. siebten Absatzes der Präambel anzusehen[179]. Dafür könnte aus systematischen Gründen auch sprechen, dass parallel dazu Kapitel VI ChVN Bestimmungen zur Durchführung des Grundsatzes des Art. 2 (3) ChVN enthält. Das Gewaltmonopol des Sicherheitsrates, d.h. seine Erlaubnis, Gewalt zu verwenden, entspricht dann dem den Mitgliedstaaten auferlegten Verbot[180].

So einleuchtend diese Argumentation zunächst ist, so vermag sie aus folgenden Gründen nicht zu überzeugen[181]:

Wäre das siebte Kapitel der Charta lediglich zur Durchsetzung des Gewaltverbotes konzipiert, so könnte es sich ohne weiteres der Terminologie des Art. 2 (4) ChVN bedienen. Das tut es aber gerade nicht[182]. Der siebte Absatz der Präambel, auf den sich die Anhänger des Sanktionscharakters des Kapitels VII ChVN berufen, betrifft gerade nicht die Voraussetzungen des Eingreifens des Sicherheitsrates mit Waffengewalt, sondern nur das Gewaltmonopol des Sicherheitsrates, also die Rechtsfolgenseite. Darüber hinaus spricht auch der zweite Halbsatz des Art. 2 (7) ChVN dagegen, dass es sich bei Kapitel VII ChVN um ein Sanktionssystem für die Verletzung des Gewaltverbotes des Art. 2 (4) ChVN handelt: Verstößt ein Staat gegen das Gewaltverbot ist ein Handeln des Sicherheitsrates möglich[183], ohne dass es der Ausnahme des zweiten Halbsatzes des Art. 2 (7) ChVN bedürfte.

---

recht unberührt lässt vgl. *Schaefer*, S. 23 und *Derpa*, S. 96 ff. m.z.w.N., sowie (ablehnend) *Randelzhofer* zu Art. 51 ChVN, Rdnr. 9 ff., in: *Simma* (Hrsg.), Charter, 2. Aufl.; zum Verhältnis zwischen Art. 51 und Art. 2 (4) ChVN ausführlich *Conforti*, S. 176 f. und *Derpa*, S. 95 ff.

178 *Derpa*, S. 95 ff., 119 f. m.w.N.; *Mössner*, S. 156 f.

179 Vgl. die Nachweise oben in FN 166.; *Arntz*, S. 35 ff.; *Wengler*, S. 22.

180 *Derpa*, S. 38: Deliktsgewalt entspricht der Sanktionsgewalt; *Menk*, S. 106.

181 Sehr eingehend dazu *Lailach*, S. 187 ff.

182 *GHS*, Art. 2 (4), S. 46; *Gading*, S. 74 f.; *A. Stein*, S. 133; vgl. die zahlreichen Nachweise bei *Derpa*, S. 77 und 79; *Verdroß/Simma*, § 234; *Kelsen*, S. 727: „Of the utmost importance is the difference between the meaning of 'threat of force' used in Art. 2, paragraph 4, and that of 'threat to the peace' used in Art. 39."; *Menk*, S. 106; eingehend *Lailach*, S. 189 f.; *Nettesheim*, S. 177, übersieht, dass Art. 39 ChVN den Begriff „Gewalt" nicht verwendet.

183 Nach *Kelsen*, S. 790 f., folgt daraus, dass der Sicherheitsrat nicht verpflichtet ist, nach Kapitel VII ChVN tätig zu werden und innere Angelegenheiten nicht dem Verbot des

Unstreitig ist, dass ein Verstoß gegen das (eng verstandene) Gewaltverbot des Art. 2 (4) ChVN den Tatbestand des Art. 39 ChVN erfüllt. Es spricht vieles dafür, dass sich der Tatbestand des Art. 39 ChVN jedoch nicht darauf beschränkt[184].

Ein Vergleich mit Art. 2 (4) ChVN führt somit zu der Annahme eines weiteren Friedensbegriffs.

4. Ergebnis der systematischen Auslegung

Die systematische Auslegung führt zu keinem eindeutigen Ergebnis. Dies liegt u.a. daran, dass eine Definition des positiven Friedens nicht möglich ist. Fest steht lediglich, dass eine unmittelbar bevorstehende grenzüberschreitende militärische Auseinandersetzung eine „Bedrohung des Friedens" i.S.d. Art. 39 ChVN darstellt. Die Charta enthält jedoch auch zahlreiche Anhaltspunkte dafür, dass sich der Be-griff der Friedensbedrohung nicht darauf beschränkt. Die wörtliche und systematische Auslegung lässt demnach auch Raum für die Annahme einer Friedensbedrohung in sonstigen Fällen, die hinreichend bestimmbar und aus der Sphäre der einzelnen Staaten herausgehoben, das heißt „internationalisiert" sind.

Art. 2 (4) ChVN unterfallen, dass die Staaten auch eine Verpflichtung trifft, in inneren Angelegenheiten den Frieden nicht zu bedrohen bzw. zu brechen; vgl. auch *Schilling*, S. 89.

184 Vgl. auch *White*, S. 33 f.; *Lorinser*, S. 48; *Higgins*, 1963, S. 176; *Dahm* II, S. 389; *Menk*, S. 106 ff., der sich im wesentlichen auf eine teleologische und historische Argumentation stützt; wie hier wohl auch *Derpa*, S. 79, nicht ganz klar wird allerdings, warum er dann den Friedensbegriff und den Tatbestandvoraussetzungen des Art. 39 ChVN so große Bedeutung bei der Bestimmung des Gewaltbegriffs beimisst, vgl. S. 73 und 79 f.

C. Die Praxis des Sicherheitsrates

Arntz[185] hat die Praxis des Sicherheitsrates bis zum Jahre 1975 eingehend untersucht. Die vorliegende Arbeit berücksichtigt im wesentlichen diejenigen Konflikte[186], die den Sicherheitsrat zwischen Anfang 1975 und Mitte 2003 beschäftigten und greift bei den Konflikten im Nahen Osten, in Südrhodesien und Südafrika auf den Zeitraum davor zurück[187].

Auf die Bedeutung der sog. „dynamisch-evolutiven" Auslegung der Charta ist bereits hingewiesen worden[188]. Der besondere Wert der Praxis des Sicherheitsrates[189] ergibt sich überdies daraus, dass er das einzige Organ[190] ist, das die Vorschrift des Art. 39 ChVN anwendet, die sich ihrem Wortlaut nach seit 1945 nicht verändert hat. Damit ist nur der Sicherheitsrat zu einer „subsequent practise" i.S.d. Art. 31 III b WÜV in der Lage, die (jedenfalls nach dem Wortlaut der Charta) nicht gerichtlich überprüfbar ist. Spätestens seit Ende des kalten Krieges liegen veränderte äußere Umstände vor, die eine geänderte Auslegung des Begriffs der Friedensbedrohung ermöglichen. Die Welt und auch das Völkerrecht haben sich seit 1945 gewandelt, bei der Betrachtung des Art. 2 (7) ChVN ist dies bereits angeklungen. Selbst wenn man den Resolutionen des Sicherheitsrates

---

185 Der Begriff der Friedensbedrohung in Satzung und Praxis der Vereinten Nationen, 1975. Die umfassenste Untersuchung in jüngster Zeit stammt von *Fink*, der jedoch nicht alle in der vorliegenden Arbeit dargestellten Konflikte berücksichtigt.

186 Im untechnischen Sinne; zum Begriff des Konfliktes vgl. *Delbrück*, 1996 II, S. 201 ff.

187 Vgl. außerdem die Kurzdarstellung der sonstigen, vor 1975 behandelten Konflikte auf S. 206 ff.

188 Oben S. 20.

189 Sehr gut zur Bedeutung der Praxis *Gading*, S. 92 ff.; *Fink*, S. 38 f. und 855 ff.; gegen eine Bedeutung der Praxis (aber auch der teleologischen und systematischen Auslegung) bei der Auslegung des Art. 39 ChVN *Ipsen*, 1992, S. 42, nach dessen Ansicht es ganz wesentlich auf die dem Sicherheitsrat eingeräumte Feststellungsbefugnis ankommt; nach *A. Stein*, S. 89 ff. ist die Praxis des Sicherheitsrates Ausdrucksform der dynamisch-teleologischen Auslegung, nach *Ress* on Interpretation, Rdnr. 27 ff., in: *Simma* (Hrsg.), Charter, 2. Aufl., eigenständiges Element der Auslegung.

190 Zu der Uniting For Peace Resolution der Generalversammlung – GA Res. 377 (V) vom 03.11.1950 – die ein Eintrittsrecht der Generalversammlung im Falle des durch die Ausübung des Vetorechtes nach Art. 27 (3) ChVN handlungsunfähigen Sicherheitsrates vorsieht und die den Sicherheitsrat nicht bindet vgl. *Verdroß/Simma*, §§ 244 ff.; *Arntz*, S. 112 ff.; *Menk*, S. 115 ff.; *Waldock* spricht sich auf S. 27 für die Resolution der Generalversammlung aus; zu den Fällen, in denen die Generalversammlung auf der Grundlage der Resolution gehandelt hat vgl. *Harris*, S. 693 f.; die Rolle der Generalversammlung in diesem Zusammenhang hat in den letzten Jahren abgenommen – vgl. *Johnson*, S. 464; zur „Dynamisierung" des Friedensbegriffes durch die Generalversammlung vgl. *Schaefer*, S. 355 f.

keine authentische[191] oder autoritative[192] Wirkung für die Auslegung des Art. 39 ChVN beimisst, sind sie ein wichtiger Indikator für die dynamisch – evolutive Entwicklung der mit Verfassungscharakter ausgestatteten Charta[193].

I. Statistik

Der Sicherheitsrat hat in dem Zeitraum vom 01.01.1973 bis zum 04.08.2003 insgesamt 1164 Resolutionen verabschiedet, von denen 162 den Begriff „Friedensbedrohung“ ausdrücklich verwenden[194]. Von diesen 162 Resolutionen wurden allein 140 in den Jahren seit 1990 erlassen, wobei in diesen Jahren auch die Gesamtzahl der Resolutionen zugenommen hat (1973-1989: 322 Resolutionen; 1990-04.08.2003: 842 Resolutionen). Am aktivsten war der Sicherheitsrat in den Jahren 1992 bis 1994, in denen er sich z.T. gleichzeitig mit den Konflikten in Jugoslawien, Somalia, Liberia, Angola, Ruanda, Georgien und Haiti befasste.

Die im Zusammenhang mit dem Begriff der Friedensbedrohung relevanten Resolutionen der Jahre 1973-1989 betrafen fast ausschließlich die Konflikte in Südafrika und Südrhodesien, daneben nur noch die Lage in Cypern (1974) und

---

191 Gut zur generellen und individuellen authentischen Auslegung *Kelsen*, S. XV f., der dem Sicherheitsrat ein Recht zur alleinigen authentischen Auslegung beimisst; nach *White*, S. 34, reicht die Praxis aus, um die enge Auslegung des Begriffs der Friedensbedrohung durch *Arntz* zu widerlegen; für eine authentische Auslegung *Ress*, Auslegung, Rdnr. 2, in: *Simma* (Hrsg.), Charta; dagegen *Martenczuk*, S. 55 ff., der die authentische Interpretation mit dem Recht der Vertragsparteien zur Vornahme formloser Vertragsänderungen gleichsetzt – die Möglichkeit rechtswidrigen Handelns des Sicherheitsrates besteht dann nicht mehr. Er verweist auf das dictum des Richters Spender im *Certain Expenses* – Fall: „the right to interpret the Charter gives them no power to alter it.“; dagegen auch *Fink*, S. 858; nach *Krökel*, S. 72 interpretiert der Sicherheitsrat seine Kompetenzen selbst. Vgl. auch diss. op. *Alvarez* zum *Admission-Gutachten*, ICJ Rep. 1050, S. 1, 15: „... when such interpretation is made by an authorized organ [...] it presents a great practical value and creates prededence.“

192 Zum Unterschied zwischen authentischer und autoritativer Auslegung *Karl*, S. 40, und *Martenczuk*, aaO, der sich auf S. 143 ff. eingehend mit der Kompetenz des Sicherheitsrates zur autoritativen Auslegung auseinandersetzt, die er im Ergebnis *ablehnt*; *bejahend* dagegen *Herdegen*, S. 14, ders., 1995, S. 110 m.w.N.

193 Zum Verfassungscharakter der ChVN siehe oben FN 20. Zur besonderen Bedeutung der Praxis bei Autoren aus dem Common-Law-Bereich *Freudenschuß*, 1994, S. 526: „... Common Law approach for which the most important guide is practise, has gained the upper hand over Charter fundamentalists.“ Richter *Alvarez*. aaO (FN 191), S. 9: „Legal texts can be interpreted by anyone; but when such an interpretation is made by an authorized organ such as the General Assembly of the United Nations or the International Court of Justice, it presents a great practical value and created precedence.”

194 Erheblich höher ist die Zahl der Resolutionen, in denen der Sicherheitsrat ausdrücklich nach Kapitel VII ChVN handelt, ohne zuvor eine Bedrohung oder ein Bruch des Friedens oder eine Angriffshandlung festgestellt zu haben.

die beiden israelischen Übergriffe auf tunesisches Territorium (1985 und 1988)[195].

Der einzige Konflikt, der den Sicherheitsrat seit seinem Bestehen bis heute beschäftigt, ist der Nahostkonflikt.

II. Typen von Resolutionen

Die relevanten Resolutionen des Sicherheitsrates weisen z.T. keinen Regelungsgehalt auf, z.T. stellen sie lediglich Wiederholungen vorangegangener Resolutionen dar, z.T. sind sie zwar nach Kapitel VII ChVN ergangen, enthalten aber keine Feststellung einer Friedensbedrohung oder einer sonstigen Voraussetzung des Art. 39 ChVN. Auch gibt es Resolutionen, die weder Kapitel VII ChVN, noch eine der Voraussetzungen des Art. 39 ChVN erwähnen, aber dennoch als „Kapitel VII"-Resolutionen angesehen werden. Es besteht also eine gewisse Typenvielfalt, die sich – soweit für die vorliegende Untersuchung interessant – in folgende Fallgruppen einteilen lässt:

1. Die Resolution stellt das Vorliegen einer Friedensbedrohung fest und macht deutlich, dass ein Handeln nach Kapitel VII ChVN erfolgt.

Bei dieser Fallgruppe handelt es sich um die unproblematischste Konstellation, entspricht sie doch dem Leitbild des Kapitels VII ChVN[196]. In der Regel erfolgt die Feststellung (determination) der Friedensbedrohung in der Präambel der Resolution[197].

---

195 Außerdem sind aus dem Zeitraum davor noch zu nennen: Der Kongo-Konflikt (SCR 161 (1961)); die Problematik der portugiesischen Kolonien in Afrika (SCR 290 1970)); der Konflikt zwischen Indien und Pakistan (SCR 307 (1971)).

196 Einige der Fälle, in denen der Sicherheitsrat entsprechend vorgegangen ist: SCR 54 (1948) Palästina; SCR 253 (1968), 277 (1970) – Südrhodesien; SCR 864 (1993), 1127 (1997), 1135 (1997), 1173 (1998), 1237 (1999), 1374 (2001), 1404 (2002) – Angola; SCR 841 (1993), 873 (1993), 875 (1993), 917 (1994) – Haiti; SCR 757 (1992), 787 (1992), 816 (1993), 836 (1993), 859 (1993), 900 (1994), 913 (1994), 941 (1994), 942 (1994), 998 (1995), 1021 (1995), 1031 (1995), 958 (1994), 1037 (1996), 1120 (1997), 1174 (1998), 1244 (1999), 1423 (2002), – ehemaliges Jugoslawien; SCR 788 (1992), 813 (1993), 883 (1993), 1408 (2002), 1478 (2003) – Liberia; SCR 748 (1992) – Libyen; SCR 1054 (1996) – Sudan; SCR 929 (1994), 955 (1994) – Ruanda; SCR 814 (1993), 897 (1994), 923 (1994), 837 (1993), 1474 (2003) – Somalia; SCR 1080 (1996), 1484 (2003) Zaire; SCR 1101 (1997), 1114 (1997) – Albanien; SCR 1137 (1997) – Irak; SCR 1125 (1997), 1136 (1997), 1152 (1997), 1155 (1997) – Zentralafrikanische Republik; SCR 1132 (1997), 1270 (1999), 1289 (2000) – Sierra Leone; SCR 1363 (2001), 1390 (2002), 1413 (2002), 1444 (2002) – Afghanistan.

197 Meist im letzten Absatz.

Zum Teil „stellt" der Sicherheitsrat das Vorliegen einer Friedensbedrohung nicht „fest" (determines), sondern er wählt andere, von der Formulierung des Art. 39 ChVN abweichende, Eingangsworte[198]. Dies ist im Zusammenhang mit der Untersuchung des Begriffes der Friedensbedrohung jedoch unschädlich[199]. Der Sicherheitsrat hat diese Formulierungen unbewusst gewählt, zumal die jeweiligen Resolutionen anschließend ausdrücklich Rechtsfolgen nach Kapitel VII ChVN anordnen.

Soweit die Resolutionen im Zusammenhang mit der Feststellung einer Friedensbedrohung auf die „Fortdauer" (continuation) einer Situation Bezug nehmen, ist diese Feststellung in der Regel vergangenheits- und nicht zukunftsbezogen. Dies wird schon dadurch deutlich, dass in derselben Resolution Maßnahmen nach Kapitel VII ChVN beschlossen werden[200]. Sofern dies nicht der Fall ist[201], bringt der Sicherheitsrat dadurch zum Ausdruck, dass die Friedensbedrohung nur noch vom zeitlichen Fortbestand und nicht von einer sonstigen Veränderung der jeweiligen Situation abhängt.

Die im Zusammenhang mit dieser Untersuchung relevanten Resolutionen des Sicherheitsrates sind seit 1993 zunehmend dieser Fallgruppe zuzuordnen.

---

198 SCR 713 (1991) – Jugoslawien: „concerned that...", SCR 770 (1992) – Jugoslawien: „recognizing that...", SCR 687 (1991) – Kuwait: „conscious of...", SCR 733 (1992) und 746 (1992) – Somalia: „concerned that..."; SCR 918 (1994) – Ruanda: „concerned that..."; SCR 1072 (1996) – Burundi: „deeply concerned..."; SCR 1199 (1998) – Kosovo: „affirming that..."; vgl. auch den US-amerikanischen Resolutionsentwurf zur Geiselnahme in Teheran – dazu unten S. 208.

199 Wie hier: *Freudenschuß*, 1993, S. 33 f.; anderer Ansicht scheinen im Zusammenhang mit SCR 688 (1991) *Wierzbicki/Welhengama*, S. 160, zu sein; vgl. auch *Arntz*, S. 92 oben, zu SCR 290 (1970) – Portugiesische Gebiete in Afrika; ebenfalls einschränkend *Martenczuk*, S. 165, dem bei seiner Einschätzung hinsichtlich der Formulierung „Friedensstörung" gefolgt werden kann. *Martenczuk* zitiert SCR 282 (1970) als eine Resolution, die „eine Bedrohung für den Frieden der umliegenden Staaten" feststelle – eine solche Feststellung enthält SCR 282 (1970) jedoch nicht – vgl. dazu unten S. 82 ff. zu Südafrika. Im übrigen spricht Art. 39 ChVN von „threat to the peace" – zwar sind sich alle darin einig, dass damit der internationale Friede gemeint ist, warum eine Bedrohung des Friedens der umliegenden Staaten nicht ausreichen solle ist unverständlich. *Martenczuk* nimmt es mit der von ihm eingeforderten Exaktheit der Terminologie selber nicht genau, wenn er auf S. 171 (zu FN 167) „threat" mit „Gefährdung" übersetzt; vgl. (einschränkend) *Fink*, S. 443 und 865.

200 Vgl SCR 841 (1993) – Haiti – dazu auch unten S. 161 ff. zum Haiti-Konflikt; SCR 713 (1991) i.V.m. 743 (1991) – Jugoslawien; SCR 733 (1992), 746 (1992) – Somalia; SCR 918 (1994) – Ruanda. *Fink*, S. 832 f.: „nicht unproblematische sprachliche Ungenauigkeit", „äußerlicher Beleg dafür, dass der Rat seit dem Jahr 1991 bei der Feststellung der tatbestandlichen Voraussetzungen von Art. 39 ChVN die in seiner früheren Praxis zu beobachtende Präzision vermissen lässt." (S. 833).

201 Z.B. SCR 217 (1965) – Südrhodesien; SCR 746 (1992) – Somalia; SCR 721 (1991) – Jugoslawien; SCR 858 (1993) – Georgien; SCR 393 (1976) – Südafrika.

2. Die Resolution enthält die Feststellung einer Friedensbedrohung und macht *nicht* deutlich, dass ein Handeln nach Kapitel VII ChVN erfolgt.

Die Resolutionen dieser Fallgruppe[202] werden im Rahmen der Untersuchung als gleichwertig mit denen der Fallgruppe 1 anerkannt. Dies geschieht, weil die Anordnung von Maßnahmen nach Kapitel VII ChVN z.T. erfolgte, ohne dass dies ausdrücklich in der Resolution festgestellt wurde[203]. War dies nicht der Fall, so kann davon ausgegangen werden, dass die Anordnung von Maßnahmen nach Kapitel VII ChVN möglich gewesen wäre, aber aus politischen Gründen unterblieb[204].

3. Die Resolution ergeht ausdrücklich nach Kapitel VII ChVN, enthält jedoch keine Feststellung einer Friedensbedrohung.

Zum Teil nehmen diese Resolutionen in der Präambel Bezug auf solche Resolutionen, in denen eine Friedensbedrohung festgestellt wird[205], z.T. (aber sehr

---

202 Z.B. SCR 858 (1993) – Georgien; SCR 940 (1994) – Haiti; SCR 573 (1985) – Israel/Tunesien; SCR 611 (1988) – Israel/Tunesien; SCR 721 (1991), 743 (1992), 1038 (1996), 1066 (1996), 1119 (1997), 1244 (1999) – ehemaliges Jugoslawien; SCR 1072 (1996) – Burundi; SCR 731 (1992) – Lockerbie; SCR 918 (1994) – Ruanda; SCR 746 (1992), 751 (1992), 775 (1992), 767 (1992), 886 (1993) – Somalia; SCR 1078 (1996), 1234 (1999), 1399 (2002), 1468 (2003) – Zaire/Kongo; SCR 1093 (1997) – Kroatien; SCR 688 (1991) – Kurden im Nordirak; SCR 1267 (1999) – Afghanistan; SCR 13 06 (2000), 1315 (2000), 1400 (2002) – Sierra Leone.

203 Z.B. SCR 940 (1994) – Haiti: Militärische Maßnahmen; SCR 918 (1994) – Ruanda: Waffenembargo.

204 A.A. offenbar *Fink*, S. 441 ff., allerdings ohne überzeugende Argumente; Zum Teil geben diese Resolutionen auch Anlass zu Streitigkeiten über die von ihnen angeordnete Rechtsfolge – vgl. nur SCR 688 (1991) – dazu unten S. 106.

205 Z.B. SCR 724 (1991) – Jugoslawien, die im 1. pr. para. bekräftigend Bezug nimmt („reaffirming") auf SCR 713 (1991) und 721 (1991); vgl. auch SCR 760 (1992) – Jugoslawien, bei der es sich um eine reine Ergänzungsresolution zu SCR 757 (1992) handelt; SCR 771 (1992); 819 (1993), 820 (1993), 844 (1993), 953 (1994) und 1004 (1995) – alle Jugoslawien – bei den zuletzt genannten Resolutionen erfolgt (für Jugoslawien-Resolutionen z.B. im Gegensatz zu Haiti-Resolutionen typisch) eine sehr pauschale Bezugnahme auf alle vorangegangenen Resolutionen; dasselbe gilt für die Resolutionen 981 (1995), 982 (1995), 987 (1995), 1009 (1995), 1025 (1995), 1026 (1995) – alle Jugoslawien, in denen es jeweils heißt: „reaffirming its determination to ensure the security and freedom of movement of personnel of UN peacekeeping operations in the territory of the former Yugoslavia, and, to these ends, acting under Chapter VII of the Charter of the United Nations…"; SCR 910 (1994), 1192 (1998) – Lockerbie; SCR 1005 (1995) und 1011 (1995) – Ruanda; SCR 878 (1993) – Somalia; problematisch SCR 687 (1991), 1175 (1998) und 1194 (1998) – Kuwait – vgl. auch die in FN 492 genannten Resolutionen; SCR 1156 (1998) – Sierra Leone und zahlreiche Resolutionen der Jahre 1999 – 2001.

viel seltener) auch nicht[206]. Bei ersteren Resolutionen kommt als Grundlage des Handelns nach Kapitel VII ChVN *nur*, bei letzteren *jedenfalls*, eine Friedensbedrohung in Betracht. Zum Teil erfolgt ein Handeln nach Kapitel VII ChVN allerdings gerade, um nach Art. 41 ChVN verhängte Sanktionen wieder aufzuheben[207]. Eine Friedensbedrohung liegt dann nämlich u.U. gar nicht mehr vor.

4. Die Resolution enthält Rechtsfolgen nach Kapitel VII ChVN, jedoch weder eine Feststellung einer der Voraussetzungen des Art. 39 ChVN, noch eine solche, dass nach Kapitel VII ChVN gehandelt wird.

Es stellt sich zunächst die Frage, welche Rolle solche Resolutionen im Rahmen einer Untersuchung der Praxis des Sicherheitsrates im Zusammenhang mit der Verwendung des Friedensbedrohungsbegriffes spielen, denn sie verwenden diesen Begriff nicht[208] und enthalten auch keinen Hinweis auf Kapitel VII ChVN, z.T. nehmen sie nicht einmal Bezug auf eine vorangegangene Resolution der vorgenannten Fallgruppen 1-3.

Ihrer Rechtsfolge ist jedoch zu entnehmen, dass sie nach Kapitel VII ChVN und dabei zumeist nach Art. 39 (Empfehlung), Art. 40 ChVN und zum Teil auch Art. 41 ChVN ergangen sind[209]. Dass eine ausdrückliche Feststellung eines der Tatbestandsmerkmale des Art. 39 ChVN nicht erfolgt, ist dabei zwar unschön, aber nicht schädlich[210] und eine Folge politischer Gegensätze im Sicherheitsrat, denen man durch unklare Formulierungen Rechnung trägt[211].

---

[206] SCR 1160 (1998) – Kosovo; SCR 687 (1991) – Kuwait teilweise; Nach de *Hoogh*, S. 244 f. hat der Sicherheitsrat ohne eine ausdrückliche Feststellung nach Art. 39 ChVN nicht nach Art. 40, 41 oder 42 ChVN gehandelt.

[207] Vgl. SCR 944 (1994) – Haiti; Zwar ist in der Folgeresolution 975 (1995) noch einmal von einer Friedensbedrohung die Rede (3. pr. para.) – dabei wird jedoch nur Bezug genommen auf SCR 940 (1994) und die dort getroffene Feststellung (im Imperfekt) wiederholt. Zum Zeitpunkt des Erlasses der Resolution 975 (1995) lag ebensowenig wie zum Zeitpunkt des Erlasses von SCR 944 (1994) eine Friedensbedrohung vor.

[208] Teilweise verweisen sie auf Resolutionen, die eine Friedensbedrohung festgestellt haben – vgl. z.B. SCR 59 (1948) – Palästina.

[209] Vgl. dazu die jeweiligen Nachweise bei der Darstellung der Konflikte unten S. 59 ff.; Zur Möglichkeit des Schlusses vom operativen Teil einer Resolution auf ihre Rechtsgrundlage vgl. *Conforti*, S. 154 und 173; ebenso verfährt *Schaefer*, S. 88 f.

[210] Die konkludente Feststellung einer Friedensbedrohung, eines Friedensbruchs und einer Angriffshandlung halten für möglich: *Baroni*, S. 111 (zu Kambodscha); *Gading*, S. 103; *Conforti*, S. 173; *Schaefer*, S. 88f.; *Freudenschuß*, 1993, S. 13; *Frowein/Krisch* zu Art. 39, Rdnr. 26 ff., in: *Simma* (Hrsg.), Charter, 2. Aufl.; *Szasz*, 1994 I, S. 18 f.; *Schilling*, S. 68 m.z.w.N. pro und contra; *Kelsen*, S. 741; vgl. auch die Äußerung des Generalsekretärs zu den Kongo-Resolutionen zit. bei *Gowlland – Debbas*, S. 448; sehr eingeschränkt dagegen: *White*, S. 52 ff. und 75; einschränkend auch *Martenczuk*, S. 166; vgl. auch die Äußerung des Vertreters Zambias in der Debatte vor Verabschiedung von SCR 232 (1966) – Rhodesien – (SCOR 1332. meeting vom 09.12.1966, S. 14, para. 55): „To

Mitunter allerdings bewegt man sich bereits bei der Beantwortung der Frage, ob es sich um eine Rechtsfolge nach Kapitel VII ChVN handelt, außerhalb der typischen Rechtsfolgen nach den Art. 41 und 42 ChVN stark im spekulativen Bereich[212]. Dies gilt insbesondere für Resolutionen mit bloß empfehlendem Charakter, die auf der Grundlage von Art. 39 ChVN oder Art. 40 ChVN, aber auch nach Kapitel VI ChVN erlassen sein können[213]. Daher werden nur diejenigen Resolutionen berücksichtigt, die ihrem Wortlaut nach[214] auf eine beabsichtigte Bindungswirkung schließen lassen[215]. Ausschlaggebend sind dabei neben der Rechtsfolge, dem Gesamtzusammenhang und der z.T. sehr allgemeinen Verweisung auf „Kapitel VII – Resolutionen" vor allem die Einleitungsverben[216] im operativen Teil der Resolution, die ansonsten im Zusammenhang mit der Anordnung bindender Maßnahmen nach Kapitel VII ChVN verwendet werden. Vor allem dem Verb „demand" kann in diesem Zusammenhang eine besondere Bedeutung zugemessen werden[217]. Der von Art. 40 ChVN verwendete Begriff „auf-

---

refrain from specifically determining the existence of a threat to the peace and merely to decide what measures should be taken would be comparable to rendering a judgement which states the penalty but not the crime"; der Sicherheitsrat geht offenbar von der Möglichkeit einer konkludenten Feststellung aus – vgl. statt vieler nur SCR 1160 (1998) zur Situation im Kosovo.

211 *Krökel*, S. 129.

212 Vgl. *Arntz*, S. 76, der sich deshalb mit diesen Resolutionen nicht beschäftigt hat. Typische Rechtsfolgen nach Art. 40 ChVN sind z.B. die Aufforderung zur Einstellung von Kampfhandlungen oder zur Einhaltung eines Waffenstillstandes – vgl. *Conforti*, S. 184, *Frowein/Krisch* zu Art. 40 ChVN, Rdnr. 9, in: *Simma* (Hrsg.), Charter, 2. Aufl. und *White*, S. 75 ff.

213 Ob auch Empfehlungen von Maßnahmen nach Art. 41 und 42 ChVN zulässig sind ist umstritten – vgl. dazu die Nachweise bei *Frowein/Krisch* zu Art. 39, Rdnr. 31, in: *Simma* (Hrsg.), Charter, 2. Aufl.

214 Zur Bedeutung des Wortlautes in diesem Zusammenhang vgl. das *Namibia-Gutachten* des IGH, para. 114.

215 Es ist weitgehend unbestritten, dass der Sicherheitsrat nach Art. 40 ChVN bindende und nicht bindende Resolutionen erlassen kann. Dies folgt schon aus Art. 40 S. 3 ChVN – vgl. *Schaefer*, S. 37; *Krökel*, S. 92; *White*, S. 41; a.A. *Conforti*, S. 183; a.A. auch *Baroni*, S. 105 f.

216 Zur Bedeutung von Einleitungsverben: *Krökel*, S. 131 ff., vgl. auch *Namibia-Gutachten* des IGH (ICJ Rep. 1971, S. 16, 262): „If the Security Council intends to make a definite determination, it may, inter alia, `decide´, or `determine´, or `declare´ something. On the other hand, if it intends to do something less, it may `consider´, or `regard´, or `deem´ something. The choice of words will usually indicate the intention of the Security Council"; vgl. *Kelsen*, S. 741, zu „order".

217 Vgl. die Verwendung dieses Verbes in den Resolutionen 598 (1987) und 660 (1990), die ausdrücklich nach Art. 39 und 40 ChVN erlassen wurden; vgl. außerdem SCR 502 (1982) – Falkland-Inseln, 752 (1992), 771 (1992), 998 (1995), 1004 (1995) – ehemaliges Jugoslawien, SCR 1304 (2000) – Kongo; zur Verwendung von „demand" in SCR 688 (1991) vgl. *Endemann*, S. 204; *Fink*, S. 378 (zu SCR 354 (1974)): „sehr starker Begriff `de-

fordern“ (call upon) wird so häufig verwandt, dass er nicht den Ausschlag geben kann[218].

Da auch ein Handeln nach Art. 40 ChVN das Vorliegen einer der Voraussetzungen des Art. 39 ChVN, *mindestens* also einer Friedensbedrohung, erfordert[219], stellen diese Resolutionen Auslegungsmaterial zu der Frage dar, welche Faktoren ein Handeln nach Kapitel VII ChVN auslösen können und welche Faktoren für die Feststellung einer Friedensbedrohung in einer Folgeresolution ausschlaggebend waren.

Dabei wird davon ausgegangen, dass der Sicherheitsrat bindende Maßnahmen nur nach Kapitel VII ChVN erlassen kann und andere Rechtsgrundlagen (wie z.B. Art. 25 ChVN[220]) ausscheiden[221].

---

mand´“, nach *Fink*, S. 583 (zu SCR 662 (1990)) ist „demand“ in der neueren Praxis des Sicherheitsrates für verbindlich gemeinte Aufforderungen reserviert, das Fehlen eines Verweises auf Kapitel VII ChVN ist dann ein Umstand, dem keine rechtliche Bedeutung zukommt; auch nach *Conforti*, S. 184, lässt die Verwendung des Wortes „demand“ auf eine Maßnahme nach Art. 40 ChVN schließen. *Conforti* bezeichnet es allerdings als „risky“, von der Verwendung dieses Wortes auf eine Bindungswirkung von Maßnahmen nach Art. 40 ChVN zu schließen, die er generell ablehnt.

218 Eine bindende Wirkung kommt dem Begriff in SCR 875 (1993) – Haiti – und SCR 787 (1992), 12. op. para. – Jugoslawien – zu; in SCR 62 (1948) verwendet der Sicherheitsrat „call upon“ im Zusammenhang mit Art. 40 ChVN; es ist überhaupt zu beobachten, dass der Sicherheitsrat in den Anfangsjahren bemüht war, sich enger an die Diktion der jeweiligen Rechtsgrundlage zu halten; CP-*Simon*, Art. 40 ChVN, S. 672 ordnet z.B. SCR 203 (1965) der Rechtsgrundlage des Art. 40 ChVN zu; vgl. *White*, S. 55 zur Unverbindlichkeit von „call upon“, ebenfalls *Gowlland – Debbas*, S. 394, *Krökel*, S. 136 f. und 140 und *Fink*, S. 105 ff.

219 *Frowein* zu Art. 39, Rdnr. 24 ff., und ders. zu Art. 40 ChVN, Rdnr. 7, in: *Simma* (Hrsg.), Charta; *Frowein/Krisch* zu Art. 39, Rdnr. 1, und dies. zu Art. 40 ChVN, Rdnr. 3, in: *Simma* (Hrsg.), Charter, 2. Aufl.; CP-*Simon*, Art. 40 ChVN, Abschnitt 1.1.; *Martenczuk*, S. 43 f.; *Kelsen*, S. 739; offenbar auch *Conforti*, S. 183; *Krökel* stellt auf S. 91 fest, dass diese Frage streitig und auch in San Franzisko nicht diskutiert worden sei; *Schaefer*, S. 37, differenziert danach, ob es sich um unverbindliche Maßnahmen nach Art. 40 ChVN handelt (dann sei eine Feststellung nach Art. 39 ChVN entbehrlich, d.h. dessen Voraussetzungen brauchen dann nicht vorzuliegen) oder um bindende Maßnahmen (dann sei eine Feststellung nach Art. 39 ChVN erforderlich); die deutsche Übersetzung des Art. 39 ChVN enthält zwischen dem ersten und zweiten Halbsatz ein Semikolon, das englische Original hingegen ein „and“.

220 So aber der IGH im *Namibia-Gutachten* 1971 – vgl. unten S. 97.

221 *Frowein/Krisch* zu Art. 39, Rdnr. 28, in: *Simma* (Hrsg.), Charter, 2. Aufl.; zu den entsprechenden – widersprüchlichen – Äußerungen der Staatenvertreter im Sicherheitsrat vgl. *Krökel*, S. 18 f.; a.A. *Delbrück* zu Art. 25, Rdnr. 9, in: *Simma* (Hrsg.), Charter, 2. Aufl. und *Gowlland – Debbas*, S. 393, die neben Friedensgefährdungen nach Kapitel VI ChVN und Friedensbedrohungen nach Kapitel VII ChVN eine Gruppe von Resolutionen anführt, die von einem „potential threat“ ausgehen und die ein „element of illegality with respect to Charter Law“ enthalten.

Sehr weit im Hinblick auf die Einordnung von Resolutionen unter Art. 40 ChVN geht das Repertoire of the Practice of the Security Council[222], dessen Auswertung nur teilweise zugrundegelegt wurde[223].

Außer bei dem Nahost- und dem Südafrikakonflikt werden die Resolutionen dieser Fallgruppe nur bei der Kategorienbildung herangezogen, wobei sie nicht alleine den Ausschlag gaben. Sie werden nur dann zitiert, wenn davon ausgegangen werden kann, dass ihrem Erlass die Annahme einer Friedensbedrohung (und nicht eines Bruches des Friedens bzw. eine Angriffshandlung) zugrunde lag.

Im Laufe seiner Beschäftigung mit dem Nahostkonflikt hat der Sicherheitsrat zahlreiche Resolutionen dieser Fallgruppe verabschiedet[224], da ein ausdrückliches Handeln auf der Grundlage des Kapitels VII ChVN aus politischen Gründen nicht möglich war. Eine andere Rechtsgrundlage als Art. 40 bzw. 41 ChVN[225] ist jedoch nicht denkbar, wenn der Sicherheitsrat Verwaltungsmaßnahmen Israels, Ost-Jerusalem oder die besetzten Gebiete betreffend, für „invalid“[226] oder als „[of] no legal validity“[227] oder als „null and void“[228] bezeichnet[229].

---

222 Vgl. RP 1969 – 1971, S. 186 ff. (französischsprachige Ausgabe), RP 1972 – 1974, S. 220 ff., RP 1975 – 1980, S. 394 ff. und RP 1981 – 1984, S. 322 ff. – das Repertoire legt sich was die Einordnung von Resolutionen unter Art. 40 ChVN angeht jedoch nicht fest, sondern geht von einer möglichen Einordnung aus; sehr weitgehend auch CP-*Simon*, Art. 40 ChVN, S. 673, der zurecht beobachtet, dass Resolutionen dieser Fallgruppe mitunter Monate vor derjenigen Resolution ergehen, die dann ausdrücklich das Vorliegen der Voraussetzungen des Art. 39 ChVN feststellt; ebenfalls sehr weitgehend *Baroni*, S. 103, 111, im Hinblick auf ihre Auslegung von SCR 792 (1992) – Kambodscha.

223 So ordnet das Repertoire z.B. SCR 487 (1981) – israelischer Angriff auf den irakischen Atomreaktor – der Rechtgrundlage Art. 40 ChVN zu, obwohl der Sicherheitsrat ausdrücklich das Vorliegen einer Friedens*gefährdung* feststellt.

224 Vgl. unten S. 59 ff.; *GHS*, S. 304.

225 Es handelt sich mangels Vorläufigkeit wohl eher um Maßnahmen auf der Grundlage von Art. 41 ChVN – vgl. *Conforti*, S. 193; *Frowein* zu Art. 41 ChVN, Rdnr. 9, in: *Simma* (Hrsg.), Charta und *Frowein/Krisch* zu Art. 41 ChVN, Rdnr. 18, in: *Simma* (Hrsg.), Charter, 2. Aufl.; vgl. außerdem die Nachweise unten S. 59 ff. zu den in den folgenden Fußnoten genannten Resolutionen.

226 SCR 252 (1968), 267 (1969).

227 SCR 446 (1979), 465 (1980), 476 (1980).

228 SCR 476 (1980), 478 (1980), 497 (1981).

229 Vgl. auch das *Namibia-Gutachten* des IGH (vgl. auch unten S. 97), in dem der IGH eine Bindungswirkung der Resolution 276 (1970), in der die fortdauernde Präsenz der südafrikanischen Verwaltung in Namibia für „illegal“ erklärt wurde, bejaht hat. Dabei hat er sich allerdings nicht auf Art. 40 ChVN, sondern auf Art. 25 ChVN gestützt. Zu dem quasi-judiziellen Charakter derartiger Feststellungen des Sicherheitsrates vgl. *Frowein/Krisch*, Introduction to Chapter VII, Rdnr. 20, in: *Simma* (Hrsg.), Charter, 2. Aufl.

Dasselbe gilt für Resolutionen zur Lage in Südafrika, die z.B. die geplante, rassistische Verfassung für „null and void“ erklären[230].

Die besondere Behandlung dieser beiden Konflikte beruht auf der Tatsache, dass sie die Tätigkeit des Sicherheitsrates jahrzehntelang bestimmt und sich – trotz der geringen Anzahl typischer „Kapitel VII-Resolutionen“ in ihrer Formulierung deutlich von den übrigen Resolutionen des Sicherheitsrates in jener Zeit abgehoben haben.

Im Hinblick auf diese Fallgruppe ist außerdem der Konflikt in Angola zu erwähnen. Die am 15.09.1993 verabschiedete Resolution 864 stellt den Endpunkt einer Entwicklung dar, in deren Verlauf der Sicherheitsrat zahlreiche Resolutionen der hier beschriebenen Art erlassen hat[231]. Im Falle des Jugoslawien-Konflikts fallen besonders die Resolutionen 752 (1992) und 781 (1992) auf[232].

III. Besonderheiten bei der Auslegung von Resolutionen des Sicherheitsrates

1. Die Diskussionen im Sicherheitsrat

Bei dem Sicherheitsrat handelt es sich um ein politisches Organ[233], das gleiche Situationen ungleich behandeln kann[234] und das letztlich nach Gesichtspunkten der politischen Opportunität entscheidet[235]. Rechtliche Erwägungen liegen dem Handeln nicht immer zugrunde und werden mitunter seitens der Staaten dazu gebraucht, politische Entscheidungen zu rechtfertigen[236]. Es ist daher den Debatten im Sicherheitsrat nur eingeschränkte Bedeutung beizumessen[237], zumal die

---

230 SCR 554 (1984).

231 Vgl. dazu unten S. 133 ff. zum Angola-Konflikt.

232 Vgl. dazu unten S. 114 ff. zum Jugoslawien-Konflikt.

233 Vgl. *Schilling* S. 79 m.w.N. und *Bruha/Krajewski*, S. 16, die aber eine kritische Haltung einnehmen. *Wallensteen*, 1993 II, S. 332.

234 Zu den Fällen, in denen der Sicherheitsrat nicht gehandelt hat siehe unten S. 211.

235 *Kooijmans*, S. 112; vgl. auch die dissenting opinion des Richters *Bedjaoui* zu *Lockerbie, Provisional Measures*, ICJ Rep. 1992, S. 2, 144 f.; *Freudenschuß*, 1993, S. 36; vgl. auch *Simma*, 1992 II, S. 91: „... main reason for the UN human rights business going so badly is the absolute lack of interest of the US to do something about it, except in those cases where the US instrumentalizes the UN, for instance, for the purpose of Cuba-bashing.“

236 *Freudenschuß*, 1994, S. 523, beklagt eine „complete inconsistency“ der von Sicherheitsrat verwendeten Terminologie und schließt seine Ausführungen zum Drafting im Sicherheitsrat mit dem Satz: „Short of alleging indolence in addition to ignorance, the only sensible conclusion is that the opinio iuris now is that (at least such) words do not really matter.“

237 *Conforti*, S. 173 f., a.A. *Delbrück* zu Art. 25 ChVN, Rdnr. 14, in: *Simma* (Hrsg.), Charta; ein sehr starkes Gewicht und entsprechend viel Raum räumt den Debatten *Fink* ein; Die

Ansichten im Sicherheitsrat häufig stark divergieren[238]. In Anbetracht der wegen der geringen Mitgliederzahl und dem Gewicht der fünf ständigen Mitglieder ohnehin von manchen in Frage gestellten Legitimität des Sicherheitsrates kann die Aussage eines *einzelnen* Mitgliedstaates in der Debatte vor und nach Erlass einer Resolution umso weniger ins Gewicht fallen. Bei der Auslegung ist daher entscheidend auf den Horizont des Adressaten abzustellen und dem Wortlaut der Resolution besondere Bedeutung beizumessen[239]. Dabei ist bei der Feststellung, ob eine Resolution auf der Grundlage des sechsten oder siebten Kapitels der Charta erlassen wurde, entscheidend auf den operativen Teil der Resolution abzustellen[240]. Wie bei dem völkerrechtlichen Vertrag selbst ist auch das sekundäre, auf der Grundlage des in dem Vertrag vorgesehenen Verfahrens von dem zuständigen Organ erlassene Recht, nur subsidiär anhand der travaux preparatoires auszulegen: Lässt der Wortlaut keine oder sich widersprechende Schlüsse zu, so kann versucht werden, über die Diskussionen Klarheit zu erlangen[241]. Auch können die Aussagen in der Debatte eine sich aus dem Resolutionstext ergebende Auslegung stützen.

In letzter Zeit hat sich überdies ein nicht öffentliches, informelles Verfahren zur Beschlussfindung im Sicherheitsrat durchgesetzt, das Rückschlüsse von Diskussionsbeiträgen in den Debatten in Ermangelung derselben nicht zulässt[242].

Staaten widersprechen sich in ihrer Haltung z.T. auch – vgl. nur *Krökel*, S. 18 f., zur Haltung der Staaten zur Frage der Bindungswirkung von Resolutionen außerhalb von Kapitel VII ChVN.

238 Es sind dabei bestimmte Muster erkennbar: Während die USA mitunter moralische Erwägungen anführt (z.B. Debatte anlässlich der Verabschiedung von SCR 794 (1992) – Somalia – S/PV. 3145, S. 38) und sich mit den internationalen Auswirkungen eines Konfliktes nicht befassen, stützen China und Indien ihre Enthaltungen häufig auf das Argument, dass es sich bei dem Tätigwerden des Sicherheitsrates um einen Eingriff in die inneren Angelegenheiten des betroffenen Staates handele oder dass eine ausreichende Kontrolle der mitgliedstaatlichen Maßnahmen, zu denen die Resolution ermächtigt, durch die VN nicht gewährleistet sei (vgl. z.B. Abstimmungsverhalten bei SCR 770 (1992) und 772 (1992) – Jugoslawien; SCR 1199 (1998) – Kosovo). Insbesondere in der arabischen Welt führen Solidarisierungseffekte zu entsprechenden Stellungnahmen im Sicherheitsrat z.B. in der Kuwait-Krise (Jemen), im Palästina-Konflikt und im Bosnien-Konflikt.

239 Vgl. *Krökel*, S. 129 f.

240 Vgl. *Conforti*, S. 154.

241 Auch *Lailach*, S. 86, verlangt, dass sich die organschaftliche Auffassung der Staaten in der Resolution dokumentiert. Hinsichtlich der Frage, ob ein Konflikt internationale Auswirkungen hat, räumt *Lailach* offenbar der organschaftlichen Auffassung mehr Bedeutung ein als der tatsächlichen Situation – vgl. *Lailach*, S. 81 ff., zu Somalia.

242 Vgl. z.B. die Darstellung der Behandlung der Konflikte durch den Sicherheitsrat in dem Bericht des Sicherheitsrates an die Generalversammlung für den Zeitraum vom 16.06.1997 bis 15.06.1998 – GAOR/53th Session/Supplement No. 2 (A/53/2); In der Sitzung des Sicherheitsrates vom 16.12.1994 war diese Praxis Gegenstand der Diskussion. Dabei führte der Vertreter Frankreichs aus: „Everyone knows that when the Council

Die Debatte am Tag der Verabschiedung der Resolution dient dann nur noch dazu, die jeweiligen Positionen zu erläutern. Wegen der informellen Abstimmung vor Erlass der Resolution kommt es in der Regel nicht zur Ablehnung eines Resolutionsentwurfes – statt ein Veto einzulegen, enthalten sich die ständigen Mitglieder, wenn sie trotz vorheriger Einflussnahme den Text der Resolution nicht mittragen können.

2. Der Resolutionstext

Die Resolutionen enthalten in den seltensten Fällen ausdrückliche Festlegungen darauf, was der Sicherheitsrat genau als Friedensbedrohung angesehen hat.

Häufig (insbesondere im Fall Jugoslawiens) wird schlicht auf die „Situation" Bezug genommen. Zum Teil lässt sich diese („this" situation) aus den vorangegangenen Abschnitten entnehmen, teilweise wird auch nur auf „the" situation verwiesen; dann kann eine Auslegung nur anhand des Zusammenhangs der ganzen Resolution erfolgen.

3. Die getroffenen Maßnahmen

Besondere Bedeutung hat in diesem Zusammenhang die in der Resolution gewählte Rechtsfolge, die nur zum Ziel haben kann, die Friedensbedrohung zu beseitigen. Dabei wird davon ausgegangen, dass die jeweiligen Rechtsfolgen einer Resolution, die unter Kapitel VII ChVN fallen, entsprechende Rückschlüsse auf die der Resolution zugrundeliegenden bzw. sie auslösenden Erwägungen zulassen (gewissermaßen Schluss von der Rechtsfolge auf den Tatbestand)[243]. Sie tauchen auch zumeist als den Rechtsfolgen zugrundeliegende Erwägungen in der Präambel einer Resolution auf. Dieser Herangehensweise liegt die Vorstellung zugrunde, dass es dem Sicherheitsrat bei seinem Verlangen nur darum gehen kann, die Ursachen für die seines Erachtens vorliegende Friedensbedrohung bzw. die Friedensbedrohung selbst zu beseitigen. Ein darüber hinaus gehendes (für alle Beteiligten bindendes) Eingriffsrecht steht ihm – schon wegen Art. 2 (7) ChVN – nicht zu.

---

goes into public meeting everything has been decided in advance." Er beklagte das sich dadurch verschlechternde Verhältnis zwischen dem Sicherheitsrat und den Mitgliedstaaten der Vereinten Nationen – S/PV. 3483, S. 2; desillusionierend zum Verfahren mit Beispielen *A. Stein*, S. 341; *Bills*, S. 121.

243 Vgl. insbesondere SCR 687 (1991) – Kuwait; SCR 955 (1994) – Ruanda; SCR 59 (1948) – Palästina.

IV. Zur Rolle und zum Stellenwert von Erklärungen des Ratspräsidenten

Seit den achziger Jahren hat der Sicherheitsrat zunehmend von der Möglichkeit der Erklärung des Ratspräsidenten Gebrauch gemacht. Sie ähnelt Inhalt und Formulierung nach Resolutionen, wird aber allgemein sowohl politisch, als auch rechtlich als weniger verbindlich angesehen[244], obwohl sie Konsens unter den Ratsmitgliedern erfordert und genauso sorgfältig formuliert wird wie Resolutionen[245].

Sie stellen teilweise wertvolles Auslegungsmaterial für Resolutionen dar, die in engem sachlichen und zeitlichen Zusammenhang mit ihnen erlassen wurden.

Dies vorausgeschickt, werden im Folgenden die einzelnen Konflikte ihrer historischen Abfolge nach im Hinblick auf die jeweilige (ausdrückliche und konkludente) Verwendung des Begriffs der Friedensbedrohung dargestellt. Dabei wird der Versuch unternommen, die der Friedensbedrohung zugrundegelegten Umstände in bestimmten Kategorien zu erfassen.

V. Darstellung der Konflikte, in deren Verlauf der Sicherheitsrat eine Bedrohung des Friedens festgestellt hat[246]

1. Der Konflikt im Nahen Osten (seit 1948)

Kein anderer Konflikt hat den Sicherheitsrat so lange beschäftigt wie der Konflikt im Nahen Osten, der seine Ursachen in der jüdischen Besiedlung Palästinas, der Aufgabe des britischen Mandats und der Gründung des Staates Israel hat. Von den zahlreichen Resolutionen des Sicherheitsrates enthält nur eine die Feststellung einer Friedensbedrohung – die anderen Resolutionen erschöpfen sich überwiegend in Verurteilungen Israels oder seiner Nachbarn, wobei sie dem Wortlaut nach zum Teil auf eine Bindungswirkung schließen lassen. Diese ergibt sich dann konkludent aus Art. 40 bzw. 41 ChVN, auf die jedoch nicht ausdrücklich verwiesen wird[247]. Solchen Resolutionen muss der Sicherheitsrat jedoch zumindest die Annahme einer Friedensbedrohung zugrundegelegt haben. Eine ausdrückliche Feststellung derselben erfolgte infolge des Ost-West-Konfliktes nicht, im Rahmen dessen die USA Israel und die UdSSR Ägypten unterstützten.

---

244 *Schermers & Blokker*, § 1323.

245 Vgl. dazu *Kaul*, S.10.

246 Die im Text *kursiv* gedruckten Resolutionen enthalten die ausdrückliche Feststellung einer Friedensbedrohung. Dasselbe gilt für die Fußnoten zu den Kategorien am Ende der Darstellung des jeweiligen Konfliktes.

247 Siehe unten S. 66 f. zu SCR 476 (1980) und 487 (1980).

Das Gebiet des heutigen Israel war bis 1918 Teil des Osmanischen Reiches. Gegen Ende des Ersten Weltkrieges wurde es von Großbritannien besetzt, das 1922 vom Völkerbund das Mandat erhielt. Bereits seit Anfang des 20. Jahrhunderts hatten jüdische Siedler, beflügelt durch die Idee des Zionismus, große Landstriche angekauft und im Jahre 1911 Tel Aviv gegründet. Am 02.11.1917 hatte der englische Außenminister Balfour im Namen der britischen Regierung der zionistischen Bewegung gegenüber erklärt, dass Großbritannien nichts gegen die „Schaffung einer nationalen Heimstätte für das jüdische Volk in Palästina" einzuwenden habe, allerdings unter der Voraussetzung, dass die Rechte der nichtjüdischen Gemeinschaften in Palästina nicht beeinträchtigt würden. Es folgten daraufhin mehrere Einwanderungswellen, nicht zuletzt infolge der Judenverfolgung in Deutschland. Aufstände der Palästinenser wurden von der Mandatsmacht Großbritannien niedergeschlagen. Nachdem diese der Situation nicht mehr Herr werden konnte und wollte, wurde das Problem zunehmend auf die neu gegründeten Vereinten Nationen übertragen. Am 29.11.1947 verabschiedetete die Generalversammlung eine Resolution[248], die eine Teilung des Landes bei wirtschaftlicher Einheit und neutraler Stellung Jerusalems vorsah. Die Resolution enthält eine (nicht bindende) Anweisung an den Sicherheitsrat, für den Fall eines Versuches, mit Waffengewalt eine Lösung des Konfliktes, wie sie die Resolution vorsieht, zu verhindern, eine Friedensbedrohung, einen Friedensbruch oder eine Angriffshandlung festzustellen.

a. Resolution 54 (1948)

Die Feststellung einer Friedensbedrohung erfolgte erst am 15.07.1948 in ***SCR 54***, nachdem einige vorangegangene Resolutionen des Sicherheitsrates schon auf ein Handeln nach Art.40 ChVN hatten schließen lassen[249]:

SCR 43 vom 01.04.1948 beschränkt sich im 1. op. para. noch auf eine Aufforderung („call upon") an die Parteien, alle Gewaltakte unverzüglich einzustellen[250]. **SCR 46** vom 17.04.1948 konkretisiert die Aufforderungen an die beteiligten Parteien und lehnt sich im Einleitungssatz ihres 1. op. para. eng an den

---

248 GA Res. 181 (II) GAOR/2nd Session/Resolutions/S. 131 f.

249 A.A. *GHS*, die auf S. 304 aus der Tatsache, dass SCR 54 (1948) auf der Grundlage von Art. 40 ChVN erlassen wurde, schließen, dass die vorangegangenen Resolutionen auf der Grundlage von Kapitel VI ChVN erlassen wurden; a.A. auch *Fink*, S. 168 ff.; eingehend zu dem Konflikt bis SCR 66 (1948) *Fink*, S. 139 ff.

250 Nach CP – *Simon*, Art. 40 ChVN, S. 675, handelt es sich wohl bereits um eine Resolution auf der Grundlage des Art. 40 ChVN; die Resolution wurde einstimmig verabschiedet. Nach *White*, S. 76, handelt es sich um eine nicht bindende Empfehlung nach Art. 40 ChVN.

Wortlaut des Art. 40 ChVN an[251]. Ebenso verhält es sich mit **SCR 49** vom 22.05.1948[252].

SCR 50 vom 29.05.1948 weist von Wortlaut und Inhalt her wieder auf die Rechtsgrundlage des Art. 40 ChVN hin[253]; der Sicherheitsrat kündigt im 11. op. para. ein Handeln nach Kapitel VII ChVN für den Fall an, dass die Resolution nicht befolgt wird[254]. Diese Ankündigung ist als solche i.S.d. Art. 40 S. 3 ChVN zu verstehen, also bereits auf der Grundlage des Kapitels VII ChVN erfolgt.

SCR 49 und 50 richten sich beide noch an die jüdischen und arabischen „*authorities*" in Palästina, obwohl am 14.05.1948 unmittelbar nach der Beendigung des britischen Mandates der Staat Israel ausgerufen und von den USA und der UdSSR anerkannt worden war.

Am 15.05.1948 hatte der arabisch-israelische Krieg begonnen. Ein Vorschlag der USA in der Sitzung des Sicherheitsrates vom 17.05.1948[255], der die Verabschiedung einer Resolution unter ausdrücklicher Bezugnahme auf die Art. 39 und 40 ChVN vorsah, war noch an den Bedenken anderer Mitglieder gescheitert, ob damit wirklich der „internationale" Frieden bedroht bzw. gebrochen sei[256]. Im Juni 1948 kam es unter Beteiligung des UN-Vermittlers Graf Bernadotte zu einem Waffenstillstandsabkommen.

Zunächst hatte es Zweifel an der Effektivität des Staates Israel trotz zunächst provisorischer Regierung nach der Unabhängigkeit und überwiegend arabischer Bevölkerung[257] und damit Bedenken an der Internationalität des Konfliktes gegeben. Diese zerstreuten sich jedoch zunehmend[258], so dass mit geringer zeitlicher

---

251 *„calls upon all persons ... to take immediately, without prejudice to their rights, claims or positions, ... the following measures:"* nach CP – *Simon*, Art. 40 ChVN, S. 684, FN 54, handelt es sich um eine Resolution auf der Grundlage von Art. 40 ChVN; die Resolution wurde einstimmig verabschiedet; *White* aaO – wie SCR 43 (1948) – vgl. vorherige FN.

252 Vgl. CP – *Simon* aaO, S. 684, FN 54; *White* aaO – wie SCR 43 (1948) – vgl. vorletzte FN.

253 Vgl. CP – *Simon* aaO, S. 677, 681, 689; *Conforti*, S. 184; a.A. *Fink*, S. 910; zur Vorgeschichte *Fink*, S. 151 ff.

254 SCR 61 (1948) knüpft – obwohl inzwischen SCR 54 (1948) ergangen war, ausdrücklich an diesen Teil der Resolution an.

255 293. Sitzung.

256 Siehe oben FN 102.

257 Diese Zweifel sind nach *Kooijmans*, S. 113, der Grund für die Feststellung einer Friedensbedrohung und nicht eines Friedensbruchs; vgl. auch *Arntz*, S. 76 ff., und *Fink*, der auf S. 175 ff. die Effektivität der Staatsgewalt bezweifelt

258 Hinzu kam der Wunsch, den Ankündigungen in SCR 50 (1948) nun auch Taten folgen zu lassen, vgl. *Fink*, S. 162 und 175 f., der an der Staatlichkeit Israels und – anders als *Frowein*, 1968, S. 41 f. – auch an dem Vorliegen eines de facto-Regimes zweifelt. Er sieht

Verzögerung ***SCR 54*** verabschiedet werden konnte, die als erste Resolution des Sicherheitsrates überhaupt das Vorliegen einer Friedensbedrohung feststellt. Nachdem in der Präambel die vorläufige Regierung Israels angesprochen wurde, heißt es im ersten op.para.:

> *„determines that the situation in Palestine constitutes a threat to the peace within die meaning of Article 39 of the Charter of the United Nations".*

„Die Situation" besteht in den ständigen Brüchen des Waffenstillstandes vom Juni 1948. Der Sicherheitsrat hätte wegen der grenzüberschreitenden militärischen Aktionen auch ohne weiteres einen Friedensbruch feststellen können[259]. Interessanterweise behält er sich dies jedoch im 3. op. para. ausdrücklich für den Fall vor, dass ein Verstoß gegen die im 2. op. para. angeordnete Einstellung der bewaffneten Auseinandersetzungen seitens einer der beteiligten Regierungen erfolgt. Offenbar scheint der Sicherheitsrat erst dann einen Friedensbruch feststellen zu wollen, wenn er Zwangsmaßnahmen nach den Art. 41 und 42 ChVN verhängen will; für Art. 40 ChVN „reicht" das Vorliegen einer Friedensbedrohung aus[260]. Diese Interpretation entspricht nicht dem Wortlaut des Art. 39 ChVN, nach dem alle Eröffnungstatbestände gleichrangig sind.

SCR 54 (1948) beruft sich in ihrer Rechtsfolge als eine der ganz wenigen Resolutionen des Sicherheitsrates auf Art. 40 ChVN, verwendet jedoch nicht dessen Terminologie (*„call upon"*), sondern im 2. op. para. das wesentlich stärkere Verb *„order"*[261], das an der Bindungswirkung der Resolution keinen Zweifel aufkommen lässt.

Trotz des Vorliegens der vom Sicherheitsrat selber aufgestellten Kriterien[262] hat der Sicherheitsrat in der Folgezeit nicht das Bestehen eines Friedensbruchs festgestellt und Maßnahmen nach den Art. 41 und 42 ChVN verhängt. Im Gegenteil: In **SCR 113** vom 04.04.1956 wird im Zusammenhang mit Spannungen

---

hier den Sonderfall einer Staatsgründung auf herrenlosem Gebiet (S. 179), wie *Frowein* allerdings *Fink*, S. 868.

259 Zu dem Grund vgl. oben FN 257; a.A. wohl *Fink*, S. 175 ff.

260 So auch *White*, S. 44, und die Auffassung der delegierten Gromyko und Lange anlässlich der Diskussion der spanischen Frage 1946 – vgl. *Fink*, S. 70 f.; vgl. allgemein in diesem Sinne auch den ersten op. para. der Uniting For Peace Resolution der Generalversammlung – GA Res. 377 (V) vom 03.11.1950; nach *Kooijmans*, S. 113, erfolgte die Feststellung einer Friedensbedrohung und nicht eines Friedensbruchs wegen der nach wie vor bestehenden Unsicherheit darüber, ob es sich um einen Bürgerkrieg oder einen internationalen Konflikt handele.

261 „The Security Council [...] 2. Orders the Government and authorities concerned, pursuant to Article 40 of the Charter, to desist from further military action..."

262 Vgl. nur SCR 101 (1953); SCR 106 (1955); SCR 111 (1956) – 5. op. para. mit der Ankündigung von *„further measures"* – zur Geschichte der Resolution 111 (1956) vgl. *Krökel*, S. 129 f.

(*„tensions“*) an den Waffenstillstandslinien, die zwischen den Parteien Mitte 1949 vereinbart worden waren, davon gesprochen, dass deren Andauern *„likely to* endanger *the maintenance of international peace and security“* sei (1. op. para.). Im Gegensatz zu **SCR 111** (1956) verweist diese Resolution nicht mehr direkt auf SCR 54 (1948), sondern nur noch mittelbar über einen Verweis auf SCR 111 (1956)[263]. Der Grund für diese Zurückhaltung ist wohl darin zu sehen, dass Ägypten im September 1955 einen Waffenlieferungsvertrag mit der UdSSR abgeschlossen hatte und der Konflikt spätestens seitdem ein Teil des Ost-West-Konfliktes geworden war.

In **SCR 62** vom 16.11.1948, die SCR 54 (1948) ergänzt, nimmt der Sicherheitsrat erneut Bezug auf Art. 40 ChVN und fordert die Parteien auf (*„calls upon“*), *„to seek agreement forthwith, by negotiations...“* (2. op. para.) – eine im Hinblick auf die vom Sicherheitsrat angenommene bindende Wirkung von Aufforderungen nach Art. 40 ChVN[264], erstaunlich unverbindliche Formulierung.

Im Zusammenhang mit der Einrichtung der „Truce Supervision Organisation“ (UNTSO) und der Ermordung des bereits im Mai 1948 ernannten Vermittlers Graf Bernadotte stellte der Sicherheitsrat im 5. op. para. der **SCR 59** vom 19.10.1948 unter unmittelbarer Bezugnahme auf SCR 54 (1948)[265] die Pflichten der beteiligten Regierungen zum Schutz des UN-Personals fest. Geht man davon aus, dass eine Rechtsfolge nach Kapitel VII ChVN nur der Beseitigung der Situation dienen kann, die ein Handeln nach Kapitel VII ChVN begründet[266], ist dies der erste Fall, dem sich mittelbar entnehmen lässt, dass die Gefährdung von Leib und Leben von UN-Personal eine Friedensbedrohung sein kann[267].

Auf **SCR 54** (1948) wurde in zahlreichen Folgeresolutionen Bezug genommen[268], zuletzt in **SCR 171** (1962). Zwar wird in dieser Resolution an Art. 2 (4) ChVN erinnert und festgestellt (*„determines“*), dass der israelische Angriff auf Syrien Mitte März 1962 eine „flagrant violation“ von SCR 111 (1956) sei, Konsequenzen im Hinblick auf Kapitel VII ChVN zieht der Sicherheitsrat dar-

---

263 Nach CP – *Simon*, Art. 40 ChVN, S. 689, handelt es sich um eine Resolution auf der Grundlage von Art. 40 ChVN.

264 Vgl. *Frowein/Krisch* zu Art. 40 ChVN, Rdnr. 13 ff., in: *Simma* (Hrsg.), Charter, 2. Aufl.; *Martenczuk*, S. 44; dazu, dass Art. 40 ChVN verbindliche und unverbindliche Maßnahmen zulässt vgl. oben FN 215.

265 5. op. para.: „determines, pursuant to its resolutions 54... and 56..., that the Governments and authorities have the duty...“.

266 Dies folgt schon aus dem Verhältnismäßigkeitsgrundsatz, der für Kapitel VII ChVN in Art. 48 (1) ChVN seinen Ausdruck findet („erforderlich“); vgl. auch *Martenczuk*, S. 260.

267 Nach CP – *Simon* aaO, S. 678, 682 und 687, handelt es sich um eine Resolution auf der Grundlage von Art. 40 ChVN.

268 SCR 56 (1948), 59 (1948), 61 (1948), 62 (1948), 66 (1948), 73 (1949), 92 (1951), 93 (1951), 101 (1953), 106 (1955), 111 (1956).

aus jedoch nicht. Die Resolution lässt ihrem Wortlaut nach sogar nicht einmal den Schluss auf ein Handeln nach Art. 40 ChVN zu[269].

b. Sonstige Resolutionen

Nach der friedlichen Beendigung der Suez-Krise durch den Druck der USA und der UdSSR auf die beteiligten Parteien und der Einrichtung von UNEF I im Jahr 1956 blieb der Sicherheitsrat – abgesehen von der genannten Resolution 171 (1962) – 10 Jahre lang infolge des Ost-West-Gegensatzes[270] untätig. Verschiedene Resolutionsentwürfe scheiterten[271].

In **SCR 228** (1966) bekräftigt der Sicherheitsrat in allgemeiner Form alle vorangegangenen Resolutionen im Zusammenhang mit dem Bruch des Waffenstillstandsabkommens mit Jordanien vom Juli 1949 und kündigt für den Fall weiterer Verstöße Zwangsmaßnahmen an – *„steps as envisaged in the Charter to ensure against the repetition of such acts"* – 3. op. para. Die Resolution richtet sich direkt gegen Israel und ist in der Verurteilung des israelischen Verhaltens, dem Angriff auf Jordanien vom 13.11.1966, sehr weitgehend. Eine Feststellung nach Art. 39 ChVN erfolgt jedoch nicht[272]. In der Folgezeit blieb es bei der Ankündigung.

Einen Tag nach dem Beginn des 6-Tage-Krieges durch Israel spricht **SCR 233** vom 06.06.1967 von der *„menacing situation in the Near East"* und beschränkt sich auf den Aufruf an die Parteien, einen sofortigen Waffenstillstand zu schließen. Die Resolution lässt vom Wortlaut her nicht einmal einen eindeutigen Schluss auf eine Maßnahme nach Art. 40 ChVN zu[273]. Das Wort *„mena-*

---

[269] Nach *Conforti*, S. 181, handelt es sich um eine Empfehlung nach Art. 39 ChVN.

[270] Ausdruck dieses Gegensatzes war die sog. Eisenhower-Doktrin, nach der die USA durch Wirtschafts- und Militärhilfe für eine Stabilität des Nahen Osten Sorge tragen und die Bereitschaft zeigen wollten, im Falle einer kommunistischen Intervention zu intervenieren.

[271] Bemerkenswerterweise scheiterte ein sehr weitgehender Entwurf der USA vom 30.10.1956 nachdem israelische Truppen weit auf ägyptisches Territorium vorgedrungen waren (S/3710 Corr.1) an dem Veto Frankreichs und Großbritanniens. Der Entwurf sah u.a. folgende Regelungen vor: „1. calls upon Israel immediately to withdraw its armed forces behind the established armistice lines. 2. calls upon all members (a) … (b) … (c) to refrain from giving any military, economic or financial assistance to Israel so long as it has not complied with this resolution." Resolutionsentwürfe der USA und Großbritanniens vom 03.09.1963 (S/5407) und 21.12.1964 (S/6113) scheiterten jeweils am Veto der UdSSR, die eine stärkere Verurteilung Israels gewünscht hatte. Das gleiche gilt für einen Entwurf Argentiniens, Japans, der Niederlande, Neuseelands, Nigerias und Ugandas vom 04.11.1966 (S/7575/Rev.1).

[272] Eine solche Feststellung ist aber wohl konkludent erfolgt – vgl. Art. 40 S. 3 ChVN – vgl. CP – *Simon*, aaO, S. 689, FN 66; nach *Conforti*, S. 181, handelt es sich um eine Empfehlung nach Art. 39 ChVN.

[273] A.A. *Conforti*, S. 184.

cing" erinnert an die französische Fassung des Art. 39 ChVN, in der von einem *„menace contre la paix"* die Rede ist. Wegen der eindeutigen englischen Fassung („threat") ist jedoch nicht von der Feststellung einer Bedrohung i.S.d. Art. 39 ChVN auszugehen. Im Übrigen wird bloß eine *„menacing situation"* festgestellt. Der Sicherheitsrat hätte ohne weiteres eine Angriffshandlung feststellen können. Die einen Tag später ergangene **Resolution 234** (1967) lässt ihrem Wortlaut nach dagegen eindeutig den Schluss auf ein Handeln nach Art. 40 ChVN zu (*„demands ... cease fire"* mit Fristsetzung – 1. op. para.)[274]. Wiederum stellt der Sicherheitsrat eine *„menacing situation"* fest.

SCR 237 vom 14.06.1967 betrifft das humanitäre Völkerrecht[275], allerdings ohne – wie spätere Resolutionen z.B. im Falle Jugoslawiens[276] – auf der Grundlage des Kapitels VII ChVN ergangen zu sein. In **SCR 248** (1968) kündigt der Sicherheitsrat weitere Maßnahmen *„as envisaged by the Charter"* für den Fall an, dass Israel weiterhin gegen den Waffenstillstand verstößt, Art. 40 S. 3 ChVN[277].

Der Sicherheitsrat hat in der Folgezeit einige Resolutionen erlassen, die den Schluss auf ein Handeln nach Art. 39-41 ChVN nahelegen und damit die (konkludente) Feststellung zumindest einer Friedensbedrohung voraussetzen[278]. We-

---

274 So auch *Conforti*, S. 184; vgl. auch – ähnlich – SCR 235 vom 9.6.1967 und SCR 236 vom 11.6.1967.

275 Im 2. pr. para. heißt es: „... essential and inalienable human rights should be respected even during the vicissitudes of war."

276 Dazu unten S. 114 ff.

277 Nach *Conforti*, S. 181 handelt es sich um eine Empfehlung nach Art. 39 ChVN.

278 Sehr weitgehend bei dieser Einordnung sind CP – *Simon*, Art. 40 ChVN, S. 674 ff. und das Repertory of the Practise of the SC 1975 – 1980, S. 396 ff.; In **SCR 250** (1968) ruft der Sicherheitsrat Israel wegen der befürchteten Verschärfung der Spannungen in der Region dazu auf, eine für den 2. Mai 1968 geplante Militärparade nicht durchzuführen – Art. 40 ChVN, vgl. *Conforti*, S. 150 und 185; in **SCR 252** (1968) erklärt der Sicherheitsrat alle Maßnahmen Israels, den Status Jerusalems betreffend für „invalid" – 2. op. para. – Art. 41 ChVN, vgl. *Conforti*, S. 193, ebenso in **SCR 267** (1969) vgl. CP – *Simon* aaO, S. 681 (*Simon* geht allerdings von Art. 40 ChVN als Rechtsgrundlage aus); **SCR 256** (1968) spricht im 3. op. para. davon, dass „premeditated and repeated military attacks *endanger* the maintenance of peace" (Hervorhebung durch den Verfasser). Der Sicherheitsrat kündigt weitere Maßnahmen für den Fall der Nichteinhaltung dieser Resolution und der Resolution 248 (1968) an – trotz der Verwendung des Wortes „endanger" nimmt *Conforti* auf S. 181 eine Empfehlung nach Art. 39 ChVN an. In **SCR 258** (1968) besteht (insists) der Sicherheitsrat darauf, „that the cease-fire *ordered* by the Security Council in its resolutions must be rigourosly respected" (1. op. para.) (Hervorhebung durch den Verfasser) – dabei geht der Sicherheitsrat wohl von der Bindungswirkung seiner früheren Resolutionen aus. In **SCR 265** (1969) stellt der Sicherheitsrat eine *Gefährdung* des Friedens durch die sich verschlechternde Situation fest und kündigt erneut weitere Maßnahmen für den Fall der Nichteinhaltung der Resolution an – nach *Conforti*, S. 181, eine Empfehlung nach Art. 39 ChVN. Nach dem Jom-Kippur-Krieg verabschiedet

gen der insgesamt angespannten Lage in der Region, die immer wieder zu militärischen Übergriffen und Kriegen führte, ist die Annahme einer Friedensbedrohung wegen ebendieser Auswirkungen in der Regel unproblematisch.

In **SCR 476** (1980) bekräftigt der Sicherheitsrat erneut und unter ausdrücklicher Bestätigung seiner vorangegangenen Resolutionen[279] seine Auffassung, dass alle Maßnahmen Israels, eine Veränderung des Status von Jerusalem betreffend,

> *„have no legal validity and constitute a flagrant violation of the Geneva Convention relative to the Protection of Civilian Persons in time of War…"*

und im 4. op. para:

> *„reiterates that all such measures which have altered the geographic, demographic and historical character and status of the Holy City of Jerusalem are null and void and must be rescinded in accordance with the relevant resolutions of the Security Council".*

Den Grund für diese Auffassung enthält der 2. pr. para.:

> *„Reaffirming that the acquisition of territory by force is inadmissible".*

Eine solche Feststellung ist nur auf der Grundlage des Art. 40 bzw. 41 ChVN möglich[280]. Eine Feststellung einer Friedensbedrohung enthält jedoch auch diese

---

der Sicherheitsrat **SCR 338** (1973) (nach *Conforti*, S. 184, und RP 1972 – 1974 eine Resolution auf der Grundlage von Art. 40 ChVN) mit über 40, auf SCR 338 Bezug nehmenden Folgeresolutionen, zuletzt **SCR 1488 (2003)**; In **SCR 340** (1973) setzt der Sicherheitsrat UNEF II als deeskalierende Maßnahme ein, um einen Konflikt der Weltmächte zu vermeiden – vgl. *Parsons*, S. 24; desweiteren: **SCR 347** (1974) – Libanon; **SCR 425** (1978), **427** (1978) – beide Libanon mit zahlreichen Folgeresolutionen und Diskussionen im Sicherheitsrat (vgl. S/PV 3653 v. 15.04.1996), zuletzt **SCR 1391** (2002); **SCR 446** (1979) – Siedlungspolitik Israels hat „no legal validity" 1. op. para.; **SCR 450** (1979); **SCR 452** (1979), **465** (1980), **468** (1980), **469** (1980), **471** (1980) – Siedlungspolitik als Verletzung der Genfer Konvention vom 12.08.1949; In **SCR 474** (1980) äußert sich der Sicherheitsrat im Zusammenhang mit der Situation im Libanon überzeugt davon, dass „the present situation has serious consequences for peace and security in the Middle East" (4. pr. para.); Die Feststellung einer Friedensbedrohung folgt jedoch nicht. **SCR 508** (1982), **509** (1982), **515** (1982), **516** (1982), **517** (1982), **518** (1982) und **520** (1982) – alle wegen der israelischen Angriffe auf den und Besetzung des Libanon und alle deutlich nach Art. 40 ChVN (vgl. für SCR 508 und 517 *Conforti*, S. 184, nach dessen Ansicht es sich bei SCR 509 allerdings um eine Empfehlung nach Art. 39 ChVN handelt), ohne allerdings eine Friedensbedrohung oder einen Friedensbruch festzustellen.

279 SCR 252 (1968), 267 (1969), 271 (1969), 298 (1971) und 465 (1980) – 4. pr. para.

280 Dies zeigt sich schon daran, dass ein von 20 arabischen Staaten eingebrachter Resolutionsentwurf (S/15895), der die Siedlungspolitik Israels in den besetzten Gebieten für unwirksam erklärte, am 02.08.1983 infolge des amerikanischen Vetos nicht ange-

Resolution nicht. Sie beschränkt sich darauf festzustellen, dass die Maßnahmen Israels

> *„constitute a serious obstruction of achieving a comprehensive, just and lasting peace in the Middle East" (alles 3. op. para.).*

Im 6. op. para. der Resolution heißt es jedoch:

> *„Reaffirms its determination, in the event of non-compliance by Israel with the present resolution, to examine practical ways and means in accordance with relevant provisions of the Charter of the United Nations to secure the full implementation of the present resolution."*

SCR 478 (1980) verstärkt nach Erlass eines „basic law", mit dem das israelische Parlament Jerusalem zur Hauptstadt Israels erklärte, die Aussagen von SCR 476 (1980) und enthält dem Wortlaut nach deutliche Anzeichen der beabsichtigten Bindungswirkung im 3. op. para.[281]. Der Sicherheitsrat ruft die Mitgliedstaaten zu freiwilligen Maßnahmen auf und kündigt für den Fall der Nichtumsetzung der Resolution 476 (1980) erneut weitere Maßnahmen an, ein weiteres Zeichen für die Bindungswirkung der Resolution 476 (1980).

In **SCR 484** (1980) erklärt der Sicherheitsrat

> *„it imperative that the Mayor of Hebron and the Mayor of Halhoul [beides in den besetzten Gebieten] be enabled to return to their homes and resume their responsibilities" (3. op. para.).*

Eine Feststellung einer Friedensbedrohung erfolgt nicht.

Nach wiederholten Angriffen auf Soldaten der UNIFIL in Südlibanon seitens sog. „de-facto-forces" sah sich der Präsident des Sicherheitsrates dazu veranlasst, in einer ***Erklärung vom 09.03.1981***[282] die Verantwortlichen für die gespannte Situation aufzufordern, alle Handlungen zu unterlassen *„which might increase the threat to international peace and security"* – zuvor war jedoch in

---

nommen wurde; von der Rechtsgrundlage des Art. 40 ChVN geht auch das Repertoire of the Practise of the Security Council 1975-80 auf S. 397 aus.; vgl. für die hier vertretene Ansicht *Tomuschat*, 1992, S. 83, im Umkehrschluss – allerdings bezogen auf den Konflikt in Südafrika. vgl. auch unten FN 281.

281 „determines that all legislative and administrative measures and actions taken by Israel, the occupying power, which have altered or purport to alter the character and status of the Holy City of Jerusalem, and in particular the recent „basic law" on Jerusalem, are null and void and must be rescinded forthwith." ein Resolutionsentwurf (S/14106), der Wirtschaftssanktionen nach Art. 41 ChVN vorsah wurde nicht zur Abstimmung gestellt. Nach *Frowein* zu Art. 41 ChVN, Rdnr. 9 m.w.N., in: *Simma* (Hrsg.), Charta, handelt es sich um eine Resolution nach Art. 41 ChVN.

282 S/14414.

diesem Zusammenhang von einer Friedensbedrohung, deren Verstärkung der Präsident des Sicherheitsrates befürchtet, noch nie die Rede gewesen[283].

Am 14.12.1981 erließ das israelische Parlament ein Gesetz, das einer Annektion der seit dem 6-Tage-Krieg von 1967 von Israel besetzten Golanhöhen gleichkam. In **SCR 497** vom 17.12.1981 verlangt („*demands*") der Sicherheitsrat, dass Israel die Annektion der Golanhöhen zurücknehmen solle. Er entscheidet („*decides*"), dass die Annektion „*null and void and without international legal effect*" ist[284]. Der Sicherheitsrat wiederholt im 2. op. para. sinngemäß den Wortlaut von Art. 2 (4) ChVN und kündigt weitere Maßnahmen für den Fall der Nichteinhaltung dieser Resolution an. Die Feststellung einer Friedensbedrohung erfolgt nicht[285].

Nach Ablehnung eines Resolutionsentwurfes Jordaniens vom 20.01.1982[286], der die Feststellung einer Friedensbedrohung enthielt[287], verabschiedete der Sicherheitsrat mit **SCR 500** (1982) – im Untersuchungszeitraum einmalig – eine Resolution, in der er unter Hinweis auf die fehlende Einstimmigkeit im Sicherheitsrat beschließt, eine „*emergency special session of the General Assembly*" einzuberufen.

Die Generalversammlung verabschiedete daraufhin GARes. 37/123 A vom 16.12.1982[288], in deren 2. op. para. die israelische Annektion der Golanhöhen als Angriffshandlung bezeichnet wird.

In den achtziger Jahren scheiterten zahlreiche Resolutionsentwürfe, die Israel wegen seiner Politik in den besetzten Gebieten verurteilten, an dem Veto der

---

283 Die Feststellung einer Friedensbedrohung durch die Situation im Libanon wird in einer Erklärung des Präsidenten vom 31.03.1989 (S/20554) wiederholt.

284 1. op. para.

285 Die Generalversammlung hat die Resolution in GARes. 37/123 A im letzten pr. para. als bindend bezeichnet – GAOR/37th Session/Resolutions/Supplement No. 51 (A/37/51), S. 36 f.

286 S/14832.

287 Der Entwurf erinnert an SCR 497 (1981) und die darin enthaltene Ankündigung weiterer Maßnahmen und lautet im ersten pr. para.: „determining that the continued occupation of the Syrian Golan Heights since June 1967 and its annexation by Israel on 14.12.1981 constitute a threat to international peace and security" Der Entwurf sieht unter vorheriger Berufung auf Kapitel VII ChVN eine Ermächtigung an die Mitgliedstaaten vor, Maßnahmen zu ergreifen „in order to nullify Israeli annexation of Golan" – nach Aussage des US-amerikanischen Vertreters in der 2329. Sitzung des Sicherheitsrates stellt dieser Entwurf eine „perversion of the very purpose for which the Security Council is called to perform by chapter VII of the UN-Charter" dar (zitiert nach *Patil*, S. 295). Der Entwurf bewirke, so der US-amerikanische Vertreter weiter, genau das Gegenteil dessen, was der Sicherheitsrat tun müsse, nämlich einer Verschlechterung der Situation vorzubeugen.

288 Siehe oben FN 285.

USA[289]. Dies änderte sich kurzfristig erst infolge des zweiten Golfkrieges im Hinblick auf die arabischen Mitglieder der Anti-Saddam-Koalition, die nicht verärgert werden sollten: In **SCR 672** vom 12.10.1990 nimmt der Sicherheitsrat zunächst Bezug auf die wesentlichen Resolutionen des Nahostkonfliktes[290]. Nach Gewalttätigkeiten in Jerusalem am 08.10.1990 mit zahlreichen getöteten und verletzten Palästinensern wird Israel in eindeutiger Weise verurteilt und erneut an die Geltung und Einhaltung des Genfer Abkommens über den Schutz von Zivilpersonen in Kriegszeiten vom 12.08.1949 erinnert. Nach der Zurückweisung dieser Resolution durch Israel erfolgte am 24.10.1990 eine bloße Ermahnung Israels in **SCR 673**.

Nach der Deportation von vier Palästinensern durch Israel am 18.05.1991 stellt der Sicherheitsrat in **SCR 694** vom 24.05.1991 erneut einen Verstoß gegen die Vierte Genfer Konvention vom 12.08.1949[291] fest. Dasselbe geschieht in **SCR 726** am 06.01.1992 und **SCR 799** am 18.12.1992[292]. In den genannten Resolutionen trifft der Sicherheitsrat juristische Feststellungen über die Anwendbarkeit und die Verletzung der Genfer Konvention[293].

Der Wiederausbruch der palästinensischen Intifada im September 2000 und die Wahl des Likud-Vorsitzenden Ariel Sharon zum israelischen Premierminister im Februar 2001 führten zu einer Verschärfung der Auseinandersetzungen zwischen Israel und den Palästinensern. Palästinensische Selbstmordanschläge und israelische Vergeltungsmaßnahmen forderten zahlreiche Opfer auf beiden Seiten. Vor diesem Hintergrund kam es am 26.02.2002 zu einer Friedensinitiative Saudi-Arabiens, in der ein umfassender Friedensvertrag zwischen den arabischen Staaten und Israel für den Fall der Räumung der 1967 besetzten Gebiete, der Klärung der palästinensischen Flüchtlingsfrage und der Zustimmung zu einem unabhängigen Staat Palästina mit Ost-Jerusalem als Hauptstadt angeboten wurde. Die Initiative wurde Ende März 2002 als offizielle Initiative der arabischen Liga verabschiedet[294].

---

289 Entwürfe Jordaniens vom 02.04.1982 (S/14943), Spaniens vom 08.06.1982 (S/15185), Frankreichs vom 26.06.1982 (S/15255/Rev.2), der UdSSR vom 06.08.1982 (S/15347/Rev.1), vgl. i.ü. *Patil*, S. 301 ff.; zumeist lag dem Veto der USA die aus ihrer Sicht vorliegende Unausgewogenheit des Textes zulasten Israels zugrunde; vgl. auch die Nachweise für die Jahre 1988 – 1990 in VN 3/1993, S.97.

290 SCR 242 (1967), 338 (1973, 476 (1980) und 478 (1980).

291 Genfer Abkommen zum Schutze von Zivilpersonen in Kriegszeiten vom 12.08.1949, BGBl. 1954 II, S. 917, ber. 1956 II, S. 1586.

292 Zuvor hatte Israel nach der Ermordung eines israelischen Grenzpostens 415 Moslems deportiert.

293 Vgl. *Harper*, S. 125.

294 Vgl. zu allem FWA 2003, Spalten 402 – 406.

Einen Tag nach der Besetzung Ramallahs und einiger palästinensischer Flüchtlingslager durch die israelische Armee verabschiedete der Sicherheitsrat auf Initiative der USA am 12.03.2002 seine Resolution **1397** (2002), in deren 2. pr. para. er erstmals

> *„a vision of a region where two States, Israel and Palestine, live side by side within secure and recognized borders"*

bekräftigt. Er betont die Notwendigkeit der Einhaltung des humanitären Völkerrechts und begrüßt die saudische Friedensinitiative, bevor er im 1. op. para. – unter ausdrücklicher Verwendung des üblicherweise auf eine Bindungswirkung und damit auf Kapitel VII ChVN hindeutenden Einleitungsverbes *„demand"*[295] – die sofortige Beendigung aller *„acts of violence, including all acts of terror, provocation, incitement and destruction"* fordert.

Diese Forderung wird wiederholt in **SCR 1402** (2002), deren *unverzügliche* Umsetzung der Sicherheitsrat in der nur fünf Tage später, am 04.04.2002, verabschiedeten Resolution **1403** (2002) verlangt (*„demand"*).

Nach der unverbindlicher gehaltenen Resolution **1405** (2002) greift der Sicherheitsrat in **SCR 1435** (2002) auf die in SCR 1402 (2002) und 1403 (2002) verwandte Diktion zurück, in denen die wechselseitige Gewalt, die Besetzung des Hauptquartiers des palästinensischen Präsidenten in Ramallah, die humanitäre Krise der Palästinenser und die Verletzung des humanitären Völkerrechts zum Anlass genommen werden, von Israel den sofortigen Truppenrückzug und von beiden Parteien die Beendigung der Gewalt zu verlangen (*„demand"*).

Die ausdrückliche Feststellung einer Friedensbedrohung erfolgte auch in den Jahren seit 2000 nicht.

c. *Zusammenfassung*

Der Nahostkonflikt ist der einzige Konflikt, der den Sicherheitsrat seit seinem Bestehen bis heute beschäftigt. In keinem anderen Konflikt hat der Sicherheitsrat so viele Resolutionen erlassen wie in diesem. In nur einer Resolution (**SCR 54** (1948)) hat er das Vorliegen einer Friedensbedrohung festgestellt. In zahlreichen Folgeresolutionen hat er – zwar nicht ausdrücklich[296] – auf der Basis des Art. 40 bzw. des Art. 41 ChVN gehandelt und daher konkludent zumindest eine Friedensbedrohung angenommen. In Anbetracht der Formulierung der Resolu-

---

[295] Zur Verwendung des Wortes „demand" durch den Sicherheitsrat siehe oben S. 53, FN 217.

[296] Sehr weitgehend bei der Einordnung der Resolutionen unter den Tatbestand des Art. 40 ChVN geht das Repertoire of the Practice of the Security Council 1975-1980, S. 396 ff., vgl. auch CP – *Simon*, Art. 40 ChVN, S. 667 ff., und *Conforti*, S. 182 ff.

tionen, der mit ihnen angeordneten Rechtsfolgen und aus dem Zusammenhang der Resolutionen erscheint diese Einordnung jedoch zulässig[297].

Spätestens seit Mitte der fünfziger Jahre geriet der Konflikt in den Strudel des Ost-West-Gegensatzes mit der Konsequenz bewusst offener Formulierungen, die einen eindeutigen Schluss auf die Rechtsgrundlage der Resolution nicht zulassen. Zahlreiche Resolutionsentwürfe scheiterten zumeist infolge des Vetos der USA, die sich dabei in der Regel auf die aus ihrer Sicht gegebene Unausgewogenheit der Entwürfe zulasten Israels beriefen. Das gilt auch dann, wenn in vorangegangenen Resolutionen ein Handeln des Sicherheitsrates nach Kapitel VII ChVN angekündigt worden war und die Entwürfe nur der Umsetzung dieser Ankündigung dienten. Wie „empfindlich" die USA jedoch auch nach Beendigung des Ost-West-Gegensatzes noch sind[298], zeigt z.B. das Abstimmungsverhalten bei Verabschiedung der **Resolution 904** am 18.03.1994[299], bei der über jeden Absatz einzeln abgestimmt wurde und die USA sich bei zwei Absätzen der Präambel[300] der Stimme enthielten, und die zahlreichen, sich auf bloße Ermahnungen beschränkenden Resolutionen in den neunziger Jahren.

Die Behandlung des Nahostkonfliktes durch den Sicherheitsrat seit Bestehen der Vereinten Nationen ist exemplarisch für die Widersprüche und Defizite bei der Anwendung des Siebten Kapitels der Charta bis zum heutigen Tage.

Legt man auch bei nicht eindeutigen Resolutionen aufgrund einer Auslegung ihres Wortlautes und der in ihnen enthaltenen Rechtsfolgen ein Handeln nach Kapitel VII ChVN zugrunde, so ist die dafür erforderliche konkludente Annahme zumindest einer Friedensbedrohung in der Regel wegen der stets (zumindest potentiell) auch grenzüberschreitenden militärischen Auswirkungen der jeweils auslösenden Situation unbedenklich. Diese stehen bei den Resolutionen jedoch nicht immer im Vordergrund.

---

297 Auch wenn z.T. parallel Resolutionsentwürfe, die die Feststellung einer Friedensbedrohung oder ein Handeln nach Kapitel VII ChVN vorsahen am Veto der USA scheiterten.

298 Dazu, wie genau die USA die Sprache der Resolutionen analysieren vgl. die Änderungsvorschläge zu dem Entwurf Guineas, Somalias und Jugoslawiens vom 10.09.1972 (S/10784).

299 Nach dem Massaker vor der Moschee in Hebron vom 25.02.1994 – vgl. AdG S. 38689.

300 Dabei handelt es sich um den 2. und 6. pr. para., die in der deutschen Übersetzung (VN 1994, S. 199) lauten: „ernsthaft darüber besorgt, dass es als Folge des Massakers zu weiteren Toten und Verletzten unter den Palästinensern in dem besetzten palästinensischen Gebiet gekommen ist, was die Notwendigkeit unterstreicht, dem palästinensischen Volk Schutz und Sicherheit zu gewähren," und „in Bekräftigung seiner einschlägigen Resolutionen, in denen die Anwendbarkeit des Vierten Genfer Abkommens vom 12.08.1949 auf die von Israel im Juni 1967 besetzten Gebiete, einschließlich Jerusalems, und die diesbezüglichen Verantwortlichkeiten Israels bekräftigt werden".

d. *Kategorisierung*

Im Hinblick auf die so beschriebene Anwendung des Siebten Kapitels der Charta lassen sich bezogen auf den Nahostkonflikt folgende Kategorien resolutionsauslösender Umstände bilden:

- Verletzung von Waffenstillständen[301],
- Militärische Übergriffe[302],
- Verwaltungsmaßnahmen in besetzten Gebieten[303],
- Verstöße gegen die Genfer Konventionen[304],
- Verletzung der ChVN[305],
- Völkerrechtswidrigkeit von Maßnahmen[306],
- Verstoß gegen vorangegangene Resolutionen des Sicherheitsrates[307],
- Angriffe auf UN-Personal[308].

2. Der Konflikt in Südrhodesien (1965 bis 1979)

Bereits im Jahre 1890 hatte die von Cecil Rhodes gegründete British South African Company Salisbury, das heutige Harare, gegründet, 1898 erfolgte die Gründung Südrhodesiens, das seit 1923 britische Kolonie mit „internal self-government" war[309].

Im Jahre 1963 lenkten Ghana, Guinea, die Vereinigten Arabischen Emirate und Marokko die Aufmerksamkeit des Sicherheitsrates auf Südrhodesien, da ihres Erachtens dort die Gefahr einer Übertragung der Befehlsgewalt über Heer und Luftwaffe an das weiße Minderheitsregime[310] in Salisbury bestand. Ein Resolutionsentwurf, in dem Großbritannien aufgefordert wurde, dies zu verhin-

---

301 *SCR 54 (1948)*, 92 (1951), 111 (1956), 228 (1966), 248 (1968).

302 SCR 46 (1948), 49 (1948), *54 (1948)*, 228 (1966), 234 (1967), 497 (1981); 508 (1982) ff. – vgl. oben FN 21 – Erklärung des Ratspräsidenten vom 31.03.1989 (S/20554).

303 U.a. SCR 446 (1979), 465 (1980), 476 (1980), 478 (1980).

304 SCR 476 (1980), 694 (1991), 726 (1992) – vgl. i.ü. die tabellarische Zusammenstellung der „Security Council decisions regarding the implemetation of the Geneva Conventions in territories occupied by Israel, 1967 – 1993" bei *Bailey*, 1994, S..76.

305 SCR 111 (1956) – ChVN, 497 (1981) – ChVN und principles of international law.

306 SCR 252 (1968), 271 (1971), 465 (1980), 476 (1980), 478 (1980), 497 (1981).

307 SCR 50 (1948), *54 (1948)* – dazu ablehnend: *Fink*, S. 176, SCR 93 (1951), 101 (1953), 106 (1955), 111 (1956), 267 (1971), 271 (1971), 497 (1981).

308 U.a. SCR 59 (1948), 618 (1988), Erklärung des Ratspräsidenten vom 09.03.1981 (S/14414).

309 Zur Geschichte *Endemann*, S. 141 ff. m.z.w.N.; *Fink*, S. 309 ff.; zum verfassungsrechtlichen Verhältnis Großbritanniens und Südrhodesiens („internal self-government") *Gowland – Debbas*, S. 45 – 63 und *Fawcett*, S. 103 ff.

310 Nur ca. 6 % der Bevölkerung waren Weiße – *McDougal/Reisman*, S. 2 m.w.N.

dern, scheiterte jedoch an dem Veto Großbritanniens[311], das sich auch in der Folgezeit immer wieder auf komplizierte kolonialverfassungsrechtliche Argumente berief[312].

In Anbetracht der drohenden einseitigen Unabhängigkeitserklärung Südrhodesiens verabschiedete der Sicherheitsrat am 06.05.1965 die **Resolution 202**, in der er Großbritannien bat, die bevorstehende einseitige Unabhängigkeitserklärung zu verhindern und auf eine demokratische Unabhängigkeit hinzuwirken[313].

Am 11.11.1965 erfolgte schließlich die einseitige Unabhängigkeitserklärung durch die weiße Minderheit unter der Führung von Ian Smith. Die Generalversammlung forderte daraufhin in ihrer Resolution 2024 (XX) vom 11.11.1965[314] den Sicherheitsrat dazu auf, die Angelegenheit als eine „*matter of urgency*" zu behandeln, zahlreiche afrikanische Staaten verlangten ein Handeln des Sicherheitsrates nach Kapitel VII ChVN[315].

Großbritannien hatte nach der Unabhängigkeitserklärung ein einseitiges Handels- und Finanzembargo gegen Südrhodesien verhängt und brachte die Angelegenheit nunmehr selbst vor den Sicherheitsrat, da ein militärisches Eingreifen wegen der zahlreichen in Rhodesien lebenden ehemaligen englischen Soldaten und wegen eines dann drohenden Endes des Commonwealth nicht möglich war[316].

a. *Resolutionen 217 (1965) und 221 (1966)*

Nach einer noch unverbindlich formulierten Resolution[317], in der der Sicherheitsrat alle Staaten dazu aufgefordert hatte („*call upon*"), das illegale rassistische Regime in Südrhodesien nicht anzuerkennen und von dessen Unterstützung Abstand zu nehmen, und nach dem Scheitern eines afrikanischen Resolutionsentwurfes, der Zwangsmaßnahmen nach Kapitel VII ChVN vorsah[318], verabschie-

---

311 Entwurf Ghanas, Marokkos und der Philippinen vom 13.09.1963: S/5425/Rev.1; vgl. *Patil*, S. 171 f.

312 Vgl. *Fawcett*, S.103 ff.; nach der britischen Ansicht war Rhodesien als „self-governing colony" – auch britischer – Einmischung weitgehend entzogen.

313 Zur Haltung Großbritanniens vgl. *Endemann*, S. 145 f.

314 GAOR/20th Session/Supplement No. 14 (A/6014), S. 55, 3. op. para.

315 Vgl. dazu *Arntz*, S. 99 m.w.N.; die Generalversammlung hatte die Angelegenheit bereits am 5.11.1965 mit Resolution 2022 (GAOR/20th Session/Supplement No. 14 (A/6014), S. 54) als den Weltfrieden bedrohend (13. op. para.) an den Sicherheitsrat weitergeleitet.

316 Großbritannien hat auch ausdrücklich bestätigt, keine Gewalt zu wollen – vgl. *Arntz*, S. 103 FN 188a; ein weiterer Grund für die Initiative Großbritanniens war sein Wunsch nach einem für alle Staaten verbindlichen Embargo – vgl. *Gowlland – Debbas*, S. 373.

317 SCR 216 vom 12.11.1965 – dazu ausführlich als Beispiel für den Einfluss politischer Faktoren bei der Feststellung einer Friedensbedrohung *White*, S. 39.

318 Vgl. dazu *Arntz*, aaO; *Gowlland – Debbas*, S. 374 ff.

dete der Sicherheitsrat am 20.11.1965 ***SCR 217***. Im 1. op. para. dieser Resolution stellt der Sicherheitsrat fest („*determines*" - Diktion des Art. 39 ChVN),

> *„that the situation resulting from the proclamation of independence by the illegal authorities in Southern Rhodesia is extremely grave, that the Government of the United Kingdom [...] should put an end to it and that its continuance in time constitutes[[319]] a threat to international peace and security".*

Die Rechtsfolgen der Resolution erschöpfen sich in Aufforderungen an Großbritannien zur Niederschlagung der Revolte und an alle Staaten zur freiwilligen Verhängung eines Waffen- und Ölembargos. Auch wenn der Sicherheitsrat bewußt nicht das Vorliegen einer Friedensbedrohung festgestellt und nicht nach Art. 41 ChVN gehandelt hat[320], sondern sich nur auf die „continuance-Formel" verständigen konnte[321], lässt diese Formel doch Rückschlüsse auf das Verständnis des Friedensbedrohungsbegriffs zu, denn sie macht die endgültige Feststellung einer Friedensbedrohung nicht von einer Veränderung der Umstände, sondern nur von deren zeitlichem Fortbestand abhängig[322]. Zu dem damaligen Zeitpunkt bestand keinerlei Gefahr einer militärischen Auseinandersetzung Südrhodesiens mit seinen Nachbarstaaten[323] oder (aus den genannten Gründen) mit Großbritannien[324]. Allein ein Fortbestand der inneren Verhältnisse in Südrhodesien hätte nach Ansicht des Sicherheitsrates ausgereicht, um die Annahme einer Friedensbedrohung zu rechtfertigen. Die ausdrückliche Bekräftigung der GA Res. 1514 XV (1960)[325] sowie die Betonung der rassistischen Natur des „illega-

---

319 *White* weist auf S. 40, FN 36, zurecht darauf hin, dass es statt „constitues" „will constitute" hätte heißen müssen.

320 *Frowein/Krisch* zu Art. 41, Rdnr. 18 m.w.N., in: *Simma* (Hrsg.) Charter, 2. Aufl.; *Gowlland – Debbas*, S. 381 ff.

321 Dazu *Bailey*, 1994, S. 4: „US Ambassador Arthur Goldberg then devised a formula which was acceptable only because nobody knew what it meant…"; *White* zitiert auf S. 40 eine Äußerung Goldbergs, die er als „bizzare" bezeichnet; zur Debatte *Endemann*, S. 153 f.; vgl. auch *Gowlland – Debbas*, S. 382 und 391.

322 *Arntz*, S. 102, scheint das zu bezweifeln, wenn er behauptet, dass dann jede Situation des Kapitels VI ChVN allein durch Zeitablauf und ohne jede Veränderung zu einer Friedensbedrohung werde. *Arntz* übersieht jedoch, dass sich der Fall der „continuance – Formel" gerade von einer „normalen" Situation i.S.d. Kapitel VI ChVN unterscheidet.

323 *Bindschedler*, S. 8, 10; *Gading*, S. 10; A.A. *Wolfrum/Heinz/Philipp*, S. 126, und *Frowein* zu Art. 39, Rdnr. 12, in: *Simma* (Hrsg.), Charta; *Arntz*, S. 116 f.; nach *McDougal/Reisman*, S. 12, waren die anderen afrikanischen Staaten „affected" – das reicht seines Erachtens aus.

324 Dazu, ob dies eine Verletzung des Art. 2 (4) ChVN dargestellt hätte, vgl. (bejahend) *Arntz*, S. 102 ff.

325 Declaration on the Granting of Independence to Colonial Territories and Peoples vom 14.12.1960 – GAOR/15th Session/Supplement No. 16 (A/4684), S. 66; zur rechtlichen

len"[326] Minderheitenregimes lassen darauf schließen, dass die Ursachen des friedensbedrohenden Charakters der Situation in dem Verstoß gegen die Menschenrechte und in der Verletzung des Rechtes auf Selbstbestimmung liegen[327].

In ***SCR 221*** vom 09.04.1966 ging der Sicherheitsrat zwar noch nicht so weit, das aktuelle Vorliegen einer Friedensbedrohung festzustellen, die dazu erforderliche Mehrheit fehlte noch[328]. Im 1. op. para. stellt der Sicherheitsrat jedoch fest, dass die aus der Belieferung des illegalen Regimes mit Öl sich ergebende Situation eine Friedensbedrohung[329] darstelle. Zu diesem Zeitpunkt drohte ein griechischer Öltanker, die Manuela, den Hafen des mosambikanischen Beira anzulaufen, um dort für Rhodesien bestimmtes Öl zu entladen[330]. Die Lieferung dieses Öls würde, so der Sicherheitsrat im letzten pr.para., den Fortbestand des illegalen Regimes begünstigen. Die „sich ergebende Situation" ist also der Fortbestand des illegalen Regimes[331], d.h. die dadurch verursachten Menschenrechtsverletzungen und die Verletzung des Selbstbestimmungs-

---

Bedeutung von Resolutionen der Generalversammlung vgl. *Gowlland – Debbas*, S. 136 ff., S. 147 ff., zu GARes 1514 (1960).

326 Die Feststellung der „illegality" erfolgte nach *Gowlland – Debbas*, S. 240 f., wegen des schweren Verstoßes gegen das Selbstbestimmungsrecht; kritisch zu dem Begriff „illegal regime" *Gross*, S. 226, FN 1.

327 Vgl. *McDougal/Reisman*, S. 11 f.; *Neuhold*, S. 936; *Bauer*, S. 193 m.w.N.; *Verdroß/Simma*, § 234; *Bruha*, S. 765, Rdnr. 7; nach *Ginther*, S. 92, war allein die Verletzung des Selbstbestimmungsrechtes entscheidend.

328 Ein entsprechender Antrag Malis, Nigerias und Ugandas scheiterte – vgl. YUN 1966, S. 95/96 – dazu *Endemann*, S. 152, und *Gowlland – Debbas*, S. 404 ff.

329 Der Sicherheitsrat bedient sich dabei der Terminologie des Art. 39 ChVN und verwendet nicht den Zusatz „international".

330 Ein weiterer griechischer Tanker, die Joanna V, war schon in Beira angekommen. Zur Vorgeschichte *Gowlland – Debbas*, S. 400 ff.

331 Diese Auslegung wird gestützt durch SCR 423 – s.u. S. 79.

rechts[332]. Großbritannien wird – wie gewünscht – ermächtigt, die Entladung des Öls zu verhindern[333].

b. Resolution 232 (1966)

In ***SCR 232*** vom 16.12.1966 stellt der Sicherheitsrat endgültig fest, dass die Situation in Südrhodesien eine Bedrohung des Weltfriedens und der internationalen Sicherheit sei[334] und verhängt unter ausdrücklicher Berufung auf Art. 39 und 41 ChVN[335] sowie Art. 25 ChVN[336] ein umfassendes Wirtschaftsembargo gegen Südrhodesien. Der Sicherheitsrat bekräftigt die unveräußerlichen Rechte des südrhodesischen Volkes auf Freiheit und Unabhängigkeit und beruft sich in diesem Zusammenhang erneut auf GA Res 1514[337]. Die Resolution spricht demgegenüber weder die Menschenrechtsverletzungen in Südrhodesien an[338], noch stellt sie – anders als SCR 221 (1966) – eine eindeutige Verbindung zwischen der Feststellung einer Friedensbedrohung und dem Fortbestand des Regimes in Südrhodesien her.

---

332 *Gowlland-Debbas*, S. 415, betont, dass die sich ergebende Situation die Möglichkeit war, dass Rhodesien Öl geliefert bekommen werde, so unter Berufung auf die Präambel der Resolution auch *Lailach*, S. 59; *Schmahl* geht demgegenüber auf S. 160 davon aus, dass der Sicherheitsrat davon überzeugt gewesen sei, dass durch das rhodesische Regime die Gefahr bewaffneter Konflikte herbeigeführt wurde; wie *Schmahl* auch *Frowein* zu Art. 39, Rdnr. 21, in: *Simma* (Hrsg.) Charter und (ihm folgend) *Wolfrum/Heinz/Philipp*, S. 126; nach *Endemann*, S. 152, soll die „bloße Aussicht auf ein Fortdauern des in S/RES/217 (1965) für `extremely grave´ eingestuften Situation [...] eine gegenwärtige Friedensbedrohung enthalten." In der vierten Sitzung nach Verabschiedung von SCR 221 (1966), dem 1281. meeting des Sicherheitsrates, sagte der amerikanische Vertreter: „We have a special obligation to see the Charter provisions on human rights upheld ... (which) are solemn treaty obligations which the United States has undertaken." – zit. nach Gowlland – Debbas, S. 222, FN 21.

333 Auf welcher Rechtsgrundlage diese Ermächtigung beruht ist umstritten – vgl. *Gowlland – Debbas*, S. 416 ff.; für Art. 42 ChVN: *Uerpmann*, S. 117.

334 1. op. para.; diese Feststellung erfolgte erst auf das Drängen einiger Mitglieder des Sicherheitsrates hin (z.B. Zambias, SCOR 1332. meeting S. 14, 55. para., Jordaniens, SCOR 1340. meeting, 11. para. und Ugandas, 1340. meeting, 32. para) – vgl. Großbritannien, 1340. meeting, 59. para.

335 Im 4. pr. para.

336 Im 3. op. para.

337 4. op. para.; nach *Bauer*, S.193, *Franck*, 1993, S. 96, *Neuhold*, S. 936, *Van Boven*, S. 16, *Gading*, S. 99, *Blumenwitz*, S. 707, und *Ginther*, S. 92, ist dies (die Verletzung des Selbstbestimmungsrechts) die Grundlage der Feststellung der Friedensbedrohung; auch *White* (S. 34 f.) und (sogar!) *Arntz* (S. 105) sehen den Grund der Friedensbedrohung in den Zuständen in Rhodesien selbst. Zu den Zuständen innerhalb Rhodesiens vgl. *McDougal/Reisman*, S. 4, FN 19

338 Anders sieht dies wohl *Matsui*, S. 513.

Großbritannien stimmte der Resolution ausdrücklich zu – letztlich ist sie auf einen Vorschlag Großbritanniens zurückzuführen.[339] Die UdSSR hatte zwar Bedenken gegen die Rechtmäßigkeit der Resolution, stimmte aber mit Rücksicht auf ihre Interessen in Afrika nicht dagegen, sondern enthielt sich ebenso wie Frankreich der Stimme[340]. Nach wie vor bestand nicht die Gefahr grenzüberschreitender bewaffneter Auseinandersetzungen[341].

c. *Resolutionen seit 1968*

Mit **SCR 253** vom 29.05.1968 erweitert der Sicherheitsrat die gegen Südrhodesien verhängten Sanktionen, nicht ohne zuvor erneut eine Friedensbedrohung festgestellt zu haben[342]. Die Situation ist über die in SCR 232 (1966) festgestellten Umstände hinaus durch Maßnahmen der politischen Unterdrückung wie willkürliche Festnahmen und Hinrichtungen, die die Grundfreiheiten und -rechte der Bevölkerung verletzen, gekennzeichnet[343]. Großbritannien wird als Verwal-

---

339 Der Grund war die Bindungswirkung der Resolution für alle Mitgliedstaaten – vgl. *Fink*, S. 350.

340 Dabei äußert der Vertreter der UdSSR in der 1337. Sitzung (paras 85 ff.) u.a. auch seine Befürchtung, dass sich der Konflikt über die Grenzen Südrhodesiens auf das südliche Afrika ausweiten könne; in den Debattenbeiträgen der afrikanischen Nachbarstaaten Rhodesiens kommt eine große Skepsis darüber zum Ausdruck, ob das Wirtschaftsembargo wegen der Interessen Südafrikas und Portugals überhaupt durchsetzbar sei und ob nicht vor allem die Nachbarstaaten Rhodesiens darunter zu leiden hätten. Großbritannien wird im Hinblick auf sein Verhältnis zu Südafrika Doppelzügigkeit vorgeworfen – vgl. Beiträge Zambias in der 1332. Sitzung und Ugandas in der 1335. Sitzung.

341 *Gading*, S. 98; *Fink*, S. 347, der jedoch darauf hinweist, dass die *Nachbarstaaten* militärische Handlungen angekündigt hätten, der Sicherheitsrat aber Sanktionen gegen *Südrhodesien* verhängt habe – auf S. 348 setzt er sich folgerichtig mit dem Argument von *Menk* auseinander, Südrhodesien sei „Zweckveranlasser" gewesen; a.A. *Nowlan*, S. 175; *Baroni*, S. 143, *Frowein* zu Art. 39, Rdnr. 21, in: *Simma* (Hrsg.) Charter; der britische Vertreter im Sicherheitsrat wies auf SCR 217 (1965) hin, in der von der „continuance" gesprochen worden sei – nach über einem Jahr sei diese „continuance in time" nun gegeben, außerdem betreffe („affects") die Situation „stability and progress of Rhodesia's immediate neighbours" – SCOR, 1331. Sitzung, 22. und 24. para; *Lailach*, S. 64, betont auf diese Haltung Großbritanniens, er lässt dabei allerdings die Frage unbeantwortet, ob internationale Auseinandersetzungen *tatsächlich* drohten und warum die Resolution keinen besonderen Hinweis auf diese Auswirkungen enthält – der Nichtaufnahme dieses Hinweises in den Resolutionstext misst er jedoch im Falle Somalias besondere Bedeutung bei (S. 86); der US-amerikanische Vertreter betonte demgegenüber ausschließlich die innere Situation in Südrhodesien – vgl. SCOR, 1333. Sitzung vom 12.12.1966, 4., 13. und 26. para; zu den unterschiedlichen Auffassungen im Sicherheitsrat *Endemann*, S. 155 f., und in der Literatur *Gowlland – Debbas*, S. 450 f., *A. Stein*, S. 148 f.

342 Vorletzter pr. para.: „reaffirming its determination that the present situation in Southern Rhodesia constitutes a threat to international peace and security"

343 Auch nach *Lillich*, 1993, S. 564 f. handelt es sich um eine Feststellung, dass Menschenrechtsverletzungen eine Friedensbedrohung darstellen; vgl. *Franck*, 1992 I, S. 85 zu

tungsmacht dazu aufgefordert, dafür Sorge zu tragen, dass eine Lösung des Konfliktes die Herrschaft der Mehrheit vorsieht, also demokratischen Grundsätzen entsprechen muss[344].

Ein Resolutionsentwurf vom 12.03.1970, der eine Ausdehnung der Sanktionen auf Südafrika und Portugal wegen deren Verletzungen des Embargos vorsah[345], scheiterte an dem Veto Großbritanniens und dem ersten Veto der USA überhaupt[346]. Dies und die zu diesem Zeitpunkt noch bestehende Zurückhaltung des Sicherheitsrates gegenüber Südafrika wegen dessen Apartheid-Politik zeigt, dass Grundlage der Entscheidungen des Sicherheitsrates im Südrhodesienkonflikt zwar die Zustände im Innern Rhodesiens waren, letztlich entscheidend jedoch die Haltung Großbritanniens war, die sich aus komplizierten kolonialverfassungsrechtlichen Erwägungen ergab.

Erst am 18.03.1970 erfolgte in ***SCR 277*** die erneute Feststellung einer Friedensbedrohung und eine Verurteilung Südafrikas und Portugals wegen deren Verstöße gegen das Embargo, und das an Südafrika gerichtete Verlangen, seine Polizisten und bewaffneten Einheiten aus Südrhodesien zurückzuziehen. Wiederum wird die besondere Bedeutung, die der Sicherheitsrat in Zusammenhang mit diesem Konflikt dem Selbstbestimmungsrecht beimisst, deutlich[347].

Die Feststellung, dass die Situation in Südrhodesien eine Friedensbedrohung darstellt, hat der Sicherheitsrat in zahlreichen Folgeresolutionen zumeist im Zusammenhang mit einer Verschärfung der Sanktionsmaßnahmen und der Erinnerung der Staaten an ihre Verpflichtung aus Art. 25 ChVN wiederholt[348].

Nachdem die Befreiungsbewegung ZANU Robert Mugabes Ende 1972 von Zambia aus mit Überfällen auf weiße Farmer den Befreiungskrieg eröffnet hatte, schloss Südrhodesien seine Grenzen zu Zambia und stationierte dort gemeinsam mit Südafrika Truppen. Dabei kam es immer wieder zu gewaltsamen Auseinandersetzungen.

FN 211 und auf S. 88: „It [SCR 253] expressly proceeded on the theory that gross denials of both human rights and the democratic entitlement can constitute a 'threat to international peace and security'". Zur Vorgeschichte der Resolution und zur Debatte im Sicherheitsrat *Endemann*, S. 156, der ebenso wie *Lailach* (dieser auf S. 65) eine solche Einordnung (*Lillich* und *Franck*) ablehnt.

344 17. op. para.

345 S/9696/Corr.2 vorgelegt von Burundi, Nepal, Sierra Leone, Syrien und Zambia.

346 Nach der Auffassung der britischen Regierung hätte dies eine Totalblockade bedeutet, zu der die Vereinten Nationen nicht in der Lage gewesen seien. Nach Auffassung der USA fordert der Entwurf Großbritannien mittelbar dazu auf, Gewalt anzuwenden – die USA könnten dann den Schutz ihrer Staatsangehörigen in Südrhodesien nicht garantieren – vgl. *Patil*, S. 174 f.

347 Vgl. nur vorletzter pr. para.

348 SCR 288 (1970); SCR 314 (1972), 318 (1972), 320 (1972) – letztere mittelbar; SCR 388 (1976), SCR 409 (1977).

Der Sicherheitsrat konnte sich in ***SCR 326*** (1973) bei Enthaltungen der USA und Großbritanniens nur dazu durchringen, den Abzug der südafrikanischen Truppen aus Rhodesien zu verlangen („demand"). Ansonsten beschränkt er sich auf Verurteilungen und rekurriert hinsichtlich der Feststellung einer Friedensbedrohung auf SCR 232 (1966)[349], die jedoch allein die Situation im Inneren Rhodesiens betraf. Der Sicherheitsrat bekräftigt unter Berufung auf GARes. 1514 XV (1960) das Recht des südrhodesischen Volkes auf Selbstbestimmung[350].

Ein Resolutionsentwurf vom 17.05.1973[351], der eine Ausdehnung der Sanktionen auf Südafrika, Angola und Mosambik vorsah, scheiterte an dem Veto der USA und Großbritanniens.

In ***SCR 328*** (1973) wird die Nichtbefolgung der Anordnungen in SCR 277 und 326 durch Südafrika als *„serious challenge to the authority of the Security Council"* und nicht als Friedensbedrohung angesehen. Erneut werden die inneren Verhältnisse in Südrhodesien (politische Gefangene, diskriminierende Gesetze des illegalen Regimes), das Selbstbestimmungsrecht und im Zusammenhang damit die Schaffung eines demokratischen Systems in Südrhodesien angesprochen. Die Situation in Südrhodesien wird im 4. pr. para. als Friedensbedrohung bezeichnet.

Nach gewaltsamen Übergriffen rhodesischer Truppen gegen Botswana verlangt der Sicherheitsrat in ***SCR 403*** vom 14.01.1977 deren sofortige und völlige Beendigung. Dabei stellt er nicht erneut eine Friedensbedrohung oder einen Friedensbruch fest, sondern nimmt Bezug auf die Feststellung in SCR 232 (1966) und 253 (1968) – dort waren jedoch alleine die inneren Zustände in Rhodesien der Auslöser gewesen – hier ging es um die Beendigung der grenzüberschreitenden Auseinandersetzungen mit Botswana; die inneren Zustände in Rhodesien waren nicht Gegenstand der Resolution.

Anders behandelt **SCR 411** (1977) die rhodesischen Übergriffe auf Mosambik. Die Resolution stellt das Vorliegen von Angriffshandlungen fest.

In ***SCR 423*** (1978) führt der Sicherheitsrat beide Stränge – Zustand im Inneren und Angriffe auf Nachbarstaaten – zusammen und bekräftigt („*reaffirming*"), dass

> *„the continued existence of the illegal régime in Southern Rhodesia is a source of insecurity and instability in the region and constitutes a serious threat to international peace and security".*

---

[349] 4. pr. para.

[350] 3. pr. para.

[351] S/10928.

Interessanterweise heißt es nicht *„threat to peace and security in the region"*, obwohl im vorangegangenen Satzteil von *„insecurity" in der Region* die Rede war: Der internationale Frieden ist wegen des Verstoßes gegen das Selbstbestimmungsrecht, das der Sicherheitsrat in der Resolution erneut anspricht[352], und nicht wegen der Angriffe Südrhodesiens auf die Nachbarstaaten bedroht. Dass die Existenz des südrhodesischen Regimes eine Friedensbedrohung darstellt, hat der Sicherheitsrat so ausdrücklich (allenfalls mittelbar in SCR 221 (1966)) zuvor noch nicht festgestellt – dennoch „bekräftigt" („reaffirms") er dies.

Im 3. pr. para. bezeichnet er die Übergriffe auf benachbarte Staaten als Angriffshandlungen.

In ***SCR 424*** (1978), ***445*** (1979) und ***455*** (1979) werden wie in SCR 423 (1978) die Existenz des Regimes in Rhodesien und – abweichend von SCR 423 (1978) – die Fortdauer seiner Angriffshandlungen gegen Zambia und andere Nachbarstaaten als Bedrohung des Weltfriedens und der internationalen Sicherheit bezeichnet[353].

In SCR 445 (1979) werden die bevorstehenden, in **SCR 448** (1979) die durchgeführten „Wahlen" für *„null and void"* erklärt. In SCR 448 (1979) verleiht der Sicherheitsrat seiner Überzeugung Ausdruck (*„convinced"*)

> *„that these so-called elections did not constitute a genuine exercise of the right of the people of Zimbabwe to self-determination and national independence and were designed to perpetuate white racist minority rule".*

Nach dem erfolgreichen Abschluss der Lancaster House Conference hob der Sicherheitsrat mit **SCR 460** vom 21.12.1979 die Maßnahmen nach Kapitel VII ChVN auf.

Am 18.04.1980 erklärte sich das ehemalige Südrhodesien als Zimbabwe für unabhängig, im August 1980 wurde es VN-Mitglied, seit dem 21.09.1987 haben weiße Siedler (150.000 Menschen bei einer Gesamtbevölkerung von 10 Mio. Menschen) keinen Anspruch mehr auf für sie reservierte Parlamentssitze.

d. Zusammenfassung

Bei dem Rhodesienkonflikt handelt es sich um einen Kolonialkonflikt, in dem der Grundsatz des Selbstbestimmungsrechts der Völker eine herausragende

---

[352] 5. op. para.

[353] In den Resolutionen heißt es insoweit gleichlautend: „reaffirming that the existence of the minority racist régime in Southern Rhodesia and the continuance of ist acts of aggression against Zambia [SCR 445 (1979): neighbouring independent states] and other neighbouring states consitute a threat to international peace and security"

Rolle spielt[354]. Dieses richtet sich jedoch nicht gegen die (ehemalige) Kolonialmacht, sondern gegen ein aus den ehemaligen Kolonialherren hervorgegangenes Regime, das sich inzwischen verselbstständigt hat. Wegen der aus der Sicht der stets als verantwortlich bezeichneten[355] Kolonialmacht Großbritannien gegebenen Unmöglichkeit eines militärischen Eingreifens bei gleichzeitiger Unmöglichkeit des Duldens war ein Handeln des Sicherheitsrates in diesem Falle möglich und von Großbritannien ausdrücklich gewünscht[356]. Wegen der zunächst fehlenden grenzüberschreitenden Auswirkungen dieses Konfliktes und dem Dilemma Großbritanniens wurden erstmalig in der Geschichte der UN Sanktionen gegen einen Staat allein wegen dessen gegen die Grundsätze der Charta verstoßenden inneren Zustandes[357] verhängt. Aufgrund dieser Besonderheiten ist der Rhodesienkonflikt nicht typisch und nicht als Präzedenzfall geeignet[358]. Seine besondere Bedeutung liegt in der erstmalig praktizierten und damit vom Sicher-

---

354 *Van Boven*, S. 16, und de *Hoogh*, S. 120, sehen darin (und nicht in den schweren Menschenrechtsverletzungen) die einzige Grundlage der Resolutionen. Nach *Endemann*, S. 180, werden Menschenrechte und das Selbstbestimmungsrecht instrumentalisiert, um die Dekolonialisierung voranzutreiben.

355 Z.B. SCR 253 (1968) – 7. pr. para., 277 (1970) – 4. op. para., 328 (1973) – 6. pr. para., 8. und 9. op. para.; sein völliges Unverständnis über die Verantwortlichmachung Großbritanniens äußert *Gross* auf S. 226. Er bezeichnet dies als einen Fall von „collegiate schizophrenia". ähnlich *Fawcett*, S. 103 ff.; vgl. aber auch die Stellungnahme des britischen Vertreters im Sicherheitsrat vom 12.11.1965: „... the only lawful government of Southern Rhodesia is the government of the United Kingdom." – zit nach *Gowlland – Debbas*, S. 80; *Fink*, S. 350 f.

356 Es gab jedoch auch klare Grenzen für Großbritannien – vgl. z.B. die Ablehnung eines Entwurfes vom 10.11.1970 (S/9976), wegen des 1. op. para.: „acting under Chapter VII ... 1. calls upon the United Kingdom as the admistering power not to grant independence to Southern Rhodesia without the fulfilment of majority rule"; das Einverständnis Großbritanniens wird von manchen als Argument gegen die Anwendbarkeit des Art. 2 (7) ChVN angeführt – vgl. *Endemann*, S. 159 m.w.N.

357 *Verdroß/Simma*, § 234; *Gading*, S. 98 f.; *Ipsen*, VR, S. 966; *Delbrück*, Weltinnenrecht, S. 103 f.; sogar *Arntz* sieht auf S. 102 ff. die Situation in Südrhodesien als Grundlage des Handelns des Sicherheitsrates an; *Menk*, S. 143 ff.; *McDougal/Reisman*, S.10 f. – auf S. 12 betonen diese Autoren jedoch, dass die Auswirkungen auf andere afrikanische Staaten durch „communication" und die Wahrung des Weltfriedens und der internationalen Sicherheit eng zusammenhängen; A.A. *Baroni*, S.143, und *Frowein* zu Art. 39, Rdnr. 21, in: *Simma* (Hrsg.), Charta. Für *Baroni*, S. 144, waren die massiven Menschenrechtsverletzungen in Südrhodesien jedoch mitbestimmend für die Annahme einer Friedensbedrohung; nach *A. Stein*, S. 151, sind die Resolutionen textlich völlig offen, die Völkerrechtswissenschaft uneinig.

358 Vgl. auch *Martenczuk*, S. 168; vgl. *Lillich*, 1993, S. 565, zu den Resolutionen 253 (1968) und (zu Südafrika) 418 (1977): „These resolutions, while precendent-setting, nevertheless were so entwined with the issues of self-determination and apartheid that their value in situations involving other internal human rights deprivations is somewhat problematic."; *Endemann*, S. 159 und 180.

heitsrat als möglich erkannten weiten Auslegung des Friedensbedrohungsbegriffes durch den Sicherheitsrat, wobei allerdings unklar bleibt, ob der Sicherheitsrat dabei von einem weiteren Friedens- oder einem weiteren Bedrohungsbegriff ausgeht.

e. *Kategorisierung*

Die der Annahme einer Friedensbedrohung durch den Sicherheitsrat im Fall des Konfliktes in Südrhodesien zugrundegelegten Umstände lassen sich wie folgt kategorisieren:

- Existenz bzw. Fortbestand des südrhodesischen Regimes[359]/Menschenrechtsverletzung[360],
- Verletzung des Rechtes auf Selbstbestimmung – GARes. 1514[361]/Nichtgewährung von Demokratie[362],
- bewaffnete Übergriffe auf Nachbarstaaten[363],
- Unterstützung des südrhodesischen Regimes trotz Art. 25 ChVN und der vorangegangenen Resolutionen des Sicherheitsrates[364],
- Zustimmung der britischen Regierung.

3. Der Konflikt in und um die Republik Südafrika

Bei der Betrachtung des Konflikts in und um die Republik Südafrika können inhaltlich drei Konfliktkreise auseinandergehalten werden[365]:

a. die Situation in der Republik Südafrika,
b. die Spannungen zwischen der Republik Südafrika und ihren Nachbarn, insbesondere Angola und
c. die Namibia-Frage.

---

359 *SCR 221 (1966), 423 (1978), 424 (1978), 445 (1978), 455 (1978).*

360 *SCR 217 (1965), 221 (1966),* 253 (1968*), 328 (1973),* 448 (1979).

361 *SCR 217 (1965)*, 221 (1966), *232 (1966)*, 253 (1968), *277 (1970)*, *288 (1970), 326 (1973)*, 328 (1973), *423 (1978), 424 (1978), 445 (1978)*, 448 (1979).

362 SCR 253 (1968) – 17. op. para., *328 (1973) – 9. op. para., 423 (1978) – 3. u. 4. op. para.*

363 *SCR 403 (1977), 424 (1978), 445 (1979), 455 (1979).*

364 SCR 277 (1970), vgl. die oben in FN 348 genannten Resolutionen.

365 Diese Trennung folgt der Trennung der Angelegenheiten durch den Sicherheitsrat. Es ist jedoch davon auszugehen, dass die Mitgliedstaaten z.B. bei der Behandlung der Situation in der Republik Südafrika dessen Verhalten gegenüber den Nachbarstaaten (Südrhodesien und Namibia eingeschlossen) mitberücksichtigt haben.

a. Die Situation in der Republik Südafrika (1960 bis 1994)

aa. Resolutionen der Jahre 1960 bis 1963

Mit der Situation in Südafrika befasste der Sicherheitsrat sich erstmalig nach dem Massaker von Sharpeville vom 21.03.1960, bei dem es nach einer Demonstration einiger tausend schwarzer Südafrikaner vor der Polizeistation in Sharpeville zu 70 Toten und tausenden Verhaftungen gekommen war. In der daraufhin am 01.04.1960 verabschiedeten **Resolution 134** stellt der Sicherheitsrat im 1. op. para. fest, dass

> *„the situation in South Africa is one that has led to international friction and if continued might endanger international peace and security".*

Zu einer Feststellung nach Kapitel VII ChVN waren insbesondere die westlichen ständigen Mitglieder nicht bereit; es hatte vielmehr wegen Art. 2 (7) ChVN bereits Diskussionen über die Aufnahme der Angelegenheit auf die Tagesordnung gegeben[366]. Die Resolution enthält jedoch in ihrem 4. op. para. immerhin einen Aufruf an die südafrikanische Regierung, die Apartheidpolitik abzuschaffen – eine für die damalige Zeit recht weitgehende Formulierung.

In der Folgezeit wurde die Lage in Südafrika verschiedentlich von der Generalversammlung behandelt, die den Sicherheitsrat zur Durchsetzung der von ihr verabschiedeten Resolutionen aufforderte[367].

In **SCR 181** vom 07.08.1963 ruft der Sicherheitsrat die Mitgliedstaaten zu einem freiwilligen Waffenembargo gegen Südafrika auf. Im letzten pr.para. stellt er lediglich fest, dass

> *„the situation in South Africa is seriously disturbing international peace and security".*

Eine weitergehende Formulierung, die eine Einordnung der Resolution unter Kapitel VII ChVN ermöglicht hätte, hätte keine Zustimmung der USA erhalten.

---

[366] SCOR, Sitzungen 851 – 856, – vgl. insbesondere die Stellungnahmen der französischen, englischen, italienischen, us-amerikanischen und russischen Vertreter in der 851. Sitzung am 30.03.1960.

[367] Vgl. GA Res. 1761 (XVII) vom 06.11.1962 (GAOR/17th Session/Supplement No. 17 (A/5217), S. 9) und GA Res. 2054 A (XX) vom 15.12.1965 (GAOR/20th Session/Supplement No. 14 (A/6014), S. 16) – darin weist die Generalversammlung den Sicherheitsrat darauf hin, dass die Situation in Südafrika eine Friedensbedrohung darstellt, dass ein Handeln nach Kapitel VII ChVN erforderlich sei, um das Problem der Apartheid zu lösen und dass Wirtschaftssanktionen der einzige Weg seien, um eine friedliche Lösung zu erreichen. Zu der Behandlung des Konfliktes durch die Generalversammlung vgl. *Endemann*, S. 162 f., und *Arntz*, S. 134 ff.

Großbritannien und Frankreich enthalten sich der Stimme[368]. Die Resolution stellt fest, dass die Apartheidpolitik gegen die Grundsätze der ChVN und gegen die Verpflichtungen Südafrikas als Mitglied der Vereinten Nationen verstoße.

Nach der Ablehnung der Resolution 181 (1963) durch Südafrika verabschiedete der Sicherheitsrat einstimmig **SCR 182** (1963), in der im Zusammenhang mit der durch die Apartheidpolitik gekennzeichneten *„situation in South Africa"* zwar wieder nur von *„seriously disturbing international peace and security"* die Rede ist (9. pr. para.), in der aber zusätzlich eine Verletzung der Allgemeinen Erklärung der Menschenrechte festgestellt wird (2. op. para.)[369].

bb. Resolutionen der Jahre 1970 bis 1977

Der Sicherheitsrat befasste sich erst sechseinhalb Jahre später wieder in der Resolution **282 (1970)** mit der Situation in Südafrika. Im vorletzten pr.para. heißt es:

> *„convinced further that the situation resulting from the continued application of the policies of apartheid and the constant build-up of the South African military and police forces ... constitutes a potential threat to international peace and security"*

und im letzten pr. para.:

> *„recognizing that the extensive arms build-up of the military forces of South Africa poses a real threat to the security and sovereignty of independent African States opposed to the racial policies of the Government of South Africa, in particular the neighboring States."*

Das freiwillige Waffenembargo wird weiter konkretisiert. Frankreich[370], Großbritannien und die USA enthalten sich.

---

368 Zu den Äußerungen der Vertreter der USA, Großbritanniens und Frankreichs im Sicherheitsrat vgl. *Endemann*, S. 164 f., der zutreffend feststellt, dass sich die Haltung dieser Staaten „in bemerkenswerter Weise" von der drei Jahre später im Konflikt um Südrhodesien vertretenen Linie unterscheidet. *Endemann* ist zuzustimmen, wenn er auf S. 165 behauptet, dass die „westliche Haltung weniger von völkerrechtlichen Erwägungen als vielmehr von wirtschaftlicher und politischer Berechnung getragen" war.

369 Vgl. auch SCR 191 (1964).

370 In der Debatte am 21.07.1970 stellte der französiche Delegierte einen zunehmenden Widerstand innerhalb Südafrikas gegen die Apartheidpolitik fest, den es zu fördern gelte. Maßnahmen nach Kapitel VII ChVN schadeten dem nur. Im übrigen liege keine Friedensbedrohung vor: „No matter how regrettable the situation may be, it cannot be considered a threat to the peace within the meaning of Chapter VII." (SCOR, 1547. Sitzung, para. 47). Im Folgenden (aaO, para. 48) trifft er eine Unterscheidung zwischen Waffen, die Südafrika zur Selbsverteidigung verwenden kann und solchen, die der Unter-

Die Gegenüberstellung der beiden zitierten Absätze macht deutlich, dass die Bewaffnung im vorletzten pr.para. im Zusammenhang mit den Verhältnissen im Inneren Südafrikas gesehen wird, im letzten Absatz im Zusammenhang mit der Bedrohung der Nachbarstaaten. In keinem der beiden Absätze kann sich der Sicherheitsrat zur eindeutigen Feststellung einer Friedensbedrohung verständigen. Im letzten Absatz fehlt die Komponente der Bedrohung des *Friedens*, im vorletzten Absatz ist nur von einer *potentiellen* Bedrohung des Friedens die Rede[371]. Es wird aber deutlich, dass die inneren Verhältnisse in Südafrika eine Friedensbedrohung darstellen *können*[372]. Ob es zu deren Realisierung einer weiteren Verstärkung oder bloß der zeitlichen Fortdauer bedarf, bleibt unklar. Wie bei der „continuance"-Formel[373] handelt es sich bei der hier gewählten Formulierung um einen Formelkompromiss, der eine Enthaltung der westlichen Mitglieder anstelle der Ausübung des Vetorechtes ermöglichte[374].

In **SCR 311** vom 04.02.1972 zieht der Sicherheitsrat sich wieder auf die Formulierung

> *„the situation in South Africa seriously disturbs international peace and security in Southern Africa"*

zurück[375].

Am 30.11.1973 verabschiedete die Generalversammlung die *International Convention on the Suppression and Punishment of the Crime of Apartheid*, in der das System der Apartheid als Verbrechen gegen die Menschlichkeit bezeichnet wird[376]. Die Konvention trat 1976 in Kraft. Weder Südafrika, noch die wichtigsten westlichen Staaten[377] sind ihr beigetreten.

---

drückung der schwarzen Bevölkerungsmehrheit dienen. Gegen diese Unterscheidung (die ursprünglich von Großbritannien stammt) sprach sich der chinesische Delegierte in der 1548. Sitzung aus (para. 23).

371 Der ursprüngliche Entwurf enthielt die Formulierung „serious threat to international peace and security" – SCOR, 1549. Sitzung, para. 6.

372 Der sowjetische Delegierte Zakharov betrachtete es in seiner Äußerung im 1547. Treffen des Sicherheitsrates vom 21.07.1970 als „no question", dass die Apartheid-Politik eine Friedensbedrohung darstelle – SCOR 1547, S. 2. Er nutzte die Debatte, um das Verhalten der westlichen Staaten gegenüber Südafrika ausführlich darzustellen und zu verurteilen.

373 Siehe oben S. 50.

374 Der ursprünglich vorliegende Resolutionsentwurf (S/9882 (1970)) enthielt noch die Formulierung „serious threat".

375 Nach der (abzulehnden) Auffassung des Repertory of the Practise of the Security Council 1972 – 1974 könnte diese Formulierung auf Art. 39 ChVN hindeuten.

376 Art. 1 – GA Res. 3068 (XXVIII) vom 30.11.1973 – Annex (GAOR/28th Session/Supplement No. 30 A (A/9030/Add. 1), S. 75.

377 Deutschland, Frankreich, Großbritannien, USA, Japan – vgl. ST/LEG/SER.E 116 (Multilateral Treaties deposited with the Secretary – General – Status as at 31.12.1997), S. 167.

Ein Antrag vom 30.10.1974[378], Südafrika aus den Vereinten Nationen auszuschließen, scheiterte am Veto der USA, Großbritanniens und Frankreichs.

An der in SCR 311 (1972) getroffenen Einordnung änderte sich auch infolge der Niederschlagung des Soweto-Aufstandes durch die südafrikanischen Behörden mit über 100 Toten und über 1000 Verletzten nichts. Die drei Tage nach dem Beginn der Unruhen, am 19.06.1976, verabschiedete **Resolution 392** verurteilt die südafrikanische Regierung und bekräftigt in ihrem 3. op. para.,

> *„that the policy of apartheid is a crime against the conscience and dignity of mankind and seriously disturbs international peace and security."*[379]

Am 12.09.1977 starb der Schwarzenführer Steve Biko an den Folgen polizeilicher Gewalteinwirkung[380].

SCR 417 vom 31.10.1977 nimmt auf SCR 392 (1976) Bezug. Der Sicherheitsrat bekräftigt das Selbstbestimmungsrecht der Völker Südafrikas und äußert seine Überzeugung, dass die Gewalt und Unterdrückung durch das rassistische Regime Südafrikas ernste internationale Auswirkungen haben werde. Er beruft sich auf seine Verantwortung für die Wahrung des Weltfriedens und der internationalen Sicherheit. Mit dieser Wortlaut-Bezugnahme auf Art. 24 Abs. 1 ChVN ist über Art. 24 Abs. 2 ChVN der Weg zu Kapitel VI bzw. Kapitel VII ChVN gewiesen. Dass der Sicherheitsrat im 3. op. para. von Südafrika die Rückgängigmachung einiger aufgrund des Apartheid-Systems verhängter Maßnahmen „verlangt" („*demands*"), lässt erstmalig im Rahmen dieses Konfliktes auf ein Handeln mit Bindungswirkung nach Kapitel VII ChVN schließen, denn das Wort „*demand*" war bisher (bewusst) nicht in diesem Zusammenhang gebraucht worden[381].

---

378 Antrag Iraks, Kenias, Mauretaniens und Kameruns (S/11543).

379 Obwohl die Resolution den Begriff „threat" nicht verwendet, stuft das Repertory of the Practise of the Security Council 1975-1980 sie auf S. 396 als auf der Grundlage von Art. 40 ChVN ergangen ein.

380 Bikos Tod löste weltweit Empörung aus – vgl. die Tageszeitung Die Welt vom 13.09.1997 – Ausland.

381 Am Tag der Verabschiedung von SCR 417 wurden jedoch drei Resolutionsentwürfe Benins, Libyens und Mauretaniens (S/12310/Rev.1, S/12311/Rev.1 und S/12312/Rev.1) von den USA, Großbritanniens und Frankreichs abgelehnt. In dem ersten Entwurf wurden die „policies and actions of the South African racist regime" als „grave threat to international peace and security" bezeichnet. Der zweite Entwurf ähnelt sehr der 4 Tage später erlassenen SCR 418 (1977). Gründe für die Ausübung des Veto-Rechtes waren die Hoffnung auf eine friedliche Lösung des Konfliktes und der befürchtete Rückschlag durch eine Brüskierung der weißen Minderheit, die Frage der Möglichkeit einer Durchsetzung eines Waffenembargos (die 4 Tage später die Zustimmung zu SCR 418 (1977) nicht hinderte) und die (politische) Befürchtung, die Entwürfe hätten eine Spaltung der drei westlichen ständigen Mitglieder des Sicherheitsrates zum Ziel – vgl. *Patil*, S. 152. *Boutros-Ghali*,

In ***SCR 418*** vom 04.11.1977 verhängt der Sicherheitsrat nach Kapitel VII ChVN ein bindendes Waffenembargo gegen Südafrika[382]. Im ersten op.para. stellt der Sicherheitsrat fest („*determines*")

> *„having regard to the policies and acts of the South African Government, that the acquisition by South Africa of arms and related materiel constitutes a threat to the maintenance of international peace and security".*

Zwar spricht der Sicherheitsrat in der Präambel die Angriffshandlungen[383] Südafrikas gegen seine Nachbarstaaten und die bevorstehende Fähigkeit Südafrikas zur Herstellung von Nuklearwaffen an (2. und 5. pr. para.). Im 1., 4. und 6. pr. para. bezieht er sich jedoch auf die durch die Apartheid-Politik gekennzeichnete innere Situation Südafrikas, die er im 7. pr. para. als *„fraught with danger to international peace and security"* bezeichnet. Auch wenn damit bewußt versucht wurde, eine Bezeichnung der inneren Zustände in Südafrika als Friedensbedrohung zu vermeiden[384], wird aus dem Gesamtzusammenhang der Resolution und dem *Passus „having regard to the policies ..."* deutlich, dass diese Erwägungen dem Erlass des bindenden Waffenembargos mindestens in ebensolchem Umfang zugrundelagen[385] wie die Gefahr grenzüberschreitender Auseinandersetzungen mit den Nachbarstaaten[386], zumal die Waffen auch inner-

---

Apartheid, sieht in SCR 417 (1977) ein „hardening of the Security Council position against apartheid." (S. 39 f.).

382 Damit wird zum ersten Mal ein Waffenembargo gegen ein Mitglied der Vereinten Nationen verhängt (daher eingehend dazu *Fink*, S. 421 ff.). Bei Südrhodesien handelte es sich um ein *de-facto-regime*, für dessen Fortbestand der Sicherheitsrat zwar Großbritannien verantwortlich gemacht hatte, gegen das er jedoch Sanktionen verhängt hatte (SCR 232 (1966)); die Feststellung der Friedensbedrohung wird in SCR 421 (1977) wiederholt; SCR 418 und 421 werden bekräftigt in SCR 558 (1984); nach *White*, S. 38, war Südafrika im Jahre 1977 (im Gegensatz zu 1963 – SCR 181) ausreichend bewaffnet, daher waren die westlichen Staaten nunmehr bereit, ein bindendes Waffenembargo zu verhängen.

383 In der 2046. Sitzung des Sicherheitsrates vom 04.11.1977 betonte der britische Vertreter, dass „act of aggression" in der Präambel nicht im Sinne des Art. 39 ChVN gemeint sei – SCOR 2046, para. 42.

384 Eingehend *Endemann*, S. 168 ff.

385 *Martenczuk*, S. 169, mit dem Hinweis darauf, dass letztlich alle Staaten Waffen kaufen; *Bauer*, S.194 m.w.N.; *Delbrück*, 1992-2, S. 899; *Matsui*, S. 513; *Lillich*, 1993, S. 565; *Gading*, S. 75; *Gross*, S. 228; nach *White*, S. 35, stellten diese inneren Zustände die Friedensbedrohung, die Grenzzwischenfälle deren Manifestation dar. Nach *Boutros-Ghali*, Apartheid, S. 33, ist SCR 418 (1977) eine Folge des Massakers von Soweto, der Ermordung Bikos und des Verbotes von Organisationen friedlicher Apartheidgegner.

386 Die primäre Grundlage des Handelns des Sicherheitsrates sieht darin *van Boven*, S. 17, und *Ginther*, S. 92; *Nowlan*, S. 166; *Baroni*, S. 144; wohl auch *Fink*, S. 433 ff: Apartheid im Zusammenhang mit Aufrüstung.
Wie hier: Kooijmanns, S. 114, und *Lailach*, S. 69. Der Sicherheitsrat war sicherlich auch beeinflusst von den zuletzt in SCR 411 (1977) festgestellten Verstößen Südafrikas gegen

halb Südafrikas zur Unterdrückung der dortigen schwarzen Bevölkerung eingesetzt wurden[387].

cc. Resolutionen der Jahre 1980 bis 1994

Erst zweieinhalb Jahre später beschäftigte sich erneut eine Resolution, **SCR 473** (1980), mit den inneren Verhältnissen in Südafrika. Die Apartheidpolitik wird als

> *„crime against the conscience and dignity of mankind"* und als *„incompatible with the rights and dignity of man, the Charter of the United Nations and the Universal Declaration of Human Rights"*

bezeichnet. Die Apartheidpolitik *„seriously disturbs international peace and security"* (3. op. para.). Im 4. op. para. enthält die Resolution ein Plädoyer für die Schaffung einer demokratischen Gesellschaft. *„Serious international repercussions"* werden für die Zukunft befürchtet (6. op. para.). Der einzige Abschnitt der Resolution, der mit dem auf Art. 40 ChVN hindeutenden Wort „demand" eingeleitet wird (9. op. para.) enthält eine Aufforderung an Südafrika, von Angriffen auf Nachbarstaaten abzusehen. Zwar wird damit rein vordergründig wieder auf die Gefahr grenzüberschreitender militärischer Auseinandersetzungen abgestellt, der ganz überwiegende Teil der Resolution weist jedoch in eine andere Richtung, so dass davon ausgegangen werden kann, dass die Zu-

---

das Wirtschaftsembargo gegen Rhodesien, obwohl er diesen Aspekt in SCR 418 (1977) nicht anspricht. *A. Stein* spricht auf S. 153 von einer zweigleisigen Begründungsstruktur/einem dualen Argumentationsstrang – letztlich bedeutet SCR 418 (1977) für ihn deshalb keine Abkehr des Sicherheitsrates von der Annahme eines negativen Friedensbegriffes.

In den Debatten im Sicherheitsrat stand die Apartheid-Politik eindeutig im Vordergrund – vgl. die Äußerungen des Vertreters Kanadas (SCOR, 2043. Sitzung), Frankreichs (SCOR, 2044. Sitzung, para. 33 und SCOR, 2045. Sitzung, para. 13); die grenzüberschreitenden Auswirkungen sprachen die Vertreter der Bundesrepublik Deutschland (SCOR, 2046. Sitzung, para. 63), Pakistans (SCOR, 2046. Sitzung, para. 68) und Mauritius (SCOR, 2046. Sitzung, para. 75) an.

Fink stellt auf S. 422 ff. die in der Literatur vertretenen Ansichten ausführlich dar. Für ihn nimmt die Verletzung des Waffenembargos gegen Südrhodesien als Verstoß gegen Art. 73 ChVN einen wichtigen Stellenwert ein (S. 424 ff.). Für *Fink* (S. 444) ist es unbefriedigend, dass die Apartheidpolitik gegenüber den Angriffen Südafrikas auf die Nachbarstaaten so in den Vordergrund gestellt wurde. Sie war seines Erachtens nur der Auslöser für die Spannungen mit den Nachbarn. Auf S. 869 stellt er jedoch zusammenfassend fest, dass Südafrika wegen der Apartheidpolitik für die Friedensbedrohung verantwortlich gemacht wurde.

387 Zu der – wohl kaum haltbaren – Differenzierung Großbritanniens und Frankreichs vgl. oben FN 370.

stände im Inneren Südafrikas jedenfalls mitbestimmend für den Erlass der Resolution waren[388].

In den nicht bindend formulierten **Resolutionen 503** (1982), **525** (1982), **533** (1983) und **547** (1984) versuchte der Sicherheitsrat mit wechselndem Erfolg[389], die zuständigen Gremien Südafrikas von der Vollstreckung von Todesurteilen gegen Gegner der Apartheid abzuhalten.

Im September 1984 trat die neue südafrikanische Verfassung in Kraft, die weiterhin einen Ausschluss der schwarzen Bevölkerungsmehrheit vorsah und die Rechte der asiatischen Minderheit stärkte. Die Proteste gegen diese Verfassung forderten bis 1986 2.300 Menschenleben. Der Sicherheitsrat erklärte in **SCR 554** vom 17.08.1984 bei Stimmenthaltungen der USA und Großbritanniens diese Verfassung und die in ihrer Folge durchzuführenden Wahlen schon vor ihrem Inkrafttreten als *„null and void"*. Die Verfassung sei *„contrary to the principles of the Charter of the United Nations"*[390].

In **SCR 556** (1984) zitiert der Sicherheitsrat ausdrücklich Art. 21 Abs. 1 und 3 der – nicht bindenden – Allgemeinen Erklärung der Menschenrechte[391]. Er spricht von *„far reaching consequences for southern Africa and the world"* und verlangt (*„demands"*) die Freilassung politischer Gefangener und die sofortige Beendigung der Apartheid. Die Verwendung des Wortes „demand" spricht für ein Handeln nach Kapitel VII ChVN, die Feststellung einer Friedensbedrohung erfolgt jedoch nicht. Die USA enthielten sich als einziges Land der Stimme.

---

388 Nach *White/McCoubrey*, S. 38, handelt es sich bei SCR 473 (1978) zwar um eine Resolution auf der Grundlage von Kapitel VI ChVN. Ihres Erachtens impliziert die Resolution jedoch das Vorliegen einer Friedensbedrohung – „Designating apartheid as a 'crime against humanity' must surely have subsumed the whole situation (and not just the acquisition of arms by South Africa) within the concept of a 'threat to the peace'."

389 Infolge der SCR 503 (1982) werden die Todesurteile in lebenslange Haft umgewandelt; bei SCR 533 bleibt dieser Erfolg aus – die drei zum Tode verurteilten ANC-Mitglieder werden am 09.06.1983 hingerichtet.

390 1. op. para.; Der Sicherheitsrat hat allerdings nicht – entgegen *Tomuschat*, 1992, S. 92 – ausdrücklich festgestellt, dass eine Verfassungsänderung eine Friedensbedrohung darstellen kann. *Tomuschat*, 1995, S. 18, meint, dass der Sicherheitsrat damit exemplarisch festgestellt habe, dass die im Apartheidsystem verfestigte politische Diskriminierung der schwarzen Bevölkerung eine Angelegenheit von „international concern" darstelle. Aufgrund der Rechtsfolge (Verfassung wird für nichtig erklärt) kann davon ausgegangen werden, dass die Resolution auf der Grundlage von Art. 40 bzw. 41 ChVN erlassen wurde – vgl. *Conforti*, S. 193 (zu Nahost), *Lorinser*, S. 25, RP 1981 – 1984, S. 323, FN 24; a.A. *White*, S. 73.

391 Diese lauten (GV-Res. 217 A III vom 10.12.1948 – UN-Doc. A/810):
„(1) Jeder Mensch hat das Recht, an der Leitung öffentlicher Angelegenheiten seines Landes unmittelbar oder durch frei gewählte Vertreter teilzunehmen.
(2) Jeder Mensch hat unter gleichen Bedingungen das Recht auf Zulassung zu öffentlichen Ämtern in seinem Lande."

In **SCR 569** (1985) vom 26.07.1985 fordert der Sicherheitsrat bei Enthaltungen Großbritanniens und der USA die Mitgliedstaaten zu freiwilligen, näher bezeichneten Wirtschaftssanktionen gegen Südafrika auf, das spätestens seit der gewaltsamen Niederschlagung der Aufstände gegen die neue Verfassung schon unter einem Rückzug ausländischer Investitionen litt. Im letzten pr.para. erkennt der Sicherheitsrat, dass

> *„the very cause of the situation in South Africa lies in the policy of apartheid and the practises of the South African Government".*

Der Sicherheitsrat verlangt die Aufhebung des Ausnahmezustandes in 36 Bezirken, in denen er zwischenzeitlich verhängt worden war[392].

In **SCR 581** vom 13.02.1986 äußert der Sicherheitsrat in den letzten beiden Absätzen der Präambel seine Überzeugung, dass nur die Beseitigung der Apartheid zu einer Lösung der *„explosiven"* Situation im südlichen Afrika führen könne. Die (für diese Situation exemplarischen) Drohungen Südafrikas mit Gewalt gegen seine Nachbarstaaten bezeichnet der Sicherheitsrat im vorletzten pr.para. als Friedensbedrohung. Die mit „demand" eingeleiteten Absätze im operativen Teil der Resolution beschäftigen sich sämtlich mit der Abschaffung der Apartheid und der Schaffung demokratischer Strukturen. Dadurch wird klar, dass diese Erwägungen letztlich der Feststellung der Friedensbedrohung zugrundeliegen[393]. Großbritannien und die USA enthielten sich der Stimme[394].

Im Juni 1986[395] verhängte die südafrikanische Regierung den Ausnahmezustand über das gesamte Land.

Am 28.11.1986 verabschiedete der Sicherheitsrat seine **Resolution 591**. Als „Ausführungsresolution" bekräftigt sie SCR 418 (1977) und erweitert und präzisiert das darin verhängte Waffenembargo gegen Südafrika. Sie enthält keine ei-

---

392 Der Vorschlag zu dieser Resolution stammte von Dänemark und Frankreich. Ein Vorschlag Burkina Fasos, Indiens, Madagaskars, Perus und Trinidad-Tobagos vom 26.07.1985, Maßnahmen nach Kapitel VII ChVN für den Fall der Nichterfüllung der Resolution anzudrohen (S/17363), scheiterte an dem Veto Großbritanniens und der USA, die sich dabei vor allem auf die verhandlungs- und entwicklungskontraproduktive Rechtsfolge bezogen – vgl. *Patil*, S. 154.

393 Vgl. auch die vorangegangene Resolution **580** (1985) – dazu unten S. 95; Das Veto der USA und Großbritanniens gegen einen Entwurf vom 23.05.1986 (S/18087/Rev. 1), der die Politik und Handlungen des rassisitischen Regimes in Südafrika als Friedensbedrohung bezeichnet, sich dabei aber auch auf vorangegangene Angriffe Südafrikas gegen Nachbarstaaten bezieht, ist nur rechtsfolgen- und nicht tatbestandsbezogen – vgl. S/PV 2686, S. 131 ff.

394 Nach *White*, S. 73, ist wegen dieses Abstimmungsverhaltens ein Handeln nach Kapitel VII ChVN auszuschließen.

395 Im Juni 1986 jährte sich das Massaker von Soweto zum 10. Mal – vgl. Erklärung des Ratspräsidenten vom 13.06.1986 (S/18157).

gene Feststellung einer Friedensbedrohung, „hängt“ sich diesbezüglich jedoch in Form von zahlreichen Bezugnahmen auf SCR 418 (1977) an diese Resolution „an“. SCR 591 (1986) beschäftigt sich in der Präambel ausschließlich mit der Völkerrechtswidrigkeit der Apartheidpolitik – ein Hinweis darauf, dass das nach Art. 41 ChVN bindende Waffenembargo der Resolution 418 vor allem wegen der Zustände innerhalb Südafrikas und nicht wegen der Angriffe auf Nachbarstaaten verhängt wurde.

Ein Resolutionsentwurf vom 20.02.1987[396], der die Feststellung einer Friedensbedrohung enthielt und die Verhängung eines Wirtschaftsembargos vorsah, scheiterte an dem Veto Großbritanniens und der USA, die eine dadurch hervorgerufene weitere Verschlechterung der Situation in Südafrika und seinen Nachbarstaaten befürchteten. Die Argumente für eine Ablehnung der Resolution waren jedoch ausschließlich rechtsfolgen- und nicht tatbestandsbezogen[397].

Infolge eines Erlasses vom 10.04.1987, in dem alle Formen des Protestes gegen Verhaftungen ohne Gerichtsverfahren und zur Unterstützung der Verhafteten verboten wurden, rief der Präsident des Sicherheitsrats in seiner Erklärung vom 16.04.1987[398] Südafrika zur Rücknahme des Erlasses auf, der

> *„contrary to fundamental human rights as envisaged in the Charter ... and the relevant resolutions of the Security Council“*

sei.

Im August 1989 wurde Fredrik Willem De Klerk neuer Staatspräsident Südafrikas. Am 11.02.1990 wurde Nelson Mandela nach 27 Jahren Haft in die Freiheit entlassen. Mitte 1990 wurde der Ausnahmezustand aufgehoben. Die Folgezeit war gekennzeichnet durch Auseinandersetzungen zwischen verschiedenen Schwarzengruppen mit mehreren Tausend Toten. Einen Monat nach dem schweren Massaker zwischen der Inkatha und dem ANC in Boipatong verabschiedete der Sicherheitsrat seine **Resolution 765** vom 16.07.1992, in deren 3. pr. para. es heißt:

> *„concerned that the continuation of this situation would seriously jeopardize peace and security in the region ...“.*

Im ersten pr.para. beruft sich die Resolution auf SCR 392 (1976), 473 (1980), 554 (1984) und 556 (1984) und stellt diese Resolutionen damit in einen inhaltlichen Zusammenhang. In allen genannten Resolutionen hat sich der Sicherheitsrat mit der Apartheidpolitik auseinandergesetzt und z.T. konkludent nach Kapitel VII ChVN gehandelt, ohne eine Friedensbedrohung festgestellt zu haben. Im

---

396 S/18705.
397 Vgl. *Patil*, S. 163.
398 S/18808.

zweiten pr.para. der Resolution 765 (1992) wird die im 3. pr. para. angesprochene Situation wie folgt beschrieben:

> *„gravely concerned by the escalating violence in South Africa, which is causing a heavy loss of human life and by its consequences for the peaceful negotiations aimed at creating a democratic, non-racial and united South Africa".*

Es wird deutlich, dass zwischen den Zuständen in Südafrika und der Wahrung des Friedens ein enger Zusammenhang besteht.

Am 22.12.1993 wurde eine demokratische Übergangsverfassung verabschiedet, die am 27.04.1994 in Kraft trat. Am 10.05.1994 wurde Nelson Mandela als Präsident Südafrikas vereidigt.

Mit **SCR 919** vom 25.05.1994 hebt der Sicherheitsrat nach Kapitel VII ChVN handelnd das Waffenembargo auf, das er mit SCR 418 (1977) verhängt hatte.

dd. Zusammenfassung

Das Ende des Konfliktes in Südafrika fällt zeitlich mit der Auflösung des Ost-West-Konfliktes zusammen[399]. Zwar waren auch die Sanktionen und die damit verbundene wirtschafliche und politische Isolierung Südafrikas für diese Entwicklung verantwortlich, ganz wesentlich war jedoch der Wegfall der Angst vor einer kommunistischen Machtübernahme durch den zuvor von den sozialistischen Staaten unterstützten ANC als Argument der weißen Minderheit gegen die Abschaffung der Apartheid.

Um das Entstehen von Präzedenzfällen zu vermeiden[400] und wegen der politischen Interessen der westlichen ständigen Vertreter im Sicherheitsrat[401], hat der Sicherheitsrat nie die Verletzungen der Menschenrechte durch das Apartheid-Regime als alleinigen Grund der Annahme einer Friedensbedrohung bezeichnet. Er hat jedoch keine Gelegenheit ausgelassen, auf die Verletzung der Allgemeinen Erklärung der Menschenrechte[402] und auf die Völkerrechtswidrigkeit der

---

399 Die Rolle des Ost – West Konfliktes bei der Behandlung der Frage durch den Sicherheitsrat betont insbesondere *Endemann*, S. 164 ff.

400 Gegen eine Präzedenzwirkung der Behandlung auch dieses Konfliktes *Endemann*, S. 178 ff. und 168 (zu Rhodesien vgl. oben FN 358). Seines Erachtens (S. 171 ff.) ist der Konflikt stark von dem Kampf der Entwicklungsländer und der Ostblockstaaten für die Dekolonisierung geprägt. Dennoch räumt er den Maßnahmen des Sicherheitsrates im Hinblick auf die Zurückdrängung des Art. 2 (7) ChVN und eine Ausweitung des Friedensbegriffs eine Bedeutung ein (S. 181).

401 Vgl. nur *White*, S. 38.

402 Vgl. nur SCR 591 (1986) – 7. pr. para.

Apartheid hinzuweisen[403]. Einige Resolutionsentwürfe, die die Feststellung einer Friedensbedrohung enthielten, scheiterten an dem Veto Großbritanniens und der USA, die sich im Rahmen ihrer Politik des „constructive engagement"[404] dabei jedoch zumeist auf ihre Ablehnung der in den Entwürfen vorgesehenen Rechtsfolgen und nicht auf eine ihres Erachtens fehlerhafte Annahme einer Friedensbedrohung stützten.

ee. Kategorisierung

Die Resolutionen des Sicherheitsrates zur Situation in Südafrika lassen sich im Hinblick auf die der Verwendung des Friedensbedrohungsbegriffs zugrundeliegenden Umstände wie folgt kategorisieren:

- Aufrüstung Südafrikas[405],
- Angriffe auf Nachbarstaaten[406],
- Menschenrechtsverletzung/Apartheid[407],
- Verletzung des Selbstbestimmungsrechts[408]/Nichtgewährung von Demokratie[409],
- Verstoß gegen Völkerrecht[410].

b. Die Spannungen zwischen der Republik Südafrika und ihren Nachbarn, insbesondere Angola (1976 bis 1988)

In zahlreichen Resolutionen hat der Sicherheitsrat sich mit Angriffen Südafrikas gegen seine Nachbarländer Angola[411] (von Namibia aus), Lesotho, Zambia (von Namibia aus), Mosambik und Botswana beschäftigt. Da sich die Resolutionen wegen der grenzüberschreitenden Auswirkungen unproblematisch unter den Begriff der Friedensbedrohung subsumieren lassen, werden im Folgenden nur

---

403 *Fink* sieht auf S. 444 in der Apartheid den Auslöser für die Spannungen mit den Nachbarstaaten, die letztlich zu bewaffneten Auseinandersetzungen führten, deren Häufigkeit und Intensität durch die Aufrüstung Südafrikas noch gesteigert wurde.

404 *Boutros-Ghali*, Apartheid, S. 35.

405 (SCR 282 (1970)), *418 (1977)* – letztere mit Bezug auch auf Nuklearwaffen.

406 SCR 473 (1980) – vgl. außerdem gleich unten lit. b.; *Gordon*, 1994, S. 565 f., sieht darin den Grund für die Feststellung der Friedensbedrohung.

407 SCR 282 (1970) (potential threat), 417 (1977), *418 (1977)*, (473 (1980)), 554 (1984), 556 (1984) – apartheid als „crime against humanity" – 1. op. para., SCR 569 (1985), 581 (1986), 591 (1986), (Erklärung des Ratspräsidenten vom 16.04.1987 (S/18808)).

408 SCR 417 (1977), 556 (1984).

409 SCR 554 (1984), 556 (1984), 581 (1986).

410 SCR 554 (1984) – ChVN, (SCR 473 (1980) – (nicht bindende) Allgemeine Erklärung der Menschenrechte).

411 Zum Bürgerkrieg in Angola siehe unten S. 133 ff.

diejenigen Resolutionen dargestellt, die ausdrücklich eine Friedensbedrohung feststellen.

Im Zusammenhang mit einem Angriff Südafrikas auf Zambia vom 11.07.1976 von namibischem Territorium aus[412] erklärt der Sicherheitsrat in ***SCR 393*** vom 30.07.1976[413], dass

> *„the continuance of the deteriorating situation in southern Africa could constitute a threat to international peace and security".*

Die Resolution enthält Rechtsfolgen nach Art. 40 ChVN[414].

In ***SCR 447*** vom 28.05.1979 bezeichnet der Sicherheitsrat die wiederholten Angriffe Südafrikas auf Angola als Friedensbedrohung[415]. Die Rechtsfolge erschöpft sich in dem gegen Südafrika gerichteten Verlangen, seine Angriffe gegen Angola zu beenden und in einer Aufforderung an den Generalsekretär, die Möglichkeit von Sanktionen zu prüfen[416]. Im Gegensatz zu der einstimmig verabschiedeten Vorgängerresolution **428** (1978), in der Maßnahmen nach Kapitel VII ChVN angekündigt worden waren[417], enthalten sich diesmal, wie auch bei der Verabschiedung der in den wesentlichen Passagen gleichlautenden **SCR 475** (1980), die USA, Großbritannien und Frankreich der Stimme.

Ein Resolutionsentwurf vom 31.08.1981[418], der eine bloße Friedensgefährdung feststellt, wird von den USA wegen Einseitigkeit zulasten Südafrikas abgelehnt[419].

---

[412] Der Angriff forderte 24 Todesopfer.

[413] Vorangegangen war SCR 300 (1971), die noch sehr unverbindlich formuliert war und in der von dem Bewusstsein die Rede war, dass der Sicherheitsrat verantwortlich sei, „*threats to peace and security*" zu beseitigen.

[414] Im 3. op. para. verlangt der Sicherheitsrat von Südafrika, keine Angriffe von namibischem Territorium aus mehr zu unternehmen; im 6. op. para. kündigt er weitere Maßnahmen nach der ChVN für den Fall der Nichterfüllung an. *Conforti*, S. 181: Empfehlungen nach Art. 39 ChVN. Nach *Fink*, S. 441 f., verwendet der Sicherheitsrat den Begriff der Angriffshandlung nicht im technischen Sinn des Art. 39 ChVN – die Begründung, dass er keine Maßnahmen nach Kapitel VII ChVN anordne, vermag indes nicht zu überzeugen.

[415] „*serious threat to international peace and security*" – 1. op. para.; *Fink* misst auf S. 865 der fehlenden Verwendung des Wortes „determine" insofern Bedeutung bei, als dadurch zum Ausdruck komme, dass die Zuordnung zu Kapitel VII ChVN im Rat umstritten sei – Dies ändert jedoch nichts daran, dass der Sicherheitsrat die Situation als Bedrohung des Friedens bezeichnet hat.

[416] Nach *Conforti*, S. 181, handelt es sich um eine Empfehlung nach Art. 39 ChVN.

[417] Darauf nimmt SCR 447 (1979) im 5. pr. para. ausdrücklich Bezug.

[418] S/14664/2 Rev.2.

[419] Vgl. *Patil*, S. 94 ff.

In **SCR 545** (1983) wird die Besetzung von Teilen Angolas durch südafrikanische Truppen als *„continued violation of the Charter by South Africa"* (letzter pr.para.), als *„flagrant violation of international law"* (1. op. para.) und (im 2. op. para.) als Friedens*gefährdung* bezeichnet. Die USA enthalten sich der Stimme.

In **SCR 546** (1984) spricht der Sicherheitsrat im 3. pr. para. von Angriffshandlungen, im letzten pr.para. von der Notwendigkeit der Beseitigung aller Bedrohungen des internationalen Friedens und der Sicherheit *„posed by South Africa's military attacks"*, um im 1. op. para. festzustellen, dass Südafrikas Angriffe eine Friedens*gefährdung* darstellten. Hatten sich bei dieser Resolution die USA, Frankreich und Großbritannien noch der Stimme enthalten, so wurde die in den hier interessierenden Passagen gleichlautende und in der Rechtsfolge noch eindeutigere **SCR 567** (1985) einstimmig verabschiedet.

In ***SCR 571*** (1985) schließlich werden die Angriffe Südafrikas als Angriffshandlungen und als ein *„serious threat to international peace and security"* bezeichnet.

In **SCR 574** (1985) erfolgt erneut eine Qualifizierung als Angriffshandlungen, die jedoch dieses Mal nur *„seriously endanger international peace and security"*[420].

In ***SCR 577*** (1985) bekräftigt der Sicherheitsrat, dass

> *„the pursuance of these acts of aggression against Angola constitutes a threat to international peace and security"*.

Ein Antrag[421], wegen der Angriffe Südafrikas gegen seine Nachbarn (vor allem Angola) Sanktionen gegen Südafrika zu verhängen, scheiterte jedoch an dem Veto der USA und Großbritanniens.

In ***SCR 602*** (1987) wiederholt der Sicherheitsrat diese Formulierung, um zwei Absätze weiter die südafrikanischen Angriffe als Friedens*bedrohung* zu bezeichnen, die es zu verhindern und zu beseitigen gelte.

In **SCR 580** (1985) bezeichnet der Sicherheitsrat Angriffe Südafrikas auf die Hauptstadt des benachbarten Lesotho als Angriffshandlung. Interessant ist das in diesem Zusammenhang an Südafrika gerichtete Verlangen, *„meaningful steps towards the dismantling of apartheid"* zu ergreifen, und der letzte pr.para.:

> *„alarmed at the fact that the continued existence of apartheid in South Africa is the root cause of increased violence both within*

---

420 Der letzte pr. para. entspricht demjenigen in SCR 546 (1984).

421 Vom 18.06.1986 (S/18163); die Einwände Großbritanniens und der USA waren wieder rechtsfolgen- und nicht tatbestandsorientiert (u.a. dass die Wirtschaftssanktionen die Falschen treffen).

South Africa and from South Africa against neighbouring countries"[422].

c. Die Namibia-Frage (1968 bis 1989)

Bereits im Jahre 1919 war das Völkerbundmandat über die ehemals deutsche Kolonie Südwestafrika, das heutige Namibia, an Südafrika übertragen worden, das die deutsche Kolonie im Jahre 1915 erobert hatte. 1946 weigerte Südafrika sich, das Territorium in UN-Treuhandschaft zu übergeben. In der Sache gab der IGH[423] Südafrika Recht. 1966 wies der IGH zwei Klagen Äthiopiens und Liberias gegen Südafrika in sehr umstrittenen Urteilen mangels Klagebefugnis ab, obwohl er 1962, als er seine Zuständigkeit bejaht hatte, noch vom Gegenteil ausgegangen war[424]. Die Generalversammlung entzog mit ihrer Resolution 2145 (XXI) vom 27.10.1966 Südafrika das Mandat[425]. Der Sicherheitsrat erkannte die Beendigung des Mandates in **SCR 264** (1969) an.

In den Resolutionen **245** und **246** – beide 1968 – hatte der Sicherheitsrat scharf die Deportation von Namibiern durch südafrikanische Behörden nach Südafrika, um sie dort vor Gericht zu stellen, verurteilt. In SCR 246 (1968) verlangt („demands") der Sicherheitsrat unter ausdrücklicher Berufung auf die Allgemeine Erklärung der Menschenrechte die Freilassung und Rückführung der Namibier.

Nachdem 62 Staaten wegen der südafrikanischen Weigerung, sich aus Namibia zurückzuziehen, eine Resolution nach Kapitel VII ChVN gefordert hatten, verabschiedete der Sicherheitsrat bei Enthaltungen Finnlands, Frankreichs, Großbritanniens und der USA seine **Resolution 269** (1969), in der er mittelbar weitere Maßnahmen nach Kapitel VII ChVN androht und ausdrücklich auf Art. 6 und 25 ChVN Bezug nimmt.

In **SCR 276** vom 30.01.1970[426] erklärt der Sicherheitsrat die fortdauernde Präsenz der südafrikanischen Verwaltung in Namibia für „illegal", ohne zuvor das Vorliegen einer Friedensbedrohung festgestellt zu haben. Neben dieser Feststellung und derjenigen, dass die Durchsetzung südafrikanischer Gesetze und die Festnahme von Namibiern durch die südafrikanischen Behörden gegen die Allgemeine Erklärung der Menschenrechte verstoße, enthält die Resolution keine

---

422 Ähnlich die Formulierung im letzten Absatz der Erklärung des Ratspräsidenten vom 24.06.1988 (S/19959), diesmal nach einem Angriff Südafrikas auf Botswana am 20.06.1988.

423 *South-West Africa-Gutachten,* ICJ Rep. 1950, S. 128 ff.

424 Gut zum Ganzen *Harris*, S. 104 f.

425 114 Staaten stimmten dafür, 2 (Portugal und Südafrika) dagegen, 3 Staaten (Großbritannien, Frankreich und Malawi) enthielten sich der Stimme.

426 Zustandegekommen mit einer Mehrheit von 13 Stimmen: Großbritannien und Frankreich enthielten sich der Stimme.

Formulierung, die auf ein Handeln nach Kapitel VII ChVN schließen ließe. Dennoch hat der IGH sie in seinem Namibia-Gutachten[427] als bindend angesehen. Dabei stützte er sich vor allem auf die ausdrückliche Bezugnahme auf Art. 25 ChVN in SCR 269 (1969) und auf Art. 24 ChVN, sowie auf die Art. 48 und 49 ChVN, aus denen bereits die Bindungswirkung von Beschlüssen nach Art. 41 und 42 ChVN folge. Bei einer Beschränkung des Art. 25 ChVN auf Beschlüsse nach Kapitel VII ChVN sei Art. 25 ChVN daher überflüssig.

Entgegen der Ansicht des IGH, die in der Folgezeit auf starke Kritik gestoßen ist[428], kann man die Bindungswirkung der Resolution 276 (1970) auch aus Kapitel VII ChVN herleiten, indem man sie der Rechtsgrundlage des Art. 40 bzw. 41 ChVN zuordnet[429]. Als Konsequenz daraus ergibt sich, dass der Resolution zumindest die konkludente Feststellung einer Friedensbedrohung zugrunde gelegen haben muss, die sich aus der völkerrechtswidrigen Besetzung Namibias durch Südafrika[430], der Nichtbefolgung der vorangegangenen Resolutionen des Sicherheitsrates und der Generalversammlung[431], der Verletzung des Selbstbestimmungsrechtes[432] und der Menschenrechte[433] stützen könnte[434].

In **SCR 366** vom 17.12.1974 verlangt („*demands*“) der Sicherheitsrat von Südafrika unter Ankündigung weiterer Maßnahmen nach der ChVN, eine „*solemn declaration*“ abzugeben, dass es die Resolutionen des Sicherheitsrates und das Gutachten des IGH befolge[435]. Darüber hinaus verlangt („*demands*“) der Sicherheitsrat bezogen auf Namibia die Beachtung der Menschenrechte, Freilassung aller politischen Gefangenen und die Aufhebung der rassendiskriminierenden Gesetze[436].

---

427 ICJ Rep. 1971, S. 16 ff. – dort insbes. paras. 90 ff.; dem Gutachten liegt eine entsprechende Frage des Sicherheitsrates in SCR 284 (1970) zugrunde, bei deren Verabschiedung Polen, die UdSSR und Großbritannien sich der Stimme enthielten; zu dem Gutachten *Lorinser*, S. 68 ff.

428 Vgl. die Nachweise bei *Martenczuk*, S. 39, FN 44 und 45, und *Fink*, S. 429 ff.; der Sicherheitsrat hat sie in SCR 301 vom 20.10.1971 begrüßt – dazu *Krökel*, S. 17 – 19; für das Gutachten spricht sich *Delbrück* zu Art. 25 ChVN, Rdnr. 24, in: *Simma* (Hrsg.), Charter, 2. Aufl., aus; ebenso *Jimenez de Arechaga*, S. 347.

429 Andeutend: *Jimenez de Arechaga*, S. 347; *Conforti*, S. 193, sieht Art. 41 ChVN als Rechtsgrundlage an – vgl. auch oben S. 52.

430 Vgl. *Gowlland – Debbas*, S. 261.

431 1. und 4. op. para.

432 Vgl. 1. pr. para.

433 Vgl. den vorletzten pr. para.

434 Manche zweifeln an der Bindungswirkung von SCR 276 (1970), u.a. deshalb weil die Pflicht zur Nichtanerkennung schon nach allgemeinem Völkerrecht bestand. Vgl. die Nachweise für und gegen die Annahme einer Bindungswirkung bei *Martenczuk*, S. 39 f.

435 3. op. para.

436 4. op. para.

Ein Resolutionsentwurf vom 06.06.1975[437], der die Feststellung enthielt, dass die illegale Besetzung Namibias eine Friedensbedrohung darstelle und vor dem Hintergrund der Nichtbefolgung der vorangegangenen Resolutionen des Sicherheitsrates, insbesondere von SCR 366 (1974), ein Waffenembargo gegen Südafrika vorsah, scheiterte an dem Veto der drei westlichen ständigen Mitglieder. In Anbetracht der ihres Erachtens vorhandenen Gesprächsbereitschaft Südafrikas liege keine Friedensbedrohung vor[438].

In **SCR 385** (1976) vom 30.01.1976 verlangt der Sicherheitsrat u.a., dass Südafrika die Vorschriften der Allgemeinen Erklärung der Menschenrechte einhält, die politischen Gefangenen freilässt, diskriminierende Gesetze aufhebt und die von den VN geplanten freien Wahlen unterstützt. Die Umsetzung dieser Resolution samt der Folgeresolutionen **431** und **435** (beide 1978) verlangt der Sicherheitsrat von Südafrika in **SCR 439** (1978) unter Androhung von Maßnahmen nach Kapitel VII ChVN für den Fall der Nichtbefolgung. Der Sicherheitsrat geht also von der Anwendbarkeit des Kapitels VII ChVN und damit mindestens von einer Friedensbedrohung aus, sollte sich Südafrika den Anordnungen des Sicherheitsrates aus den genannten Resolutionen widersetzen. Es ist unklar, ob der Sicherheitsrat dabei von einer bereits bestehenden Bindungswirkung dieser Resolutionen ausgeht (der Wortlaut der Resolutionen, insbesondere der Resolution 435 (1978)[439], lässt jedenfalls nach den Kriterien des IGH im Namibia-Gutachten diese Bindungswirkung zu) oder ob er die Resolutionen erst über Kapitel VII ChVN bindend machen will. Die Resolution kam mit der denkbar knappen Mehrheit von 10 Stimmen zustande. Kanada, Frankreich, die Bundesrepublik, Großbritannien und die USA enthielten sich[440]. Obwohl sich die Situation in Namibia nicht änderte, folgte keine Maßnahme nach Kapitel VII ChVN.

---

437 S/11713 – vorgelegt von Guyana, Irak, Mauretanien, Kamerun und Tansania – vgl. *Patil*, S. 102 ff.

438 S/PV 1829 – der britische Vertreter im Sicherheitsrat gab keine Begründung für diese Haltung ab (28. para.), der US-amerikanische Vertreter sagte im 175. para., dass er das Vorliegen einer Friedensbedrohung in Fällen ablehne, „where the wrongdoer, South Africa, has offered to enter into discussions […] on the objective of self-determination for Namibia.“; Auch in der Sitzung vom 19.10.1976 scheiterte ein Resolutionsentwurf (S/12211), der ein Waffenembargo gegen Südafrika vorsah an dem Veto der USA, Großbritanniens und Frankreichs. Diese Staaten beriefen sich dabei auf die Fortschritte in den Gesprächen mit Südafrika. Für eine Annahme dieses Entwurfes und für die Feststellung einer Friedensbedrohung hatten sich in z.T. sehr leidenschaftlichen Plädoyers u.a. die Vertreter Schwedens, der UdSSR und Saudi-Arabiens eingesetzt – vgl. SCOR, 1963. Sitzung vom 19.10.1976.

439 Im 6. op. para. erklärt der Sicherheitsrat die Vorbereitung von Wahlen durch Südafrika auf namibianischem Gebiet für „null and void“.

440 In der Debatte begründet Kanada als Sprecher der fünf Staaten, die sich enthalten haben, die Enthaltung mit der Verhandlungsbereitschaft Südafrikas – SCOR, 2098. Sitzung, paras 14 ff.

Vier Resolutionsentwürfe aus dem Jahre 1981[441], die wegen der Nichtbefolgung der Resolutionen des Sicherheitsrates durch Südafrika die Verhängung von Maßnahmen nach Art. 41 ChVN vorsahen, scheiterten an dem Veto der drei westlichen ständigen Mitglieder des Sicherheitsrates[442]: Nur im Zusammenhang mit der Verwendung Namibias als Ausgangspunkt für Angriffe auf Angola äußert der Sicherheitsrat in **SCR 539** (1983) seine Besorgnis über den

> *„mounting threat to the security of the region and its wider implications for international peace and security".*

SCR 566 vom 19.06.1985 enthält dieselbe Formulierung und einige Passagen, die auf eine Bindungswirkung der Resolution schließen lassen[443], aber keine Feststellung nach Kapitel VII ChVN, sondern vielmehr nur die Aufforderung an die Mitgliedstaaten, freiwillige Maßnahmen gegen Südafrika zu verhängen. Maßnahmen nach Kapitel VII ChVN werden wieder nur angekündigt[444]. Die USA und Großbritannien enthielten sich der Stimme. In **SCR 643** (1989) verlangt der Sicherheitsrat von Südafrika die Unterlassung aller Maßnahmen, die der Durchführung der unmittelbar bevorstehenden und in SCR 435 (1978) geforderten freien Wahlen in Namibia noch entgegenstehen. Ein Hinweis auf Kapitel VII ChVN fehlt. Dafür ergeht die Resolution einstimmig.

Im November 1989 fanden von der UNO überwachte freie Wahlen in Namibia statt, aus denen die SWAPO[445] als Sieger hervorging. Am 21.03.1990 erhält Namibia die Unabhängigkeit und wird am 23.04.1990 Mitglied der Vereinten Nationen.

Keine der Resolutionen des Sicherheitsrates zu der Namibia-Frage enthält die Feststellung einer Friedensbedrohung. Zahlreiche Resolutionsentwürfe, die eine entsprechende Feststellung enthalten, scheitern an dem Veto der westlichen

---

441 Alle vom 30.04.1981: S/14459 („refusal of South Africa to comply with Security Council and General Assembly resolutions" als „serious threat to international peace and security"), S/14460/Rev.1 (Feststellung eines Bruches des Friedens), S/14461, S/14462 („present critical situation created by South Africa in and around Namibia" als „serious threat to international peace and security").

442 SCOR, 2277. Sitzung – dabei stützten sich Frankreich (paras 39 ff.), Großbritannien (paras 32 ff.) und die USA (paras 53 ff.) vor allem darauf, dass Sanktionen nicht effektiv seien, der Bevölkerung Südafrikas und den Nachbarländern schadeten und die Lösung des Konfliktes auf dem Verhandlungswege gesucht werden müsse. Die Argumentation ist rechtsfolgen-, nicht tatbestandsorientiert – vgl. *Patil*, S. 118 f.

443 4. op. para., 5. op. para., 9. op. para., 12. op. para.

444 Auf dieser Ankündigung basiert ein Resolutionsentwurf vom 15.11.1985 (S/17633), der in der Nichtbefolgung der Resolutionen des Sicherheitsrates eine Friedensbedrohung sieht und ein umfassendes Wirtschaftsembargo gegen Südafrika vorsieht. Großbritannien war nur bereit, freiwillige Maßnahmen zu unterstützen. Wie die USA wollte Großbritannien weiterhin eine Lösung auf dem Verhandlungswege suchen.

445 South West African People´s Organization.

ständigen Mitglieder im Sicherheitsrat, insbesondere Großbritanniens und der USA. Dies ist nicht zuletzt auf deren Interessen in dem Konflikt im benachbarten Angola zurückzuführen. Der Wortlaut einiger Resolutionen lässt jedoch – unabhängig von dem Namibia-Gutachten des IGH – den Schluss auf eine Bindungswirkung zu, die wiederum auf Art. 40 bzw. 41 ChVN zurückgeführt werden kann. Deren Anwendung setzt die (konkludente) Feststellung zumindest einer Friedensbedrohung voraus.

Dies zugrundegelegt ergeben sich für den Fall Namibia im Hinblick auf die der Verwendung des Friedensbedrohungsbegriffs zugrundeliegenden Umstände folgende Kategorien:

- Nichtbefolgung vorangegangener Resolutionen des Sicherheitsrates[446],
- Verletzung des Selbstbestimmungsrechts/Nichtgewährung von Demokratie[447],
- Menschenrechtsverletzungen[448].

4. Der Konflikt in Zypern (seit 1974)

Der Zypern-Konflikt ist seit der Unabhängigkeit vom Vereinigten Königreich im Jahre 1960 ein Dauerkonflikt, hervorgerufen durch das Neben- bzw. Gegeneinander zweier Volksgruppen: Der griechischen Mehrheit und der türkischen Minderheit[449].

Nachdem der Sicherheitsrat nach der türkischen Invasion am 20.07.1974 in seinen Resolutionen ***353*** (1974) und ***360*** (1974) das Vorliegen einer Friedensbedrohung für das Gebiet des östlichen Mittelmeers festgestellt hatte, beschränkte sich sein Tätigwerden in zahlreichen Resolutionen auf eine Verlängerung des Mandates der UNFICYP-Truppen[450] und Aufforderungen an die Parteien, eine Lösung des Konfliktes zu finden.

In **SCR 541** vom 18.11.1983 erklärt der Sicherheitsrat im 4. pr. para. und 2. op. para. den Versuch, eine „Turkish Republik of Northern Cyprus" zu gründen für „invalid", da er gegen den 1960 geschlossenen „Treaty concerning the establishment of the Republic of Cyprus" und den ebenfalls 1960 geschlossenen „Treaty of Guarantee" verstoße. Dieses „Für-Unwirksam-Erklären" ist eine Maßnahme nach Art. 40[451] bzw. 41 ChVN, die das Vorliegen *zumindest* einer Friedensbedrohung voraussetzt. Mangels konkreter militärischer Auseinander-

446 SCR 385 (1976), 439 (1978).
447 SCR 276 (1976), 385 (1976), 643 (1989).
448 SCR 276 (1976), 366 (1974), 385 (1976), 428 (1978).
449 Vgl. i.e. *Patil*, S.444 ff.; sehr eingehend *Fink*, S. 357 ff.
450 Zuletzt in SCR 1486 (2003) bis 15.12.2003.
451 Vgl. RP 1981-1984, S. 323.

setzungen zu diesem Zeitpunkt ist die Friedensbedrohung in dem Verstoß gegen diese völkerrechtlichen Verträge selbst zu sehen.

5. Der israelische Angriff auf das PLO-Hauptquartier bei Tunis am 01.10.1985 und die Ermordung eines PLO-Offiziellen ebendort am 16.04.1988

Am 01.10.1985 griffen israelische Kampfflugzeuge das PLO-Hauptquartier bei Tunis an. Es starben 45 Palästinenser und 20 Tunesier, 100 Menschen wurden verletzt. Israel rechtfertigte seine Aktion als Repressalie gegen mehrere PLO-Terrorakte[452], insbesondere die Ermordung von drei Israelis in Zypern im September 1985.

Am 4.10.1985 reagierte der Sicherheitsrat mit ***SCR 573***, die sowohl das Vorliegen einer Angriffshandlung[453] als auch einer Friedensbedrohung[454] feststellt[455]: Der Sicherheitsrat wiederholt den Wortlaut von Art. 2 (4) ChVN und verlangt von Israel, *„[to] refrain from perpetrating such acts of aggression or from threatening to do so"*.

Nach der Ermordung eines Mitgliedes des Exekutivkommitees der PLO in Tunis unter israelischer Beteiligung am 16.04.1988 erfolgte in ***SCR 611*** (1988) unter ausdrücklicher Bezugnahme auf SCR 573 (1985) eine erneute Verurteilung Israels. Die Feststellung der Friedensbedrohung erfolgt hier in einem Absatz mit der einer Angriffshandlung:

> *„gravely concerned by the act of aggression which constitutes a serious and renewed threat to peace, security and stability in the Mediteranian region,"*[456].

6. Der Kuwait-Konflikt/Der Schutz der Kurden im Nordirak (seit 1990)

Der Irak hatte nach der Unabhängigkeit Kuwaits von Großbritannien im Jahre 1961 immer wieder Gebietsansprüche auf kuwaitisches Territorium angemeldet[457]. Nach dem Ende des Krieges gegen den Iran, bei dem ihn die Großmächte unterstützt hatten, sah sich der irakische Diktator Saddam Hussein durch nichts mehr gehindert, das kleine Nachbarland am 02.08.1990 zu überfallen. Die Ent-

---

452 U.a. die Entführung der Aquille Lauro und Anschläge auf EL AL – Terminals in Rom und Wien.

453 1. pr. para, 6. pr. para., 1. op. para., 2. op. para.

454 5. pr. para.

455 Die USA enthielten sich der Stimme mit der Begründung, dass die Resolution die dem israelischen Luftangriff vorausgegangenen Terroranschläge unberücksichtigt lasse.

456 6. pr. para.

457 Vgl. ausführlich zu dem historischen Hintergrund *Patil*, S. 254 ff., und *Fink*, S. 539 ff.

wicklung hatte sich angedeutet[458], die VN waren jedoch nicht im Sinne präventiver Maßnahmen tätig geworden.

a. *Resolutionen 660 (1990) bis 678 (1990)*

Nun handelten sie sofort: Am 02.08.1990 wurde im Sicherheitsrat die **SCR 660** verabschiedet, in der der Sicherheitsrat einen Bruch des Friedens (nicht eine Angriffshandlung[459]) feststellte. Die auf diese Resolution in kurzer Folge folgenden Resolutionen **661, 662, 664, 665**[460]**, 666, 667** und **670**[461] nahmen jeweils Bezug auf SCR 660 und stellten lediglich fest, dass der Sicherheitsrat nach Kapitel VII ChVN handelte. Ob dies auf der Grundlage des Friedensbruchs geschah oder einer (nicht ausdrücklich festgestellten) Friedensbedrohung ist unklar. Durch die Bezugnahmen auf SCR 660 ist jedoch von ersterem auszugehen.

In ***SCR 674*** vom 29.10.1990 gebraucht der Sicherheitsrat den Begriff der Friedensbedrohung zum ersten Mal. Im 11. pr. para. heißt es:

> *„Alarmed by the dangers of the present crisis caused by the Iraqi invasion and occupation of Kuwait, which directly threaten international peace and security, and seeking to avoid any further worsening of the situation,“.*

Unklar ist hier, worauf sich die Feststellung[462] der Friedensbedrohung bezieht: auf die „dangers“ oder die „invasion and occupation“.

Hauptgegenstand der Resolution ist das Festhalten ausländischer Staatsangehöriger und Diplomaten durch den Irak als Geiseln und das an den Irak gerichtete Verlangen, diese freizulassen. Dies trifft jedenfalls für den ersten Teil der Präambel und den 1. bis 11. op. para. zu. Die Feststellung der Friedensbedrohung ist jedoch im zweiten Teil der Präambel enthalten, der sich ersichtlich auf den zweiten Teil der Resolution (12 und 13. op. paras.) bezieht, der das Angebot des Generalsekretärs, seine guten Dienste zur Verfügung zu stellen, betrifft. Für diese Rechtsfolge hätte das Vorliegen einer Friedensgefährdung nach Kapitel VI ChVN ausgereicht.

---

[458] Siehe dazu *Bauer*, S. 114 f., und *Schmahl*, S. 174 ff., die sich auch mit der Frage der möglichen Rechtfertigung des Angriffs auseinandersetzt und diese ablehnt; sehr intensiv zu der Frage der Rechtfertigung – ebenfalls ablehnend – *Heintze*, S. 436 ff.

[459] Nach *Martenczuk*, S. 170 m.w.N., damit die Feststellung der Verantwortlichkeit des Irak für den Konflikt im Rahmen des Politischen gehalten und nicht in die eigentliche Feststellung nach Art. 39 ChVN einbezogen wurde.

[460] Sehr ausführlich zur Entstehungsgeschichte von SCR 665 (1990) *Freudenschuß*, 1994, S. 493 ff. und *Matsui*, S. 511 ff.; Bewertung: *Fink*, S. 585.

[461] Vgl. dazu i.e. *Bauer*, S. 116 ff.; *Fink*, S. 543 ff.

[462] „Feststellung“ hier im untechnischen Sinn gebraucht.

In **SCR 678** vom 29.11.1990 ermächtigt der Sicherheitsrat die Mitgliedstaaten der Vereinten Nationen

> *„to use all necessary means to uphold and implement resolution 660 (1990) and all subsequent relevant resolutions and to restore international peace and security in the area"*[463].

„Operation Desert Storm"[464] begann in der Nacht vom 16. zum 17.01.1991 und endete bereits Ende Februar.

b. Resolution 687 (1991)

Erst in ***SCR 687*** vom 03.04.1991 – nach der Befreiung Kuwaits – taucht der Begriff der Friedensbedrohung erneut auf. Im 17. pr. para. heißt es:

> *„conscious of the threat that all weapons of mass destruction pose to peace and security in the area..."*.

Dieser Teil der Präambel bezieht sich ersichtlich auf **Teil C** des operativen Teils der Resolution, der sich mit der Behandlung der irakischen Massenvernichtungswaffen befasst. Teil C beschäftigt sich neben Teil H als einziger Teil der Resolution nicht mit den unmittelbaren Folgen der Invasion[465]. Gegenstand sind vielmehr die durch den Golfkrieg zutage getretenen Verstöße des Irak ge-

---

463 2. op. para.; vgl. zur Entstehung dieser Resolution sehr aufschlussreich *Freudenschuß*, 1994, S. 496 ff.; *von Einsiedel/Chestermann*, S. 50, insbesondere zur Druckausübung durch die USA; *Fink*, S. 559 ff.; *A. Stein* spricht auf S. 337 von einem „Kuhhandel" im Vorfeld der Resolution; die Resolution ist als Rechtsgrundlage der Operation Desert Storm sehr umstritten. Die Ansichten bewegen sich von einer Maßnahme nach Kapitel VII ChVN, d.h. nach Art. 42 ChVN (*Randelzhofer*, 1993, S. 53 f. m.w.N.; *Fink*, S. 591 ff.; indirekt auch das Jugoslawien-Tribunal (Appeals Chamber) zum Fall Prosecutor v. Tadic, HRLJ 16 (1995), S. 444, para. 36) über eine Empfehlung, Zwangsmaßnahmen nach Art. 42 ChVN anzuwenden (*Simma*, 1992 I, S. 138) bis hin zu einer Ermächtigung kollektiver Selbstverteidigung nach Art. 51 ChVN (*Schachter*, S. 459 ff., 472). Nach *Kirgis* gilt die Ermächtigung auch zur Durchsetzung von Resolutionen zeitlich nach SCR 678 (1990); nach *Herdegen*, S. 3, handelte der Sicherheitsrat auf der Grundlage einer Zusammenschau von Art. 39, 42 und 48 ChVN.

464 An diesem Einsatz nahmen 30 Nationen mit über 700.000 Soldaten teil. Davon stellten die USA allein 540.000 – vgl. *Bauer*, S. 120.

465 **Teil A** betrifft die Grenzlinie – dazu eingehend *Heintze*, S. 445 ff., *Brownlie*, S. 96 f. und *Martenczuk*, S. 265, die Regelung der Grenze stieß auch im Sicherheitsrat auf einige Kritik – vgl. S/PV 2981: Irak, S. 32, Jemen, S. 42, Kuba, S. 61 – alle drei Staaten warfen dem Sicherheitsrat vor, Irak eine Grenze aufzuzwingen – vgl. aber Indien, S. 78, USA, S. 86, Großbritannien, S. 113, die zurecht auf den gem. Art. 102 ChVN bei den VN registrierten Grenzvertrag zwischen Irak und Kuwait von 1963 abstellten, **Teil B** die Errichtung und Überwachung einer entmilitarisierten Zone in der Grenzregion, **Teil D** die Frage des Kuwaitischen Eigentums, **Teil E** die Problematik der Haftung des Irak für Schäden, die durch die Invasion entstanden sind, **Teil F** den Inhalt der gem. SCR 661 verhängten Sanktionen gegen den Irak, **Teil G** die Frage der seit der Invasion Vermissten.

gen die entsprechenden völkerrechtlichen Verträge zum Verbot von Massenvernichtungswaffen, die der Sicherheitsrat zum Anlass nimmt, dem Irak bindend die Vernichtung seiner Bestände aufzuerlegen[466].

In **Teil H** verlangt der Sicherheitsrat in Zusammenhang mit den 22. und 23. pr. paras eine Abstandnahme des Irak von Handlungen des internationalen Terrorismus.

Dass Maßnahmen des internationalen Terrorismus eine Friedensbedrohung darstellen können, hatte der Sicherheitsrat zu diesem Zeitpunkt noch nicht ausdrücklich festgestellt. Eine entsprechende (konkludente) Feststellung muss jedoch dem bindend formulierten Verlangen des Sicherheitsrates zugrunde gelegen haben[467]. Die scharfe Verurteilung des internationalen Terrorismus im Allgemeinen war bereits in zwei nicht ausdrücklich konflikt- bzw. situationsbezogenen Resolutionen[468] und einer Erklärung des Ratspräsidenten[469] erfolgt. Der entsprechende Teil der SCR 687 kann daher durchaus als Vorläufer der späteren **SCR 731** (1992)**, 748** (1992) und **883** (1993) (alle zu Libyen-Lockerbie[470]) sowie **1054** (1996) und **1070** (1996) (Mordversuch Mubarak[471]) angesehen werden, in denen der Sicherheitsrat den internationalen Terrorismus in eindeutigen Zusammenhang mit der Feststellung einer Friedensbedrohung bringt.

SCR 687 (1991) ist wegen ihrer sehr weitgehenden Rechtsfolgen mit dem Versailler Vertrag verglichen worden[472]. Kritik haben aber nicht nur die Rechtsfolgen als solche, sondern die Annahme einer tatbestandlichen Eröffnungsnorm *nach* Abschluss der bewaffneten Auseinandersetzung und der Befreiung Kuwaits hervorgerufen[473]. Der Sicherheitsrat handelt zwar ausdrücklich

---

466 In der Debatte vom 03.04.1991 betonen die Vertreter der USA und Großbritanniens die Gefährlichkeit dieser Massenvernichtungswaffen in der Hand eines Regimes, das in der Vergangenheit nicht vor der Nutzung derselben und der Drohung damit zurückgeschreckt habe (S/PV 2981, S. 87 (USA), S. 114 (GB)).

467 In der Debatte vom 03.04.1991 sprach nur der US-amerikanische Vertreter diesen Teil der Resolution an – S/PV 2981, S. 89 – 90: „As a result of Iraq´s unprecedented taking of hostages and its open threats to use terrorism in the recent conflict, the resolution requires a commitment from Iraq…".

468 SCR 579 (1985) und SCR 635 (1989).

469 Vom 28.1.1987.

470 Dazu unten S. 145 ff.

471 Dazu unten S. 168 ff.

472 *Franck*, 1993, S. 97, vgl. außerdem die Nachweise bei *Bauer*, S.121, FN 52, und S. 200, FN 507; *Simma*, 1994, S. 275: „peace treaty"; Der US-amerikanische Vertreter im Sicherheitsrat bezeichnete die Resolution in der Debatte als „unique and historic" – S/PV. 2981, S. 82.

473 *Lorinser* spricht auf S. 27 unter Berufung auf *Herdegen* von einer „Nachbehandlung" bereits abgeschlossener Völkerrechtsverletzungen, *Herdegen* selbst auf S. 12 von „Nachsorge".

nach Kapitel VII ChVN. Ein Rückgriff auf den Tatbestand des Friedensbruchs erscheint trotz des Hinweises auf SCR 660 (1990) im 1. pr. para. nach Beendigung der irakischen Besetzung Kuwaits jedoch ausgeschlossen. Eine Friedensbedrohung hatte der Sicherheitsrat nach der Niederlage Iraks noch nicht festgestellt. SCR 687 (1990) verwendet den Begriff der Friedensbedrohung – wie gezeigt – nur in Bezug auf Massenvernichtungswaffen und auch dort nicht in Form einer „Feststellung" („determination"), sondern nur „conscious of ...". Grundlage des Handelns muss somit eine konkludente Annahme einer Friedensbedrohung gewesen sein[474].

Hinsichtlich des **Teiles E** der Resolution (Haftung des Irak für Schäden, die durch die Invasion entstanden sind) erscheint eine Eingriffsbefugnis des Sicherheitsrates danach nur denkbar, wenn man die Weigerung, für Kriegsschäden (auch Umweltschäden) Reparationen zu leisten, als Friedensbedrohung ansieht. Durch eine solche Annahme wird der Anwendungsbereich des Friedensbedrohungsbegriffs i.S. einer „postmilitärischen Zwangsmaßnahme zur Gewährleistung des Friedens"[475] weiter ausgedehnt. In der dem Erlass der Resolution vorausgehenden Debatte wiesen die Vertreter des Jemen und Kubas darauf hin, dass für die Frage der Reparationen der IGH zuständig sei (Art. 36 (2) (d) IGH-Statut)[476].

Doch auch hinsichtlich der Subsumtion des Besitzes von Massenvernichtungswaffen unter den Begriff der Friedensbedrohung (Teil C) ist SCR 687 (1991) auf Kritik gestoßen[477]. Dem Sicherheitsrat wird vorgeworfen, dass er in der Nichtbeachtung für den Frieden relevanter völkerrechtlicher Verträge selbst dann eine Friedensbedrohung sehe, wenn diese Verträge selbst ein milderes oder gar kein Verfahren bei ihrer Verletzung vorsähen[478]. Außerdem leite der Sicherheitsrat – wie aus der Präambel ersichtlich – aus vergangenem Verhalten des inzwischen besiegten Irak eine Berechtigung zum gegenwärtigen Handeln ab. Aus der Vergangenheit abgeleitete Einschätzungen zukünftigen Verhaltens würden so zur Grundlage der Feststellung einer Friedensbedrohung gemacht[479].

---

474 Vgl. auch *Endemann*, S. 348.

475 Vgl. *Baroni*, S. 199; vgl. Aussage des sowjetischen Vertreters in der Debatte vom 03.04.1991: SCR 687 (1991) „paves the way to forming a post-crisis-settlement." – S/PV. 2981, S. 101.

476 S/PV. 2981, S. 41 (Jemen), S. 71 (Kuba).

477 Vgl. *Baroni*, S. 192 ff.

478 *Franck*, 1993, S. 98.

479 *Franck*, 1993, S. 97 ff.; *Endemann*, S. 349 m.w.N.; nach *Bauer*, S. 200 ff., sieht der Sicherheitsrat in der in der Vergangenheit demonstrierten dauernden Neigung und Bereitschaft zum Friedensbruch, kombiniert mit der potentiellen Fähigkeit zur kriegerischen Aggression selbst eine Friedensbedrohung. Seines Erachtens sind Völkerrechtsverletzungen für den Sicherheitsrat eine Art prima facie – Vermutung für das Vorliegen einer Friedensbedrohung.

Der die Sanktionen nach SCR 661 (1990) betreffende **Teil F** der Resolution 687 stellt eine Perpetuierung der mangels andauernden Friedensbruchs „abgelaufenen“ Resolution 661 (1990) dar. Diese Perpetuierung dauert an – vgl. z.B. **SCR 986** (1995), die über SCR 687 (1991) zu SCR 661 (1990) gelangt[480].

c. Resolution 688 (1991)

Nur zwei Tage nach Erlass der Resolution 687 (1991) verabschiedete der Sicherheitsrat wegen des rücksichtslosen Vorgehens irakischer Truppen gegen die infolge der irakischen Niederlage im Kuwait-Konflikt wiedererstarkten Kurden[481] seine Resolution **688**[482], in der der Begriff der Friedensbedrohung gleich an drei Stellen verwandt wird:

> 3. pr. para.: „*Gravely concerned by the repression of the Iraqi civilian population in many parts of Iraq, including most recently in Kurdish populated areas, which led to a massive flow of refugees towards and across international frontiers and to cross-border incursions, which threaten international peace and security in the region*“,
> 1. op. para.: „*Condemns the repression of the Iraqi civilian population in many parts of Iraq, including most recently in Kurdish populated areas, the consequences of which threaten*[483] *international peace and security in the region*“,
> 2. op. para.: „*Demands that Iraq, as a contribution to remove the threat to international peace and security in the region, immediately end this repression…*“.

Hält man sich an den Wortlaut, so ist die Unterdrückung der kurdischen Zivilbevölkerung zwar Ausgangspunkt der Feststellung der Friedensbedrohung[484],

---

480 Vgl. unten FN 514.

481 Vgl. dazu *Fink*, S. 566 f.

482 Zustandegekommen auf Vorschlag Frankreichs und Belgiens mit der Unterstützung der USA und Großbritanniens mit 10:3 (Kuba, Jemen, Simbabwe) Stimmen bei zwei Enthaltungen (China und Indien); zum faktischen Hintergrund *Malanczuk*, S. 115 ff.; gut zur Vorgeschichte und zur Mobilisierung der öffentlichen Meinung im Westen durch Berichte aus der Türkei: *Endemann*, S. 183 f.; zur Entstehung der Resolution vgl. *Freudenschuß*, 1993, S. 6 ff.; *Fink*, S. 567 ff.

483 *Martenczuk* übersetzt auf S. 171 „threaten“ mit „gefährden“.

484 Bei *Wierzbicki/Welhengama*, S. 160, stößt auf Bedenken, dass die Resolution keine „formal determination“ einer Friedensbedrohung enthält; ähnlich *Endemann*, S. 191; dagegen und für eine Feststellung *Lailach*, S. 73 m.z.w.N. *Wolfrum/Heinz/Philipp*, S. 128, sehen in der Resolution einen Beleg dafür, dass die Kompetenzen des Sicherheitsrates unter Kapitel VII ChVN weiter als zur Sicherung des negativen Friedens reichen; Nach *Schilling*, S. 74, erfolgte die Feststellung der Friedensbedrohung wegen der Unterdrückung der kurdischen Zivilbevölkerung, ebenso *Franck*, 1993, S.102 f.; *Lorinser* sieht auf S. 25 die

gesehen wird diese jedoch in den Auswirkungen, die sich aus dieser Unterdrückung ergeben[485] – dies wird bestätigt dadurch, dass der Sicherheitsrat im 2. pr. para. ausdrücklich auf Art. 2 (7) ChVN verweist[486]: Anfang April wurden ca. 1 Mio. kurdische Flüchtlinge in den Iran und in die Türkei gezählt. Zehntausende Schiiten flohen in den Iran. Nach einigen Schätzungen starben über 1000 Kurden täglich an Unterernährung und den Folgen der Flucht[487]. Die Internationalität des Kurdenkonfliktes folgt daraus, dass das kurdische Volk seine Siedlungsgebiete in der Türkei, in Armenien, in Syrien, im Irak und im Iran hat[488]; es ist allerdings zweifelhaft, ob tatsächlich die Gefahr *anhaltender* bewaffneter grenzüberschreitender Auseinandersetzungen bestand[489]. Zu kleine-

---

eklatanten Menschenrechtsverletzungen als Grundlage der Feststellung der Friedensbedrohung an, ebenso *Randelzhofer*, 1993, S. 57 und *Krug* S. 197.

485 Vgl. *Kooijmans*, S. 114; *Baroni*, S. 144; d*e Hoogh*, S.120 f.; *Fink*, S. 600 f.; nach *Tomuschat*, Zukunft, S. 45, handelt es sich dabei um eine Hilfskonstruktion; nach *Endemann*, S. 201, stehen diese Auswirkungen bei der Bestimmung der Friedensbedrohung auch bei den im Sicherheitsrat vertretenen Staaten im Vordergrund, die den Menschenrechtsverletzungen im Irak ein hohes Gewicht beimessen. *Endemann* weist jedoch auf S. 202 ff. nach, dass es den beteiligten Staaten und auch der Generalversammlung politisch vor allem um das Schicksal der Kurden im Irak ging. In diese Richtung wohl auch *Debiel*, S. 32; *Adelman*, S. 23, misst den Flüchtlingsströmen entscheidende Bedeutung bei, ebenso *Nowlan*, S. 176; Obwohl *Simma*, 1992 I, S. 142, eine Ausdehnung des Friedensbedrohungsbegriffs durch den Sicherheitsrat befürwortet, sieht er in SCR 688 (1991) *auch* die „transborder implications“ als ausschlaggebend an. In der Debatte im Sicherheitsrat (S/PV. 2982 vom 05.04.1991) standen die Flüchtlingsmassen ebenfalls im Vordergrund – vgl. aaO, Türkei, S. 6, Pakistan, S. 9 f., Iran, S. 15; Equador, S. 32; UdSSR, S. 61; Jemen und Zimbabwe sahen die Frage der Behandlung der Kurden jedoch als innere Angelegenheit des Irak an. Nach *Bruha/Krajewski*, S. 16, erfolgte die Bezugnahme auf die Flüchtlingsströme, um eine Enthaltung Chinas zu erreichen.

486 Equador, Zaire und die Sowietunion haben nur wegen dieses Verweises zugestimmt; dazu, dass auch Cina und die USA anfänglich Bedenken wegen des Verbots der Einmischung in die inneren Angelegenheiten hatten und zu den weiteren Bedenken der USA vgl. *Malanczuk*, S. 119 m.w.N., der die Verabschiedung von SCR 688 (1991) u.a. auf den Druck der Medien und insbesondere Frankreichs zurückführt. Jede seit SCR 688 (1991) erlassene Resolution zum Konflikt Kuwait – Irak enthält folgenden Passus: „... reaffirming the commitment of all Member States to the sovereignty and territorial integrity of Iraq.“. Vgl. insbesondere auch zur Haltung der westlichen Staaten *Endemann*, S. 199 ff. m.w.N.; *Freudenschuß*, 1993, S. 7.

487 Vgl. *Nanda*, S. 332.

488 Sehr gut zu den historischen Ursachen des Konfliktes *Adelman*, S. 5 ff.; zu den jeweiligen Bevölkerungsanteilen vgl. *Malanczuk*, S. 115.

489 *Gading*, S. 76; *Fink*, S. 601 f.; *A. Stein*, S. 184; A.A. *Endemann*, S. 197 (der auf S. 205 ff. jedoch die menschenrechtliche Komponente betont) und *Nowlan*, S. 175 f., die auf S. 169 Äußerungen des damaligen Bundesaußenministers Genscher und des damaligen NATO-Generalsekretärs Wörner zitiert, die jedoch überwiegend auf die rein inner-irakischen Menschenrechtsverletzungen als Grundlage des Einschreitens des Sicherheitsrates abstellen.

ren Auseinandersetzungen, „*cross-border incursions*“, war es bereits gekommen[490], was die Annahme einer Friedensbedrohung jedenfalls rechtfertigt.

SCR 688 (1991) gehört zu den umstrittensten Resolutionen des Sicherheitsrates, jedoch weniger was den Tatbestand der Friedensbedrohung, sondern vielmehr was die auf SCR 688 (1991) gestützten Rechtsfolgen betrifft[491].

d. Resolutionen bis Resolution 1441 (2002)

In keiner der zahlreichen Folgeresolutionen bis November 2002 hat der Sicherheitsrat ausdrücklich das Vorliegen einer Friedensbedrohung festgestellt, jedoch immer wieder Bezug genommen auf vorangegangene Resolutionen bzw. festgestellt, dass er auf der Grundlage von Kapitel VII ChVN handele[492].

Nur in ***SCR 1137*** vom 12.11.1997 erfolgt im vorletzten pr.para. die Feststellung, „*that this situation continues to consitute a threat to international peace and security*“. Die Situation ist gekennzeichnet durch die Nichtbefolgung vo-

---

[490] *A. Stein*, S. 183; *Fink*, S. 602, weist darauf hin, dass türkische Truppen im März 1995 in den Nordirak einmarschierte, um dort kurdische Siedlungen, von denen Angriffe in der Türkei begangen wurden zu bekämpfen. Für *Fink* ist dies der Beleg, dass die Annahme einer Gefahr grenzüberschreitender militärischer Auseinandersetzungen im Jahre 1991 berechtigt war. *Fink* erkennt das Problem der Aktualität der Gefahr, übersieht jedoch, dass die der Friedensbedrohung zugrundeliegende Unterdrückung der Kurden im Nordirak und auch die Flüchtlingsbewegungen nicht ursächlich für das Handeln der Türkei waren.

[491] Der Sicherheitsrat selbst geht in SCR 778 (1992) im 4. pr. para. davon aus, dass SCR 688 (1991) „provides the basis for humanitarian relief efforts in Iraq“; insgesamt ist jedoch sehr umstritten, ob es sich bei SCR 688 (1991) um eine Resolution nach Kapitel VII ChVN handelt – vgl. dazu die Nachweise bei *Martenczuk*, S. 171, FN 268, der schon das Vorliegen einer Feststellung nach Art. 39 ChVN bezweifelt und *Endemann*, S. 191 ff., nach dessen Überzeugung sich die bindende Wirkung der Resolution nur aus Art. 25 ChVN ergeben kann; nach *Hutchinson*, S. 633 m.w.N., hatte der Sicherheitsrat keine Absicht, den Einsatz von Gewalt zu autorisieren, Präsident *Bush* legte die Resolution nur so aus. Nach *Malanczuk*, S. 129, sollte die Präzendenzwirkung dieser Resolution nicht überbewertet werden – ihm folgend *van Boven*, S. 22; *Adelman*, S. 4, sieht in dem Eingreifen der Aliierten einen Verstoß gegen Art. 2 (7) ChVN; *Simma*, 1992 I, S. 139, sieht die Aktionen der Aliierten im Nordirak durch SCR 678 (1991) gedeckt, in der er eine Ermächtigung zur kollektiven Selbstverteidigung sieht; vgl. auch die zahlreichen Nachweise zur Literatur bei *Endemann*, S. 189, FN 594; *Franck*, 1993, S. 103, weist zutreffend darauf hin, dass – selbst wenn der Sicherheitsrat nicht nach Kapitel VII ChVN gehandelt hat – er dies ohne weiteres hätte tun können.

[492] SCR 698 (1991), 692 (1991), 699 (1991), 700 (1991), 705 (1991), 706 (1991, 707 (1991), 712 (1991), 715 (1991), 778 (1992), 806 (1993), 833 (1993), 899 (1993, 1051 (1996), 1060 (1996), 1111 (1997), 1129 (1997), 1153 (1998), 1175 (1998), 1194 (1998), 1205 (1999), 1210 (1999), 1242 (1999), 1266 (1999), 1280 (1999), 1281 (1999), 1284 (1999), 1293 (2000), 1302 (2000), 1330 (2000), 1352 (2001), 1360 (2001), 1382 (2001), 1441 (2002).

rangegangener Resolutionen durch den Irak, der nach wie vor die Inspektion seiner Waffenarsenale durch die VN-Inspektoren behindert. Der Sicherheitsrat verhängt nach Kapitel VII ChVN Ausreiseverbote gegen die verantwortlichen Personen im Irak.

Mit **SCR 1409** (2002) befreit der Sicherheitsrat zur Verbesserung der humanitären Situation im Irak alle Güter rein zivilen Charakters von dem mit Resolutionen 986 (1995) und 1360 (2001) verhängten Importverbot.

e. *Resolution 1441 (2002)*

Der Irak hatte im Dezember 1998 die letzten UN-Waffenkontrolleure des Landes verwiesen und diesen damit die Erfüllung der ihnen in SCR 687 (1991) zugewiesenen Aufgabe unmöglich gemacht. Der Sicherheitsrat hatte dieses Verhalten in zahlreichen Resolutionen[493] gerügt und ihm im Rahmen des Sanktionsregimes zu begegnen versucht. Letztlich war es im Interesse der besseren Versorgung der Zivilbevölkerung jedoch nicht zu Verschärfungen der Wirtschaftssanktionen gekommen.

Nach dem Anschlag auf das New Yorker World Trade Center am 11.09.2001 geriet die Weigerung des Irak, Kontrollen im Hinblick auf sein allgemein vermutetes Massenvernichtungswaffenprogramm zuzulassen, verstärkt in die Aufmerksamkeit insbesondere der USA. Versuche, auch des UN-Generalsekretärs, auf diplomatischem Wege die Wiederaufnahme der Waffeninspektionen zu erreichen, scheiterten an der anhaltenden Weigerung des Irak. Erst nachdem die USA und Großbritannien mit der Stationierung von Truppen in der Golfregion begonnen hatten, gab der Irak seine Weigerungshaltung auf. Um an der Ernsthaftigkeit des Kontrollanliegens der Vereinten Nationen keinen Zweifel aufkommen zu lassen und den Irak zu einem Höchstmaß an Kooperation zu bewegen, verabschiedete der Sicherheitsrat am 08.11.2002 seine Resolution ***1441*** (2002)[494], deren 3. pr. para. lautet:

> *„Recognizing the threat Iraq's non-compliance with Council resolutions and proliferation of weapons of mass destruction and long-range missiles poses to international peace and security".*

Der Sicherheitsrat stützt die Annahme der Friedensbedrohung auf zwei Umstände:

---

493 Vgl. die unten S. 113 in FN 514 und die in dem 1. pr. para. von SCR 1441 (2002) aufgeführten Resolutionen.

494 Zur Vorgeschichte der Resolution, insbesondere zu den Aktivitäten der USA vgl. *von Einsiedel/Chestermann*, S. 47 ff.

- Die Nichterfüllung der vorangegangenen Resolutionen des Sicherheitsrates (in denen der Irak bereits zur Vernichtung seiner Massenvernichtungswaffen aufgefordert worden war) und
- die Verbreitung von Massenvernichtungswaffen und Langstreckenwaffen als solche.

Sofern der Sicherheitsrat in der Nichterfüllung der vorangegangenen Resolutionen eine Friedensbedrohung sieht, führt er eine Praxis fort, die bereits mit SCR 687 (1991) – dort Teil F – begonnen hat[495]: Die in SCR 661 (1990) verhängten Sanktionen werden auch nach Abschluss des Friedensbruchs durch Beendigung des Krieges gegen Kuwait durch die Annahme einer fortbestehenden Friedensbedrohung perpetuiert.

Folgerichtig zitiert der erste pr.para. der Resolution 1441 (2002) an erster Stelle SCR 661 (1990) und SCR 687 (1991).

Im 4. pr. para. werden die Resolutionen 660 (1990) und 678 (1990) angesprochen und mit der Bezugnahme auf SCR 687 (1991) im Hinblick auf ihr gemeinsames Ziel, der *Wiederherstellung* des Friedens, besonders hervorgehoben. Diese Hervorhebung am Beginn der Resolution, die SCR 1441 (2002) in einen direkten Zusammenhang mit den wichtigen Resolutionen des Golfkrieges 1991 bringen soll, macht die Unsicherheit des Sicherheitsrates bei der Anwendung der Begriffe des Art. 39 ChVN deutlich: Bei einem Friedensbruch muss der Frieden wiederhergestellt („restore") werden, bei einer Friedensbedrohung ist begriffsnotwendig nur eine Wahrung („maintenance") des (noch nicht gebrochenen) Friedens denkbar. Eine Wiederherstellung des vom Irak im Jahre 1990 durch seinen Angriff auf Kuwait gebrochenen Friedens ist im Jahre 2002 nicht mehr möglich, da sie durch den militärischen Sieg der Alliierten im Jahre 1991 bereits vollzogen wurde. Der Auftrag der *Wiederherstellung* des Friedens hat damit in SCR 1441 (2002) keinen Platz. Folgerichtig geht der Sicherheitsrat an anderer Stelle der Resolution (12. op.para.) davon aus, dass der Weltfrieden und die internationale Sicherheit „gesichert" werden müsse – von dem Erfordernis der „Wiederherstellung" wurde hier bewusst[496] abgesehen.

In den folgenden pr.paras werden die Versäumnisse des Irak näher ausgeführt: Nichtoffenlegung der Waffenprogramme, Behinderung der Waffeninspektionen, Nichteinhaltung der ihm in SCR 687 (1991) auferlegten Verhaltenspflichten in Bezug auf internationalen Terrorismus, Nichtbeendigung der Unterdrückung der eigenen Zivilbevölkerung, Behinderung von Hilfslieferungen, Nichtfreigabe von oder fehlende Kooperation bei der Suche nach im Irak festgehaltener oder verschwundener Staatsangehöriger dritter Staaten und Nichtrückgabe kuwaitischen Vermögens.

---

[495] Vgl. dazu die Nachweise in FN 514 auf S. 113.

[496] Vgl. *von Einsiedel/Chestermann*, S. 50.

Der operative Teil der Resolution enthält insbesondere die an den Irak gerichtete Aufforderung, innerhalb von 30 Tagen einen vollständigen Bericht über seine Programme betreffend Massenvernichtungs- und Langstreckenwaffen vorzulegen.

In ihrem 12. op. para. weist SCR 1441 (2002) die Zuständigkeit für die Beurteilung des weiteren Verhaltens und etwaige daraus abzuleitende Maßnahmen dem Sicherheitsrat zu.

SCR 1441 (2002) wurde am 13.11.2002 vom irakischen Präsidenten Saddam Hussein akzeptiert, der damit einen Beschluss der irakischen Nationalversammlung vom 12.11.2002, in dem die Resolution zurückgewiesen worden war, korrigierte[497]. Die UN-Waffeninspekteure konnten ihre Arbeit wieder aufnehmen.

f. Der amerikanisch-britische Militäreinsatz im März/April 2003

Nachdem sich die USA wegen des französichen, russischen und chinesischen Widerstands vergeblich darum bemüht hatten, die in SCR 1441 (2002) avisierte, militärische Zwangsmaßnahmen gegen Irak legitimierende Resolution des Sicherheitsrates zu erlangen[498], kam es am 20.03.2003 zu einem von den USA und Großbritannien geführten Militäreinsatz gegen den Irak. Beide Staaten stützten sich dabei auf SCR 678 (1990), 687 (1991) und SCR 1441 (2002), die USA zusätzlich auf das Selbstverteidigungsrecht des Art. 51 ChVN[499].

Selbst wenn man die Situation im Irak zu diesem Zeitpunkt als friedensbedrohend im Sinne des Art. 39 ChVN einstufte, so liegt eine Ermächtigung des Sicherheitsrates zu militärischen Zwangsmaßnahmen im März 2003 nicht vor. Die zuletzt in SCR 678 (1990) enthaltene entsprechende Ermächtigung ist spätestens mit SCR 687 (1991) „verbraucht“[500]. Im Übrigen haben sich die genannten ständigen Mitglieder gerade einer ermächtigenden Resolution zu diesem Zeitpunkt widersetzt[501]. Ihre Notwendigkeit war überdies durch SCR 1441 (2002) vorgegeben[502].

Nach Auffassung der widersprechenden ständigen Mitglieder fehlte es an hinreichenden Beweisen für das Vorhandensein von Massenvernichtungswaffen

---

497 FWA 2004, Spalte 410.

498 Dazu eingehend *von Einsiedel/Chestermann*, S. 51 ff.

499 Dazu *Tomuschat*, 2003, S. 42 f., der die Position der USA zu Art. 51 ChVN, aber auch zu den zitierten Resolutionen zu Recht ablehnt; ebenso Muswiek, S. 1016 ff. m.w.N.

500 Ähnlich *Murswiek*, S. 1016.

501 Zu allem *Tomuschat*, aaO, S. 43 ff.

502 Dies sahen auch die USA ursprünglich so – vgl. dazu *von Einsiedel/Chestermann*, S. 50. *Murswiek*, S. 1015.

und an der Verhältnismäßigkeit militärischer Zwangsmaßnahmen in der konkreten Situation[503].

Mit **SCR 1472** (2003) vom 28.03.2003 wird das wegen der Kampfhandlungen ausgesetzte Programm „Öl für Lebensmittel“ – mit Modifikationen infolge der zum Erliegen gekommenen Ölproduktion – wieder eingesetzt. Die Resolution ergeht auf der Grundlage von Kapitel VII ChVN[504], ohne allerdings eine Bedrohung oder einen Bruch des Friedens festzustellen. Sie enthält mehrfach die Aufforderung an die Besatzungsmächte, die Regeln des ius in bello, namentlich der Genver Konventionen von 1949 und der Haager Landkriegsordnung von 1907 einzuhalten[505]. Zur Legitimation des Militäreinsatzes äußert sich die einstimmig verabschiedete Resolution nicht.

Die am 22.05.2003 verabschiedete Resolution ***1483*** (2003) enthält im vorletzten pr.para. die Feststellung, dass die Situation im Irak trotz Verbesserungen nach wie vor eine Bedrohung des Weltfriedens und der internationalen Sicherheit darstellt. Der Sicherheitsrat beschließt unter anderem –nach Kapitel VII ChVN handelnd – die Aufhebung der Wirtschaftssanktionen gegen den Irak mit Ausnahme des Waffenembargos[506]. Die die Situation im Irak als friedensbedrohend qualifizierenden Umstände lassen sich – wie häufig – nur aus dem Zusammenhang der Resolution entnehmen: Sie enthält Hinweise auf die nach wie vor von der irakischen Rüstung, namentlich mit Massenvernichtungswaffen, ausgehenden Gefahr[507], sowie an zahlreichen Stellen die humanitäre und konstitutionelle Situation. Zur Frage der Legitimation des Militäreinsatzes äußert sich auch diese Resolution nicht[508].

In **SCR 1490** (2003) verlängert der Sicherheitsrat – nach Kapitel VII ChVN handelnd – letztmalig das Mandat der mit SCR 687 (1991) zur Überwachung der Grenze zwischen Irak und Kuwait eingesetzten UNIKOM. Dabei erkennt er an, dass eine Friedensbedrohung von dem irakischen Verhalten an der Grenze nicht mehr ausgehe[509]. Das Handeln nach Kapitel VII ChVN geschieht demnach gleichsam zu „Abwicklungszwecken“.

---

503 Zu weiteren – politischen – Gründen *von Einsiedel/Chestermann*, S. 54 f.
504 Letzter pr. para.
505 1. pr. para., 1. und 8. op. para.
506 10. op. para.
507 3. pr. para., 11. op. para.
508 Vgl. *Marauhn*, S. 114.
509 4. pr. para.

g. *Kategorisierung*

Im Einzelnen lassen sich die Resolutionen im Hinblick auf die der Annahme einer Friedensbedrohung zugrunde liegenden Umstände wie folgt kategorisieren:

- Gefahr grenzüberschreitender Auseinandersetzungen als Folge von durch Menschenrechtsverletzungen verursachten Flüchtlingsbewegungen[510],
- Besitz, Herstellung und Verbreitung von Massenvernichtungswaffen[511],
- Förderung des internationalen Terrorismus[512],
- Weigerung, Reparationen für durch die Invasion entstandene Schäden/Umweltschäden zu zahlen[513],
- Verstoß gegen/Nichterfüllung der bisherigen Resolutionen des Sicherheitsrates[514],
- Verstoß gegen internationale Verträge[515],
- Verstoß gegen das humanitäre Völkerrecht[516].

---

510 SCR *688* (1991) – s.o. S. 106.

511 *SCR 687 (1991) – section C*; SCR 699 (1991); SCR 707 (1991); SCR 1051 (1996); SCR 1205 (1999), SCR 1441 (2002).

512 SCR 687 (1991) – section H – s.o. S. 104.

513 SCR 687 (1991) – section E; SCR 692 (1991).

514 SCR 706 (1991) berücksichtigt die schlechte Versorgung der irakischen Zivilbevölkerung; die Sanktionen werden jedoch nicht aufgehoben, solange der Irak die übrigen Resolutionen nicht erfüllt hat; Die Nichterfüllung – insbesondere von SCR 687 (1991) stellt also den Grund des *Handelns nach Kapitel VII* dar. SCR 707 (1991) – 3., 6., 7. und weitere pr. para. – dazu *Franck*, 1993, S. 100; SCR 778 (1992) – 3. pr. para.; In SCR 986 (1995) stützt sich der Sicherheitsrat auf die anhaltende Nichterfüllung der Resolution 687 (1991); *Im Grunde beruhen alle Resolutionen nach SCR 687 (1991) auf der Nichterfüllung von SCR 687 (1991) – dabei entstehen wieder neue Pflichten, die wieder nicht erfüllt werden und so Anlass für neue Maßnahmen sind* – vgl. SCR 778 (1992) – 6. pr. para. und SCR 1060 (1996) vorvorletzter pr. para. und 1. op. para., sowie SCR 1111 (1997), 1115 (1997), 1129 (1997), 1134 (1997), 1153 (1998), 1175 (1998), 1205 (1999), 1281 (1999) und 1284 (1999), in der der Sicherheitsrat allerdings den Fortschritt des Irak bei der Umsetzung von SCR 687 (1991) anerkennt, 1293 (2000), 1302 (2000), 1330 (2000), 1441 (2002) – vgl. die Aussage des russischen Vertreters anlässlich der Diskussion über SCR 1054 (1996) – Attentat Mubarak – S/PV 3660, S. 15, der unter Bezugnahme auf SCR 986 (1995) von einem „vicious circle" spricht; außerdem: 1194 (1998), *SCR 1137 (1997)* mit ausdrücklicher Feststellung einer Friedensbedrohung. vgl. zuletzt SCR 1154 vom 02.03.1998.

515 SCR 687 – kritisch dazu *Baroni*, S. 193 ff.

516 SCR 674 (1990), 688 (1991).

7. Der Konflikt im ehemaligen Jugoslawien (seit 1991)[517]

Der Konflikt im ehemaligen Jugoslawien beschäftigt den Sicherheitsrat seit 1991. In kaum einem Konflikt hat der Sicherheitsrat so viele Resolutionen in einem so kurzen Zeitraum verabschiedet, kaum ein anderer Konflikt war in seinen Zusammenhängen so kompliziert.

Die Ursachen für den Konflikt liegen in der wechselvollen Geschichte des Balkan[518]: Eigene König- und Kaiserreiche wechselten sich ab mit langen Perioden der Fremdbestimmung durch die Türken bzw. Österreich-Ungarn. Die Grenzen der jeweiligen Einflusssphären verliefen quer durch das Gebiet des späteren Jugoslawien. Auf serbischer Seite spielte neben dem panslawistischen Gedanken stets der Wunsch nach der Wiedererrichtung eines großserbischen Reiches eine Rolle. Dessen Niederlage gegen die Türken auf dem Amselfeld im Jahre 1389 wirkt bis heute in Form des Hasses vieler Serben auf den Islam nach. Streitball zwischen den Parteien war immer wieder Bosnien, das nach dem Berliner Kongress 1878 administrativ Österreich angegliedert wurde.

1929 wurde das Königreich Jugoslawien gegründet. Nachdem im zweiten Weltkrieg die faschistische kroatische Ustascha-Bewegung mit Billigung der deutschen Besatzer die Serben in Bosnien und Slawonien auf z.T. äußerst brutale Weise bekämpft hatte, wurde dennoch nach Ende des Krieges im Jahre 1945 die Föderative Volksrepublik Jugoslawien gegründet, die 1963 in Sozialistische Föderative Republik Jugoslawien umbenannt wurde.

Nach dem Tod des Republikgründers Tito im Jahre 1980 brachen die Gegensätze der einzelnen Republiken (Bosnien-Herzegowina, Kroatien, Makedonien, Montenegro, Serbien, Slowenien und die beiden autonomen serbischen Provinzen Kosovo und Vojvodina), beginnend mit Unruhen im Kosovo, wieder stärker hervor. Die aus Soldaten aller Republiken bestehende jugoslawische Volksarmee gelangte zunehmend unter serbischen Einfluss.

Nachdem der militärische Konflikt zwischen Serbien und Slowenien mit einem Friedensvertrag vom Juli 1991 beendet worden war, verlagerte sich der Konflikt zunächst nach Kroatien, wo 580.000 Serben lebten, und das sich nach einem Referendum ebenso wie Slowenien am 25.06.1991 für unabhängig erklärt hatte. Zuvor hatten 90 % der serbischen Einwohner der in Kroatien und Bosnien liegenden serbischen Enklave Krajina am 12.05.1991 ihren Anschluss an Serbien gefordert. Am 16.09.1991 kam es zur Gründung des „Serbischen Autonomen Gebietes der Bosnischen Krajina“.

---

517 Ausführlich *Fink*, S. 604 ff.; eine an den Rechtsfolgen orientierte Darstellung gibt *Bauer*, S. 123 ff.

518 Vgl. z.B. *Kresock*, S. 215 ff.

Zur Beendigung der heftigen Kämpfe in Kroatien wurden zahlreiche Waffenstillstände geschlossen und meist unmittelbar danach wieder gebrochen.

a. Der Bürgerkrieg: Resolutionen 713 (1991) bis 743 (1992)

Nach dem Abschluss zweier Waffenstillstandsabkommen am 17.09. bzw. 22.09.1991 zeigte sich der Sicherheitsrat im 4. pr. para. seiner Resolution ***713*** vom 25.09.1991[519] „*deeply concerned*" darüber, dass

> „*the continuation of this situation constitutes a threat to international peace and security*"[520]

und verhängte nach Kapitel VII ChVN handelnd ein Waffenembargo gegen Jugoslawien[521].

Die „Situation" wird in den vorangegangenen pr.paras wie folgt beschrieben:

> „*The Security Council,*
> *Conscious of the fact that Yugoslavia has welcomed the convening of a Security Council meeting through a letter conveyed by the Permanent Representative of Yugoslavia to the President of the Security Council (S/23069),*
> *Having heard the statement by the Foreign Minister of Yugoslavia,*
> *Deeply concerned by the fighting in Yugoslavia which is causing a heavy loss of human life and material damage, and by the consequences for the countries of the region, in particular in the border areas of neighbouring countries,*"

Betrachtet man die ersten drei pr.paras der Resolution, so ist die „*situation*" gekennzeichnet durch die Kämpfe in Kroatien[522], die dadurch verursachten Verluste an Menschenleben und Sachwerten und die nicht näher beschriebenen Auswirkungen auf die Nachbarstaaten, womit wohl die inzwischen 140.000

---

519 Der Resolution lag ein Antrag Belgiens, Österreichs, Frankreichs, der UdSSR und Großbritanniens zugrunde.

520 Nach *Martenczuk*, S. 172, erinnert diese Wendung an Kapitel VI ChVN – eine in Anbetracht der sonstigen Verwendung der „continuance-Formel" (dazu siehe oben S. 50) durch den Sicherheitsrat wohl kaum haltbare Auffassung.

521 Von Rechtsfolge und Aufbau her ist die Resolution der vier Monate später ergangenen **SCR 733** (1992) (Somalia) verwandt – vgl. *Kooijmans*, S. 116.

522 Nach Ansicht *Endemanns*, S. 215, ist diese Bezugnahme auf eine innerstaatliche Situation integraler Bestandteil der Feststellung nach Art. 39 ChVN. *Franck*, 1993, S. 104 misst der Resolution Präzedenzwirkung dafür zu, dass ein Bürgerkrieg eine Friedensbedrohung darstellen kann. *Watts* weist auf S. 72 darauf hin, dass der Bürgerkrieg in Jugoslawien noch vor 60 Jahren als reine innere Angelegenheit Jugoslawiens angesehen worden wäre. Nach *Blumenwitz*, S. 708, ist sie ein Beleg dafür, das die systematische Verletzung grundsätzlicher Menschenrechte eine Friedensbedrohung darstellen kann.

Flüchtlinge gemeint sind[523]. Außerdem wird Bezug genommen auf den ausdrücklichen Wunsch Jugoslawiens nach einem Zusammentreffen des Sicherheitsrates[524]. Im 10. pr. para. werden die Verletzungen der beiden o.g. Waffenstillstandsabkommen angesprochen. Der Sicherheitsrat beschäftigt sich ausdrücklich mit der Rolle der Europäischen Gemeinschaft und setzt sich mit der Bedeutung von Kapitel VIII ChVN auseinander, so dass der Eindruck entsteht, dass er tätig wird, weil nur er bindend ein weltweites Waffenembargo verhängen kann.

Zu diesem Zeitpunkt handelte es sich aus der Sicht des Sicherheitsrates noch um einen Bürgerkrieg, der jedoch Auswirkungen auf die Nachbarstaaten hatte, wobei sich aus dem Text der Resolution nicht ergibt, ob der Sicherheitsrat von einer gesteigerten Gefahr militärischer Auseinandersetzungen mit den Nachbarstaaten ausging[525].

---

523 *Kooijmans*, S. 116; der belgische Vertreter im Sicherheitsrat äußert sich besorgt über „the consequence to the other countries of the region, particulary those bordering on the country in question" – S/PV. 3009, S. 21.

524 S/23069 vom 24.09.1991; nach *Freudenschuß*, aaO, S. 12, diente die Bezugnahme auf den Wunsch der jugoslawischen Zentralregierung vor allem dem Erreichen einer einstimmigen Annahme der Resolution im Sicherheitsrat; *Freudenschuß* sieht die Gründe für den jugoslawischen Wunsch darin, dass der jugoslawische Außenminister Loncar Kroate war und darin, dass die jugoslawische Regierung in Belgrad ohnehin den Zugang zu den meisten Waffendepots hatte, ihr also ein Embargo am wenigsten schadete, ja sogar in ihrem Interesse lag. Nach *Franck*, 1993, S. 104, erfolgte die Bezugnahme auf den ausdrücklichen Wunsch der jugoslawischen Regierung „to soften the edges of this precedent". Nach *Bills*, S. 112, FN 44, erfolgte die Zustimmung Chinas allein wegen des Wunsches der jugoslawischen Regierung – vgl. S/PV. 3009 S. 49: „This discussion by the Security Council is being carried out in the special circumstances of the explicit agreement given by the Yugoslav Government." und die Äußerung des jemenitischen Vertreters – S/PV. 3009, S. 36, sowie des indischen Vertreters – aaO, S. 45: „Needless to say, a formal request by the State concerned is an essential requirement in such cases before the Council can take up the matter." – er betont jedoch auch die „implications for peace and security in the region" (aaO, S. 46); *Fink*, S. 671, auf S. 903 äußert *Fink* seine Einschätzung, dass der Sicherheitsrat davon ausgegangen sei, gar keine Zwangsmaßnahme zu verhängen.

525 Der sowjetische Außenminister Pankin sagte in der Sitzung des Sicherheitsrates vom 25.09.1991: „If this fratricidal, depressing conflict, which has begun to spill over national borders, continues, it will constitute a direct threat to international peace and security." – S/PV. 3009, S. 51; der britische Außenminister hielt es wegen der Gemengelage von Nationalitäten und Minderheiten in Mittel- und Osteuropa für möglich, dass „full – scale war might not be confined easily to a single territory." – S/PV 3009, S. 57; ebenso der amerikanische Außenminster Baker: „We are equally concerned about the dangerous impact on Yugoslavia´s neighbours, who face refugee flows, energy shortfalls and the threat of a spillover in the fighting." aaO, S. 58, Baker scheint die Friedensbedrohung jedoch vor allem darin zu sehen, dass Serbien die Kontrolle über die anderen jugoslawischen Teilrepubliken erhalten will. Damit nimmt er deren Unabhängigkeit vorweg – vgl. aaO,

SCR 713 (1991) war Gegenstand einer Klage, sowie zweier Anträge Bosnien-Herzegowinas auf einstweiligen Rechtsschutz vor dem IGH, der sich in seinen Entscheidungen jedoch mit der Rechtmäßigkeit der Resolution nicht befasste[526].

Nach einem weiteren Anstieg der Zahl der kroatischen Flüchtlinge aus den serbisch besetzten kroatischen Gebieten auf 300.000, weiteren gebrochenen Waffenstillständen, einer Bitte der jugoslawischen Regierung nach Entsendung einer UN-Peacekeeping-Force und dem am 23.11.1991 in Genf unterzeichneten 14. Waffenstillstandsabkommen zwischen Serbien und Kroatien bemerkte („noting that") der Sicherheitsrat in ***SCR 721*** vom 27.11.1991, dass die Fortdauer und Verschlechterung der Situation eine Friedensbedrohung darstelle, diesmal jedoch ohne ersichtlich nach Kapitel VII ChVN zu handeln. Für die Begründung gilt im wesentlichen das zu SCR 713 (1991) Gesagte.

In **SCR 724** (1991) handelt der Sicherheitsrat zwar ausdrücklich nach Kapitel VII ChVN[527], die Resolution enthält jedoch keine ausdrückliche Feststellung einer Friedensbedrohung, sondern nur eine Bekräftigung der Resolutionen 713 und 721 im 1. pr. para.

Der Konflikt verlagerte sich nun zunehmend nach Bosnien, dessen serbische Minderheit ebenfalls einen Zusammenschluss mit Serbien anstrebte. Der Konflikt zwischen Serbien und Kroatien beruhigte sich, die Zahl der Vertriebenen war inzwischen auf ca. 550.000 gestiegen.

In ***SCR 743*** vom 21.02.1992 stellt der Sicherheitsrat erneut fest, dass die

> *„situation in Yugoslavia continues to constitute a threat to international peace and security, as determined in resolution 713 (1991)".*

S. 59 und 61. Die Staatenvertreter konkretisieren ihre Befürchtungen nicht weiter. *Nowlan*, S. 176 f., bejaht die Gefahr grenzüberschreitender militärischer Auswirkungen mit dem allerdings wenig überzeugenden Hinweis darauf, dass zumindest die britische Regierung über die Einnehmbarkeit und Kontrollierbarkeit Jugoslawiens nachgedacht habe – die Resolutionen beziehen sich jedoch nur auf die Nachbarstaaten. *Delbrück*, Weltinnenrecht, S. 105, geht offenbar davon aus, dass keine Gefahr grenzüberschreitender militärischer Auseinandersetzungen bestand.

526 IGH, *Genocide, Provisional Measures*, ICJ Rep. 1993, S. 325 ff.; ein Antrag lautete dahingehend, festzustellen, dass SCR 713 (1991) nicht so ausgelegt werden dürfe, dass sie das Recht Bosniens auf Selbstverteidigung gem. Art. 51 ChVN beeinträchtige; vgl. gut und knapp zusammengefasst bei *Martenczuk*, S. 25 f. – dort auch zur separate opinion des Richters ad hoc Elihu *Lauterpacht* (IGH *Genocide, Provisional Measures*, aaO, S. 407, 440), nach dessen Ansicht den bosnischen Serben die Begehung des Völkermordes durch das Waffenembargo erleichtert wurde. Es bestehe daher ein möglicher Konflikt der Resolution mit ius cogens.

527 5. op. para.

Dort hatte der Sicherheitsrat jedoch nur festgestellt, dass die Fortdauer der Situation eine Friedensbedrohung darstellt – neben der in SCR 713 (1991) angeordneten Rechtsfolge nach Kapitel VII ChVN[528] ein Beleg der Tatsache, dass der Sicherheitsrat bei der Verwendung der „continuance-Formel“ bereits von dem aktuellen Vorliegen einer Friedensbedrohung ausgeht[529]. In der Resolution beschließt der Sicherheitsrat die Einrichtung von UNPROFOR[530], da er die Voraussetzungen dafür inzwischen für gegeben ansieht[531]. Noch wird der Konflikt in Jugoslawien als Bürgerkrieg angesehen, der Maßnahmen nach Kapitel VII ChVN rechtfertigt[532].

b. Die Resolutionen nach der Unabhängigkeit Bosniens und Herzegowinas

Die Einschätzung des Konfliktes als Bürgerkrieg endet mit **SCR 752** vom 15.04.1992, nachdem Bosnien und Herzegowina sich im März 1992 für unabhängig erklärt hatte und im April 1992 von der EG als Staat anerkannt worden war[533]. Der Sicherheitsrat spricht in der Resolution von „the former Socialist Federal Republic of Yugoslavia“ und der Situation in Bosnien und Herzegowina[534]. Er stellt zwar nicht ausdrücklich das Vorliegen einer Friedensbedrohung fest, bekräftigt im 1. pr. para. jedoch seine in Bezug auf den bisherigen Konflikt in Jugoslawien verabschiedeten Resolutionen[535]. Der operative Teil der Resolution enthält Forderungen, die auf ein Handeln nach Kapitel VII ChVN schließen

528 Siehe oben S. 115.

529 Vgl. dazu oben S. 50 und unten S. 162 zu SCR 841 (1993) – Haiti; so auch *Fink*, S. 671.

530 United Nations Protection Force.

531 Dabei handelt es sich wohl noch um einen peacekeeping-Einsatz. Das ändert sich erst später, spätestens mit SCR 807 (1993) - vgl. *Gading*, S. 228; *Higgins*, 1993, S. 468 ff. sieht UNPROFOR von Anfang an kritisch.

532 Vgl. unten FN 538 zur Haltung des Jugoslawien – Tribunals.

533 Die Anerkennung Kroatiens und Sloveniens durch die EG war am 15.01.1992 erfolgt – *Higgins*, 1993, S. 370, bezeichnet die Anerkennung als verfrüht, da Kroatien und Slowenien keine effektive Kontrolle über ihr Staatsgebiet hatten. *Higgins* bezeichnet die Anerkennung „in subservience to German pressure“ als „unfortunate example for a common EC foreign policy“; *Morrison* S. 76: „We have decided that Croatia is an independent country in order to enforce human rights and are recognizing it, not because of the rules of recognition, but because of responses to other kinds of questions“. Die Aufnahme Sloweniens, Kroatiens und Bosnien-Herzegowinas in die UN erfolgte am 25.05.1992 – GARes. 46/236 (Slovenien), 46/237 (Bosnien – Herzegowina), 46/238 (Kroatien) und SCR 753 – 755 (alle 1992). *Fink* untersucht auf S. 676 ff., ob die Aufnahme Kroatiens und Bosnien-Herzegowinas in die UN nicht den Tatbestand einer Intervention in die Angelegenheiten Jugoslawiens erfüllt. Für Bosnien schließt er das nicht aus.

534 3. pr. para.

535 Zur Frage, ob diese Resolutionen für die Nachfolgestaaten, insbesondere Bosnien-Herzegowina, ohne weiteres weitergelten können vgl. (ablehnend und überzeugend) *Fink*, S. 681 ff.

lassen[536]. Der Sicherheitsrat hätte unter den gegebenen Voraussetzungen auch ohne weiteres einen Bruch des Friedens feststellen können.

Erst in ***SCR 757*** vom 30.05.1992 stellt der Sicherheitsrat im vorletzten pr.para. fest („determines"), dass

> *„the situation in Bosnia and Herzegovina and in other parts of the Former Socialist Federal Republic of Yugoslavia constitutes a threat to international peace and security".*

Es werden Wirtschaftssanktionen gegen das erstmalig direkt verantwortlich gemachte Restjugoslawien verhängt[537]. Wieder wird kein Bruch des Friedens festgestellt, sondern insoweit auf die (Nicht-mehr-Bürgerkriegs-) Situation im ehemaligen Jugoslawien abgestellt. Für die Rechtsfolgenwahl ist dies zwar unschädlich, im Hinblick auf die Verwendung des Friedensbedrohungsbegriffs jedoch eine Bestätigung sonstiger Praxis, nach der grenzüberschreitende militärische Auseinandersetzungen – und um eine solche handelte es sich hier nunmehr eindeutig – und damit Verletzungen des Art. 2 (4) ChVN, eine Friedensbedrohung darstellen können und nicht in jedem Fall als Friedensbruch qualifiziert werden. Erschwerend kommt hier hinzu, dass die „internationalisierende" militärische Beteiligung der benachbarten Republiken z.T. vor allem in der materiellen und logistischen Unterstützung der jeweiligen Gruppen in Bosnien bestand[538].

---

536 „demand", die Kämpfe einzustellen, die Truppen zurückzuziehen etc., im 6. op. para. spricht die Resolution erstmalig die Praxis der sog „ethnischen Säuberungen" an, im 4. pr. para. wiederholt der Sicherheitsrat den Wortlaut des Art. 24 (1) ChVN; a.A. was Kapitel VII ChVN anbelangt *Freudenschuß*, 1993, S. 14, unter Hinweis auf die Entstehungsgeschichte und einen österreichischen Vorschlag, der aber auf Widerstand vor allem der USA gestoßen sei.

537 *Fink*, S. 680, weist darauf hin, dass Restjugoslawien kein Mitglied der UN ist (vgl. SCR 777 (1992)) – Restjugoslawien behauptet die Mitgliedschaft jedoch für sich. Der Sicherheitsrat behandelt – trotz SCR 777 (1992) – Restjugoslawien als Mitglied – vgl. z.B. SCR 1207 (1998).

538 Nach *Fink*, S. 684, erfolgt eine Zurechnung des Verhaltens der bosnischen Serben zu Restjugoslawien entsprechend Art. 3 (g) der GA-Res. 3314 (XXIX); *Kooijmans* äußert auf S. 117 Verständnis für die Feststellung einer Friedensbedrohung durch den Sicherheitsrat und sein Festhalten daran, da seines Erachtens die internen und die internationalen Aspekte der jeweiligen Konflikte in Kroatien und Bosnien „inextricably linked" sind. Das Urteil des *Jugoslawien-Tribunals* (Appeals Chamber) im Fall Prosecutor v. Tadic vom 02.10.1995 lässt diese Frage offen, da es sich jedenfalls um einen friedensbedrohenden internen Konflikt handele – HRLJ 16 (1995), S. 442, para. 30. Eine differenzierte Betrachtung der Frage, ob es sich um einen internen oder internationalen Konflikt handelt, erfolgt erst bei der Frage der Auslegung der Art. 2, 3 und 5 des Gerichtsstatuts, HRLJ 16 (1995), S. 452 f. (paras 74 ff.). Dort gelangt die Kammer zu dem Ergebnis, dass es sich bei dem Konflikt zwischen der Armee Bosnien-Herzegowinas und den bosnischen Serben um einen *internen Konflikt* i.S.d. Genfer Konventionen handele, da es sich bei den

Aus den der Feststellung vorangehenden pr.paras. lässt sich entnehmen, dass die „Situation“ u.a. durch die Nichtbeachtung früherer Resolutionen[539], die Behinderung humanitärer Hilfslieferungen[540], die Angriffe auf UNPROFOR-Personal[541] und die sich u.a. in „ethnischen Säuberungen“ manifestierenden Menschenrechtsverletzungen[542] geprägt war.

Nachdem er in SCR 752 (1992) noch zurückhaltend gewesen war, stellt der Sicherheitsrat demnach in SCR 757 (1992) erstmals einen Zusammenhang zwischen den Menschenrechtsverletzungen in Bosnien und der Feststellung einer Friedensbedrohung her. Der Feststellung liegt jedoch die – umstrittene[543] – Einschätzung des Sicherheitsrates zugrunde, dass es sich bei dem Bosnien-Konflikt um einen internationalen bewaffneten Konflikt handelt.

Nach mehreren Resolutionen, in denen der Sicherheitsrat ausdrücklich[544] oder konkludent[545] nach Kapitel VII ChVN handelte, stellt er erst wieder in ***SCR 770*** vom 13.08.1992[546] das Vorliegen einer Friedensbedrohung fest. Im 5. pr. para. heißt es:

> *„recognizing that the situation in Bosnia and Herzegovina constitutes a threat to international peace and security and that the provision of humanitarian assistance in Bosnia and Herzegovina is an important element in the Council's effort to restore international peace and security in the area“.*

Aus der unmittelbaren Verbindung der Feststellung der Friedensbedrohung mit der Durchführung der humanitären Hilfslieferungen in einem Absatz und der Bedeutung, die der Sicherheitsrat diesen Lieferungen für die Wiederherstellung des Friedens und in dem Text der Resolution beimisst, lässt sich folgern, dass die Behinderung der Lieferungen einen wesentlichen Grund für die Feststellung der Friedensbedrohung darstellt. Der Sicherheitsrat handelt ausdrücklich nach Kapitel VII ChVN[547] und verlangt von den Parteien die Einstellung der Kämpfe und die Gewährleistung der Sicherheit der im Rahmen der humanitären Hilfe

---

Bosnischen Serben nicht um einen eigenen Staat und auch nicht um ein Organ Restjugoslawiens handele.

539 Insbesondere der SCR 752 (1992) – vgl. SCR 757 (1992) 4. pr. para.

540 6. pr. para.

541 7. pr. para.

542 5. pr. para.

543 Vgl. oben FN 538.

544 SCR 760 (1992); SCR 761 (1992).

545 SCR 758 (1992); SCR 764 (1992); Erklärung des Ratspräsidenten vom 04.08.1992 (S/24378).

546 Zustandegekommen mit 12:0 Stimmen bei drei Enthaltungen (China, Indien, Zimbabwe).

547 Letzter pr. para.

tätigen Personen, sowie Zugang zu den Zwangslagern[548]. Die Mitgliedstaaten werden dazu aufgerufen, die humanitäre Hilfe mit den notwendigen Mitteln zu sichern[549]. Im 3. op. para. wird das Erfordernis humanitärer Hilfe in Zusammenhang gebracht mit den inzwischen entdeckten Zwangslagern[550].

In SCR 770 (1992) wird der Zusammenhang zwischen dem Begriff der Friedensbedrohung und der Gewährung der Menschenrechte besonders deutlich[551].

In **SCR 771**, ebenfalls vom 13.08.1992, nimmt der Sicherheitsrat ausschließlich schwere Verletzungen des humanitären Völkerrechts bzw. der Genfer Konventionen vom 12.08.1949 auf dem Gebiet des ehemaligen Jugoslawien zum Anlass für ein Handeln nach Kapitel VII ChVN, ohne allerdings erneut eine Friedensbedrohung festgestellt zu haben. Die gesamte Resolution hat keinen anderen Regelungsgegenstand und auch die Rechtsfolge nach Kapitel VII ChVN erschöpft sich darin, festzustellen, dass die beteiligten Parteien an die Regelungen der Resolution gebunden sind[552].

---

548 1., 3. und 6. op. para.

549 2. und 5. op. para.; obwohl dies „in coordination with the United Nations" geschehen soll, enthalten sich Cina, Indien und Zimbabwe der Stimme, weil ihnen die Kontrolle durch die VN nicht ausreichend gewährleistet erscheint – S/PV. 3106, S. 12 (Indien), S. 17 (Zimbabwe) und S. 50 (China).

550 Die Zwangslager waren bereits Gegenstand einer 9 Tage zuvor, am 04.08.1992, ergangenen Erklärung des Präsidenten des Sicherheitsrates (S/24378).

551 Zu einer an den Rechtsfolgen orientierten Darstellung der Entstehungsgeschichte der Resolution vgl. *Freudenschuß*, 1994, S. 501 ff.; nach *Fink*, S. 688, ist der Grund für die Annahme einer Friedensbedrohung der zwischenstaatliche Konflikt zwischen Restjugoslawien und Bosnien-Herzegowina; die humanitären Probleme waren – so *Fink* – nach Auffassung des Sicherheitsrates geeignet, den Konflikt weiter zu verschärfen.
Die katastrophale, durch die Politik des „ethnic cleansing" gekennzeichnete humanitäre Lage und die Behinderung der humanitären Hilfslieferungen in Bosnien-Herzegowina ist auch Schwerpunkt *aller* Äußerungen in der Debatte vom 13.08.1992 – S/PV. 3106. Der Vertreter Ungarns bezeichnet die Resolutionen 770 (1992) und 771 (1992) als Beispiel „of the strong commitment of the Security Council to human rights and humanitrian issues" (aaO, S. 31), vgl. auch die Äußerungen der equadorianischen (aaO S. 7 ff.) und österreichischen (aaO, S. 22: „test of our moral standards") Vertreter. Einige Mitgliedstaaten gehen auch auf die grenzüberschreitenden Auswirkungen des Konfliktes ein: Kap Verde (aaO, S. 6), der österreichische Vertreter spricht von einer Aggression Jugoslawiens und bedauert, dass der Sicherheitsrat nicht eindeutiger Partei ergreift (aaO, S. 23 f.); Bedenken an der Internationalität des Konfliktes haben offensichtlich die drei Staaten, die sich enthalten haben. Vgl. zur Diskussion im Sicherheitsrat auch *Endemann*, S. 243.

552 Vgl. zu der von der üblichen Vorgehensweise abweichenden Methode, Kapitel VII ChVN erst im 7. und vorletzten op. para. der Resolution zu erwähnen, der jedoch auf die vorangegangenen Absätze Bezug nimmt *Endemann*, S. 242 m.w.N.; *Freudenschuß*, 1993, S. 15. In der Debatte (S/PV. 3106) legt der chinesiche Vertreter Wert darauf, dass SCR

In **SCR 781** vom 09.10.1992 verhängt der Sicherheitsrat eine Verbotszone für militärische Flüge über Bosnien und Herzegowina. Die Resolution enthält keine ausdrückliche Feststellung einer Friedensbedrohung, sondern nur einen Verweis auf SCR 713 und alle „subsequent relevant resolutions“ im ersten pr.para. und im letzten pr.para eine ausdrückliche Bezugnahme auf die Ermächtigungsgrundlage der fast zwei Monate zuvor ergangenen Resolution 770 (1992):

> *„Acting pursuant to the provisions of resolution 770 (1992) aimed at ensuring the safety of the delivery of humanitarian assistance in Bosnia and Herzegovina“.*

Bei einer so eindeutigen Rechtsfolge nach Kapitel VII ChVN (Flugverbotszone) ist diese Vorgehensweise ungewöhnlich und erklärt sich wohl aus der Entstehungsgeschichte der Resolution[553]. Erneut wird die überwiegend humanitäre Motivation der Resolution deutlich.

In ***SCR 787*** vom 16.11.1992 bekräftigt („reaffirming“) der Sicherheitsrat mit denselben Worten wie in SCR 770 (1992) die Feststellung einer Friedensbedrohung[554]. Wieder verurteilt er die massiven Menschenrechtsverletzungen in Bosnien, die ethnischen Säuberungen sowie die Verletzungen des humanitären Völkerrechts und fordert die Einhaltung der vorangegangenen Resolutionen. Die Mitgliedstaaten werden ermächtigt, das (verschärfte) Wirtschaftsembargo nicht nur zu überwachen, sondern auch militärisch durchzusetzen.

Trotz einer Verschärfung der Sanktionen dauerten die Kämpfe nach wie vor an. Bis Ende 1992 hatten serbische Truppen schätzungsweise 200.000 bosnische Muslime getötet[555], Anfang 1993 waren bis zu 75.000 Bosnier in serbischen Konzentrationslagern interniert[556].

Anfang 1993 scheiterte der sog. „Vance-Owen-Plan“ an der fehlenden Zustimmung des Parlamentes der bosnischen Serben[557].

Am 22.01.1993 startete Kroatien eine Großoffensive gegen serbisch besetzte Gebiete im Hinterland von Zadar, die z.T. unter dem Schutz von UNPROFOR standen. Nach einer deutlichen Verurteilung und einer Rückzugsaufforderung in **SCR 802** (1993) führte diese Verletzung des Waffenstillstandsabkommens

---

771 (1992) keinen Präzedenzfall darstellen dürfe, Kapitel VII ChVN sei in diesem Zusammenhang eigentlich „inappropriate“ – ähnlich der Vertreter Indiens (aaO., S. 12).

553 Vgl. dazu Freundenschuß, 1993, S. 15 f.

554 2. pr. para.

555 *Kresock*, S. 223 m.w.N.

556 *Kresock*, S. 224 m.w.N.

557 Ausführlich *Kresock*, S. 229 ff.

durch Kroatien zur Feststellung einer Friedensbedrohung in ***SCR 807*** (1993), deren wesentliches Ziel der Schutz des UNPROFOR-Personals ist[558].

Drei Tage später, am 22.02.1993, beschloss der Sicherheitsrat in ***SCR 808*** die Errichtung eines UN-Tribunals zur Verfolgung der Kriegsverbrecher im ehemaligen Jugoslawien[559], nicht ohne erneut festgestellt zu haben, dass

> *„this situation constitutes a threat to international peace and security".*

Wie sich den vorangegangenen pr.paras entnehmen lässt, beschreibt die *„situation"* die Praxis des *„ethnic cleansing"* und die massiven Verletzungen des humanitären Völkerrechts, insbesondere der beiden Genfer Konventionen vom 12.08.1949[560], zu deren Verfolgung das Tribunal errichtet wird.

SCR 816 vom 31.03.1993 bringt die Verletzung der in SCR 781 (1992) geschaffenen Flugverbotszonen in Zusammenhang mit dem Friedensbedrohungsbegriff.

In **SCR 819 und 820** (1993) verurteilt der Sicherheitsrat aufs Schärfste die Verletzungen des humanitären Völkerrechts und insbesondere die Praxis der ethnischen Säuberungen. Er handelt nach Kapitel VII ChVN, jedoch ohne vorher erneut das Vorliegen einer Friedensbedrohung festgestellt zu haben. Dies geschieht vielmehr konkludent und pauschal unter Bezugnahme auf vorangegangene Resolutionen[561].

In ***SCR 827*** vom 25.05.1993 heißt es im 3. pr. para.:

> *„expressing once again its grave alarm at continuing reports of widespread and flagrant violations of international humanitarian law occurring within the territory of the former Yugoslavia, and especially in the Republic of Bosnia and Herzegovina, including reports of mass killings, massive, organized and systematic detention and rape of women, and the continuance of the practise of `ethnic cleansing', including for the acquisition and the holding of territory,"*

---

558 SCR 802 (1993) und SCR 807 (1993) finden ihre Fortsetzung in **SCR 815** vom 30.03.1993, in der mit den gleichen Gründen eine Friedensbedrohung festgestellt wird. SCR 824 (1993) wiederum nimmt im 13. pr. para. ausdrücklich Bezug auf SCR 815 (1993).

559 Zur Frage der Rechtsgrundlage der Errichtung des Tribunals (Art. 41 ChVN) vgl. *Martenczuk*, S. 48, und *Hollweg*, S. 112 f.; kritisch und für einen ständigen Gerichtshof *Higgins*, 1993, S. 480 ff.

560 Das sieht „sogar" *Fink*, S. 688, so.

561 Bei SCR 819 (1993) liegt im letzten pr. para. eine konkrete Bezugnahme auf SCR 815 (1993) vor, in deren 5. pr. para. im Zusammenhang mit Waffenstillstandsverletzungen eine Friedensbedrohung festgestellt worden war.

und im 4. pr. para.:

> *„determining that **this**[562] situation continues to constitute a threat to international peace and security".*

Noch deutlicher als in SCR 770 (1992) und SCR 808 (1993) kommt in dieser Resolution der Zusammenhang zwischen schweren Menschenrechtsverletzungen bzw. der Verletzung des humanitären Völkerrechts und der Feststellung einer Friedensbedrohung durch den Sicherheitsrat zum Ausdruck[563]. Im 6. pr. para. zeigt sich der Sicherheitsrat davon überzeugt, dass die Errichtung des Jugoslawien-Tribunals „*would contribute to the restoration and maintenance of peace*" – „*restoration*" setzt einen Bruch des Friedens voraus, einen solchen hatte der Sicherheitsrat jedoch bisher nicht festgestellt und auch die Resolution selbst enthält nur die Feststellung einer Friedensbedrohung. In SCR 1207 (1999) nimmt der Sicherheitsrat die Weigerung Restjugoslawiens, mit dem Gericht zusammenzuarbeiten, insbesondere Haftbefehle zu vollziehen, zum Anlass, unter Bezugnahme auf Kapitel VII ChVN diese Zusammenarbeit einzufordern.

In ***SCR 836*** vom 04.06.1993 erklärt der Sicherheitsrat die Praxis der ethnischen Säuberungen für *„unlawful and totally unacceptable"*[564], zeigt sich alarmiert von den Verletzungen des humanitären Völkerrechts und der dadurch verursachten *„grave and intolerable situation"* in Bosnien und Herzegowina[565] und stellt fest,

> *„that the situation in the Republic of Bosnia and Herzegovina continues to be a threat to international peace and security,"*[566].

In ***SCR 859*** vom 24.08.1993 bestimmt der Sicherheitsrat erneut, dass

> *„the grave situation in the Republic of Bosnia and Herzegovina continues to be a threat to international peace and security".*

---

562 Hervorhebung durch den Verfasser.

563 *Freudenschuß*, 1993, S. 17; *Fink*, S. 688.

564 6. pr. para.

565 5. pr. para.; der Sicherheitsrat wiederholt die Formulierung in SCR 844 (1993) – 3. pr. para.

566 Vorletzter pr. para.; Nach *Gading*, S. 112 f., stellen die Resolutionen **824, 836** und **844** – alle 1993 – sowie SCR 900 und 913 – beide 1994, die sich alle mit den Schutzzonen in Bosnien-Herzegowina befassen, insoweit Sonderfälle dar, als es sich dabei um rein innerbosnische Vorgänge handelt und nicht – wie in den anderen Fällen – um grenzüberschreitende Gewalt zwischen Restjugoslawien und Bosnien bzw. Restjugoslawien und Kroatien. SCR 824 und 844 enthalten beide keine ausdrückliche Feststellung einer Friedensbedrohung, dafür aber eine Bezugnahme auf Kapitel VII der Charta. Beide Resolutionen stützen sich u.a. auf die Verletzung des humanitären Völkerrechts. *Gading* selbst sieht jedoch auch, dass sich der innerbosnische Konflikt mit dem Konflikt innerhalb des ehemaligen Jugoslawiens vermischt (S. 113) – das entwertet ihre Argumentation.

Die *„grave situation“* ist nach den der Feststellung vorausgehenden Abschnitten der Präambel und deren operativem Teil gekennzeichnet durch die dramatische humanitäre Situation, insbesondere die schlechte Versorgungslage und die anhaltenden Kämpfe.

Ende 1993 drohte eine Intervention Kroatiens in Bosnien, da seit Ende 1992 Kämpfe zwischen den ehemals verbündeten bosnischen Muslimen und den Kroaten insbesondere in Mittelbosnien andauerten. Am 09.02.1994 wurde über den Sonderbeauftragten des UN-Generalsekretärs eine Einigung über eine vorübergehende Waffenruhe für Sarajevo erzielt. Am 23.02.1994 schlossen Kroaten und bosnische Muslime einen Waffenstillstand. Am 28.02.1994 schossen NATO-Kampfflugzeuge vier serbische Militärmaschinen ab, die das Flugverbot verletzt hatten.

In ***SCR 900*** vom 04.03.1994 gibt sich der Sicherheitsrat hoffnungsfroh, stellt aber unter Hinweis auf die Bestimmungen seiner Resolution 824 (1993) betreffend die Sicherheitszonen fest,

> *„that the situation in the Republic of Bosnia and Herzegovina continues to constitute a threat to international peace and security“*[567].

Der Schwerpunkt des Konflikts verlagerte sich – zumindest vorübergehend – von Sarajevo auf die UN-Schutzzonen Tuzla, Zepa, Gorazde, Bihac und Srebrenica. Nach serbischen Angriffen auf Gorazde und der Geiselnahme von 14 kanadischen Blauhelmen stellte der Sicherheitsrat in ***SCR 913*** vom 22.04.1994 erneut eine auf die *„Situation in Bosnien und Herzegowina“* bezogene Friedensbedrohung fest.

NATO-Luftangriffe führten zu einem Rückzug der Serben aus der 3-km Zone um Gorazde. Wie schon der Owen-Stoltenberg-Plan im August 1993 an den Änderungswünschen der bosnischen Muslime, scheiterte im Sommer 1994 der Plan der Kontaktgruppe[568], diesmal an dem Nein des Parlaments der bosnischen Serben in Pale. Daraufhin brach Belgrad – wohl auch unter dem Druck der UN-Sanktionen – seine Beziehungen zu den bosnischen Serben ab. Die Sanktionen gegen Restjugoslawien wurden gelockert[569].

Trotz des Wiederaufflammens der Kämpfe zwischen Kroaten und Serben und des Andauerns der Kämpfe in Bosnien, trotz des Höhepunktes der „ethnischen Säuberungen“ und trotz zahlreicher Resolutionen, in denen der Sicherheitsrat

---

567 Letzter pr. para.; Bis März 1994 waren über die Luftbrücke nach Sarajevo über 100.000 Tonnen Hilfsgüter geliefert worden. Der Konflikt hatte über 140.000 Tote gefordert. Auf dem Territorium des ehemaligen Jugoslawien waren 31.300 UN-Soldaten stationiert.

568 Bestehend aus den USA, Russland, Großbritannien, Frankreich und Deutschland.

569 SCR 943 vom 23.09.1994; ebenfalls am 23.09.1994 wurden mit **SCR 942** Wirtschaftssanktionen gegen die bosnischen Serben verhängt.

ausdrücklich unter Kapitel VII ChVN handelt, verwendet der Sicherheitsrat im Jahre 1995 den Begriff der Friedensbedrohung nur viermal:

Zunächst kurz vor dem Massaker in Srebrenica und fast anderthalb Monate nach der Geiselnahme von 370 Blauhelmen durch die bosnischen Serben am 16.06.1995 in ***SCR 998.*** Wegen der Ausweitung der Kämpfe bezieht sich der Sicherheitsrat wie schon zuvor[570] auf die Situation im früheren Jugoslawien, die seines Erachtens *„continues to be a threat to international peace and security"*[571]. Die Resolution richtet sich eindeutig gegen die Partei der bosnischen Serben und hat den Schutz des UNPROFOR-Personals und die Behinderung humanitärer Transporte zum Hauptgegenstand. Die NATO schaltet sich nun zunehmend in das Konfliktgeschehen ein[572].

Auf die kroatische Offensive zur Rückeroberung der serbisch besetzten Krajina im August 1995 folgte in ***SCR 1009*** (1995) eine bloße Missbilligung durch den Sicherheitsrat.

In den beiden am 22.11.1995, einen Tag nach der Paraphierung des Dayton-Abkommens[573], erlassenen Resolutionen ***1021*** und ***1022***, in denen die schrittweise Aufhebung des Embargos geregelt wird, heißt es jeweils im vorletzten pr.para.:

> *„determining that the situation in the region continues to constitute a threat to international peace and security"*.

Schließlich erfolgt eine Feststellung mit dem gleichen Wortlaut in ***SCR 1031*** vom 15.12.1995[574].

Die seither verabschiedeten Resolutionen, in denen der Sicherheitsrat das Vorliegen einer Friedensbedrohung festgestellt hat[575], betreffen überwiegend die Auseinandersetzung zwischen Kroatien und Restjugoslawien über die Entmilitarisierung der kroatischen Prevlaka-Halbinsel und die Gebiete Ostslawonien, Baranja und Westsirmien-kroatische Gebiete mit serbischen Minderheiten.

---

[570] SCR 958 (1994).

[571] Vorletzter pr. para.

[572] So begünstigt die (nicht bestätigte) Unterrichtung des kroatischen Generalstabes von den Erkenntnissen der NATO-Luftaufklärung den Erfolg der kroatischen Augustoffensive gegen die Serben in der Krajina, die dank der Zurückhaltung Belgrads die Wende im Bosnien-Krieg einleitet.

[573] „General Framework Agreement for Peace in Bosnia and Herzegowina" UN-Dok. S/1995/999, unterzeichnet am 14.12.1995 in Rom.

[574] Wiederholt in *SCR 1088 (1996)* – Errichtung der SFOR (Stabilization Force), *SCR 1174 (1998), SCR 1247 (1999), SCR 1357 (2001)* – verlängert in *SCR 1418, 1420* und *1421 (2002)* – und *1423 (2002),* in der das Mandat der SFOR um 12 Monate verlängert wird.

[575] *SCR 1037 (1996), 1038 (1996), 1066 (1996), 1079 (1996), 1093 (1997), 1119 (1997), 1120 (1997), 1305 (2000) und 1423 (2002).*

Der Konflikt im ehemaligen Jugoslawien war zunächst ein Bürgerkrieg, der nach (unausgesprochener) Auffassung des Sicherheitsrates Auswirkungen auf die Nachbarstaaten hatte. Nach dem Zerfall des Staates Jugoslawien in fünf Einzelstaaten wurde er jedoch auch durch die Einmischung Restjugoslawiens und Kroatiens in den innerbosnischen Konflikt ein internationaler Konflikt. Damit ist die Annahme einer Friedensbedrohung grundsätzlich unproblematisch[576].

Die Untersuchung hat jedoch deutlich gemacht, dass bei zahlreichen Resolutionen insbesondere der Jahre 1992/1993 innerstaatliche Vorgänge im Vordergrund standen und die – vorhandene – zwischenstaatliche Gewaltanwendung nicht Gegenstand der Resolution war.

c. Der Kosovo-Konflikt

Nach schweren Unruhen in der serbischen, mehrheitlich von Menschen albanischer Abstammung bewohnten Provinz Kosovo[577] verabschiedete der Sicherheitsrat am 31.03.1998 seine Resolution **1160**, in der er nach Kapitel VII ChVN handelnd ein Waffenembargo gegen Restjugoslawien verhängte[578]. Die Resolution enthält keinen Hinweis auf vorangegangene Resolutionen und keine Feststellung einer Friedensbedrohung. Mangels grenzüberschreitender Auswirkungen, die die Gefahr einer militärischen Auseinandersetzung Restjugoslawiens mit den Nachbarstaaten heraufbeschworen hätten, handelt es sich um einen Fall, in dem der Sicherheitsrat in einer reinen bürgerkriegsähnlichen Situation auf der Grundlage einer konkludenten Feststellung einer Friedensbedrohung gehandelt hat, nicht ohne zuvor im vorletzten pr.para.

> *„the commitment of all Member States to the sovereignty and territorial integrity of the Federal Republic of Yugoslavia"*

bekräftigt zu haben. Der Ankläger des Jugoslawien-Tribunals in Den Haag wird dazu aufgefordert, Informationen über Gewaltakte zu sammeln, über die zu urteilen in die Zuständigkeit des Tribunals fällt[579]. Restjugoslawien wird eine Besserung seiner internationalen Stellung für den Fall einer Verbesserung der politischen und humanitären Lage im Kosovo in Aussicht gestellt[580].

---

576 Vgl. aber das Tadic-Urteil oben FN 538.

577 Bei dem Kosovo handelte es sich seit 1946 um eine autonome Provinz Serbiens – der Autonomie-Status wurde dem Kosovo jedoch 1989 entzogen, da der serbische Präsident Milosevic befürchtete, dass die serbische Minderheit dort gefährdet sei. Dies war der Auslöser des bewaffneten Widerstandes der Kosovo Liberation Army – vgl. *Wedgwood*, S. 828 f.

578 Das Waffenembargo wurde in SCR 1367 (2001) aufgehoben.

579 17. op. para.

580 18. op. para.

Trotz intensiver Verhandlungsbemühungen verbesserte sich die Lage nicht. Die Unruhen weiteten sich zu einem regelrechten Bürgerkrieg zwischen der albanisch-nationalistischen „Nationalen Befreiungsarmee“ UCK und serbischen Polizeieinheiten aus. Infolgedessen verließen über 250.000 Menschen ihre Häuser, um entweder in das Ausland zu fliehen oder in Wäldern Schutz vor Angriffen zu suchen. Dort waren sie jedoch schutzlos dem Wetter und dem hereinbrechenden Winter ausgeliefert. Es drohte eine humanitäre Katastrophe[581]. In einer Erklärung des Ratspräsidenten vom 24.08.1998[582] teilt der Sicherheitsrat die Befürchtung des Generalsekretärs dahingehend, dass eine Verschärfung des Kosovo-Konfliktes „dangerous implications for the stability of the region“ habe[583]. Der Sicherheitsrat verabschiedete am 23.09.1998 die Resolution ***1199*** (1998)[584], deren vorletzter pr.para. lautet:

> *„affirming that the deterioration of the situation in Kosovo, Federal Republic of Yugoslavia, constitutes a threat to peace and security in the region,“*

In der Prämbel der Resolution zeigt sich der Sicherheitsrat *„gravely concerned“* über die Kämpfe im Kosovo und die dadurch verursachte Vertreibung von über 230.000 Menschen. Er ist *„deeply concerned“* über die hohe Zahl von Flüchtlingen, von denen ungefähr 50.000 ohne *„shelter and other basic necessities“* seien. Er verurteilt die Gewalt aller Parteien und den Terrorismus sowie dessen Unterstützung, womit wohl die UCK gemeint ist, die aber im Gegensatz zu SCR 1160 (1998)[585] nicht ausdrücklich genannt wird. Der Sicherheitsrat zeigt sich „deeply concerned“ über die schnelle Verschlechterung der humanitären Situation im Kosovo und die Verletzungen der Menschenrechte und des humanitären Völkerrechts, sowie alarmiert von der bevorstehenden „humanitären Katastrophe“[586]. Um diese zu vermeiden, verlangt der Sicherheitsrat im operativen Teil der Resolution die sofortige Einstellung der Feindseligkeiten und einen Waffenstillstand sowie konkrete Fortschritte der Verhandlungen zwischen den Parteien zur friedlichen Lösung des Konfliktes. Für den Fall, dass dies wie schon nach SCR 1160 (1998) nicht geschieht, kündigt der Sicherheitsrat weitere

---

581 Vgl. Press Release SC/6577 vom 23.09.1998.

582 S/PRST/1998/25.

583 Der albanische Ministerpräsident Nano hatte Ende Juni 1998 vor einer weiteren Eskalation des Kosovo-Konfliktes gewarnt: „Wir Albaner stehen heute am Rand des Krieges mit einer anderen Nation, den Serben.“ (Zitat: NZZ vom 24.06.1998). Aus dem Zitat ergibt sich jedoch nicht, ob „Albaner“ dabei ethnisch und damit für die Kosovo-Albaner oder staatlich für Albanien gemeint war.

584 Mit 14 Stimmen bei einer Enthaltung. Diese kam von China, nach dessen Ansicht es sich um eine innere Angelegenheit Jugoslawiens handelte – Press Release SC/6577, S. 9.

585 Dort 3. pr. para.

586 Dieser Ausdruck erinnert an den der „humanitären Tragödie“ in SCR 794 (1992) – Somalia – vgl. unten S. 155.

Maßnahmen zur Wahrung oder Wiederherstellung von Frieden und Sicherheit in der Region an. Weitergehende Maßnahmen[587] scheiterten an Vorbehalten des traditionell serbenfreundlichen Russland und Chinas.

Die Resolution geht an keiner Stelle auf eine gestiegene Gefahr grenzüberschreitender militärischer Auseinandersetzungen als Folge des Kosovo-Konflikts ein[588]. Der Kosovo wird weiterhin als Teil Restjugoslawiens angesehen, dem eine größere Autonomie zuzugestehen sei[589]. Im Vordergrund steht eindeutig die Sorge des Sicherheitsrates vor einer humanitären Katastrophe, verursacht durch die zahlreichen (Binnen-) Flüchtlinge.[590]

---

587 Die Resolution ermächtigt insbesondere nicht zu militärischen Maßnahmen. A.A. offenbar der (designierte) Bundeskanzler *Schröder* in seiner Rede vor dem Deutschen Bundestag vom 16.10.1998 – NZZ vom 17.10.1998. Der ehemalge Bundesaußenminister Kinkel hat sich noch in einem am 06.08.1998 in der Frankfurter Neuen Presse erschienen Interview entschieden gegen einen NATO-Einsatz ohne UN-Mandat ausgesprochen. In der Bundestagsdebatte vom 16.10.1998 vertrat er einen anderen Standpunkt, betonte aber, dass wegen der besonderen Situation im Kosovo ein Handeln geboten sei, dies aber keinen Präzedenzfall darstellen dürfe.

588 In einer Erklärung vom 08.07.1998 verleiht die Kontaktgruppe ihrer Besorgnis über die Situation in den benachbarten Staaten, insbesondere Albanien, Ausdruck (11. Abschnitt der Erklärung). Die Befürchtung vor einer Ausweitung des Konfliktes auf den ganzen Balkan war Kern der Rede des (designierten) Bundesaußenministers *Fischer* vor dem Deutschen Bundestag am 16.10.1998 – vgl. NZZ vom 17.10.1998. Die Pressemitteilung des Sicherheitsrates enthält als einzige, auf Kapitel VII ChVN Bezug nehmende Äußerung in der Debatte diejenige des britischen Vertreters, nach der ein Handeln nach Kapitel VII ChVN und die Feststellung einer Friedensbedrohung erfolgte, um dem jugoslawischen Präsidenten Milosevic deutlich zu machen „that he would be held accountable for his actions" – Press Release SC/6577, S. 9.

589 Eine Unabhängigkeit des Kosovo lag nicht im Interesse der Mitglieder des Sicherheitsrates. Dazu der ehemalige Bundesaußenminister Kinkel in einem Interview mit der „Frankfurter Neuen Presse" vom 06.08.1998: „Wer Grenzveränderungen auf dem Balkan fordert, öffnet die Büchse der Pandora. Sie würde zusätzliche Instabilitäten schaffen. Wir müssen klar sehen, dass eine Unabhängigkeit für den Kosovo die gleichen Wünsche bei den Albanern in Mazedonien und den Ruf nach einem Großalbanien wecken würde. Außerdem: Eine Unabhängigkeit des Kosovo wäre geradezu ein Lehrstück für die bosnischen Serben und Kroaten. Bosnien und Herzegowina, der Erfolg von Dayton wären in größter Gefahr. Und was wäre mit der Kurdenfrage?"

590 Dass die Zustände im Inneren des Kosovo entscheidend für das Zustandekommen der Resolution waren wird auch in der Debatte vom 23.09.1998 (S/PV. 3930) deutlich. Der chinesische Vertreter sieht die Situation im Kosovo als innere Angelegenheit Jugoslawiens und nicht als Friedensbedrohung an (aaO, S. 3). Die Vertreter Großbritanniens und der USA betonen die Verantwortung Jugoslawiens für die Situation im Kosovo (aaO, S. 4). Nach Ansicht des britischen Vertreters erfolgt das Handeln nach Kapitel VII ChVN und die Feststellung einer Friedensbedrohung, um dem jugoslawischen Präsidenten deutlich zu machen, „that he will be held accountable for his actions" (aaO, S. 4). Auch der Vertreter Russlands sieht die schweren humanitären Konsequencen eines Fortdauerns der Situation (aaO, S. 2).

Dasselbe gilt für ***SCR 1203*** vom 24.10.1998[591].

Nach der Nichterfüllung der Vereinbarung zwischen Restjugoslawien und dem US-Sondergesandten Richard Holbrooke vom 13.10.1998 und dem Scheitern der Verhandlungen in Rambouillet zwischen der Balkan-Kontaktgruppe und Restjugoslawien begann die NATO am 24.03.1999 mit Luftangriffen auf Ziele in Restjugoslawien[592]. Nach dem – wohl versehentlichen – Beschuss der chinesischen Botschaft in Belgrad am 06.05.1999 und der Aufstellung eines 5-Prinzipien-Plans durch die Außenminister der Balkan-Kontaktgruppe verabschiedete der Sicherheitsrat am 14.05.1999 **SCR 1239** (1999), in der er sich diesen Prinzipien anschließt und – ohne eine Friedensbedrohung oder ein Handeln nach Kapitel VII ChVN festzustellen, aber unter Bezugnahme auf die vorangegangenen Resolutionen des Kosovo-Konfliktes – in der Präambel die ChVN, die Allgemeine Erklärung der Menschenrechte, die Menschenrechtspakte und die Genfer Konventionen anspricht[593].

Die auf einen von Restjugoslawien gebilligten Entwurf der Außenminister der G8-Staaten zurückgehende ***SCR 1244*** (1999) vom 10.06.1999[594] enthält in ihrem vorletzten pr.para. die Feststellung einer Friedensbedrohung:

> *„Determining that the situation in the region continues to constitute a threat to international peace and security"*

---

591 In der Debatte vom 24.10.1998 (S/PV. 3937) spricht der britische Vertreter von einem „threat to international peace and security in the region and to human rights and … threatens a humanitarian catastrophe of even greater proportions than now" (aaO, S. 13). Einzig der Vertreter Sloweniens spricht von der Möglichkeit eines „spill-over-effects" auf die Region (aaO, S. 7).

592 Ein von Weißrussland, Indien und Russland eingebrachter Resolutionsentwurf, der die Feststellung einer Friedensbedrohung wegen der NATO-Angriffe auf Jugoslawien vorsah und deren Beendigung verlangte scheiterte am 26.03.1999 in der 3989. Sitzung des Sicherheitsrates an 12 Nein-Stimmen. Die 3 Ja-Stimmen stammten von China, Namibia und Russland.
In der Literatur ist die Berechtigung der NATO zu diesen Angriffen umstritten – vgl. (dagegen) *Randelzhofer*, zu Art. 2(4) ChVN, Rdnr. 56, in: *Simma* (Hrsg.), Charter, 2. Aufl. m.z.w.N. in FN 158, der allerdings einen „split between law and morality" konstatiert; *Henkin*, S. 824 ff., nach dessen Auffassung die NATO eine Ermächtigung durch den Sicherheitsrat wegen der Furcht vor einem Veto nicht gesucht hat, *Charney*, 1999, S. 834 ff., *Simma*, 1999, S. 5; (dafür) *Wedgwood*, S. 833: „The Council´s willingness to expand the reach of Chapter VII to look at both internal and international conflicts may justify a broader interpretation of Art. 51 as well, for surely the self-defense of a population warrants as much consideration as defense of political structure.", *Laubach* (Justitiarin der Bundestagsfraktion B 90/Die Grünen), S. 278, die einen Fall der kollektiven Nothilfe annimmt, *Wilms*, S. 227 ff.

593 2. pr. para.: „bearing in mind the provisions of the Charter of the United Nations…"

594 Voll bekräftigt in der Erklärung des Ratspräsidenten vom 19.12.2000 (S/PRST/2000/40).

Die Situation ist nach den Erwägungen der Präambel u.a. gekennzeichnet durch die „grave humanitarian situation in Kosovo“[595]/“humanitarian tragedy in Kosovo“[596].

In dem letzten pr.para. und 1. op. para. (nach der Feststellung der Friedensbedrohung) heißt es:

> *„Determined to ensure the safety and security of international personnel and the implemetation by all concerned of their responsibilities under the present resolution, and acting for these purposes under Chapter VII of the Charter of the United Nations,*
> *1. Decides that a political solution to the Kosovo crisis shall be based on the general principles in annex 1 and as further elaborated in the principles and other required elements in annex 2.“*

Annex 1 enthält die „Petersberger Erklärung“ der G8-Außenminister vom 06.05.1999. Der Generalsekretär wird ermächtigt, eine *„international civil presence“*, Mitgliedstaaten eine *„international security presence“* einzurichten. Beide übernehmen die staatlichen Aufgaben weitgehend, obwohl die Resolution in ihrem 10. pr. para. die Souveränität und territoriale Unversehrtheit Jugoslawiens betont. Letztlich verleiht der Sicherheitsrat dem G8-Plan die Autorität des Kapitels VII ChVN[597]. China als einziges ständiges Mitglied des Sicherheitsrates, das nicht zur G8-Gruppe gehört[598], enthält sich der Stimme.

Der Sicherheitsrat überlässt die Situation im Kosovo danach weitgehend der unter NATO-Oberbefehl stehenden Kosovo-Schutztruppe KFOR sowie der Übergangsverwaltung UNMIG. Nach dem Sieg der gemäßigten Demokratischen Liga LDK bei den Kommunalwahlen im Herbst 2000 und der Entwaffnung der UCK verlagerte sich der Konflikt zunehmend auf das Gebiet des benachbarten Mazedonien. Bewaffnete Aufstände der albanischen Minderheit gegen die mazedonische Regierung veranlassten den Sicherheitsrat, in **SCR 1345** (2001) deren Beendigung zu *„verlangen“*[599]. Statt eine Friedensbedrohung festzustellen, beschränkte sich der Sicherheitsrat darauf im 1. op. para. zu bemerken (*„notes“*),

---

595 4. pr. para; nach Schätzungen des US-Außenministeriums beläuft sich die Zahl der von Serben zwischen März und Juni 1999 getöteten Kosovo-Albaner auf 10.000 – vgl. FWA 2001, Spalte 428.

596 6. pr. para.

597 *Franck*, 1999, S 857: „... Resolution 1244 imposes a peace treaty on Yugoslavia. The only precedent for such a radical move is Resolution 687...“.

598 Die G8-Staaten sind: Deutschland, Frankreich, Großbritannien, Italien, Japan, Kanada, USA (G7) und Russland – vgl. FWA 2000, Spalte 979.

599 4. op. para.

dass die extremistische Gewalt in der Region *„constitutes a threat to the security and stability of the wider region“*[600].

d. *Zusammenfassung*

Zusammenfassend lässt sich festhalten, dass für den Sicherheitsrat im Rahmen der Behandlung des Jugoslawien-Konfliktes in zunehmendem Maße die Situation der Menschen im ehemaligen Jugoslawien, insbesondere in Bosnien und Herzegowina und dem Kosovo im Vordergrund steht. Die Frage der grenzüberschreitenden militärischen Auswirkungen tritt demgegenüber in den Hintergrund.

e. *Kategorisierung*

Insgesamt lassen sich die Resolutionen und Erklärungen des Ratspräsidenten im Hinblick auf die der ausdrücklichen oder konkludenten Annahme einer Friedensbedrohung zugrundeliegenden Umstände wie folgt kategorisieren:

- Bürgerkrieg[601]/(grenzüberschreitende) bewaffnete Auseinandersetzungen[602]/Nichtbeachtung von Waffenstillstandsabkommen[603],
- Flüchtlingsströme[604],
- Angriffe auf/Schutz von UN-Personal[605],
- schwere Menschenrechtsverletzungen[606]/“ethnische Säuberungen“[607]/Verstöße gegen humanitäres Völkerrecht[608]/humanitäre Situation bzw. Katas-

---

600 In SCR 1371 (2001) wird diese Resolution bekräftigt und zu ihrer Umsetzung aufgerufen.

601 *SCR 713 (1991); SCR 721 (1991)*; SCR 724 (1991), *SCR 743 (1992)*, SCR 1160 (1998); SCR 1199 (1998).

602 SCR 752 (1992) – 1. op. para.; SCR 819 (1993); SCR 859 (1993); SCR 959 (1994) – 2. op. para.; SCR 1004 (1995).

603 *SCR 713 (1991) – 10. pr. para.; SCR 807 (1993) – 5. pr. para.*; SCR 815 (1993) – 4. und 5. pr. para.

604 SCR 1199 (1998).

605 *SCR 757 (1992) – 7. pr. para.; SCR 807 (1993)*; SCR 815 (1993); SCR 908 (1994) – 8. op. para.; SCR 913 (1994); SCR 958 (1994) – letzter pr. para.; SCR 981 (1995) – 6. op. para.; SCR 982 (1995) – letzter pr. para.; SCR 987 (1995) – letzter pr. para.; SCR 991 (1995) – letzter pr. para.; SCR 994 (1995) – letzter pr. para.; *SCR 998 (1995); SCR 1009 (1995);* SCR 1025 (1995) – letzter pr. para.; SCR 1026 (1995) – letzter pr. para.; Erklärungen des Ratspräsidenten vom 14.03.1994 (S/PRST/1994/11) und 14.04.1994 (S/PRST/1994/19); SCR 1120 (1997) – letzter pr. para.; SCR 1371 (2001) – 6. op. para.

606 *SCR 757 (1992) – 5. pr. para.; SCR 787 (1992) – 9. pr. para.;* SCR 1016 (1995); SCR 1019 (1995) – 1. op. para.; Erklärungen des Ratspräsidenten vom 14.07.1995 (S/PRST/1995/32) und 08.01.1996 (S/PRST/1996/2); SCR 1199 (1998) – 11. pr. para.

607 *SCR 757 (1992) – 5. pr. para.*; SCR 771 (1992) – 2. op. para.; *SCR 787 (1992); SCR 808 (1993)*; SCR 819 (1993); SCR 820 (1993); *SCR 827 (1993); SCR 836 (1993)*; SCR 941 (1994) – vorl. pr. para., 2. und 4. op. para. – ohne Feststellung einer Friedensbedrohung,

trophe[609]/schlechte Versorgungslage der Bevölkerung[610]/Behinderung humanitärer Transporte[611],
- Nichtbeachtung vorangegangener Resolutionen des Sicherheitsrates[612]/Fehlende Befolgung von Anordnungen des Strafgerichtshofes[613],
- Ersuchen an den Sicherheitsrat zu handeln[614].

8. Der Konflikt in Angola (seit 1992)

Der Bürgerkrieg in Angola entwickelte sich parallel zu dem von 1961 bis 1975 andauernden Unabhängigkeitskampf mit der portugiesischen Kolonialmacht. Dabei standen sich im wesentlichen zwei Parteien gegenüber: Die von der Sowjetunion und Kuba unterstützte MPLA[615] und die vom Westen[616], Südafrika, China und Nordkorea unterstützte FNLA[617] bzw. die von der FNLA abgespaltete UNI-TA[618]. Der äußerst blutige Bürgerkrieg, der in seinen Nachwehen bis heute andauert, hat seine Ursachen in regionalistischen (MPLA im Norden; FNLA im Süden), ethnisch-tribalistischen und sozialen Antagonismen und wurde lange Zeit als sog. Stellvertreterkrieg geprägt vom Ost-West-Konflikt.

---

aber nach Kapitel VII ChVN und der Wortwahl her sehr eindeutig; Erklärungen des Ratspräsidenten vom 22.07.1993 (S/26134) und 03.03.1993 (S/25361).

608 SCR 764 (1992); SCR 771 (1992); SCR 780 (1992); *SCR 787 (1992); SCR 808 (1993);* SCR 819 (1993); SCR 820 (1993); *SCR 827 (1993); SCR 836 (1993)*; SCR 844 (1993); SCR 941 (1994); SCR 1004 (1995); SCR 1199 (1998) – 11. pr. para.; Erklärungen des Ratspräsidenten vom 04.08.1992 (S/24378); 25.01.1993 (S/25162) und 03.03.1993 (S/25361).

609 *SCR 1199 (1999), 1203 (1999), 1244 (1999).*

610 *SCR 859 (1993).*

611 *SCR 757 (1992) – 6. pr. para; SCR 770 (1992) – 5. pr. para.*; SCR 764 (1992); SCR 819 (1993); *SCR 998 (1995)*; Erklärungen des Ratspräsidenten vom 25.01.1993 (S/25162), 17.02.1993 (S/25302), 25.02.1993 (S/25334), 03.04.1993 (S/25361), 14.03.1994 (S/PRST/1994/11) und 13.11.1994 (S/PRST/1994/66).

612 *SCR 757 (1992) – 4. pr. para.; SCR 787 (1992); SCR 816 (1993); SCR 900 (1994);* SCR 908 (1994)- 22. op. para.; *SCR 913 (1994); SCR 1009 (1995); SCR 1199 (1998);* Erklärung des Ratspräsidenten vom 14.04.1994 (S/PRST/1994/19).

613 SCR 1207 (1999).

614 SCR 713 (1991).

615 Movimento Popular de Libertacao de Angola – engl.: Popular Movement of the Liberation of Angola.

616 Vor allem den USA bis 1975, danach galt eine politische Entscheidung Washingtons, die Unterstützung einzustellen; Schweden und Dänemark unterstützten jedoch die MPLA – vgl. *Patil*, S. 95 ff.

617 Frente Nacional des Libertacao de Angola – engl.: National Front for the Liberation of Angola.

618 Uniao Nacional para a Independencia Total de Angola – engl.: National Union for the Total Independence of Angola.

Der Sicherheitsrat wurde erst im Jahre 1988 tätig bei der Einrichtung von UNAVEM[619] zur Kontrolle des im selben Jahr zwischen den Parteien vereinbarten Rückzuges der kubanischen Truppen, die die MPLA im Bürgerkrieg unterstützt hatten. Der Rückzug wurde im Juni 1991 abgeschlossen. Die Stellvertreterelemente des angolanischen Bürgerkrieges waren damit ausgeschaltet. Ebenfalls im Juni wurde im Vorfeld der für Ende 1992 geplanten Wahlen ein Friedensvertrag (Acordos de Paz) geschlossen, dessen Einhaltung von UNAVEM II[620], die nur aus wenigen hundert Mitgliedern bestand, überwacht werden sollte. Die Lage entwickelte sich aus Sicht des Sicherheitsrats außerordentlich vielversprechend[621]. Es kam schließlich am 29./30.09.1992 zu den vom UN-Repräsentanten als „*generally free and fair*" bezeichneten Wahlen, aus denen die MPLA (57 % der Parlamentssitze) und ihr Führer, José Eduardo Dos Santos, (mit 45,57 % der Stimmen bei der Präsidentenwahl) als Sieger hervorgingen. Die UNITA mit ihrem Führer, Jonas Savimbi, unterlag.

Direkt im Anschluss an die Wahlen kam es zur Wiederaufnahme der Kämpfe durch die UNITA mit z.T. über 1000 Toten am Tag[622]. Nun erst sah der Sicherheitsrat sich gezwungen, aktiv in das Geschehen einzugreifen:

a. *Resolutionen 785 (1992) bis 851 (1993)*

Innerhalb von drei Monaten ergingen drei Resolutionen (**SCR 785** vom 30.10.1992, **SCR 793** vom 30.11.1992 und **SCR 804** vom 29.01.1993), die – ohne das Vorliegen einer Friedensbedrohung festzustellen – in ihrer Rechtsfolge auf die Anwendung von Art. 40 bzw. 41 ChVN schließen lassen: Alle drei verlangen („*demand*") die Einhaltung des Waffenstillstandes und die sofortige Beendigung der Konfrontation[623].

Nachdem für Ende Februar 1993 geplante Friedensgespräche in Addis Abeba an der Nichtteilnahme der UNITA gescheitert waren, kündigte der Sicherheitsrat in **SCR 811** vom 12.03.1993[624] weitere Maßnahmen nach der ChVN für den Fall der Nichteinhaltung des Waffenstillstandes an[625].

---

619 United Nations Angola Verification Mission – SCR 626 (1988).

620 Eingerichtet durch SCR 696 (1991).

621 Wiewohl der Generalsekretär im Juni 1992 vor der „Fragility" der Situation gesprochen hatte; vgl. auch SCR 747 vom 24.03.1992.

622 Das Annual Register (AR) spricht auf S. 93282 vom „worst war in the world".

623 Für eine Bindungswirkung dieser Resolutionen spricht auch SCR 864 (1993), Teil B, 1. pr. para. – dazu unten zu FN 634.

624 Zuvor war eine entsprechende Ankündigung für den Fall ergangen, dass eine Partei sich dem weiteren Dialog entgegenstellt – SCR 793 (1992) 7. op. para.

625 Im 4. op. para. – als Ankündigung von Maßnahmen i.S.v. Art. 40 Satz 3 ChVN zu werten.

Nach dem Scheitern weiterer Gespräche und der Anerkennung der MPLA-Regierung in Luanda durch die USA bekundete der Sicherheitsrat in **SCR 851** vom 15.07.1993 erstmals seine Bereitschaft, ein Waffenembargo gegen UNITA zu verhängen[626]. Die Resolution enthält keine Feststellung einer Friedensbedrohung, jedoch bereits einige an die Parteien gerichtete Verlangen („*demands*"), die in der Folgeresolution 864 (1993) z.T. mit identischem Wortlaut wieder auftauchen.

b. Resolution 864 (1993)

Das in SCR 851 (1993) angekündigte Waffenembargo wurde dann – durch den Ablauf einer der UNITA gesetzten Frist aufschiebend bedingt – in ***SCR 864*** vom 15.09.1993[627] verhängt, in der der Sicherheitsrat erstmals im Zusammenhang mit dem Konflikt in Angola das Vorliegen einer Friedensbedrohung feststellt:

> *„... determining that, as a result of the National Union's military actions, the situation in Angola constitutes a threat to international peace and security"* (Teil B, 5. pr. para).

Zum ersten Mal überhaupt verhängt der Sicherheitsrat damit Sanktionen nicht gegen einen Staat bzw. ein de-facto-Regime (Südrhodesien), sondern gegen eine Partei eines innerstaatlichen Konflikts.

Die Feststellung als solche lässt kaum Rückschlüsse auf die Beweggründe des Sicherheitsrat zu. Diese erschließen sich vielmehr aus dem Zusammenhang der Resolution sowie dem Zusammenhang mit den vorangegangenen Resolutionen:

Ende 1993 war die humanitäre Situation in Angola katastrophal: Bis zu drei Millionen Menschen waren heimatlos und vom Hunger bedroht, die Landwirtschaft durch Landminen[628] und Krieg behindert. Humanitäre Hilfe durch die UN war ebenfalls nur schwer möglich, humanitäre Hilfsflüge wurden von der UNITA behindert. Die UNITA kontrollierte 70 % des Landes. Sie erkannte nach wie vor das Wahlergebnis von 1992 nicht an und hielt ausländische Staatsangehörige als Gefangene.

SCR 864 (1993) und die vorangegangenen Resolutionen lassen keine Rückschlüsse darauf zu, dass grenzüberschreitende Konsequenzen des Bürgerkrieges maßgebend für den Entschluss des Sicherheitsrat waren, die Situation in Angola

---

626 Im 12. op. para.

627 Zustandegekommen mit 15:0 Stimmen.

628 In Angola gab es 9 – 15 Mio. Landminen, 8 von 13 Mio. Angolanern lebten in Minengebieten, es gab 40.000 – 70.000 Amputierte und ca. 70.000 durch Landminen Getötete – vgl. Aussage des US-Delegierten in S/PV 3662 vom 08.05.1996, S. 15, unter Berufung auf UN-Schätzungen.

als Friedensbedrohung zu bezeichnen[629]. Die Ursachen waren vielmehr vielschichtig und in der Situation innerhalb Angolas zu suchen.

Der Feststellung liegen vor allem die humanitäre Notsituation[630], die anhaltenden Kämpfe *in* Angola[631], Angriffe auf mit der Lieferung von humanitärer Hilfe befassten UN-Personal[632] sowie die Verstöße der UNITA gegen den Acordos de Paz[633] sowie vorangegangene Resolutionen des Sicherheitsrates[634] zugrunde.

Der Sicherheitsrat hat in keiner der Folgeresolutionen bis Mitte 1997 ausdrücklich das Vorliegen einer Friedensbedrohung festgestellt, sondern jeweils in der Präambel bekräftigend Bezug genommen auf SCR 864 (1993).

c. *Resolutionen seit 1994*

In der Folgezeit kam langsam der Verständigungsprozeß wieder in Gang. Am 20.11.1994 unterzeichneten die Parteien ein Waffenstillstands- und Friedensabkommen, das sog. Lusaka-Protokoll. Der Sicherheitsrat vermied in den folgenden Resolutionen ausdrücklich eine Verschärfung der Sanktionen, um die Verhandlungen zwischen den Parteien nicht zu gefährden[635]. Die Resolutionen[636] sind in gemäßigterem Ton gehalten und weniger aufschlussreich als die der Resolu-

---

629 Der Sicherheitsrat spricht einzig im 8. pr. para. der Resolution 804 (1992) davon: „Further concerned at reports of foreign support for and involvement in military actions in Angola…“, er spricht nicht von der Gefahr grenzüberschreitender bewaffneter Auseinandersetzungen; Angola betreffende grenzüberschreitende Auswirkungen spricht der Sicherheitsrat in den gegen Südafrika wegen seiner Angriffe auf Angola gerichteten Resolutionen an – Adressat dieser Resolutionen ist jedoch Südafrika, dessen Angriffe in keinem unmittelbaren Zusammenhang mit dem innerangolanischen Konflikt standen, sondern dem südangolanischen Rückzugsgebiet der namibischen Unabhängigkeitsbewegung SWAPO galten. Diese Einschätzung wird auch durch die Diskussionen im Sicherheitsrat bestätigt – vgl. S/PV. 3277. Sogar China ging *nicht* auf die Gefahr grenzüberschreitender militärischer Auseinandersetzungen ein – vgl. aaO, S. 28 f.; a.A. offenbar *Baroni*, S. 111: Im Zusammenhang mit der Annahme einer Friedens*gefährdung* in Angola kommt ihrer Ansicht nach den grenzüberschreitenden Auswirkungen durch die Verbindung der UNITA mit Kuba entscheidende Bedeutung zu. Bei Kuba handelt es sich jedoch nicht um einen Nachbarstaat Angolas; es gab keine militärische Auseinandersetzungen auf kubanischem Territorium.

630 3. pr. para., 7. op. para.; vgl. auch S/PV. 3277, S. 48 – 50 (Ungarn) und S. 51 (Pakistan).

631 Teil B, 4. pr. para.

632 13. und 15. op. para. – im 13. op. para. bezeichnet der Sicherheitsrat diese Angriffe als *„clear violations of international humanitarian law“*.

633 6., 8., 9., 10. und 18. op. para.

634 Teil B, 1. und 2. pr. para, 18. op. para.; insbesondere SCR 851 (1993) – vgl. Spanien in S/PV. 3277, S. 31.

635 Vgl. SCR 903 (1994) – 10. op. para; SCR 922 (1994) – 7. op. para.

636 SCR 903 (1994), 922 (1994), 932 (1994), 976 (1995), 1008 (1995), 1045 (1996), 1055 (1996), 1064 (1996).

tion 864 vorangegangenen. Im Februar 1995[637] beschloss der Sicherheitsrat die Etablierung von UNAVEM III, für die bis zu 8000 Mann projektiert waren[638].

Nachdem der Friedensprozess besonders durch das Verhalten der UNITA nachhaltig ins Stocken geraten war, verabschiedete der Sicherheitsrat am 28.08.1997 seine Resolution ***1127***, in der die sich aus der fehlenden Umsetzung des Lusaka-Protokolls und des Acordos de Paz seitens der UNITA ergebende Situation als Friedensbedrohung bezeichnet wurde[639]. Als Antwort auf die Versuche der UNITA, ihre militärischen Kapazitäten wieder auf- und auszubauen, verhängte der Sicherheitsrat mit Wirkung zum 30.09.1997 ausgewählte Sanktionen gegen die UNITA. In **SCR 1130** (1997) wurde dieser Zeitpunkt auf den 30.10.1997 verschoben.

Dieses Datum wurde in der Resolution ***1135*** vom 29.10.1997 bestätigt, in der der Sicherheitsrat erneut feststellte, dass die aktuelle Situation eine Friedensbedrohung darstelle. Die Situation war nach wie vor gekennzeichnet durch die fehlende Umsetzung der Friedensabkommen durch beide Parteien und die Nichtbefolgung der Resolution *1127* (1997).

Die Lage besserte sich Anfang 1998. In **SCR 1149** (1998) und **1157** (1998) erklärt sich der Sicherheitsrat noch nicht dazu bereit, die Sanktionen gegen UNITA aufzuheben, er kündigt jedoch eine Überprüfung an.

Mit ***SCR 1173*** vom 12.06.1998 knüpfte der Sicherheitsrat an SCR 1127 (1998) an und stellt eine auf die Situation in Angola[640] bezogene Friedensbedrohung fest, die vor allem auf die Weigerung der UNITA zurückzuführen ist, sich an die Resolutionen des Sicherheitsrates sowie den Acordos de Paz und das Lusaka Protokoll zu halten. Die Sanktionen gegen die UNITA werden – durch eine Frist aufschiebend bedingt – ausgeweitet. In **SCR 1176** (1998) wird diese Frist bis zum 01.07.1998 verlängert.

Der Ausschluss von elf Vertretern der UNITA aus der Regierung am 01.09.1998 beendete faktisch den Friedensprozess und führte zu einer Spaltung der UNITA. Am 04.12.1998 begann die Regierung eine erfolglose Offensive

---

637 SCR 976 (1995) vom 8.2.1995.

638 Das Mandat wurde zuletzt in SCR 1106 (1997) bis 30.06.1997 verlängert – in SCR 1118 (1997) vom 30.06.1997 erfolgte die Einrichtung der United Nations Observer Mission in Angola (MONUA), die UNAVEM III ersetzt.

639 Teil B, 1. pr. para.

640 In der Debatte am 12.06.1998 wies der Vertreter Angolas – anders als noch in der Debatte vom 08.05.1996 – S/PV 3662, S. 2 ff. – auf die Gefahr für die ganze Region infolge der Verbindung der UNITA mit „foreign forces" hin (S/PV 3891, S. 2). Die Beiträge der Vertreter der anderen Staaten enthalten keinen entsprechenden Hinweis. Sie sind geprägt von dem Wunsch, den Friedensprozess in Angola nun endlich zum Abschluss zu bringen.

gegen Stellungen der UNITA. Das Lusaka-Protokoll wurde von der Regierung aufgekündigt.[641]

Am 26.12.1998 und 02.01.1998 stürzten zwei Transportflugzeuge der VN über dem zwischen Regierung und UNITA umkämpften, aber von UNITA kontrollierten Gebiet ab.[642]

Der Sicherheitsrat reagierte zunächst mit **SCR 1219** (1998) vom 31.12.1998, in der er UNITA an ihre Pflichten aus den vorangegangenen Resolutionen und den Friedensverträgen erinnert.

In ***SCR 1221*** (1999) vom 12.01.1999 nimmt er den Abschuss der zweiten Maschine und die Nichtbeachtung der Resolution 1219 (1998) zum Anlass für die Feststellung einer Friedensbedrohung.

Das am 26.02.1999 auslaufende Mandat der MONUA wurde nicht verlängert[643]. Die VN ziehen sich aus Angola zurück.

Mit ***SCR 1237*** (1999) setzt der Sicherheitsrat eine Expertenkommission zur Untersuchung von Verletzungen des Waffenembargos gegen UNITA ein. Teil B der Resolution enthält folgende Absätze[644]:

> *„Determining that, as a result of the refusal of UNITA to comply with its obligations under the „Acordos de Paz", the Lusaka Protocol and relevant Security Council resolutions, the current situation in Angola continues to constitute a threat to international peace and security in the region,*[645]
> *Emphasizing its concern at reports of violations of the measures concerning arms and related matériel, petroleum, diamonds and financial assets, imposed against UNITA, contained in resolutions 863 (1993), 1127 (1997) and 1173 (1998), and in this context acting under Chapter VII of the Charter of the United Nations".*

Mit ***SCR 1268*** (1999) wird am 15.10.1999 das United Nations Office in Angola (ONUA) eingerichtet.

SCR 1295 (2000) enthält die Feststellung[646], dass die Situation in Angola einen „*threat to international peace and security in the region*" darstellt. Die Situation besteht in den Auswirkungen des Bürgerkrieges auf die Zivilbevölkerung, sowie wie zuvor in den Verstößen der UNITA gegen den Acordos de Paz

---

641 FWA 2000, Spalte 69.
642 FWA 2000, Spalte 68.
643 SCR 1229 (1999), zu MONUA vgl. oben FN 638.
644 Pr. paras von Teil B.
645 Sinngemäß wiederholt in SCR 1268 (1999).
646 Teil A, 1. pr. para.

und das Lusaka Protocol und die vorangegangenen Resolutionen des Sicherheitsrates. Der Sicherheitsrat ordnet eine verstärkte Überwachung der Sanktionen an und richtet eine entsprechende Beobachtergruppe ein[647].

Trotz einer Schwächung der UNITA dauerte der Bürgerkrieg, unter dem insbesondere die Zivilbevölkerung stark zu leiden hat, auch im Jahre 2001 weiter an.

Erst nach dem Tod ihres Führers Savimbi im Februar 2002 und seines Stellvertreters Dembo im April 2002, sowie der Verabschiedung eines Amnestiegesetzes für UNITA-Kämpfer ebenfalls im April unterzeichnete die UNITA am 04.04.2002 in Luanda einen Friedensvertrag, in dessen Folge sich UNITA am 02.08.2002 offiziell auflöste.

Die auch im Jahre 2002 andauernde dramatische humanitäre Situation mit ca. 4,5 Mio. Binnenflüchtlingen und der anhaltende Diamantenschmuggel[648] veranlasste den Sicherheitsrat, in ***SCR 1404*** (2002) den Fortbestand einer Bedrohung des „international peace and security in the region" festzustellen.

In einer Serie von Resolutionen[649] wurden die in SCR 1127 (1997) gegen die UNITA verhängten Sanktionen zunächst ausgesetzt und schließlich in **SCR 1439** (2002) aufgehoben.

Mit **SCR 1448** (2002) setzt der Sicherheitsrat einen vorläufigen Schlusspunkt, indem er den Großteil der in SCR 864 (1993), 1127 (1997) und 1173 (1998) verhängten Sanktionen aufhebt. Dabei handelt er nach Kapitel VII ChVN und unter Bekräftigung der genannten Resolutionen, ohne jedoch erneut eine Bedrohung des Friedens festzustellen, von deren Fortbestand er offenbar ausgeht. Vielmehr heißt es im vorletzten pr.para.:

> *„Expressing once again its concern regarding the humanitarian effects of the present situation on the civilian population of Angola".*

Wie in SCR 864 (1993) sind es also die humanitären Aspekte, die das Handeln des Sicherheitsrates bestimmen.

d. Zusammenfassung

Im Vordergrund der Resolutionen zum Konflikt in Angola stand nicht die Gefahr grenzüberschreitender militärischer Ausweitungen des Bürgerkrieges, sondern das Ziel der Beendigung des jede Entwicklung des Landes verhindernden Bürgerkrieges, dem Tausende von Zivilisten zum Opfer fielen.

---

647 Mandat verlängert in *SCR 1336 (2001), SCR 1348 (2001)* und *SCR 1374 (2001).*

648 Vgl. dazu FWA 2003, Spalte 75.

649 **SCR 1412** (2002) und **1432** (2002) – jeweils nach Kapitel VII ChVN, aber ohne Feststellung einer Friedensbedrohung in der Resolution.

e. *Kategorisierung*

Im Einzelnen lassen sich die zum Konflikt in Angola ergangenen Resolutionen im Hinblick auf die der ausdrücklichen oder konkludenten Annahme einer Friedensbedrohung zugrundeliegenden Umstände wie folgt kategorisieren:

- Bürgerkrieg/Andauern der Kämpfe/Nichtbeachtung des Waffenstillstandes[650],
- Verstoß gegen Friedensvertrag[651]/Nichtverhandeln über Friedensvertrag[652],
- Nichtanerkennung des Ergebnisses demokratischer Wahlen[653],
- Angriffe auf UN-Personal[654],
- Verstoß gegen vorangegangene Resolutionen des Sicherheitsrates[655],
- humanitäre Situation/Behinderung humanitärer Hilfslieferungen[656]/Leiden der Zivilbevölkerung[657]/Verstöße gegen humanitäres Völkerrecht[658],
- Gefährdung ausländischer Staatsangehöriger[659].

---

650 SCR 785 (1992) – 3. op. para.; SCR 793 (1992) – 4. op. para; SCR 804 (1993) – 3. op. para.; SCR 811 (1993) – 3. op. para.; SCR 851 (1993) – 5.u.6. op. para.; SCR 851 (1993) – 12. op. para.; *SCR 864* (1993) – 8.u.18. op. para.; SCR 903 (1994) – 3. op. para.

651 SCR 785 (1992) – 7. op. para.; SCR 793 (1992) – 5. u. 7. op. para.; SCR 804 (1993) – 2. u. 5. op. para.; SCR 811 (1993) – 1.u.2. op. para.; *SCR 864* (1993) – 6., 8., 9., 10.u.18. op. para.; SCR 903 (1994) – 9. pr. para.; *SCR 1127 (1997) – letzter pr. para. und 1.-3. op. para.*; *SCR 1135 (1997); SCR 1173 (1998)*; SCR 1176 (1998); SCR 1180 (1998); SCR 1190 (1998); SCR 1195 (1998); SCR 1202 (1998); SCR 1237 (1999).

652 SCR 851 (1993) – 9.u.12. op. para.; *SCR 864* (1993) – 11. op. para.; SCR 903 (1994) – 11. pr. para.; SCR 922 (1994) – 3. op. para.

653 SCR 785 (1992) – 6. op. para.; SCR 804 (1993) – 2. op. para.; SCR 811 (1993) – 1.u.2. op. para.; SCR 851 (1993) – 4. op. para.; *SCR 864* (1993) – 6. op. para.; SCR 903 (1994) – 9. pr. para.

654 SCR 804 (1993) – 12. op. para; SCR 811 (1993) – 5.u.6. op. para.; SCR 823 (1993) – 4. op. para.; *SCR 864* (1993) – 13. u. 15. op. para.; *SCR 1221* (1999) – 5. pr. para.

655 *SCR 864* (1993) – Teil B, 1.u.2. pr. para., 18. op. para.; SCR 1135 (1997); *SCR 1221* (1999) – 3.u.7. op. para.; SCR 1237 (1999) Teil B, 1.u.2. op. para.; *SCR 1295* (2000), 1. und 6. pr. para.

656 SCR 823 (1993) – 4. op. para.; SCR 851 (1993) – 15. op. para.; *SCR 864* (1993) – 13.u.14. op. para.; SCR 903 (1994) – 7. op. para.

657 *SCR 864* (1993) – Teil A, 3. pr. para., 7. op. para.; *SCR 1295* (2000), 3. pr. para.; *SCR 1336 (2001), 1348 (2001)* und *1374 (2001)* – jeweils 3. pr. para.

658 SCR 804 (1993) – 10. op. para.; SCR 851 (1993) – 18. op. para.; *SCR 864 (1993) – 13. op. para.*

659 SCR 804 (1993) – 11. op. para.; SCR 851 (1993) – 17. op. para.; *SCR 864 (1993) – 16. op. para.*

9. Der Konflikt in Liberia (1992 bis 1996/seit 2001)

Der Konflikt in Liberia hat seine Ursache vor allem in den ethnischen Spannungen zwischen den Volksgruppen der Kpelle (ca. 20 % der Bevölkerung), Bassa (ca. 14 % der Bevölkerung), Gio, Kru, Grebo (je ca. 8 % der Bevölkerung) und anderen[660]. Die politische Elite des Landes stellen die sog. Ameriko-Liberianer, die Nachkommen von befreiten Sklaven Nordamerikas. Ende der achtziger Jahre hatte der liberianische Präsident Doe ein Terrorregime etabliert, vor dem viele Liberianer ins Exil vor allem in die benachbarte Elfenbeinküste flohen. Am 25.12.1989 drangen Guerillatruppen unter Charles Taylor von Elfenbeinküste nach Liberia ein. Taylor war beim Aufbau der überwiegend aus Gio und Mano bestehenden Rebellenarmee von Libyen unterstützt worden. Folge der anschließenden Kämpfe waren ca. 60.000 Flüchtlinge nach Elfenbeinküste, 15.000 nach Guinea. Doe drohte, die Grenze zur Elfenbeinküste zu überschreiten. Im Sommer 1990 stellte die Economic Community of Westafrican States (ECOWAS) eine Friedenstruppe, die ECOWAS Cease-fire Monitoring Group (ECOMOG) unter der Führung Nigerias zusammen. Nachdem Doe von den Rebellen gefangen genommen und anschließend getötet worden war, kämpfte Taylor gegen die von Sierra Leone aus operierenden Anhänger Does. Die ECOMOG schaltete sich nun zunehmend gegen Taylor in den Bürgerkrieg ein und wurde faktisch selbst zu einer Bürgerkriegspartei[661]. Am 20. bzw. 23.10.1992 wurden fünf amerikanische Nonnen in einem von den Truppen Taylors kontrollierten Stadtteil Monrovias ermordet[662]. Am 07.11.1992 forderte die ECOWAS die Bürgerkriegsparteien ultimativ und unter Androhung einer Blockade aller Land-, Luft- und Seewege nach Liberia zur Einstellung der Kampfhandlungen auf[663]. Nach Einschätzung von Beobachtern glich die Lage in Liberia zu diesem Zeitpunkt derjenigen in Somalia insoweit, als es keine staatliche Autorität in Liberia mehr gab. Ein Drittel der Einwohner war in Nachbarstaaten geflohen[664].

a. Resolutionen 788 (1993) und 813 (1993)

Nachdem er lange untätig geblieben war[665], verabschiedete der Sicherheitsrat am 19.11.1992 auf Bitten der ECOWAS[666] und der liberianischen Regierung[667] und

---

660 FWA 2004, Spalte 533.
661 AdG, S. 37453.
662 AdG, S. 37454.
663 AdG, S. 37454.
664 AdG, S. 37545.
665 Es gibt zwei Erklärungen des Ratspräsidenten vom 22.01.1991 (S/22133) bzw. 07.05.1992 (S/23496); vgl. zur Vorgeschichte *Freudenschuß*, 1993, S. 23.
666 S/24735.
667 S/24825.

nach Übergriffen der Rebellen Taylors auf Sierra Leone[668] seine Resolution ***788***, deren 5. pr. para lautet:

> *„determining that the deterioration of the situation in Liberia constitutes a threat to international peace and security, particularly in West Africa as a whole, ...* ".

In der Resolution wird ein Waffenembargo gegen Liberia verhängt, von dem nur die ECOMOG-Einheiten ausgenommen wurden. Der Sicherheitsrat stellt sich hinter die ECOMOG-Truppen. Hauptanlass für die Resolution waren die anhaltenden Kämpfe in Liberia sowie die Verletzung von Waffenstillstandsabkommen[669] und die Nichtbeachtung des IV. Abkommens von Yamoussoukro vom 30.10.1991[670], das u.a. die Abhaltung freier Wahlen in Liberia vorsah. Die Situation in Liberia war außerdem gekennzeichnet durch Angriffe auf ECOWAS-Truppen[671] und Verstöße gegen humanitäres Völkerrecht[672]. Außer der zitierten Passage im 5. pr. para. („... *particularly in West Africa as a whole*") enthält die Resolution keine Ausführungen zu eventuellen Auswirkungen auf Nachbarstaaten. Es war jedoch bereits mehrfach zu Angriffen der Truppen Taylors auf das benachbarte Sierra Leone gekommen. Dieser Umstand wurde von den meisten Staaten im Sicherheitsrat betont[673] und liegt sicher der Verabschiedung der Resolution zugrunde, auch wenn dies nicht in der wünschenswerten Klarheit in der Resolution selbst zum Ausdruck kommt.

In der Resolution ***813*** vom 26.03.1993 stellt der Sicherheitsrat mit den gleichen Worten erneut das Vorliegen einer Friedensbedrohung fest[674]. Auch die Gründe für die Resolution sind im Wesentlichen dieselben. Hinzu kommt das

---

668 Vgl. die Aussage des Vertreters Sierra Leones – S/PV. 3138, S. 49 – 50.

669 3. op. para.

670 4. pr. para., 2. op. para.; das Abkommen findet sich unter S/24815. Unterzeichnerstaaten sind Bukina Faso, Elfenbeinküste, Guinea-Bissau, Mali, Senegal, Togo, Nigeria, Sierra Leone, Gambia, Ghana, Guinea, Liberia (Präsident Sawyer), NPFL (Liberia – Charles Taylor). Das Abkommen sieht die Abhaltung freier Wahlen in Liberia, die Ausweitung von ECOMOG auf ganz Liberia, die Entwaffnung aller Konfliktbeteiligten, die Suche nach versteckten Waffen und einen 60-Tage-Zeitplan vor.

671 4. op. para.

672 5. op. para.

673 Vgl. z.B. die Äußerungen der als Gäste sprechenden Vertreter Benins, das den Vorsitz der ECOWAS innehatte (S/PV. 3138, S. 8 u. 11), der Vertreter der liberianischen Übergangsregierung (ebd. S. 18), des Senegal (ebd. S. 22), der Elfenbeinküste (ebd. S. 27), Gambias (ebd. S. 37), Sierra Leones (ebd. S. 49 f.), der von einem „mortal danger" für die Sicherheit Sierra Leones sprach und der Mitglieder des Sicherheitsrates: Simbabwe (ebd. S. 62), China (ebd. S. 71) und Indien (ebd. S. 87) – letzteres stellt aber überwiegend auf die Flüchtlinge ab.

674 Letzter pr. para.; in den Jahren 1989 – 1993 kamen durch die Auseinandersetzungen ca. 150.000 Menschen um. Dies entspricht ca. 6 % der Gesamtbevölkerung; 700.000 Menschen (ca. 20 % der Bevölkerung) befanden sich auf der Flucht.

Verlangen („*demand*“), dass die Parteien humanitäre Hilfslieferungen nicht behindern. Deutlicher noch als in SCR 788 (1992) betont der Sicherheitsrat die Notwendigkeit von freien Wahlen[675].

Der Sicherheitsrat hat in der Folgezeit bis 1996 zwar einige Resolutionen zu Liberia verabschiedet, jedoch in keiner erneut ausdrücklich das Vorliegen einer Friedensbedrohung festgestellt. Aus dem Wortlaut der Resolutionen, die sämtlich ausdrücklich oder zumindest pauschal Bezug nehmen auf die bereits vorgestellten Resolutionen 788 und 813 ist häufig auf ein Handeln unter Kapitel VII ChVN zu schließen. Zumeist geht es um die Sicherheit des ECOMOG- und des UNOMIL-Personals[676] und die Behinderung von Hilfstransporten bzw. die Verletzungen des humanitären Völkerrechts[677].

b. Resolutionen seit Resolution 1343 (2001)

Liberia wurde erst mit ***SCR 1343*** (2001) wieder zum Adressaten von Maßnahmen des Sicherheitsrates. Die mit SCR 1306 (2000) eingesetzte Untersuchungskommission zur Aufklärung des illegalen Diamantenhandels zur Finanzierung von Waffenkäufen[678] war zu dem Ergebnis gekommen, dass der Großteil des Handels mit Diamanten aus den von der RUF kontrollierten Gebieten Sierra Leones über das benachbarte Liberia abgewickelt wurde und dass dies ohne die Beteiligung der Liberianischen Regierung nicht möglich sei. Im vorletzten pr.para. stellt der Sicherheitsrat daraufhin fest:

> *„that the active support provided by the Government of Liberia for armed rebel groups in neighbouring countries, and in particular its support for the RUF in Sierra Leone, constitutes a threat to international peace and security in the region.“*

In dem sehr umfangreichen Teil B der Resolution verlangt der Sicherheitsrat von der Liberianischen Regierung die Einstellung jeglicher Unterstützung der RUF-Rebellen in Sierra Leone, insbesondere die Beendigung des Handels mit RUF-Diamanten. Der Sicherheitsrat verhängt u.a. ein erneutes Waffenembargo

---

675 Z.B. 6. pr. para.: „*Noting that the continuing breach of earlier accords hinders the climate and conditions conductive to the holding of free and fair elections in accordance with the Yamoussoukro IV Accord*“.

676 Die Beobachtermission der Vereinten Nationen in Liberia (UNOMIL) wurde mit SCR 866 vom 22.09.1993 eingerichtet.

677 SCR 972 (1995) – 7. op. para.; SCR 985 (1995) – 6. op. para.; SCR 1001 (1995) – 13. op. para.; SCR 1014 (1995) – 13. op. para.; SCR 1020 (1995) – 14. op. para.; SCR 1041 (1996) – 6. op. para.; SCR 1059 (1996) – 7. op. para.; SCR 1071 (1996) – 10. op. para.; SCR 1083 (1996) 6.-9. op. para; Erklärung des Ratspräsidenten vom 09.04.1996 (S/PRST/1996/16).

678 Vgl. unten S. 191 zum Konflikt in Sierra Leone.

gegen Liberia, ein Importverbot für Diamanten aus Liberia und ein Reiseverbot für Mitglieder der Regierung und der Streitkräfte.

Nachdem eine nach SCR 1343 (2001)[679] eingesetzte UN-Expertenkommission die Liberianische Regierung des Verstoßes gegen SCR 1343 (2001), insbesondere gegen das Waffenembargo gegen die RUF, bezichtigt hatte[680], verabschiedete der Sicherheitsrat am 06.05.2002 ***SCR 1408*** (2002), in der die Unterstützung bewaffneter Rebellengruppen in der Region, namentlich der RUF durch die Liberianische Regierung als Friedensbedrohung bezeichnet wird[681]. Im operativen Teil der Resolution befasst sich der Sicherheitsrat vor allem mit der instabilen Situation in den Grenzregionen zu Sierra Leone und Guinea und nicht mit dem seit Anfang 2002 wieder aufgeflammten Bürgerkrieg in Liberia, der allerdings zu erheblichen Flüchtlingsbewegungen in die benachbarten Staaten geführt hatte[682].

In Liberia selbst errungen die gegen die Regierung unter Charles Taylor kämpfenden Rebellen der LURD (Liberians United For Reconciliation and Democracy) in immer mehr Landesteilen die Oberhand. Ende April 2003 kontrollierten Rebellen ca. 60 % des Landes[683].

Vor dem Hintergrund der Unruhen in Liberia und des Verstoßes der Regierung Taylor gegen das Verbot des Waffenerwerbs und des illegalen Diamantenhandels verabschiedete der Sicherheitsrat am 06.05.2003 ***SCR 1478*** (2003), in deren vorletztem pr.para. er eine Friedensbedrohung feststellt:

> *„Determining that the active support provided by the Government of Liberia to armed rebel groups in the region, including to rebels in Côte d'Ivoire and former Revolutionary United Front (RUF) combatants who continue to destabilize the region, constitutes a threat to international peace and security in the region,"*

Der Sicherheitsrat verhängte ein Importverbot für Hölzer aus Liberia.

c. *Kategorisierung*

Zusammenfassend lassen sich die Resolutionen zum Konflikt in Liberia im Hinblick auf die der ausdrücklichen oder konkludenten Annahme einer Friedensbedrohung zugrundeliegenden Umstände wie folgt kategorisieren[684]:

---

679 19. op. para.

680 S/2001/1015.

681 Vorletzter pr. para.

682 Vgl. hierzu FWA 2003, Spalte 505 f.

683 FWA 2004, Spalte 534.

684 Nachweise vgl. vorangegangener Text samt Anmerkungen.

- Verletzung von Waffenstillstandsabkommen,
- Angriffe auf Friedenstruppen,
- Verstöße gegen humanitäres Völkerrecht/Menschenrechtsverletzungen/Behinderung von Hilfslieferungen,
- Übergriffe auf Nachbarstaaten/Unterstützung von dort aktiven Rebellen.

10. Die „Lockerbie-Resolutionen" gegen Libyen (1992/1993)[685]

Am 21.12.1988 stürzte ein PAN AM-Flugzeug nach der Explosion eines an Bord geschmuggelten Sprengsatzes auf das schottische Dorf Lockerbie. Dabei kamen alle 259 Insassen[686] und 11 Dorfbewohner ums Leben.

Am 19.09.1989 stürzte, ebenfalls infolge eines Attentates, ein Flugzeug der französischen Fluglinie UTA über dem Grenzgebiet zwischen Niger und Tschad ab. Dabei fanden alle 171 Insassen den Tod.

Ende 1991 kamen US-amerikanische und britische Ermittler zu dem Schluss, dass zwei libysche Staatsangehörige, beide vermutlich Bedienstete des libyschen Geheimdienstes[687], für die Attentate verantwortlich gewesen seien. Die USA und Großbritannien[688] verlangten von Libyen u.a. die Auslieferung der beiden Verdächtigen[689]. Libyen verweigerte dies unter Berufung auf sein Recht nach Art. 7 der Montrealer Konvention von 1971[690]. Das am 18.01.1992 von Libyen an die USA und Großbritannien gerichtete Angebot der Durchführung eines Schlichtungsverfahrens nach Art. 14 Abs.1 der Montrealer Konvention[691] wurde von den beiden Staaten abgelehnt.

Drei Tage nach diesem Angebot erließ der Sicherheitsrat seine Resolution 731 (1992). Libyen reagierte daraufhin mit dem Vorschlag, ein Verfahren vor einem

---

685 Eine sehr gute Darstellung der Fakten (und des Verfahrens vor dem IGH) enthält die dissenting opinion des Richters *Oda* in *Lockerbie, Preliminary Objections*.

686 Davon waren 189 US-amerikanische Staatsangehörige und mindestens 19 Briten. Die restlichen Insassen waren Angehörige von 19 anderen Staaten – vgl. diss. op. *Oda* in *Lockerbie, Preliminary Objections*, para. 3.

687 Dass es sich bei den beiden Beschuldigten um libysche Staatsbedienstete handelt, hat Libyen in dem Verfahren vor dem IGH eingeräumt.

688 Zur Rolle Frankreichs vgl. *T. Stein*, S. 207 f.

689 Ob es sich bei den Beschuldigten um die Täter handelt war Mitte 2003 noch nicht bewiesen – vgl. *T. Stein*, S. 210.

690 Übereinkommen zur Bekämpfung widerrechtlicher Handlungen gegen die Sicherheit der Zivilluftfahrt vom 23.09.1971, BGBl. 1977 II, 1229.

691 UN-Doc. S/2341 vom 18.01.1992; vgl. dazu die Äußerungen des libyschen Vertreters vor dem Sicherheitsrat am 31.03.1992 – S/PV/3063 S. 6 und 13.

neutralen Gericht in einem neutralen Land durchführen zu lassen[692]. Die USA und Großbritannien gingen auf diesen Vorschlag nicht ein[693].

Nachdem ein libyscher Richter am 18.02.1992 die Auslieferung der Beschuldigten an die USA bzw. Großbritannien abgelehnt hatte, erhob Libyen am 03.03.1992 Klage gegen die USA und Großbritannien[694] vor dem IGH mit dem Antrag auf Feststellung, dass Libyen alle Verpflichtungen aus dem Montrealer Abkommen erfüllt habe, während die Beklagten ihre Verpflichtungen verletzt hätten. Im Wege des vorläufigen Rechtsschutzes nach Art. 41 IGH-Statut beantragte Libyen gleichzeitig, den USA und Großbritannien die Ausübung jeglichen Drucks zur Auslieferung der Beschuldigten auf Libyen zu untersagen.

Noch während der Beratungen des IGH über das Verfahren nach Art. 41 IGH-Statut[695] verabschiedete der Sicherheitsrat seine Resolution 748 vom 31.03.1992[696].

Am 14.04.1992 wies der IGH den Antrag Libyens auf Erlass vorsorglicher Maßnahmen mit 11 zu fünf Stimmen zurück[697]. Gem. Art. 62 seiner Verfahrensordnung hatte der IGH SCR 748 (1992) noch berücksichtigt, deren Sanktionen am 15.04.1992 in Kraft traten. Bei der Zurückweisung stützte er sich im wesentlichen auf Art. 103 ChVN, der zumindest im summarischen Verfahren des vorläufigen Rechtsschutzes einen allgemeinen Vorrang von Maßnahmen des Sicherheitsrates vor etwaigen Verpflichtungen aus völkerrechtlichen Verträgen konstatiere.

Eine Entscheidung in der Hauptsache ist bisher nicht ergangen. Von ihr werden wesentliche Aussagen zur Justiziabilität von Entscheidungen des Sicherheitsrates nach Kapitel VII ChVN erwartet[698].

---

692 Vgl. S/PV 3063, S. 11 f.

693 Zum Ganzen *T. Stein*, S. 209 m.w.N.

694 Dem Rechtshilfeersuchen Frankreichs betreffend den UTA-Flug und die Herausgabe von Ermittlungsgrundlagen war inzwischen stattgegeben worden, da es die libysche Souveränität nicht verletze; vgl. auch S/PV 3063, S. 12.

695 Nach Schluss der mündlichen Verhandlung (am 26. und 28.03.1992), aber noch vor Verkündung der Entscheidung – vgl. dazu mit Nachweisen zu der dadurch verursachten Diskussion im Sicherheitsrat *Martenczuk*, S. 22, FN 16.

696 Simbabwe befürchtete in der Sitzung vom 31.03.1992 deswegen „eine major institutional crisis" – S/PV 3063, S. 53.

697 *Lockerbie, Provisional Measures*, ICJ Rep. 1992, S. 2 ff.; Zuvor hatte der IGH den beteiligten Staaten Gelegenheit zur Stellungnahme gegeben – vgl. dazu *Lorinser*, S. 21 f.; zu dem Verfahren *Franck*, 1992 II, S. 520 ff.

698 Eine sehr gute Zusammenfassung des Falles enthält *Martenczuk* auf S. 21 ff. m.z.w.N.; zur sehr umfangreichen Literatur zu dem Lockerbie – Verfahren vgl. *Lorinser*, S. 22, FN 16. Am 27.02.1998 entschied der IGH über preliminary objections der Beklagten, mit denen diese wegen SCR 748 (1992) und SCR 883 (1993) die Abweisung der Libyschen

Die beiden „Lockerbie-Resolutionen" ***731*** (1992) und ***748*** (1992) gehören zu den umstrittensten Resolutionen des Sicherheitsrates überhaupt[699]. Der Sicherheitsrat hatte sich schon zuvor allgemein mit der Frage des internationalen Terrorismus befasst[700], sie aber nicht in direkten Zusammenhang mit dem Friedensbedrohungsbegriff gebracht.

a. Resolution 731 (1992)

In SCR ***731*** vom 21.01.1992 geschieht dies zum ersten Mal. Im 2. pr. para. heißt es in einer sehr allgemein gehaltenen Formulierung:

> *„Deeply concerned by all activities directed against international aviation and affirming the right of all States, in accordance with the Charter of the United Nations and relevant principles of international law, to protect their nationals from acts of international terrorism that constitute threats to international peace and security, ...".*

Libyen wird aufgefordert, den in entsprechenden Schreiben an Libyen enthaltenen Aufforderungen[701] der britischen, US-amerikanischen und französischen Regierung Folge zu leisten. Dabei wird bloß auf die Fundstellen dieser Schreiben[702] verwiesen; der Inhalt der Schreiben wird in der Resolution nicht wiedergegeben. Die Schreiben enthalten Aufforderungen an Libyen, umfassend Auskunft über seine Beteiligung an dem Anschlag zu geben und Zugang zu allen Informationen zu gewähren sowie die Verdächtigen an die USA bzw. Großbritannien auszuliefern[703] und die Verantwortung für das Handeln der Verdächtigen zu

---

Klage begehrten. Der IGH stellte fest, dass es sich um eine Auseinandersetzung über die Auslegung der Montrealer Konvention und handele und eine Klageabweisung schon deshalb ausscheide – vgl. dazu *Paulus*, 1998, S. 550.

699 Gut dazu *T. Stein*, S. 206 ff., der gegen die Zulässigkeit der Resolutionen im Ergebnis keine durchgreifenden Bedenken hat (S. 223).

700 SCR 579 (1985) und SCR 635 (1989).

701 Die Bezugnahme auf diese „demands" (der Begriff „demand" wird erst in S/23309 für die „requests" in S/23308 verwendet) sieht *Brownlie*, S. 99, als problematisch an, da diese „demands" der britischen und US-amerikanischen Regierung „contain no reference to considerations of international law".

702 S/23306, S/23307, S/23308, S/23309 und S/23317.

703 *T. Stein* weist auf Seite 220 darauf hin, dass der Sicherheitsrat in SCR 731 (1992) eine „effective response" von Libyen verlangt – das könne nach der Montrealer Konvention nur Auslieferung oder ernsthafte Strafverfolgung bedeuten – dies gelte auch für SCR 748 (1992). *Stein* übersieht jedoch, dass SCR 731 (1992) durch die Bezugnahme u.a. auch auf S/23308 sehr wohl die „Auslieferung" („surrender") verlangt. Vgl. auch zu den an Libyen gerichteten Begehren die Ausführungen des US-amerikanischen Vertreters im Sicherheitsrat (S/PV 3063, S. 66).

übernehmen und angemessene Entschädigung zu zahlen[704]. Außerdem wird verlangt,

> *„that Libya commit itself concretely and definitely to cease all forms of terrorist action and all assistance to terrorist groups. Libya must promptly, by concrete actions, prove its renunciation of terrorism"*[705].

b. Resolution 748 (1992) und nachfolgende Resolutionen

Nachdem dies nicht geschehen war[706], erließ der Sicherheitsrat am 31.01.1992 seine Resolution ***748***, in der er sehr konkret beschreibt, warum seines Erachtens eine Friedensbedrohung vorliegt:

> *„determining in this context that the failure by the Libyan Government to demonstrate, by concrete actions its renunciation of terrorism and in particular its continued failure to respond fully and effectively to the requests in resolution 731 (1992), constitute a threat to international peace and security,"*[707].

Der „context" ergibt sich aus dem vorangehenden Abschnitt der Präambel, in dem die staatliche Verwicklung in oder mangelnde Verhinderung von terroristischen Aktivitäten als Verstoß gegen Art. 2 (4) ChVN angesehen wird. Das Handeln nach Art. 41 ChVN wird also doppelt abgesichert: Zunächst durch die erforderliche Feststellung nach Art. 39 ChVN und sodann – damit kein Zweifel an der Rechtmäßigkeit aufkommt – durch die Feststellung eines Verstoßes gegen Art. 2 (4) ChVN, der jedenfalls ein Handeln nach Kapitel VII ChVN ermöglicht. Die Friedensbedrohung ist also darin zu sehen, dass Libyen den in SCR 731 (1992) geforderten Maßnahmen, insbesondere der Auslieferung der Verdächtigen[708], nicht nachgekommen war[709] und in der nach Ansicht des Sicherheitsrates

---

704 Alles S/23308.

705 S/23309.

706 Libyen bemühte sich, im Sicherheitsrat (S/PV 3063, S. 12 ff.) seine Bereitschaft zur Kooperation darzustellen und berief sich dabei auf einen Bericht des Generalsekretärs (S/23672), in dem dieser mitteilt, dass „there has been a certain evolution in the position… [of Libya] … the Security Council may wish to consider this in deciding on its future cause of action." (para. 6).

707 7. pr. para.

708 Das betont *Oda* in seiner diss. op. zu *Lockerbie, Preliminary Objections*, paras 39 f.

709 Dieser Grund wird insbesondere von den Vertretern Equadors, der USA und Großbritanniens hervorgehoben (S/PV 3063); *Tomuschat*, Lockerbie, betont auf S. 47 diesen Aspekt und stellt ihn in den weiteren Zusammenhang mit vorangegangenen von Libyen geförderten terroristischen Akten. Nach *Oda*, declaration zu *Lockerbie, Provisional Measures*, S. 129 ff. sieht der Sicherheitsrat die Friedensbedrohung in der Nichtauslieferung der Verdächtigen; nach *Graefrath*, S. 196, liegt der Feststellung der Friedensbedrohung die Überlegung zugrunde, dass die Existenz der libyschen Regierung eine Friedensbedrohung

gegen Art. 2 (4) ChVN verstoßenden Unterstützung des internationalen Terrorismus[710].

War SCR 731 (1992) noch einstimmig angenommen worden, so gab es bei SCR 748 (1992) nur eine knappe Mehrheit von 10 Stimmen bei fünf Enthaltungen[711].

In SCR ***883*** vom 11.11.1993 wurde erneut das Vorliegen einer Friedensbedrohung festgestellt:

> *„determining ... that the continued failure by the Libyan Government to demonstrate by concrete actions its failure to respond fully and effectively to the requests and decisions in resolutions 731 (1992) and 748 (1992), constitute a threat to international peace and security, ...*“[712].

In **SCR 1192** vom 27.08.1998 stellt der Sicherheitsrat Libyen ein Aussetzen der Sanktionen für den Fall in Aussicht, dass die Beschuldigten an ein britisches oder amerikanisches oder ein schottisches, in den Niederlanden tagendes Gericht ausgeliefert werden.

Libyen erklärte sich dazu Ende 1998 bereit[713]. Am 05.04.1999 teilte der Generalsekretär dem Sicherheitsrat mit, dass die beiden Verdächtigten in den Niederlanden eingetroffen seien. Daraufhin erklärte der Sicherheitsrat, dass die Sanktionen ausgesetzt seien[714]. Der libysche Angeklagte Abdelbasset Ali Megrahi wurde am 14.03.2002 von dem schottischen Berufungsgericht im niederländischen Kamp Zeist für schuldig befunden und zu einer lebenslangen Freiheitsstrafe verurteilt[715].

---

darstellt; nach *T. Stein*, S. 223 f., ist für eine Feststellung nach Art. 39 ChVN stets die konkrete Situation entscheidend. Hier liege sie darin, dass die USA schon einmal Gewalt gegen Libyen angewandt hatten, nämlich in Form der Bombardierung von Tripolis nach dem Anschlag auf die Berliner Diskothek „La Belle“ im April 1986. Ein gegen die USA gerichteter Resolutionsentwurf vom 21.04.1986 (S/18016/Rev.1) war am Veto Frankreichs, Großbritanniens und der USA, die sich auf Art. 51 ChVN und den libyschen Verstoß gegen Art. 2 (4) ChVN beriefen, gescheitert; ebenso ein Resolutionsentwurf vom 04.01.1989 (S/20378) gegen den Abschuss zweier libyscher Militärmaschinen durch die USA. Die USA hatten sich auf Art. 51 ChVN berufen – ihre Piloten hätten sich angegriffen gefühlt.

[710] *Martenczuk*, S. 261 f.

[711] Diese kamen von: China, Indien, Kap Verde, Marokko und Simbabwe – ein immer wieder geäußertes Argument war die Übereiltheit der Resolution.

[712] 6. pr. para.

[713] Vgl. schon die Äußerung des libyschen Vertreters im Sicherheitsrat – S/PV. 3920 vom 27.08.1998, S. 4.

[714] Vgl. S/PRST/1999/10 vom 08.04.1999 und Pressemitteilung vom 05.04.1999 (SC/6662).

[715] Vgl. FAZ vom 15.03.2002, S. 2.

Eine Aufhebung der Sanktionen scheiterte bislang daran, dass die USA von Libyen bisher vergeblich verlangt hat, dass es die Angehörigen der Opfer entschädige und die Verantwortung für den Anschlag übernehme[716].

c. *Zusammenfassung*

Der Fall Lockerbie eröffnet neue Dimensionen des Friedensbedrohungsbegriffes, sowohl was die Auslegung der Friedens- als auch der Bedrohungskomponente betrifft.

Zum einen stellt sich die Frage der Unmittelbarkeit der Bedrohung bei dem zeitlichen Zurückliegen der dem Auslieferungsersuchen zugrundeliegenden Tat[717].

Zum anderen ist zweifelhaft, ob der Sicherheitsrat Sanktionen gegen einen Staat verhängen kann, dessen gerügtes und der Feststellung der Friedensbedrohung zugrundeliegendes Verhalten (die Nichtauslieferung eigener Staatsangehöriger auch unter Berufung auf die Montrealer Konvention) u.U. nicht gegen geltendes Völkerrecht verstößt[718].

---

716 FAZ aaO (vorangeganene FN).

717 Vgl. dazu – ablehnend – *Martenczuk*, S. 262, FN 710; *Kooijmans*, S. 117: Threat *„not actual [...], but latent at the most"*. *Bedjaoui*, Lockerbie, diss.op., para. 21, S. 153: „... no small number of people may find it disconcerting that the horrific Lockerbie bombing should be seen today as an urgent threat to international peace when it took place over three years ago."

718 *Bauer*, S. 204, geht sogar so weit zu behaupten, der Sicherheitsrat habe – wenn auch nur für den speziellen Fall – neue Rechtsnormen geschaffen. Nach *Bauer*, S. 205, hat der Sicherheitsrat mit den Resolutionen 731 und 748 erstmals in den Kernbereich der inneren Souveränität, nämlich in die Strafverfolgung eigener Staatsangehöriger eingegriffen; nach *Herdegen*, S. 26, kann sich ein selbst in den internationalen Terrorismus verwickelter Staat nicht auf das Wahlrecht der Montrealer Konvention zwischen eigener Strafverfolgung und Auslieferung berufen, um Straftäter einer effektiven Verfolgung zu entziehen; nach *Brownlie*, S. 98 ff., besteht keine Auslieferungspflicht: SCR 731 und 748 „involved substantial anomalies from the point of view of the Rule of Law."; differenzierter *T. Stein*, S. 211 ff., der jedoch im vorliegenden Fall ebenfalls eine Auslieferungspflicht Libyens verneint. Eine Auslieferungspflicht nach allgemeinem Völkerrecht verneint auch *Oda* in declaration zu *Lockerbie, Provisional Measures*, S. 130, und in diss. op. zu *Lockerbie, Preliminary Objections*, para 20; Eine Auslieferungspflicht bejaht *Ipsen*, 1992, 41, 43; nach *Martenczuk*, S. 261 f., ist die Friedensbedrohung primär in der Verwicklung Libyens in den Terrorismus zu sehen und die Befürchtung, dass Libyen auch in Zukunft wieder terroristische Akte unterstützen könnte – die hier angesprochene Frage stellt sich dann nur am Rande. Auch *Conforti*, S. 179, äußert erhebliche Bedenken gegen die Vorgehensweise des Sicherheitsrates. *Schilling*, S. 76, sieht in dem Vorgehen des Sicherheitsrates eine „schlichte Verdrängung eines völkerrechtlichen Vertrages, dessen Regelungen dem Sicherheitsrat im konkreten Fall aus der Sicht der Wahrung des Weltfriedens nicht angemessen erscheinen mochten."

Desweiteren ist unklar, ob es sich bei SCR 731 (1992) um eine bindende Resolution nach Kapitel VII ChVN handelt[719]. Dies ist insoweit von Bedeutung, als ein Verstoß gegen sie andernfalls nur schwerlich als Friedensbedrohung eingestuft werden könnte, wie dies in SCR 748 (1992) geschehen ist[720].

Überdies stößt die Vorgehensweise des Sicherheitsrates unter dem Gesichtspunkt der Verhältnismäßigkeit auf Bedenken, insbesondere in Anbetracht der Tatsache, dass für SCR 748 (1992) ohne Not[721] nicht einmal die – absehbare – Entscheidung des IGH zu den vorläufigen Maßnahmen abgewartet wurde und in Anbetracht der durchaus gegebenen Verhandlungsbereitschaft Libyens[722].

d. *Kategorisierung*

Die Resolutionen des Sicherheitsrates zum Lockerbie-Konflikt lassen sich im Hinblick auf die der ausdrücklichen oder konkludenten Annahme einer Friedensbedrohung zugrundeliegenden Umstände wie folgt kategorisieren:

- Nichtbefolgung vorangegangener Resolutionen des Sicherheitsrates,
- staatliche Verwicklung[723] in den Terrorismus,

---

719 Dazu sehr eingehend *Baroni*, S. 218 ff.: *Für Kapitel VI ChVN* sprechen der fehlende Verweis auf Kapitel VII ChVN in der Resolution, die verwandte Sprache und die Einschätzung der Mehrheit der Richter des IGH in *Lockerbie, Provisional Measures* (z.B. diss. op. *Bedjaoui*, paras 19, 20, S. 152) und *Weeramantry*, S. 176 f.) und (nach *T. Stein*, S. 217 ff.) der Gegensatz zu SCR 748 (1992), *dagegen* und für Kapitel VII ChVN die fehlende Rechtsgrundlage in Kapitel VI ChVN (allenfalls Art. 37 Abs. 2 ChVN – so *T. Stein*, S. 217 ff., oder Art. 36 (1) ChVN – so dissenting opinion von Richter *Ajibola* zu *Lockerbie, Provisional Measures*, aaO, S. 195, die Tatsache, dass sich die USA und GB nicht gem. Art. 27 Abs. 3 ChVN der Stimme enthalten haben – das rügt der Vertreter Libyens in S/PV 3063, S. 7 f. Es sprechen wohl die besseren Argumente für eine Einordnung unter Kapitel VII ChVN. Für Kapitel VII ChVN auch *Ipsen*, 1992, S. 44. Richter *El Kosheri* geht in seiner dissenting opinion zu *Lockerbie, Provisional Measures*, aaO, S. 202, zutreffend von einer – nicht bindenden – Empfehlung nach Art. 39 ChVN aus, so dass im Zusammenhang mit Art. 40 S. 3 ChVN die Frage, ob die Resolution unter Kapitel VI oder VII ChVN erlassen wurde, ohne Relevanz ist.

720 A.A. *Martenczuk*, S. 44, nach dessen Auffassung Art. 40 S. 3 ChVN über die Verbindlichkeit der vorläufigen Maßnahmen an sich nichts aussagt; dazu *Krökel*, S. 91 f., der zutreffend auf dem Standpunkt steht, dass die in Art. 40 S. 3 ChVN an die Nichtbefolgung von Maßnahmen nach Art. 40 S. 1 ChVN geknüpften Folgen nur dann Sinn machen, wenn letztere Maßnahmen bindend sind.

721 A.A. *T. Stein*, S. 226 f.

722 *T. Stein* aaO sieht diese Verhandlungsbereitschaft im Ergebnis als vordergründig an. Nach Ansicht von *Kooijmans*, aaO, und der sich bei der Abstimmung über SCR 748 (1992) enthaltenden Staaten – vgl. oben FN 711 – wurden die Möglichkeiten, den Konflikt friedlich zu lösen, nicht ausgeschöpft.

723 Nach *T. Stein*, S. 219, war es die vermutete Verwicklung des libyschen Staates in das Attentat, die den Fall aus der rein staatlichen Sphäre heraushob und Maßnahmen des Sicherheitsrates rechtfertigte.

- Nichtauslieferung von Verdächtigen,
- Verstoß gegen Art. 2 (4) ChVN.

11. Der Konflikt in Somalia (seit 1992)

Die seit der Unabhängigkeit Somalias im Jahre 1960 bestehenden innenpolitischen Spannungen verstärkten sich im Jahre 1988 zu einem Bürgerkrieg, der letztlich zur Flucht des seit einem Militärputsch 1969 regierenden Präsidenten Barré am 27.01.1991 nach Kenia führte[724]. Nach der Machtübernahme durch Ali Mahdi Muhammad vom United Somali Congress (USC) gingen die Kämpfe der rivalisierenden Clans um die Vorherrschaft in Somalia weiter. Im November und Dezember 1991 starben allein in der Hauptstadt Mogadischu schätzungsweise 15.000 Menschen aufgrund der Unruhen[725]. Die Verteilung von Hilfsgütern gegen die große Hungersnot gestaltete sich zunehmend schwieriger, da die Arbeit der Hilfsorganisationen von der Zustimmung der Clanführer abhing, die verschiedene Teile des Landes kontrollierten. Anfang 1992 ersuchten die somalische Vertreterin bei den Vereinten Nationen und der Generalsekretär der OAU den Sicherheitsrat um Hilfe[726].

a. Resolutionen 733 (1992) bis 775 (1992)

Am 23.01.1992 verabschiedete der Sicherheitsrat daraufhin Resolution ***733***, in deren 4. pr. para. er das Vorliegen einer Friedensbedrohung wie folgt feststellt:

> *„concerned that the continuation of this situation constitutes, as stated in the report of the Secretary-General, a threat to international peace and security,* “.

Abgesehen davon, dass der Sicherheitsrat sich erstmals bei der Feststellung einer Friedensbedrohung auf einen (mündlichen) Bericht des Generalsekretärs

---

[724] Vgl. zum Ganzen *Boutros-Ghali*, Somalia, paras. 20 ff.; *Fink*, S. 701 ff.; *A. Stein*, S. 211 ff.

[725] *Pfetsch-Hartmann*, S. 97.

[726] Die Bedeutung dieses Hilfeersuchens (S/23445 – der somalische Vertreter verleiht darin seiner Hoffnung Ausdruck, dass der Sicherheitsrat ein Ende der Kämpfe herbeiführt und Frieden und Sicherheit in dem Land wiederherstellt) bzw. der nachträglichen Zustimmung der somalischen Vertreterin (mit Schreiben vom 30.01.1992 – S/23507) wird unterschiedlich beurteilt: *Nowlan*, S. 183, misst ihm ebenso wie *Baroni*, S. 156 f., besondere, *Gordon*, 1994, S. 552, nur sehr eingeschränkte Bedeutung bei. Es stellt sich in der Tat die Frage, für welche Regierung die UN-Vertreterin auftrat, da in Somalia faktisch ein Zustand der Anarchie herrschte – *Hutchinson*, S. 625 f., insbes. S. 626, FN 11; nach *A. Stein*, S. 218, stellte das Ali Mahdi-Regime nicht einmal ein stabilisiertes de facto-Regime dar; a.A. insoweit *Fink*, S. 735; wegen des allgemein gehaltenen Charakters der Anfrage (im Gegensatz zu derjenigen Jugoslawiens vor SCR 713 (1991)) verweist *A. Stein*, S. 216 f., auf Art. 35 ChVN; eingehend *A. Stein*, S. 252 ff.

beruft, wird hier – wie üblich – nur auf die „Situation" Bezug genommen[727]. Diese wird – neben dem angesprochenen Bericht des Generalsekretärs[728] – näher erläutert in dem vorangegangenen Abschnitt:

> *„gravely alarmed at the rapid deterioration of the conflict in Somalia and the heavy loss of human life and widespread material damage resulting from the conflict in the country and aware of its consequence on the stability and peace in the region,"*.

Der Sicherheitsrat nimmt also ausdrücklich Bezug auf die Auswirkungen auf die Region[729], ohne diese Auswirkungen – anders etwa als in SCR 688 (1991) (Kurden im Nordirak) – näher zu qualifizieren. Sie bestanden zum einen in erheblichen Flüchtlingsströmen nach Kenia[730], zum anderen hatten sie ihre Ursache in der Existenz somalischer Bevölkerungsgruppen in den Grenzregionen Äthiopiens und Kenias. Es bestand jedoch zu keinem Zeitpunkt die Gefahr der Ausdehnung der bewaffneten Auseinandersetzungen auf die Nachbarstaaten[731].

Obwohl der Sicherheitsrat in der Resolution unter Bezugnahme auf Kapitel VII ChVN ein allgemeines Waffenembargo gegen Somalia verhängt[732] und daher erneut[733] trotz Verwendung der „continuance-Formel" von dem gegenwärtigen Bestehen einer Friedensbedrohung ausgeht, handelt es sich von Aufbau und Inhalt her nicht um eine typische Kapitel VII-Resolution: Der Sicherheitsrat nimmt ausdrücklich Bezug auf Kapitel VIII ChVN, die Resolution ist vom Ton her gemäßigt und inhaltlich vor allem von dem Bemühen um eine humanitäre Versorgung der Bevölkerung geprägt. Das Waffenembargo und die Feststellung des Handelns nach Kapitel VII ChVN sind Inhalt eines einzigen Satzes im 5. op. para. Insgesamt entsteht der Eindruck, der Sicherheitsrat habe zu diesem Zeitpunkt nur deshalb eine Friedensbedrohung festgestellt, um ein für

---

727 *Martenczuk*, S. 173, sieht darin keine Feststellung der Voraussetzungen des Art. 39 ChVN – für ihn handelt es sich um eine „aufgeweichte Formulierung".

728 Aus der Bezugnahme auf den Bericht des Generalsekretärs im 1. op. para. schließt *Hutchinson*, S. 627, dass das Leiden in Somalia als Friedensbedrohung angesehen worden sei. Gleichzeitig sieht *Hutchinson* den Bürgerkrieg als solchen als Friedensbedrohung an.

729 *Nowlan*, S. 176, hebt dies besonders hervor; die meisten Kommentatoren sind zurecht skeptisch was die Gefahr einer Ausdehnung des Konfliktes in Somalia über dessen Grenzen hinweg angeht – vgl. *Kooijmans*, S.115, und im Ergebnis auch *Fink*, S. 739 f.

730 Im März 1993 fliehen ca. 700 Somalis täglich nach Kenia, im Mai sind es ca. 3.000 am Tag – im Sicherheitsrat wird dies nicht diskutiert, vgl. *Fink*, S. 739.

731 Vgl. die Nachweise in FN 729.

732 Im 6. op. para.

733 Siehe dazu oben zu Jugoslawien auf S. 118 und unten zu Haiti auf S. 162.

alle Staaten bindendes Waffenembargo zu erlassen, was der OAU nicht möglich gewesen wäre[734].

Dass dabei vor allem die Zustände im Inneren Somalias von entscheidender Bedeutung waren, zeigt bereits die Tatsache, dass das Waffenembargo ausweislich des 5. op. paras. der Resolution *„for the purpose of establishing peace and stability in Somalia“* verhängt wurde.

Der soeben beschriebene Eindruck wird noch verstärkt durch ***SCR 746*** vom 17.03.1992, in der es zwar im 6. pr. para. heißt:

> *„deeply disturbed by the magnitude of the human suffering caused by the conflict and concerned that the continuation of the situation in Somalia constitutes a threat to international peace and security, ...“,*

die sich aber erneut auf Kapitel VIII ChVN bezieht[735] und Rechtsfolgen enthält, die ein Handeln unter Kapitel VII ChVN nicht erfordern[736]. So verwendet der Sicherheitsrat z.B. die Eingangsverben *„call upon“*, *„urge“*, *„appeal“* und nicht solche wie *„demand“*, die erfahrungsgemäß eher auf ein Handeln nach Kapitel VII ChVN schließen lassen[737]. Mögliche internationale Auswirkungen des Konfliktes werden nicht mehr erwähnt.

SCR 751 vom 24.04.1992 enthält im wesentlichen eine Wortlaut-Wiederholung der Präambel von SCR 746 (1992). Die Rechtsfolge (u.a. Einrichtung von UNOSOM I) ist ebenfalls eher Kapitel VI ChVN zuzuordnen.

Die Feststellungen der Friedensbedrohung in den Resolutionen ***767*** (1992) und ***775*** (1992) entsprechen dem Wortlaut nach derjenigen in SCR 746 (1992) mit dem Unterschied, dass nicht mehr auf die Fortdauer der Situation, sondern auf die aktuelle Situation abgestellt wird. Beide Resolutionen enthalten einen pr.para., der lautet:

> *„recognizing[738]/reaffirming[739] that the provision of humanitarian assistance in Somalia is an important element in the effort of the Council to restore international peace in the area, ...“.*

Im Rückschluss lässt sich daraus folgern, dass die fehlende humanitäre Versorgung der Bevölkerung der Bedrohung des Friedens ganz wesentlich zugrunde gelegen haben muss. Die zitierte Passage offenbart die mangelnde terminologi-

---

734 Vgl. *Szasz*, 1994 II, S. 23; SCR 733 (1992) erweist sich auch insoweit als ähnlich mit SCR 713 (1991) – Jugoslawien, zu weiteren Parallelen siehe *Fink*, S. 734 ff.

735 8. pr. para.

736 Vgl. *Fink*, S. 737.

737 Vgl. oben S. 53.

738 SCR 767 (1992).

739 SCR 775 (1992).

sche Exaktheit bei der Verwendung der Begriffe des Art. 39 ChVN: Die „Wiederherstellung" („*restoration*") des Friedens setzt dessen Bruch und nicht bloß dessen Bedrohung voraus. Von Bruch des Friedens ist jedoch in den beschriebenen Resolutionen nirgendwo die Rede.

Es ist festzustellen, dass der Sicherheitsrat bis zu diesem Zeitpunkt zwar in jeder Resolution erneut ausdrücklich das Vorliegen einer Friedensbedrohung feststellt, in der Rechtsfolge jedoch – mit Ausnahme von SCR 733 (1992), 5. op. para.: Waffenembargo – nicht notwendigerweise nach Kapitel VII ChVN handelt[740]. Dies legt den Schluss nahe, dass es dem Sicherheitsrat nur um die Verhängung eines bindenden Waffenembargos ging und die Wiederholung der Feststellung der Friedensbedrohung nur der Rechtfertigung von dessen Aufrechterhaltung diente – eine Mühe, die sich der Sicherheitsrat in anderen vergleichbaren Fällen nicht gemacht hat.

b. Resolution 794 (1992)

Ende 1992 litten zwischen vier und sechs Mio. Somalier unter den Auswirkungen der Kämpfe, unter der Dürre und der Behinderung der Hilfslieferungen. 3.000 Menschen starben täglich an Hunger. Die zunehmende Fernsehberichterstattung führte insbesondere in den USA zu einem verstärkten Druck der Öffentlichkeit auf die Regierung, tätig zu werden[741]. Nach der Wahl Präsident Clintons, aber noch vor dessen Amtseinführung, bot die US-Regierung am 25.11.1992 dem UN-Generalsekretär ihre Hilfe bei der Sicherung der Hilfslieferungen an. Dies führte innerhalb kurzer Zeit[742] zur einstimmigen[743] Verabschiedung der Resolution ***794*** vom 03.12.1992, mit der der Sicherheitsrat, ohne dass eine wesentliche Änderung der äußeren Umstände gegenüber der Situation vom 28.08.1992 (SCR 775) vorgelegen hätte, eine Kehrtwendung in der Somalia-Politik hin auf eine reine Kapitel-VII-Maßnahme vollzieht. Ähnlich wie in SCR 678 (1990) im Falle Kuwaits werden die Mitgliedstaaten ermächtigt, alle erfor-

---

740 *Hutchinson*, S. 628, stellt eine „increasing aggressiveness" des Sicherheitsrates fest.

741 Zur Rolle der Medien sehr gut *Hutchinson*, S. 638. Zur (zusätzlichen) Bedeutung des amerikanischen Präsidentschaftswahlkampfes *Torrelli*, S. 193.

742 Nach drei Tagen, teilweise kontrovers geführter Debatten – vgl. *Freudenschuß*, 1994, S. 512 ff.; nach *Hutchinson*, S. 631, FN 42, waren drei Gründe maßgeblich für die Verabschiedung von SCR 794 (1992): 1. das amerikanische Angebot, 2. die Initiative des Generalsekretärs (Schreiben an den Sicherheitsrat vom 29.11.1992 – S/24686) und 3. die Frustration im Sicherheitsrat nach einem Jahr erfolgloser Bemühungen.

743 China stimmte zum ersten Mal überhaupt einer Zwangsmaßnahme zu. Der Grund war wohl das infolge des Fehlens einer Regierung nicht bestehende Problem mit Art. 2 (7) ChVN – vgl. S/PV.3145, S. 16 f.

derlichen Maßnahmen zum Schutze der Hilfslieferungen zu ergreifen[744]. In den folgenden Wochen wurde die aus 30.000 Soldaten aus mehr als 20 Ländern bestehende „Unified Task Force“ – UNITAF – in Somalia stationiert.

Ähnlich wie im Falle Haitis[745] müssen (im 2. pr. para.) der *„unique character of the present situation in Somalia“* und die *„deteriorating, complex and extraordinary nature“* der Situation herangezogen werden[746], um dann im folgenden Abschnitt die Feststellung (*„determine“*) zu ermöglichen,

> *„that the magnitude of the human tragedy caused by the conflict in Somalia, further exacerbated by the obstacles being created to the distribution of humanitarian assistance, constitutes a threat to international peace and security, ... “.*

Die Resolution enthält trotz der Flüchtlingsbewegungen nach Kenia keinerlei Hinweis auf Auswirkungen auf Nachbarstaaten[747]. Es waren in der Tat auch keine ernsten Folgen für die Sicherheit in der Region zu befürchten[748]. Die Resolution scheint alleine auf der inneren, durch die humanitäre Tragödie, Verstöße gegen humanitäres Völkerrecht, Angriffe auf UN-Personal und Hilfstransporte[749] sowie das Fehlen einer Regierung[750] gekennzeichneten Lage in Somalia zu beruhen[751].

---

[744] 10. op. para., im 18. op. para. behält sich der Sicherheitsrat vor, zu bestimmen, wann die Aktion in UN-Kontrolle übergeht; *Hutchinson*, S. 634, setzt diese Rechtsfolge funktional gleich mit dem Treuhandsystem der Kapitel XII und XIII ChVN.

[745] Siehe dazu unten S. 161.

[746] Während die Vertreter Equadors (S/PV. 3145, S. 14) und Indiens (aaO, S. 51) die Besonderheit der Situation betonten, stellte der österreichische Vertreter einen Zusammenhang mit SCR 678 (1991) (Kuwait), SCR 688 (1991) (Kurden) und SCR 770 (1992) (Jugoslawien) her. Der US-amerikanische Vertreter sah die Situation in Somalia als Herausforderung für die Weltgemeinschaft an, es gelte, auf die großen moralischen und humanitären Herausforderungen zu reagieren (S/PV. 3145, S. 38). Dies widerspricht ebenso wie die Äußerung des Vertreters Zimbabwes (S/PV. 3145, S. 7) der „caveat“-Formulierung der Resolution; vgl. auch *A. Stein*, S. 241; für *Fink*, S. 898, verbindet sich mit dem „Verdikt der Nichtverallgemeinerbarkeit zugleich das Eingeständnis der Chartawidrigkeit.“

[747] So auch *Gading*, S. 118, FN 303, und *Lillich*, 1993, 557, 566; *A. Stein*, S. 248; anders noch der ursprüngliche Vorschlag des Generalsekretärs vom 29.11.1992 – vgl. *Freudenschuß*, 1994, S. 21.

[748] *Gading*, S. 118; *A. Stein*, S. 247: „nach völlig einhelliger Auffassung keinerlei militärische Bedrohung der Nachbarstaaten...“.

[749] Die Behinderung der humanitären Hilfe stand im Vordergrund der Debatte im Sicherheitsrat – vgl. S/PV. 3145: Equador, S. 12, China, S. 16, Frankreich, S. 30, Österreich, S. 31, Großbritannien, S. 33, USA, S. 36; vgl. auch *Hutchinson*, S. 629: „violence against relief workers was a corollary of the larger `threat to the peace´ triggered by mass starvation.“, auf S. 632 trifft er dieselbe Aussage für die Verletzung des humanitären Völkerrechts.

c. *Resolutionen seit Resolution 814 (1993)*

In ***SCR 814*** (1993), in deren letztem pr.para. der Sicherheitsrat feststellt, dass die Situation in Somalia *„continues to threaten peace and security in the region,"* geht der Sicherheitsrat zwar auf die durch die Flüchtlinge verursachten Schwierigkeiten der Nachbarstaaten ein[752], misst diesen aber im Zusammenhang mit dem Vorliegen einer Friedensbedrohung keine besondere Bedeutung bei. Tatsächlich bestand auch zu diesem Zeitpunkt nicht die Gefahr, dass Nachbarstaaten sich in den innersomalischen Konflikt einmischten[753]. Ein Hinweis auf die *„uniqueness"* des Falles fehlt wie auch in den anderen Folgeresolutionen völlig. Mit SCR 814 (1993) wird die UNOSOM II als Nachfolgerin der UNOSOM und der UNITAF eingerichtet.

Ende März 1993 konnte in Addis Abeba ein Waffenstillstand zwischen 15 Bürgerkriegsparteien geschlossen werden. Der daran nicht beteiligte und inzwischen steckbrieflich gesuchte Clan- und Rebellenführer General Aidid rief nun jedoch zum Widerstand gegen die UNO-Soldaten auf. Bei einem Angriff seiner Anhänger auf die UN-Truppen kamen am 05.06.1993 mehr als 20 pakistanische UN-Soldaten ums Leben.

---

750 Vgl. dazu den Brief des Generalsekretärs vom 29.11.1992 – Auszug bei *Gordon*, 1994, S. 553, FN 189, und *Boutros-Ghali*, 1993, S. 292; *Endemann* weist auf S. 276 darauf hin, dass der Sicherheitsrat nicht mehr den Begriff „state", sondern „country" für Somalia verwendet und dass die an das Phänomen des „failed state" geknüpfte Nichtanwendbarkeit des Art. 2 (7) ChVN die Zustimmung Chinas und der Entwicklungsländer erleichterte. Nach *Tomuschat*, 1995, S. 12, steht nach SCR 794 (1992) fest, „dass auch ein allgemeiner Zustand der Anarchie und Gesetzlosigkeit in einem Lande, selbst wenn davon keine grenzüberschreitenden Auswirkungen ausgehen, vom Sicherheitsrat aufgegriffen werden kann."

751 8. und 9. pr. para.; vgl. auch *Martenczuk*, S. 174 m.w.N.; *Gordon*, 1996, S. 51; *Fink*, S. 740 ff. m.z.w.N.; *Freudenschuß*, 1993, S. 21; *Baroni*, S. 154; deutlich *Gading*, S. 119; *Lorinser*, S. 26; *A. Stein*, S. 247 ff., m.w.N. in FN 186 auf S. 252; nach *Hutchinson*, S. 624, setzt diese Resolution „important precedents for the doctrine of humanitarian intervention"; nach *Endemann*, S. 274, verfolgten die Staaten bei der Debatte im Sicherheitsrat eine „juristisch – moralische" Argumentation. *Rudolf*, S. 101, lehnt die Feststellung einer Friedensbedrohung wegen der fehlenden grenzüberschreitenden Auswirkungen ab, befürwortet aber dennoch ein Handeln des Sicherheitsrates. Aus der Debatte vgl. die Beiträge der USA (S/PV. 3145, S. 38), Venezuelas (aaO, S. 41), Equadors (aaO, S. 11 f.), Belgiens (aaO, S. 23 f.), Frankreichs (aaO, S. 29 f.), Österreichs (aaO, S. 31), Russlands (aaO, S. 26) und Großbritanniens, dessen Vertreter sagte: „... international community has no wish to intervene in internal affairs but it cannot stand by and permit a humanitarian crisis of this magnitude to continue.".

752 15. pr. para.; ebenfalls einen Hinweis auf die Flüchtlingsströme enthält SCR 954 (1994) im 17. pr. para.: „im Bewusstsein der Auswirkungen, welche die Situation in Somalia, insbesondere die Flüchtlingsströme, auf die Nachbarstaaten gehabt hat".

753 Vgl. insbesondere *Gordon*, 1994, S. 572.

Der Sicherheitsrat reagierte am 06.06.1993 mit ***SCR 837***, in deren vorletztem pr.para. er erneut eine friedensbedrohende Situation in Somalia feststellt. Im 7. pr. para. kommt erneut die ausschließlich auf die Zustände im Inneren Somalias bezogene Motivation des Sicherheitsrates zum Ausdruck:

> *„Stressing that the international community is involved in Somalia in order to help the people of Somalia who have suffered untold miseries due to years of civil strive in that country ...“*

Eine Jagd nach General Aidid beginnt, die auf beiden Seiten zu Opfern führt. Im Oktober werden 18 getötete amerikanische Soldaten durch die Straßen geschleift. Ende März 1994 verlassen die amerikanischen und europäischen Soldaten Somalia, zurück bleiben ca. 20.000 asiatische und afrikanische UN-Soldaten.

Zuvor hatte der Sicherheitsrat in den Resolutionen ***886*** (1993) und ***897*** (1994) das Vorliegen einer Friedensbedrohung bestätigt. In SCR 897 (1994) heißt es ebenso wie in ***SCR 923*** vom 31.05.1994 und ***SCR 954*** vom 04.11.1994 im letzten pr.para.:

> *„determining that the situation in Somalia continues to threaten peace and security and having regard to the exceptional circumstances, including in particular the absence of a government in Somalia, and acting under Chapter VII...“*

– die Bezugnahme auf das Fehlen der Regierung diente in SCR 897 (1994) wohl vor allem zur Rechtfertigung der Änderung der Aufgaben von UNOSOM II in deren 2. op. para.

In **SCR 1356** (2001), **1407** (2002) und **1425** (2002) präzisiert und bekräftigt der Sicherheitsrat, jeweils handelnd nach Kapitel VII ChVN, die in SCR 733 (1992) verhängten Sanktionen. Die durch die gewaltsamen Auseinandersetzungen rivalisierender Clans in Somalia gekennzeichnete Situation in Somalia dauert an[754]. In den beiden Resolutionen aus dem Jahre 2002 stellt der Sicherheitsrat fest („notice“)[755], dass die gegen das Embargo verstoßenden Waffenlieferungen nach Somalia

> *„[are] undermining peace and security and the political efforts for national reconciliation in Somalia“.*

Obwohl der Sicherheitsrat nach Kapitel VII ChVN handelt, zieht er es wegen des rein innersomalischen Charakters der Auseinandersetzungen zwischen den Clans offenbar vor, sich der untechnischen Terminologie des „undermining“ zu bedienen.

---

[754] Vgl. FWA 2002, Spalten 748 ff.

[755] Im 3. und 2. pr. para.

Dies änderte sich erst nachdem die Konfliktparteien im Oktober 2002 eine Waffenruhe sowie Grundzüge eines nationalen Versöhnungprozesses und die Aufnahme von Beratungen über eine bundesstaatliche Verfassung beschlossen hatten (sog. Eldoret Declaration) und es danach immer wieder zum Bruch des Waffenstillstandes gekommen war[756]. In ***SCR 1474*** (2003) vom 08.04.2003 stellt der Sicherheitsrat eine auf die „Situation in Somalia" bezogene Friedensbedrohung fest und betont – handelnd nach Kapitel VII ChVN –

> *„the obligation of all States and other actors to comply fully with resolution 733 (1992), and reaffirms that non-compliance constitutes a violation of the provisions of the Charter of the United Nations;"*

Es wird eine Expertenkommission zur Untersuchung der Verstöße gegen das Waffenembargo eingesetzt.

d. *Zusammenfassung*

Im Rahmen des Somalia-Konfliktes lässt der Sicherheitsrat erstmals in seiner Praxis keinerlei Zweifel mehr daran aufkommen, dass er allein die Zustände im Inneren Somalias zum Anlass seines Eingreifens gemacht hat. Als Besonderheit ist jedoch das Fehlen einer effektiven Regierungsgewalt in Somalia in der Anfangsphase des Konfliktes hervorzuheben.

e. *Kategorisierung*

Die Resolutionen des Sicherheitsrates zu dem Konflikt in Somalia lassen sich im Hinblick auf die der ausdrücklichen oder konkludenten Annahme einer Friedensbedrohung zugrundeliegenden Umstände wie folgt kategorisieren:

- Ersuchen/Zustimmung durch die Regierung Somalias[757]
- Verstöße gegen humanitäres Völkerrecht[758]/Behinderung von Hilfslieferungen[759]/Humanitäre Tragödie – menschliches Leiden[760],
- Angriffe auf UN-Personal[761],
- Flüchtlingsströme[762],
- Kämpfe/Bürgerkrieg[763],
- Fehlen einer Regierung/failed state[764],

---

756 FWA 2004, Spalte 782.

757 *SCR 733 (1992).*

758 *SCR 794 (1992).*

759 *SCR 767 (1992); SCR 775 (1992); SCR 794 (1992).*

760 *SCR 746 (1992); SCR 751 (1992); SCR 794 (1992).*

761 *SCR 794 (1992); 837 (1993); 767 (1992); 775 (1992).*

762 *SCR 814 (1993); SCR 954 (1994).*

763 *SCR 733 (1992).*

– Verstöße gegen Waffenembargo/vorangegangene Resolutionen des Sicherheitsrates[765].

12. Der Konflikt in Georgien (1993 bis 1996)

Nach dem Zusammenbruch der Sowjetunion und der Unabhängigkeit Georgiens sah sich Georgien mit drei Konflikten konfrontiert: Den beiden Unabhängigkeitsbewegungen in Abchasien und Süd-Ossetien, sowie später der Auseinandersetzung zwischen der georgischen Regierung unter Eduard Schewardnadse und den Anhängern seines Vorgängers Swiad Gamsachurdia.

Der Sicherheitsrat hat sich überwiegend mit dem Abchasien-Konflikt beschäftigt.

Abchasien war noch zu Zeiten der UdSSR autonomer Teil der autonomen Republik Georgien mit nur 18 % abchasischer Bevölkerung und georgischer Dominanz gewesen[766]. Nachdem sich Abchasien am 26.07.1992 für unabhängig erklärt hatte, kam es zu bewaffneten Auseinandersetzungen zwischen abchasischen und georgischen Einheiten und zum Bruch mehrerer Waffenstillstandsabkommen. Der Sicherheitsrat entsandte verschiedene Beobachter und richtete mit ***SCR 858*** vom 24.08.1993 eine Beobachtungsmission, UNOMIG, zur Überwachung des Waffenstillstandes vom 27.07.1993 ein[767]. Im 6. pr. para. stellte der Sicherheitsrat fest, dass die

> *„continuation of the conflict in Georgia threatens peace and stability in the region".*

Der Sicherheitsrat macht die Feststellung einer Friedensbedrohung nicht von einer Veränderung der Umstände, sondern nur von deren zeitlicher Fortdauer abhängig[768].

Ein möglicher Grund für eine Friedensbedrohung könnten die zahlreichen Flüchtlinge gewesen sein[769]. Dabei handelte es sich jedoch um Georgier, die aus Abchasien nach Georgien flohen.

Grenzüberschreitende Auswirkungen waren also nicht vorhanden – Grundlage der Feststellung der Friedensbedrohung war allein der Konflikt innerhalb

---

764 SCR 897 (1994); SCR 923 (1994); SCR 954 (1994).

765 *SCR 1474 (2003).*

766 FWA 2001, Spalte 312.

767 Das Mandat wurde zuletzt verlängert in SCR 1339 (2001).

768 Die Verwendung der „continuation" – Formel schließt das faktische Vorliegen einer Friedensbedrohung überdies nicht aus – vgl. z.B. SCR 713 (1991) im Zusammenhang mit SCR 743 (1992) – vgl. nur oben S. 115 f.

769 Vgl. dazu SCR 892 (1993) – 10. pr. para. und SCR 937 (1994).

Georgiens um Abchasien[770]. Dass Abchasien ein Teil Georgiens darstellt, wurde vom Sicherheitsrat stets betont. Russland hatte von Beginn an seine Neutralität betont, war aber auf beiden Seiten, zuletzt auf Seiten Georgiens, unterstützend tätig.

Es fällt auf, dass der Sicherheitsrat in SCR 858 (1993) ebenso wie in den Resolutionen ***876*** (1993)[771] und ***881*** (1993)[772] abweichend von seiner sonstigen Praxis nicht von einer Bedrohung des Friedens und der *Sicherheit* in der Region spricht, sondern einer Bedrohung des Friedens und der *Stabilität* in der Region.

Die auf diese Resolution im Laufe des Konfliktes folgenden Resolutionen lassen sich im Hinblick auf die der ausdrücklichen oder konkludenten Annahme einer Friedensbedrohung zugrundeliegenden Umstände wie folgt kategorisieren – die genannten Resolutionen stellen dabei entweder ebenfalls das Vorliegen einer Friedensbedrohung wie bereits SCR 858 (1993) fest[773] oder setzen zumindest eine solche (wie sich der jeweiligen Rechtsfolge entnehmen lässt) voraus[774]:

- (drohende) Verletzung des Waffenstillstandsabkommens[775]/Nichteinstellen der Kämpfe[776],
- Leiden der Zivilbevölkerung[777]/„ethnische Säuberungen“[778]/Verletzungen des humanitären Völkerrechts[779].

13. Der Konflikt in Haiti (1993 bis 1994)

Die ehemalige französische Kolonie ist seit Anfang des 19.Jh. unabhängig und wurde nach einer Phase der Kontrolle des von der Anarchie bedrohten Landes durch die USA (1915-1934) von wechselnden Diktatoren regiert. Diese wurden

---

770 In der Debatte vom 24.08.1993 verglich der Vertreter Frankreichs den Konflikt in Georgien seiner Art nach mit demjenigen in Liberia – S/PV 3268, S. 3. In der Debatte vom 19.10.1993 (vor Verabschiedung von SCR 876 (1993)) sieht der britische Vertreter die Stabilität Georgiens bedroht und darin die Bedrohung des Friedens – S/PV. 3295, S. 6.

771 6. pr. para.; in der Debatte anlässlich der Verabschiedung dieser Resolution werden von allen Beteiligten Vorwürfe von ethnischen Säuberungen gegen Abchasien angesprochen – S/PV. 3295.

772 5. pr. para.

773 SCR 876 (1993) – 6. pr. para.; SCR 881 (1993) – 5. pr. para.

774 Die übrigen genannten Resolutionen, allerdings nicht eindeutig bei den Resolutionen aus dem Jahren 1999 – 2002.

775 SCR 1225 (1999) – 6. op. para.; SCR 1255 (1999) – 10. op. para.; SCR 1287 (2000) – 9. op. para.; SCR 1311 (2000) – 11. op. para.

776 *SCR 858 (1993) – 5. pr. para.; SCR 881 (1993) – 3. op. para.*

777 *SCR 876 (1993) – 5. pr. para.*

778 *SCR 876 (1993) – 5. pr. para.*; SCR 1065 (1996) – 9. op. para.; SCR 1364 (2001) – 11. op. para.

779 *SCR 876 (1993) – 5.pr. und 4. op. para.; SCR 881 (1993) – 3. op. para.*

wegen ihrer anti-kommunistischen Haltung von den USA toleriert. Haiti ist das ärmste Land des amerikanischen Kontinents.[780]

Nach mehreren zum Teil von der Bevölkerung boykottierten Wahlen und einem erneuten Militärputsch im September 1988 kam es zu einem Generalstreik sowie zu einer großen Anzahl von illegalen Flüchtlingen über die karibische See in die USA. Diese begannen, massiven Druck auf die Militärregierung auszuüben, was schließlich zu deren Rücktritt und letztlich zu von den Vereinten Nationen überwachten Neuwahlen im Dezember 1990 führte[781]. Aus diesen Wahlen ging der populäre, linksgerichtete Armenpriester J.B. Aristide als Sieger hervor. Ein erneuter gewaltsamer Militärputsch Ende September 1991 durch General R. Cedras führte zur Ausreise Aristides nach Frankreich, zu Wirtschaftssanktionen der OAS gegen das ohnehin schon arme Haiti und nicht zuletzt wegen der willkürlichen Verhaftungen und Ermordungen vor allem von Anhängern Aristides zu massiven Flüchtlingsbewegungen[782]. Nachdem der US-Stützpunkt Guantanamo auf Kuba überfüllt war, gingen die USA dazu über, die meist nicht seetüchtigen Boote abzufangen und nach Haiti zurückzusenden. Am 12.6.1993 erkannte der haitianische Kongress Aristides Legitimation als Präsident an, machte die Gestattung seiner Rückkehr jedoch von der Anerkennung aller Akte der Militärregierung seit seinem Sturz abhängig. Aristide war dazu nicht bereit.

a. Resolution 841 (1993)

Am 16.6.1993 verabschiedete der Sicherheitsrat ***SCR 841***, in der er ein Öl- und Waffenembargo gegen Haiti und dessen Kontrolle auf Hoher See verfügte. Im vorletzten pr.para. bestimmte er,

> *„that, in these unique and exceptional circumstances, the continuation of this situation threatens international peace and security in the region.“*

Die Tatsache, dass der Sicherheitsrat im operativen Teil der Resolution (allerdings um eine Woche aufschiebend bedingte) Sanktionen verhängt und damit eindeutig nach Art. 41 ChVN handelt, zeigt, dass er bereits jetzt vom Vorliegen einer Friedensbedrohung ausgeht und nicht – wie der Wortlaut („the continuation of this situation“) vermuten lassen könnte – erst in Zukunft damit rechnet. Die „continuation“ – Fortdauer – ist also vergangenheits- und nicht zukunftsbe-

---

780 Zur Vorgeschichte *Fink*, S. 800 ff.

781 Dazu ausführlich *Bailey*, 1994, S. 36 ff.; vgl. die Nachweise bei *Reisman*, 1995, S. 798, FN 17; *Freudenschuß*, 1993, S. 24 f.

782 Der Sicherheitsrat hörte Aristide zwar unmittelbar nach seiner Flucht an, traf jedoch keine konkrete Entscheidung – S/PV 3011 vom 03.10.1991.

zogen[783]. Die der Vermeidung der Schaffung eines Präzedenzfalles dienende Betonung der Einzigartigkeit des Falles[784] vermag nichts daran zu ändern, dass der Friedensbedrohungsbegriff in dieser Situation vom Sicherheitsrat in diesem Sinn verstanden wird.

In der Präambel der Resolution sichert der Sicherheitsrat sich durch eine ausdrückliche Bezugnahme auf ein Ersuchen des ständigen Vertreters Haitis sowie auf mehrere Resolutionen der OAS und der UN-Generalversammlung ab und leitet aus diesen die

> *„unique and exceptional situation warranting extraordinary measures by the Security Council in support of the efforts undertaken within the framework of the OAS"*

ab.

Insbesondere Venezuela, Brasilien und China maßen dem haitianischen Ersuchen besondere Bedeutung bei und drangen deswegen auf eine Erklärung des Ratspräsidenten vom gleichen Tag, in der dieser noch einmal ausdrücklich betonte, dass die Resolution nicht als Präzedenzfall angesehen werden solle[785]. Von Bedeutung ist in diesem Zusammenhang insbesondere, dass es sich bei dem ständigen Vertreter Haitis um einen solchen der Aristide-Regierung und nicht der Regierung, die die tatsächliche Gewalt in Haiti innehatte, handelte.[786]

Im 9. pr. para. nimmt der Sicherheitsrat Bezug auf einen Ausschnitt einer Erklärung seines Präsidenten zur „Agenda für den Frieden" vom 26.2.1993, in der es heißt:

> *„The Council notes with concern the incidence of humanitarian crisis, including mass displacements of population, becoming or aggravating threats to international peace and security"*[787].

---

[783] Sehr schön deutlich wird dies in SCR 743 (1992) – 5. pr. para. i.V.m. SCR 713 (1991) – vgl. dazu oben S. 50 und S. 115 ff. ; *Fink* bezeichnet es auf S. 833 als eine, allerdings nicht unproblematische, sprachliche Ungenauigkeit; zu der *a.A.* vgl. *Nowlan*, S. 168, und *Martenczuk*, S. 176.

[784] Nach *Tomuschat*, 1995, S. 13, kommt darin ein gewisses Erschrecken des Sicherheitsrates vor der Last, die er sich selbst aufgebürdet hat, zum Ausdruck.

[785] S/PV 3238, S.9; vgl. *Freudenschuß*, 1993, S. 27; *Nolte*, S. 8, FN 31, zu weiteren Äußerungen in der Debatte; bei den Haiti-Resolutionen fällt auf, dass sie in ihrer Präambel nicht nur allgemein Bezug nehmen auf alle vorangegangenen Resolutionen zu dem Konflikt, sondern alle In-Bezug-genommenen Resolutionen einzeln aufgeführt und bezeichnet werden.

[786] Zur völkerrechtlichen Legitimität der Regierung Aristides *Fink* S. 838 ff.

[787] Es ist selten, dass der Sicherheitsrat in seinen Resolutionen Bezug nimmt auf „konfliktfremde" Resolutionen oder Erklärungen seines Präsidenten. Vorliegend hat dies seinen Grund in dem allgemeinen Charakter der Erklärung zur „Agenda for Peace". Die sonstige Zurückhaltung des Sicherheitsrates bei der Bezugnahme auf konfliktfremde Resolutionen

Die Präambel wirft die Frage auf, ob es neben dem Ersuchen des haitianischen Vertreters und der OAS nicht eher die Flüchtlingsmassen waren, die den Sicherheitsrat veranlassten, nach Kapitel VII ChVN zu handeln, als die Nichtanerkennung der Wahl Aristides. So „missbilligt" („*deploring that*") der Sicherheitsrat die Nichteinsetzung der rechtmäßigen Regierung des Präsidenten Aristide[788], äußert sich sich jedoch

> „*concerned that the persistence of this situation contributes to a climate of fear of persecution and economic dislocation which could increase the number of Haitians seeking refuge in neighbouring Member States and convinced that a reversal of this situation is needed to prevent its negative repercussions on the region*"[789].

„*To be concerned*" ist stärker als „*deploring that*".

Entscheidend ist jedoch, was der Sicherheitsrat mit „this situation" meint, deren Fortbestand Anlass für seine Besorgnis und letztlich für das Feststellen einer Friedensbedrohung ist. Der Zusammenhang in der Präambel lässt den Rückschluss zu, dass es gerade der in dem vorangegangenen Abschnitt missbilligte Zustand ist, denn nur dieser Abschnitt (10. pr. para. – Nichtwiedereinsetzung Aristides) enthält die Beschreibung einer faktischen „Situation". Bestätigt wird dieser Befund durch den 16. op. para., in dem der Sicherheitsrat eine Aufhebung der Sanktionen für den Fall in Aussicht stellt, dass Aristide wiedereingesetzt wird bzw. konkrete Schritte auf diesem Weg unternommen werden. Die besondere Bedeutung, die der Sicherheitsrat der Wiedereinsetzung der demokratisch legitimierten Regierung im Zusammenhang mit der Feststellung der Friedensbedrohung beimisst[790], hat ihre Ursache u.a. darin, dass Haiti das erste Land war, das UN-Hilfe bei der Durchführung von demokratischen Wahlen erhalten hatte. Hätte sich der Sicherheitsrat überwiegend auf die Flüchtlingsströme in die USA konzentriert, hätte er sich der Frage ausgesetzt gesehen, ob es dadurch zu einer erhöhten Gefahr einer bewaffneten Auseinandersetzung zwischen den USA und Haiti gekommen wäre. Dies wäre wohl zu verneinen gewesen[791].

---

ist auf seinen Wunsch zurückzuführen, möglichst keine Präzedenzfälle entstehen zu lassen.

788 10. pr. para.

789 11. pr. para.

790 Vgl. nur die Nachweise bei *Ruffert*, S. 617, FN 26.

791 Vgl. *Gordon*, 1994, S. 573; *Baroni*, S. 113 f., meint, dass durch die Auswirkungen der Flüchtlingsströme auf die Nachbarstaaten die Gefahr zwischenstaatlicher bewaffneter Konflikte gesteigert wurde – ablehnend dazu *Fink*, S. 837, unter Bezugnahme auf die Diskussionen im Sicherheitsrat. *Lailach* sieht auf S. 134 die Flüchtlingsbewegungen als alleinigen Grund der Feststellung einer Friedensbedrohung in SCR 841 (1993) an.

SCR 841 (1993) hat somit mehrere Ursachen, die jeweils nicht alleine, sondern nur in ihrer Verbundenheit ausschlaggebend für die Feststellung der Friedensbedrohung waren. Dabei überwiegen die die Situation in Haiti betreffenden Umstände:

1. Das Ersuchen des Ständigen Vertreters Haitis und der OAS,
2. Die Nichtwiedereinsetzung Aristides,
3. Die dadurch verursachten Flüchtlingsströme und
4. Die humanitäre Krise in Haiti.

b. Resolutionen 861 (1993) bis 944 (1994)

Nachdem Aristide und Cedras am 03.07.1993 die unter Vermittlung der Vereinten Nationen zustandegekommene Vereinbarung von Govenors Island unterschrieben hatten, in der Aristide die Rückkehr gestattet wurde, und nachdem Cedras der Ernennung Robert Malvals als Ministerpräsident zugestimmt hatte, setzte der Sicherheitsrat in **SCR 861** (1993) – wie in Punkt 4 der Vereinbarung vorgesehen – die Sanktionen aus, um sie am 13.10.1993 in ***SCR 873*** (1993) wiedereinzusetzen, weil Cedras seine Zusagen nicht eingehalten hatte. Am Tag zuvor hatten bewaffnete haitianische Demonstranten aus dem Kreise der sog. Attachés die Landung amerikanischer UNMIH-Soldaten verhindert, die den friedlichen Machtwechsel überwachen sollten[792].

Im 4. pr. para. der Resolution 873 heißt es:

> *„determining that their [military authorities of Haiti, including the police] failure to fulfil obligations under the [Govenors Island] Agreement constitutes a threat to peace and security in the region".*

Die Friedensbedrohung besteht neben der Nichterfüllung der Vereinbarung in der Nichtwiedereinsetzung Aristides sowie insbesondere in der Verweigerung der Einreise der UNMIH-Truppen[793].

Nach der brutalen Ermordung des Justizministers Aristides und dem Verbleiben von Cedras im Amt über den 15.10.1993, dem vereinbarten Rücktrittstermin, hinaus und nach einer entsprechenden Bitte Aristides ermächtigt der Sicherheitsrat am 16.10.1993 in ***SCR 875*** die Mitgliedstaaten zu verschärften Überwachungsmaßnahmen hinsichtlich des Embargos. Im Gegensatz zu SCR 873 (1993) nur drei Tage zuvor nimmt der Sicherheitsrat in der ansonsten dem zitierten 4. pr. para. der Resolution 873 (1993) entsprechenden Passage, in der er das Vorliegen einer Friedensbedrohung feststellt, wiederum ausdrücklich Bezug

---

792 Zur Einsetzung von UNMIH vgl. SCR 867 vom 23.09.1993.

793 Vgl. 2. pr. para und 1. und 4. op. paras. der Resolution; zu SCR 873 (1993) vgl. *Endemann* , S. 300 ff.

auf „*these unique and exceptional circumstances*", die – weil insoweit in SCR 873 (1993) nicht erwähnt – nur in der Ermordung des Justizministers und vor allem in dem Ersuchen Aristides vom 15.10.1993[794] ihre Ursache haben können. Wie schon in SCR 841 (1993) scheint ein entsprechendes Ersuchen eines Repräsentanten der legitimierten (aber nicht tatsächlich die Macht in den Händen haltenden Regierung) die Umstände besonders zu qualifizieren. Seltsamerweise bedurfte es dieser Feststellung bei SCR 873 (1993) nicht.

In den folgenden Erklärungen des Präsidenten vom 30.10.1993[795] und 15.11.1993[796] sowie in SCR 917 vom 6.5.1994, in denen jeweils das Vorliegen einer Friedensbedrohung festgestellt wird, treten die besondere Bedeutung, die der Sicherheitsrat der Wiederherstellung der Demokratie auf Haiti sowie der Einhaltung des Abkommens von Governors Island beimisst, besonders hervor. In ***SCR 917*** (1994) werden die Sanktionen ausgeweitet. Im vorletzten pr.para. heißt es:

> „*Reaffirming its determination that, in these unique and exceptional circumstances, the situation created by the failure of the military authorities in Haiti to fulfil their obligations under the Governors Island Agreement and to comply with relevant Security Council resolutions constitutes a threat to peace and security in the region*".

An Bezugnahmen auf die faktische Situation in Haiti enthält die Resolution in ihrem 11. pr. para. eine Verurteilung zahlreicher massiver Menschenrechtsverletzungen:

> „*strongly condemning the numerous instances of extra-judicial killings, arbitrary arrests, illegal detentions, abductions, rape and enforced disappearances, the continued denial of freedom of expression, and the impugnity with which armed civilians have been able to operate and continue operating*".

Wie schon in den vorangegangenen Resolutionen, die von den „unique and exceptional circumstances" sprechen, nimmt der Sicherheitsrat ausdrücklich Bezug auf OAS-Resolutionen. Eine Bezugnahme auf grenzüberschreitende Auswirkungen der Situation in Haiti fehlt völlig.

Nachdem im Juni 1994 im US-Repräsentantenhaus eine Militärintervention auf Haiti gefordert worden war, verhängte der inzwischen amtierende Präsident Jonaissaint den Ausnahmezustand über Haiti. Allein in dem Zeitraum von Mitte

---

[794] S/26587.

[795] S/26668

[796] S/26747.

Juni bis Anfang Juli wurden von amerikanischen Behörden mehr als 10.000 „boat people“ gezählt[797].

In ***SCR 933*** vom 30.6.1994 stellt der Sicherheitsrat erneut fest („*noting with concern*“), dass

> „*the situation in Haiti continues to constitute a threat to peace and security in the region*“[798].

Im vorangehenden pr.para. spricht er dabei die sich verschlechternde humanitäre Situation an[799].

In ***SCR 940*** vom 31.7.1994 bezeichnet der Sicherheitsrat das Regime in Haiti als illegales De-facto-Regime[800] und ermächtigt die Mitgliedstaaten nach Kapitel VII ChVN zum Einsatz militärischer Mittel zur Durchsetzung der Vereinbarung von Govenors Island. Im 4. pr. para. spricht der Sicherheitsrat die Verschlechterung der humanitären Situation, die systematischen Grundrechtsverletzungen und die verzweifelte Lage der Flüchtlinge an. Im 8. pr. para. bezeichnet er – wie zuvor schon in SCR 917 (1994)[801] – die Wiederherstellung der Demokratie als Ziel der internationalen Gemeinschaft.

Verhandlungen zwischen Jimmy Carter und den Militärmachthabern im September 1994 verhinderten die UN-Intervention.

Mit **SCR 944** vom 29.09.1994 erklärt der Sicherheitsrat die in den Resolutionen 841 (1993), 873 (1993) und 917 (1994) gegen Haiti verhängten Maßnahmen für den Tag nach der Rückkehr des demokratisch gewählten Präsidenten für beendet. Am 15.10.1994 trifft Präsident Aristide in Port-au-Prince ein.

c. *Zusammenfassung*

Wie schon zuvor im Somalia-Konflikt[802] entfernt sich der Sicherheitsrat bei der Feststellung der Friedensbedrohung im Rahmen des Haiti-Konflikts von dem Kriterium der Zwischenstaatlichkeit. Anders als in Somalia fehlt es in Haiti nicht an einer effektiven Regierung. Nur handelt es sich bei dieser nicht um die demokratisch gewählte, deren Wiedereinsetzung der Sicherheitsrat mit seinen Resolutionen anstrebt.

---

797 AdG, S.39174.

798 Letzter pr. para.

799 Diesen Aspekt der Resolution betont auch *Bauer*, S. 197.

800 Vgl. auch schon die Erklärung des Ratspräsidenten vom 12.7.1994 (S/PRST/1994/32).

801 10. pr. para.

802 S.o. S. 152 ff.

d. Kategorisierung

Die Resolutionen des Sicherheitsrates zu Haiti lassen sich im Hinblick auf die der ausdrücklichen oder konkludenten Annahme einer Friedensbedrohung zugrundeliegenden Umstände wie folgt kategorisieren:

- Nichtanerkennung demokratischer Wahlen[803]/Verfassungswidrigkeit eines Regimes[804],
- Nichtbefolgung vorheriger Resolutionen des Sicherheitsrat[805],
- Nichteinhaltung des von den Vereinten Nationen vermittelten Abkommens von Govenors Island[806],
- Humanitäre Situation[807]/Menschenrechtsverletzungen[808],
- Behinderung der Stationierung von UN-Truppen[809],
- Flüchtlinge[810],
- Ersuchen an den Sicherheitsrat zu handeln[811].

14. Attentatsversuch auf den ägyptischen Präsidenten Mubarak in Addis Abeba am 26.06.1995

Der ägyptische Präsident Mubarak entging am 26.06.1995 in der äthiopischen Hauptstadt Addis Abeba nur knapp einem Mordanschlag. Er beschuldigte u.a. das sudanesische Regime der Urheberschaft für das Attentat.

Am 31.01.1996 verabschiedete der Sicherheitsrat Resolution **1044**. Wie schon die Lockerbie-Resolutionen[812] richtet sich die Resolution gegen den internationalen Terrorismus, geht aber noch nicht soweit, eine Friedensbedrohung festzustellen. Vielmehr wird dem Sudan aufgegeben den „requests" der OAU nachzukommen, nämlich auf der Grundlage eines Auslieferungsvertrages mit Äthiopien drei Tatverdächtige auszuliefern, sowie Abstand zu nehmen von Verwick-

---

803 *SCR 841 (1993) – 10. pr. para.; SCR 940 (1994) – 8. pr. para.; SCR 917 (1994);* Erklärungen des Ratspräsidenten vom 30.10.1993 (S/26668) und 15.11.1993 (S/26747); so auch *Bauer*, S. 167. Vgl. die Debatte vom 29.09.1994 – S/PV. 3430.

804 So *Martenczuk*, S. 178 m.w.N.

805 *SCR 917 (1994) – vorletzter pr. para.; SCR 940 (1994) – 3. op. para.*

806 *SCR 873 (1993) – 4. pr. para.; SCR 875 (1993) – 7. pr. para.; SCR 917 (1994) – vorletzter pr. para.; SCR 940 (1994) – 3. op. para.;* Erklärungen des Ratspräsidenten vom 25.10.1993 (S/26633), vom 30.10.1993 (S/26668) und vom 15.11.1993 (S/26747).

807 *SCR 933 (1994); SCR 940 (1994), SCR 841 (1993) – 9. pr. para.*

808 *SCR 940 (1994).*

809 *SCR 873 (1993).*

810 *SCR 841 (1993) – 11. pr. para.*

811 *SCR 841 (1993); SCR 875 (1993); SCR 917 (1994); SCR 940 (1994).*

812 Vgl. dazu oben S. 145 ff.

lungen in den Terrorismus[813]. Die Resolution enthält keinen Hinweis auf ein Handeln nach Kapitel VII ChVN. Im 2. op. para. ist von einem

> *„attempt to disturb the peace and security of Ethiopia and the region as a whole"*

die Rede.

Nachdem der Sudan den Aufforderungen in SCR 1044 (1996) nicht nachgekommen war, erging am 26.04.1996 ***SCR 1054***, in deren vorletztem pr.para. der Sicherheitsrat feststellt („determining"),

> *„that the non-compliance by the Government of Sudan with the requests set out in paragraph 4 of resolution 1044 (1996) [[814]] constitutes a threat to international peace and security".*

Wie schon bei Resolutionen 748 (1992)[815] wird nicht der internationale Terrorismus direkt als Friedensbedrohung angesehen, sondern ein Handeln oder Unterlassen einer Regierung, das die Verfolgung der Terroristen erschwert. Der Sicherheitsrat hat somit die Möglichkeit, wegen eines konkreten Anlasses gegen eine abstrakte Gefahr, den internationalen Terrorismus, vorzugehen[816].

Diesmal enthielten sich China und Russland der Stimme.

Der russische Vertreter im Sicherheitsrat äußerte Bedenken hinsichtlich der Erfüllbarkeit des in SCR 1044 (1996) enthaltenen Auslieferungsbegehrens, weil die Verdächtigen sich höchstwahrscheinlich gar nicht mehr im Sudan aufhielten[817]. Diese Bedenken konnten die Vertreter Deutschlands und der USA nicht teilen: Sudan habe den Verdächtigen immerhin die Ausreise gestattet[818]. Der Vertreter Frankreichs vertrat demgegenüber den Standpunkt, dass die Resolution sich dann insoweit erledigt habe: „*The Security Council cannot hold Sudan responsible for what it is not.*"[819]

---

813 4. op. para. – dieser lautet auszugsweise: „Calls upon the Government of the Sudan ... to: ... (b) desist from engaging in activities of assisting, supporting and facilitating terrorist activities and from giving shelter and sanctuaries to terrorist elements and act in its relations with its neighbours and with others in full conformity with the Charter of the United Nations and with the Charter of the Organization of African Unity".

814 Vgl. vorangegangene Fußnote.

815 Vgl. oben S. 148.

816 Vgl. aber auch die Äußerung des ägyptischen Vertreters in der Debatte vor Verabschiedung von SCR 1044 (1996): „The fact that the Council has considered the matter could well spare the international community a real crisis, which, were it to escalate, would threaten regional peace and stability and jeopardize international peace and security."

817 S/PV 3660, S. 15.

818 S/PV 3660, S. 19 und 21.

819 S/PV 3660, S. 20.

Die zweite in SCR 1044 (1996) enthaltene Aufforderung an den Sudan, Abstand zu nehmen von Verwicklungen in den internationalen Terrorismus, sei zu unpräzise[820]. Es gebe keine Kriterien um zu kontrollieren, ob dieses Verlangen befolgt werde – „*That means that, if desired, Sudan can be kept under sanctions indefinitely.*“[821]. Bei SCR 748 (1992) waren diese Bedenken noch nicht vorgetragen worden, obwohl SCR 731 (1992) noch deutlich unbestimmtere Aufforderungen enthalten hatte. Wahrscheinlich waren die Erfahrungen mit SCR 748 (1992) Grund für die Befürchtungen Russlands, auf die die Vertreter der übrigen, im Sicherheitsrat vertretenen Staaten, nicht eingingen.

Nach Auffassung Chinas hatte der Sudan inzwischen öffentlich den internationalen Terrorismus verurteilt[822].

Nachdem der Sudan trotz der in SCR 1054 (1996) verhängten diplomatischen Sanktionen nicht entsprechend reagiert hatte, verabschiedete der Sicherheitsrat am 16.08.1996 ***SCR 1070***, in der er die Feststellungen von SCR 1054 wiederholt und ein Luftembargo gegen den Sudan verhängt.

Mit **SCR 1372** (2001) werden die mit SCR 1054 (1996) und 1070 (1996) verhängten Sanktionen aufgehoben.

Der Fall ist dem „Lockerbie-Fall“[823] vergleichbar. Anders als dort bezeichnet der Sicherheitsrat die Unterstützung des internationalen Terrorismus jedoch nicht als Verstoß gegen Art. 2 (4) ChVN. Die Friedensbedrohung wird ausschließlich in der Nichtbefolgung der in SCR 1044 (1996) enthaltenen Aufforderungen gesehen, die sich zum einen auf ein Auslieferungsabkommen mit Äthiopien stützen, zum anderen jedoch auf die Verwicklungen Sudans in den internationalen Terrorismus[824].

---

820 In der Debatte vor Verabschiedung von SCR 1044 (1996) hatte der russische Vertreter diese Bedenken noch nicht geäußert (S/PV. 3627, S. 17) – SCR 1044 (1996) ist jedoch keine Resolution nach Kapitel VII ChVN.

821 S/PV 3660, S. 15; diese Bedenken hatte der Generalsekretär in seinem Supplement zur Agenda for Peace vom 03.01.1995 (S/1995/1) bereits abstrakt geäußert (para. 68).

822 Vgl. die Äußerungen des Vertreters des Sudan – S/PV. 3627, S. 4, und S/PV. 3660, S. 10, deren Glaubwürdigkeit jedoch sehr zweifelhaft ist – vgl. die Äußerungen Äthiopiens, Ugandas und der USA, S/PV. 3660, S. 1 ff., 21.

823 S.o. S. 145 ff.

824 Vgl. zu diesen Verwicklungen die Äußerungen des US-amerikanischen Vertreters (S/PV. 3660, S. 21) und des Vertreters Ugandas (S/PV. 3660, S. 12 f.). Der amerikanische Vertreter meinte zur Frage der Friedensbedrohung: „*The Security Council has finally determined that Sudan's actions in supporting the cowardly terrorist attack on President Mubarak, and continuing to foster terrorism around the globe, are indeed a threat to international peace and security.*“ (aaO, S. 22).

15. Die Konflikte in der Region der Großen Seen in Zentralafrika

a. *Der Konflikt in Ruanda (1993 bis 1996)*

Ruanda war zunächst deutsche Kolonie und bis 1962 unter belgischer Verwaltung stehendes Mandats- bzw. Treuhandgebiet. Bis 1959 stellte die Tutsi-Minderheit den König, der 1959 nach schweren Unruhen zwischen Hutus und Tutsis zusammen mit ca. 150.000 Tutsis in das nach wie vor von Tutsis regierte Burundi fliehen musste[825]. Es gab in der Folgezeit immer wieder schwere Unruhen zwischen den beiden Volksgruppen.

Im Oktober 1990 gelang es ca. 1.000 in Uganda lebenden Exil-Tutsis („Front Patriotique Rwandais" – Patriotische Front Ruandas – FPR) in den Norden Ruandas einzudringen. Die ruandische Armee wurde bei den sich anschließenden Kämpfen von zairischen, belgischen und französischen Truppen unterstützt. Im März 1991 kam es zu einem Waffenstillstand, anlässlich dessen die Rückkehr der Tutsi-Exilanten vereinbart wurde. Die sozialen Spannungen infolge der Rückkehr entluden sich 1993 in heftigen Kämpfen. Die Parteien wandten sich an den Sicherheitsrat mit dem Vorschlag, UNO-Beobachter an der ugandischen Grenze und eine internationale Truppe unter Führung der OAU und der UNO zur Sicherung einer zu schaffenden Pufferzone zwischen der FPR und der ruandischen Armee bereitzustellen.

Der Sicherheitsrat erließ zunächst am 12.03.1993 **SCR 812** (1993)[826], in deren 3. pr. para. von den Konsequenzen der Kämpfe „regarding international peace and security" die Rede ist. Der Sicherheitsrat zeigte sich alarmiert von den humanitären Konsequenzen der Wiederaufnahme der Kämpfe[827]. Er beauftragte jedoch zunächst den Generalsekretär, ihm entsprechende Vorschläge zu unterbreiten.

In **SCR 846** (1993) wurde die United Nations Observer Mission Uganda-Rwanda (UNOMUR) eingerichtet. Sie sollte überwachen, dass von Uganda aus keine militärische Hilfe an die Rebellen der FPR nach Ruanda gelangt.

Nach dem Abschluss des Friedensabkommens von Arusha vom 04.08.1993[828] erfolgte in **SCR 872** (1993) die Einrichtung der United Nations Assistance Mission for Rwanda (UNAMIR), die mit typischen friedenssichernden Funktionen betraut wurde. Die Situation besserte sich. Trotz der Flüchtlingsmassen und der humanitären Situation hatte der Sicherheitsrat bisher noch nicht unter Kapi-

---

825 Zur Geschichte des Ruanda – Konflikts vgl. *Krug*, S. 165 ff.; *Fink*, S. 754 ff.

826 Nach *Conforti*, S. 184, handelt es sich um eine Resolution auf der Grundlage von Art. 40 ChVN.

827 4. pr. para.

828 Das Abkommen sieht im Wesentlichen eine gemeinsame Regierung von Tutsis und Hutus und die Abhaltung freier Wahlen vor.

tel VII ChVN gehandelt. Das änderte sich erst mit ***SCR 918*** vom 17.05.1994: Nach dem Tod des Präsidenten Habyarimana, einem Hutu, durch den Abschuss seines Flugzeuges beim Landeanflug auf Kigali am 06.04.1994 war es zu Ausschreitungen mit unvorstellbarer Grausamkeit gekommen, von denen auch das UN-Personal betroffen war. Bereits Ende April gab es mindestens 200.000 Tote[829], Hunderttausende befanden sich auf der Flucht. In zwei Erklärungen seines Präsidenten[830] und in **SCR 912** (1994) hatte der Sicherheitsrat die sofortige Einstellung der Kämpfe verlangt und (in SCR 912 (1994)), nicht zuletzt als Reaktion auf die Ermordung von neun belgischen Blauhelmsoldaten, die Reduzierung von UNAMIR auf eine Stärke von 270 Soldaten beschlossen.

In ***SCR 918*** (1994) vom 17.05.1994 heißt es dann schließlich im letzten pr.para.:

> *„deeply disturbed by the magnitude of the human suffering caused by the conflict and concerned that the continuation of the situation in Ruanda constitutes a threat to peace and security in the region".*

Interessanterweise stellt der Sicherheitsrat in einer eigenen Präambel für Teil B der Resolution (Waffenembargo), der wegen der Nein-Stimme Ruandas[831] nicht einstimmig verabschiedet wurde, erneut fest,

> *„that the situation in Rwanda constitutes a threat to peace and security in the region",*

um dann nach Kapitel VII ChVN ein Waffenembargo zu verhängen. Eigentlich hätte es dieser Feststellung nicht mehr bedurft.

Daraus zu schließen, dass die vorangegangene Feststellung, in der der Sicherheitsrat sich nur *„besorgt"* (*„concerned"*) darüber zeigt, dass *„das Fortdauern der Situation ... eine Bedrohung ... darstellt,"* für ein Tätigwerden nach Kapi-

---

829 *Krug* spricht auf S. 174 von zwischen 500.000 und 1 Mio. Toten binnen weniger als drei Monaten nach dem Absturz. Ähnlich *Debiel*, S. 35. Nach *Parsons*, S. 261, handelte es sich um den „most brutal, comprehensive, and clearly long pre-planned holocaust of ethnically based genocide since the Second World War."

830 Vom 07.04.1994 (S/PRST/1994/16) und 30.04.1994 (S/PRST/1994/21). In letzterer erklärt der Sicherheitsrat sich „grundsätzlich bereit, die Anwendung eines Waffenembargos gegen Ruanda rasch zu prüfen." Außerdem betont er, „wie wichtig es ist, sicherzustellen, dass die Situation in Ruanda die Sicherheit und Stabilität der Nachbarländer nicht beeinträchtigt." – deutsche Übersetzung aus VN 4/1994, S. 150.

831 Die Legitimität und Autorität der Hutu – Regierung war zu diesem Zeitpunkt jedoch im Schwinden begriffen – vgl. die sehr scharfen Äußerungen des neuseeländischen Vertreters gegen die Teilnahme des ruandischen Vertreters in der 3377. Sitzung des Sicherheitsrates in S/PV. 3377, S. 11, denen sich der britische Vertreter in verbal abgeschwächter Form anschließt. Anders *Fink*, S. 788, der darauf hinweist, dass der Vertreter Ruandas Stimmrecht im Sicherheitsrat hatte.

tel VII ChVN nicht ausreicht, geht fehl. Zum einen ist der Begriff „Fortdauer" vergangenheitsbezogen, etwa im Sinne von „Andauern" zu verstehen[832]. Eine zukunftsbezogene Auslegung wäre außerdem mit der Feststellung der Friedensbedrohung in Teil B der Resolution nicht vereinbar. Zum anderen schreibt Art. 39 ChVN zwar eine „*Feststellung*" vor, der Sicherheitsrat hat jedoch auch in anderen Fällen nach Kapitel VII ChVN gehandelt, ohne das Vorliegen einer Friedensbedrohung „*festgestellt*" zu haben[833].

Unter der „Situation" versteht der Sicherheitsrat u.a. „*systematic, widespread and flagrant violations of international humanitarian law…*"[834] und Völkermord[835]. Im 8. pr. para. beschreibt der Sicherheitsrat die Folgen der Situation in Ruanda (Tod vieler Tausender unschuldiger Zivilpersonen, Vertreibung und Massenexodus[836]) als „*humanitarian crisis of enormous proportions*"[837]. Wie auch die Folgeresolutionen legt SCR 918 (1994) vor allem Gewicht auf die interne Situation in Ruanda. Zwar verweist sie im 2. pr. para. auf die Erklärung des Ratspräsidenten vom 30.04.1994[838]. Außer der Bezugnahme auf „peace and security *in the region*" und der geäußerten Besorgnis über den Massenexodus im 8. pr. para. befasst sich die Resolution jedoch nicht mit den Auswirkungen auf die Nachbarstaaten. Jedenfalls liegt der Schwerpunkt der Resolution und auch der Debatte[839] nicht auf einer vom Sicherheitsrat befürchteten Gefahr bewaffneter Auseinandersetzungen mit den Nachbarstaaten[840], sondern auf den Ereignis-

---

832 Vgl. dazu den Verweis in FN 733; vgl. aber andererseits auch SCR 217 (1965) – Rhodesien; auch *Endemann* scheint auf S. 319 ff. wie selbstverständlich davon auszugehen. Anders wohl *Fink*, S. 912.

833 Z.B. SCR 713 (1991), SCR 687 (1991); SCR 733 (1992); *Fink* weist darauf stets hin, ohne jedoch entscheidende Konsequenzen daraus abzuleiten.

834 9. pr. para.

835 Umschrieben im 10. pr. para.; Der Rechtsbegriff „Völkermord" wird ausdrücklich verwendet in SCR 925 (1994) – 6. pr. para.

836 Nach dem Bericht des Generalsekretärs vom 13.05.1994 gab es zu diesem Zeitpunkt ca. 300.000 Flüchtlinge in Nachbarländern, 1,5 Mio. Binnenflüchtlinge und ca. 1.500 Flüchtlinge täglich nach Tansania – S/1994/565, Ziff. 5. *Boutros-Ghali*, Rwanda, S. 73, para. 217, spricht von ca. 850.000 Flüchtlingen nach Zaire alleine zwischen dem 13. und 18. Juli 1994.

837 Der Sicherheitsrat wiederholt diese Feststellung in SCR 925 (1994) und beziffert in deren 11. pr. para. die Zahl der von Hungertod und Krankheit bedrohten Ruander in Ruanda auf 1,5 Mio.

838 Vgl. dazu bereits oben S. 172, FN 830.

839 Vgl. die Äußerung des französischen Vertreters: „Faced with a human catastrophe of such magnitude the international community could not fail to react." (S/PV. 3377, S. 11). Der US-amerikanische Vertreter sagte: „The sheer magnitude of the humanitarian disaster in that tragic country demands action." (aaO, S. 12).

840 Diese Gefahr bestand wohl – vgl. *Endemann*, S. 320, *Fink*, S. 792 f. In der Debatte äußert sich in diese Richtung allein der Vetreter Spaniens (S/PV. 3377, S. 15), China und Russland verwiesen allein auf die Flüchtlingsströme (aaO, S. 9 f.).

sen des Bürgerkrieges in Ruanda. Das Kontingent von UNAMIR wurde aufgestockt auf 5.500 Soldaten[841].

In ***SCR 929*** vom 22.06.1994[842] stellt der Sicherheitsrat im letzten pr.para. fest, dass

> *„the magnitude of the humanitarian crisis in Rwanda constitutes a threat to peace and security in the region".*

Im vorangegangenen pr.para. erkennt der Sicherheitsrat,

> *„that the current situation in Rwanda constitutes a unique case[843] which demands an urgent response by the international community".*

Die Situation besteht in den

> *„systematic and widespread killings of the civilian population in Rwanda"*[844].

Die grenzüberschreitenden Flüchtlingsströme, die Verflechtungen Ugandas und die Auswirkungen auf das benachbarte Burundi[845] werden vom Sicherheitsrat nicht erwähnt.

Aufgrund der im 3. op. para. der Resolution enthaltenen Ermächtigung wurde eine Truppe von 3.000 überwiegend französischen Soldaten aufgestellt, die in den folgenden zwei Monaten humanitäre Schutzzonen errichtete und den Massakern ein Ende bereitete[846].

Nach erneuter Verurteilung der Menschenrechtsverletzungen und des Völkermordes in **SCR 935** (1994) sowie dem Verlangen nach einer sofortigen und bedingungslosen Waffenruhe in der Erklärung des Ratspräsidenten vom

---

[841] Zu der mangelnden Bereitschaft der Mitgliedstaaten, diese Soldaten zu stellen vgl. *Endemann*, S. 323 f.

[842] Die Resolution kam mit 10 Stimmen bei 5 Enthaltungen (China, Brasilien, Pakistan, Neuseeland und Nigeria) zustande; Nach *Freudenschuß*, 1994, S. 521 f. und *Endemann*, S. 328, FN 1014, waren die Gründe für die hohe Zahl der Enthaltungen Zweifel an den wahren Motiven Frankreichs, dem Initiator der Resolution, und Bedenken gegen das Eindringen des Sicherheitsrates in die inneren Angelegenheiten eines Staates.

[843] *Fink*, S. 793, weist zu Recht darauf hin, dass der Sicherheitsrat dies schon in SCR 794 (1992) – Somalia – behauptet hatte und man somit schwerlich behaupten könne, dass Ruanda ein einmaliger Fall sei. Nach *A. Stein*, S. 270, kommt als Grund der Einzigartigkeit nur das Ausmaß der humanitären Katastrophe in Betracht.

[844] 8. pr. para.; nach *Fink*, S. 794, stellt die Resolution (wie SCR 794 (1992) und 814 (1993) – beide Somalia) einen deutlichen Beleg dafür das, dass der Sicherheitsrat sich für befugt hält, zum Schutz der Menschenrechte zu intervenieren.

[845] Nach *A. Stein*, S. 269, drohte eine Ausweitung des Bürgerkrieges durch Auslösung eines weiteren Bürgerkrieges in Burundi.

[846] Vgl. zu dieser, *„operation turquoise"* genannten Operation i.e. *Bauer*, S. 160 f.

14.07.1994, zehn Tage nach der Eroberung Kigalis durch die FPR-Rebellen[847], stellte der Sicherheitsrat in ***SCR 955*** vom 08.11.1994 fest,

> *„that this situation continues to constitute a threat to international peace and security"*[848].

Interessanterweise spricht der Rat diesmal vom „Weltfrieden", wohingegen er bisher stets von dem Frieden in der „Region" gesprochen hatte. An der Situation hatte sich nichts geändert. Nach wie vor waren es vor allem die Verstöße gegen humanitäres Völkerrecht, insbesondere die Vorwürfe des Völkermordes, die den Sicherheitsrat zum Handeln bewegten.[849] Dass der Sicherheitsrat diesmal den internationalen Frieden bedroht sieht, liegt wohl an der Rechtsfolge der Resolution, der Einrichtung eines internationalen Gerichts für Ruanda. Diese Rechtsfolge, die auf der Verletzung allgemeiner und nicht nur „nachbarschützender" Normen beruht, oder auch auf der Begehung internationaler Verbrechen, kann sich nur auf die Bedrohung des *internationalen* Friedens stützen. Die Resolution könnte also ein Hinweis für eine Abhängigkeit der Wahl der tatbestandlichen Eröffnungsnorm von der erstrebten Rechtsfolge sein. Ob solche Erwägungen dieser Formulierung tatsächlich zugrundelagen erscheint jedoch fraglich, da das Wort „weiterhin" darauf hindeutet, dass er davon ausgeht, eine Bedrohung des internationalen Friedens/Weltfriedens auch schon zuvor festgestellt zu haben.

Wie in SCR 918 (1994) werden die grenzüberschreitenden Flüchtlingsströme, die Verflechtungen Ugandas und die Beteiligung Burundis vom Sicherheitsrat nicht erwähnt.

Ausweislich **SCR 1165** (1999)[850], in der der Sicherheitsrat eine dritte Kammer des Gerichts einrichtet, sieht er in der strafrechtlichen Verfolgung der für die schweren Verletzungen des humanitären Völkerrechts Verantwortlichen einen Beitrag für die Wiederherstellung[851] und Sicherung des Friedens in Ruanda und der Region. Im Umkehrschluss bedeutet dies, dass die Nichtverfolgung aus der Sicht des Rates noch im Jahre 1999 eine Friedensbedrohung darstellt.

Im Juli war die Armee der ehemaligen Regierung in einer Stärke von 20.000 bis 30.000 Mann nach Zaire geflohen. Sie hinderte die dort in Flüchtlingslagern lebenden ruandischen Hutus an der Rückkehr nach Ruanda.

In seiner Erklärung vom 10.02.1995[852] spricht der Ratspräsident im 2. Absatz davon,

---

847 S/PRST/1994/34.

848 5. pr. para.

849 So auch *Fink*, S. 792.

850 3. pr. para.

851 zu der Verwendung des Wortes „Wiederherstellung" vgl. z.B. oben S. 155 und 217.

852 S/PRST/1995/7.

„dass die derzeitige Situation in vielen Flüchtlingslagern sowohl für die Flüchtlinge als auch für das humanitäre Hilfspersonal weiterhin gefährlich und außerdem für die Subregion insgesamt potentiell destabilisierend ist.“[853].

In **SCR 1011** vom 16.08.1995 wird eine Ausnahme vom Waffenembargo zugunsten der Regierung von Ruanda gemacht[854]. Der Sicherheitsrat handelt nach Kapitel VII ChVN und betont im 4. pr. para.

„that the uncontrolled circulation of arms, including to civilians and refugees is a major cause of destabilization in the Great Lakes subregion,“.

Im 11. pr. para. erinnert der Sicherheitsrat daran,

„that the prohibition on the delivery of arms and materiel to Rwanda was originally aimed at stopping the use of such arms and equipment in the massacres of innocent civilians“

– ein erneuter Beleg dafür, dass bei der Verhängung des Waffenembargos in SCR 918 (1994) die Zustände im Inneren Ruandas im Vordergrund standen[855]. Eine ausdrückliche Feststellung der Friedensbedrohung erfolgt nicht. Es wird nur auf vorangegangene Resolutionen verwiesen.

In ***SCR 1053*** vom 23.04.1996 nimmt der Sicherheitsrat wohl auf diese Feststellung Bezug, wenn es im 13. op. para. heißt:

„reiterates its concern that the uncontrolled illegal flow of arms and related materiel in violation of Council Resolutions would pose a threat to peace and stability in the Great Lakes region...“.

Entsprechende Bedenken, die ausdrücklich eine Friedensbedrohung zum Gegenstand hatten, hat der Sicherheitsrat jedoch zuvor nicht in dieser Art geäußert.

Anders als in den Fällen Somalia[856] und Haiti[857] hätte der Sicherheitsrat die grenzüberschreitenden (militärischen) Auswirkungen/Gefahren der Situation in Ruanda hervorheben können. Stattdessen stellt er jedenfalls bis Ende 1994 bei der Feststellung der Friedensbedrohung ausschließlich die humanitäre Situation in Ruanda in den Vordergrund.

---

853 Deutsche Übersetzung aus VN 3/1995, S. 133.

854 Zugrunde lag ein entsprechender Antrag der Tutsi-Regierung – Brief vom 05.07.1995, S/1995/547 – vgl. 9. pr. para.

855 *Endemann*, S. 322.

856 S.o. S. 152 ff.

857 S.o. S. 161 ff.

Die Resolutionen des Sicherheitsrates zum Ruanda-Konflikt lassen sich im Hinblick auf die der ausdrücklichen oder konkludenten Annahme einer Friedensbedrohung zugrundeliegenden Umstände wie folgt kategorisieren:

- Angriffe auf UN-Personal[858],
- Waffenhandel[859],
- Verstöße gegen humanitäres Völkerrecht[860]/Leiden der Zivilbevölkerung[861]/schwere Menschenrechtsverletzungen[862]/Völkermord[863],
- Flüchtlinge[864]/Auswirkungen auf die Nachbarstaaten[865],
- Verstöße gegen vorangegangene Resolutionen des Sicherheitsrates[866].

b. *Der Konflikt in Burundi (1996)*

Ebenso wie im benachbarten Ruanda haben die bürgerkriegsähnlichen Unruhen in Burundi ihre Ursache in der Machtaufteilung zwischen den beiden Volksgruppen der Tutsi und Hutu. In Burundi haben die 14 % Tutsi die Macht im Staat und vor allem im Militär inne, obwohl über 80 % der Einwohner Burundis dem Stamm der Hutu angehören.

Einen ersten gewalttätigen Hutu-Aufstand gab es bereits 1972, weitere Auseinandersetzungen folgten 1988 und 1991. Der Sicherheitsrat blieb jeweils untätig.

Dies änderte sich wohl infolge der geänderten geopolitischen Lage erst im Jahre 1993. Im Juni dieses Jahres war ein Hutu, Melchior Ndadye, als Sieger aus den Präsidentschaftswahlen hervorgegangen. Seine Ermordung im Oktober 1993[867] durch eine Gruppe von Tutsi-Offizieren führte zu Racheakten von Hutus an Tutsis, die wiederum die von Tutsis dominierte Armee zu Angriffen auf Hutus veranlassten. Die Folge waren bis zu eine Million vom Hungertod bedrohte Flüchtlinge[868] nach Ruanda, Tansania und Zaire.

---

858 Erklärung des Ratspräsidenten vom 07.04.1994 (S/PRST/1994/16).

859 SCR 1013 (1995); *SCR 1053 (1996) – 13. op. para.*

860 *SCR 918 (1994) – 9. pr. para.; SCR 929 (1994) – letzter pr. para.*; SCR 935 (1994).

861 *SCR 918 (1994) – letzter pr. para.; SCR 929 (1994) – 8. pr. para.*

862 SCR 935 (1994).

863 *SCR 918 (1994) – 10. pr. para.*; SCR 935 (1994) – 7. pr. para.; *SCR 955 (1994);* dazu, dass es sich um Völkermord handelte *Krug*, S. 175 ff. m.w.N.

864 *SCR 918 (1994);* SCR 925 (1994).

865 Erklärung des Ratspräsidenten vom 30.04.1994 (S/PRST/1994/21).

866 *SCR 1053 (1996).*

867 Die Erkenntnis, dass die Straflosigkeit der Täter eine der Ursachen für die Gewalt in Burundi ist, bewog den Sicherheitsrat dazu, mit SCR 1012 vom 28.08.1995 eine Kommission zur Aufklärung des Mordes einzusetzen.

868 In der Erklärung des Ratspräsidenten vom 16.11.1993 (S/26757) ist von 700.000 Flüchtlingen die Rede.

In einer Erklärung seines Präsidenten vom 25.10.1993[869] verlangte („*demand*") der Sicherheitsrat, dass die Urheber des Militärputsches von allen, die Spannungen verschärfenden Handlungen Abstand nehmen sollten. Die Verwendung des Wortes „*demand*" lässt auf eine zumindest bestehende Bereitschaft schließen, unter Kapitel VII ChVN tätig zu werden.

Zwischenzeitlich hatten sich die Spannungen jedoch deutlich verschärft: Der als Nachfolger Ndadyes vom Parlament gewählte neue Präsident Ntaryamira war am 6.4.1994 zusammen mit seinem ruandischen Kollegen Habyarimana beim Landeanflug in Kigali Opfer eines Anschlages geworden. Durch die darauf folgenden Unruhen wurde vor allem die Zivilbevölkerung in Mitleidenschaft gezogen[870]. Der Konflikt verkomplizierte sich zunehmend dadurch, dass Hutu-Gruppen von Flüchtlingslagern außerhalb Burundis in die Kämpfe eingriffen.

In Resolution **1040** vom 29.01.1996 kündigt der Sicherheitsrat weitere Maßnahmen nach der ChVN (Waffenembargo und Reisebeschränkungen) an.

Obwohl der Generalsekretär in einem Bericht vom 15.02.1996[871] die Aufstellung einer 25.000 Mann starken Friedensstreitmacht empfohlen hatte, konnte der Sicherheitsrat sich in **SCR 1049** vom 05.03.1996 nur dazu durchringen, erneut die Abkehr von Gewalt zu verlangen („*demand*"). Im 4. pr. para. der Resolution ist im Zusammenhang mit der Unterstützung, die bestimmte Gruppen in Burundi von einigen Urhebern des Völkermordes in Ruanda erhalten, von dem „*threat this poses to the stability of the region*" die Rede[872].

In der ersten Jahreshälfte 1996 drohte Burundi in Anarchie zu versinken. Im Juli wird der frühere Militärherrscher Buyoya, ein Tutsi, von den Streitkräften als Präsident eingesetzt.

Nachdem sieben Nachbarstaaten am 31.07.1996 aus Protest gegen den Umsturz Wirtschaftssanktionen gegen Burundi beschlossen hatten, stellte der Si-

---

869 S/26631.

870 Nach UN-Quellen starben ca. 3-4 Soldaten täglich und über 200 Zivilisten wöchentlich.

871 S/1996/116.

872 Vgl. insoweit die Äußerungen des deutschen und des russischen Vertreters im Sicherheitsrat – S/PV. 3639, S. 18 und S. 14; interessant ist die Haltung der USA zu dem Konflikt, die in den Äußerungen in der Debatte vom 05.03.1996 zum Ausdruck kommt: „Occasionally in this Chamber the members of the Security Council have the opportunity to try to prevent, rather than to respond to, a breach of international peace and security. Today is one of those occasions. [...] [SCR 1049 (1996)] reflects the Security Council's determination to prevent in Burundi the kind of massive violations of human rights that consumed Rwanda in 1994." (S/PV. 3639, S. 12) und aaO S.13: „We [international community] are not interested in any action that would undermine Burundi's sovereignty; [...] Our goal is simply to encourage outcomes within Burundi that are consistent with internationally recognized principles of human rights, and with Burundi's own legal and constitutional processes."

cherheitsrat am 30.08.1996 in ***SCR 1072*** erstmalig ausdrücklich das Vorliegen einer Friedensbedrohung fest und kündigte ein Waffenembargo an. Die entscheidende Passage im 3. pr. para. lautet:

> „... *deeply concerned at the continued deterioration in the security and humanitarian situation in Burundi that has been characterized in the last years by killings, massacres, torture and arbitrary detention, and the threat that this poses to the peace and security of the Great Lakes Region as a whole*".

Dadurch, dass der Sicherheitsrat darin nicht nur formelhaft eine Bedrohung des Weltfriedens und der internationalen Sicherheit bzw. des Friedens und der Sicherheit in der Region sieht, sondern insbesondere der Region *der großen Seen*, dokumentiert er – anders als im Fall Ruandas[873] – die Bedeutung, die er den konkreten grenzüberschreitenden Auswirkungen der beschriebenen rein internen Vorgänge beimisst, auch wenn das Flüchtlingsproblem in der Resolution nicht angesprochen wird.

Im Einzelnen lassen sich die bisher genannten Resolutionen im Hinblick auf die der Annahme einer Friedensbedrohung zugrundeliegenden Umstände wie folgt kategorisieren:

- Gewalt im Land/Bürgerkrieg[874],
- Menschenrechtsverletzungen[875]/Verstöße gegen humanitäres Völkerrecht[876],
- Angriffe auf UN-Personal[877],
- Nichtbeachtung demokratischer Wahlergebnisse[878],
- Nichtverhandeln über einen Waffenstillstand[879].

c. *Der Konflikt in Zaire/Demokratische Republik Kongo (seit 1996)*[880]

Ende 1996 begann die von Tutsis dominierte und von ugandischen, ruandischen und angolanischen Einheiten unterstützte AFDL (Allianz der demokratischen

---

873 S.o. S. 171 ff.

874 SCR 1040 (1996) – 1. op. para.; *SCR 1072 (1996) – 4. op. para.*

875 *SCR 1072 (1996) – 3. pr. para.*: massacres, torture and arbitrary detention.

876 *SCR 1072 (1996) – 6. pr. para.*

877 SCR 1049 (1996) – 2. op. para.; *SCR 1072 (1996) – 7. pr. para.*; nicht jedoch SCR 1286 (2000) nach der Ermordung zweier UN-Helfer , wohl um die Friedensbemühungen unter der Führung von Nelson Mandela nicht zu behindern „nur" „strongly condemns" im 8. op. para.

878 Erklärung des Ratspräsidenten vom 25.10.1993 (S/26631); *SCR 1072 (1996) – 1. op. para.*

879 *SCR 1072 (1996) – 6. und 11. op. para.*

880 Zum Kongo-Konflikt 1960 vgl. *Arntz*, S. 81 ff.

Kräfte zur Befreiung von Kongo und Zaire) unter der Führung von Laurent Kabila mit Hilfe einer Rebellenarmee große Teile Ost-Zaires unter ihre Kontrolle zu bringen. Dabei ging sie nicht nur gegen die zairische Armee, sondern auch gegen die vom damaligen zairischen Präsidenten Mobutu Sese Seko unterstützten Hutu-Milizen in den mit ruandischen Flüchtlingen besetzten Lagern in Ost-Zaire vor. Die Flüchtlinge flohen erneut, diesmal überwiegend nach Osten in Richtung Kisangani. Die humanitäre Situation war dramatisch. Tausende starben an Hunger und Erschöpfung. Die zairische Regierung warf Ruanda und Burundi vor, einen Krieg zu beginnen und brach am 01.11.1996 die diplomatischen Beziehungen zu Ruanda, Burundi und Uganda ab[881].

In ***SCR 1078*** vom 09.11.1996 spricht der Sicherheitsrat diese humanitäre Katastrophe an und stellt im letzten pr.para. fest („determine")

> *„that the magnitude of the present humanitarian crisis in eastern Zaire constitutes a threat to peace and security in the region".*

Deutlicher lässt sich die allein humanitär motivierte Begründung einer Friedensbedrohung nicht ausdrücken[882].

Die Resolution enthält jedoch zahlreiche Bezugnahmen auf die Situation in der Region der Großen Seen, so dass davon ausgegangen werden muss, dass sie nicht isoliert davon betrachtet werden kann.

In ***SCR 1080*** vom 15.11.1996 heißt es im 11. pr. para.:

> *„Determining that the present situation in eastern Zaire constitutes a threat to international peace and security in the region".*

Die Mitgliedstaaten werden unter ausdrücklicher Berufung auf Kapitel VII ChVN ermächtigt, zum Zwecke der Sicherung von Hilfslieferungen und der Erleichterung der freiwilligen Rückkehr der Flüchtlinge nach Ruanda eine multinationale Streitmacht aufzubauen[883].

Wenig später sagte Kanada die Leitung des geplanten internationalen Militäreinsatzes ab, da dieser wegen der inzwischen zahlreich nach Ruanda zurückgekehrten Flüchtlinge nicht länger nötig sei[884]. Zu diesem Zeitpunkt befanden sich nach Angaben des UNHCR noch mehr als 600.000 ruandische Flüchtlinge in Zaire. Zu den Angriffen der Rebellen kamen nun auch Angriffe radikaler ruan-

---

[881] Vgl. AdG, S. 41572.

[882] Vgl. *A. Stein*, S. 272.

[883] Die am 18.02.1997 folgende SCR 1097 (1997) nimmt nicht ausdrücklich Bezug auf die vorangegangenen Resolutionen und enthält weder die Feststellung einer Friedensbedrohung noch ein Handeln nach Kapitel VII ChVN.

[884] *A. Stein* spricht auf S. 272 von einem „stillschweigenden Abblasen" der genehmigten Kapitel VII – Mission.

discher Hutu-Milizen auf die Rückkehrer. Die Lage der Flüchtlinge verschlechterte sich – der Sicherheitsrat blieb untätig.

Am 16.05.1997 trat Präsident Mobutu von seinem Amt zurück. Am 17.05.1997 nahmen die AFDL-Rebellen Kinshasa ein. Die Menschenrechtssituation in der nunmehrigen Demokratischen Republik Kongo war nach wie vor katastrophal[885]. Ein Handeln des Sicherheitsrates nach Kapitel VII ChVN blieb anders als in Ruanda und Burundi aus, obwohl der Verdacht bestand, dass die von Tutsis dominierten AFDL-Rebellen Massaker an Flüchtlingen entlang der Grenze Zaires zu Ruanda und Burundi begingen[886].

Nach einer Rebellion Tutsi-dominierter Einheiten der Armee, die von Uganda und Ruanda unterstützt werden, befindet sich die Demokratische Republik Kongo seit Mitte 1998 im Bürgerkrieg. Der seit dem Rücktritt Mobutus amtierende Präsident Kabila, sowie nach dessen Ermordung sein Sohn Joseph Kabila, erhalten dabei Unterstützung von Einheiten aus Angola, Simbabwe, Namibia, Sudan und dem Tschad. Ziel der Rebellen ist der Sturz des Präsidenten, der das Versprechen der Demokratisierung nicht eingehalten hat.[887] In einer Erklärung des Ratspräsidenten vom 13.07.1998[888] verurteilte der Sicherheitsrat die in der Demokratischen Republik Kongo erfolgten Massaker und die Verletzungen des humanitären Völkerrechts und die Verbrechen gegen die Menschlichkeit. Der Sicherheitsrat erklärt seine Bereitschaft, zusätzliche Schritte zu erwägen,

> *„to ensure that the perpetrators of the massacres, other atrocities and violations of international humanitarian law are brought to justice“.*

In zwei Erklärungen seines Präsidenten vom 31.08.1998[889] und 11.12.1998[890] stellt der Sicherheitsrat eine auf den Konflikt *in* der Demokratischen Republik Kongo bezogene Friedensbedrohung fest. In beiden Erklärungen nimmt er jedoch Bezug auf die nunmehr unzweifelhaft vorliegenden grenzüberschreitenden militärischen Implikationen[891].

In ***SCR 1234*** (1999) vom 09.04.1999 betont („stressing“) der Sicherheitsrat im letzten pr.para.,

---

885 Im Press Release SC/6545 vom 13.07.1998 wird der Generalsekretär mit der Aussage zitiert, dass das Ausmaß der Menschenrechtsverletzungen „must be regarded as posing a threat to international peace and security.“

886 AdG, S. 42029.

887 FWA 2000, Spalte 454.

888 S/PRST/1998/20.

889 S/PRST/1998/26.

890 S/PRST/1998/36.

891 Jeweils im zweiten Absatz.

„that the present situation in the Democratic Republic of the Congo constitutes a threat to peace, security and stability in the region".

Im zweiten op.para. bedauert er die anhaltenden Kämpfe und

„the presence of forces of foreign States in the Democratic Republic of the Congo in a manner inconsistent with the principles of the Charter of the United Nations ...".

Der Sicherheitsrat verlangt eine unverzügliche Beendigung der Kämpfe.

Dass der Sicherheitsrat an anderer Stelle der Resolution[892] die Verletzungen der Menschenrechte und des humanitären Völkerrechts ,anspricht, fällt gegenüber den grenzüberschreitenden militärischen Implikationen des Konflikts im Zusammenhang mit der Begründung der Friedensbedrohung weniger ins Gewicht. Im 8. pr. para. ruft der Sicherheitsrat gar

„the inherent right of individual or collective self-defence in accordance with Art. 51 of the Charter of the United Nations"

in Erinnerung.

Im Juli 1999 gelang in Lusaka der Abschluss eines Waffenstillstandsabkommens zwischen den beteiligten Parteien[893]. Das Abkommmen trat am 01.09.1999 in Kraft.

In der Folgezeit kam es jedoch zu weiteren Gefechten zwischen den Rebellen und der Regierung Kabila. Dabei erhielten die Rebellen, die sich im wesentlichen in drei Fraktionen untergliedern, Unterstützung von Uganda und Ruanda. Beide Seiten werfen sich gegenseitig die Verletzung des Waffenstillstandsabkommens von Lusaka vor.

Verkompliziert wurde die Situation überdies durch Uneinigkeit im Rebellenlager, die z.T. auf Streitigkeiten bei der Ausbeutung von Bodenschätzen (insbesondere Diamanten) zurückzuführen war und sich teilweise in militärischen Auseinandersetzungen unter den Rebellen bzw. der sie unterstützenden nachbarstaatlichen Einheiten – so am 05.05.2000 in Kisangani zwischen ugandischen und ruandischen Truppen – entlud. Darüber hinaus verschloss sich auch die Regierung Kabila immer wieder Verhandlungen.

In **SCR 1291** (2000) vom 24.02.2000 stellt der Sicherheitsrat fest, dass

„the situation in the Democratic Republic of the Congo constitutes a threat to international peace and security in the region."

---

[892] 6. pr. para., 6. op. para.

[893] S/1999/815.

Hintergrund waren die Verstöße gegen das Waffenstillstandsabkommen, die unveränderte Beteiligung ausländischer Truppen, aber auch die katastrophale Menschenrechtssituation in der Demokratischen Republik Kongo[894]. Grund für die Feststellung einer Friedensbedrohung ist jedoch auch die vom Sicherheitsrat empfundene Notwendigkeit eines Handelns nach Kapitel VII ChVN zur Ermächtigung der mit **SCR 1279** (1999) eingesetzten Organization Mission in the Democratic Republic of the Congo (MONUC), zum eigenen Schutz und zum Schutz von Zivilisten „necessary action" zu ergreifen[895].

Nachdem der Sicherheitsrat bereits in einer Erklärung des Ratspräsidenten vom 05.05.2000[896] die unverzügliche Beendigung der Kämpfe zwischen ugandischen und ruandischen Truppen verlangt hatte, wiederholte er dies in ***SCR 1304*** (2000) vom 16.06.2000, in der er erneut das Vorliegen einer Friedensbedrohung feststellt. Er fordert Uganda und Ruanda auf, ihre Truppen unverzüglich aus dem Kongo zurückzuziehen[897].

Die Menschenrechtssituation wird angesprochen und ist Gegenstand von „Verurteilungen", steht jedoch nicht im Vordergrund der Resolution.

Die nach einer Erklärung des Ratspräsidenten vom 07.09.2000[898], in der die menschenrechtlichen Aspekte des Konfliktes noch einmal herausgestellt werden, erlassenen Resolutionen (**SCR 1323** (2000) und **1332** (2000)) betreffen jeweils die Verlängerungen des Mandates der MONUC und ergehen nicht mehr ausdrücklich nach Kapitel VII ChVN, obwohl sich an der Situation und den vom Sicherheitsrat ausgesprochenen Aufforderungen wenig ändert. Im Fall der Resolution 1323 (2000) ist diese Zurückhaltung wohl darauf zurückzuführen, dass der Sicherheitsrat zunächst die Dauerhaftigkeit der kurz zuvor geschlossenen Truppenrückzugs-Abkommen von Kampala und Harare abwarten will.

Nach der Ermordung Präsident Kabilas am 16.01.2001 wurde dessen Sohn Joseph Kabila zum Präsidenten der Demokratischen Republik Kongo ernannt. Nach einem Treffen der Unterzeichner des Waffenstillstandsabkommens von Lusaka entspannte sich die Situation zunächst. Der Sicherheitsrat begleitete

---

894 Vgl. insbesondere 16. und 18. pr. para., 14. und 15. op. para. und die Darstellung im FWA 2001, Spalte 466; die amerikanische Außenministerin Madeleine *Albright* sprach sogar von „Afrikas erstem Weltkrieg" – zitiert nach FWA 2001, Spalte 465.

895 Vgl. 8. op para.

896 S/PRST/2000/15.

897 SCR 1304 (2000) wurde vom IGH in *Kongo, Provisional Measures*, para. 47 Absatz (2) bestätigt. Der Sicherheitsrat verlangt in SCR 1341 (2001) – 2. op. para. die Umsetzung von SCR 1304 (2000).

898 S/PRST/2000/28.

diese Entwicklung mit **SCR 1341** (2001) und **SCR 1355** (2001)[899], die jeweils im vorletzten pr.para. die Feststellung enthalten,

> *„that the situation in the Democratic Republic of the Congo continues to pose a threat to international peace and security in the region.“*

Die Situation bestand neben der anhaltend katastrophalen Menschenrechtslage in der Existenz fremder Truppen auf kongolesischem Territorium. In den sehr umfangreichen operativen Teilen der beiden Resolutionen verlangt der Sicherheitsrat von den beteiligten Parteien u.a. die Einhaltung der vorangegangen Resolutionen und der Abkommen von Lusaka, Kampala und Harare, die Beendigung der Menschenrechtsverletzungen und des illegalen Rohstoffhandels.

Vor allem im Osten des Landes kam es immer wieder zu Kämpfen, die Mitte März in der Einnahme der Stadt Molira durch die von Ruanda unterstützten RCD-Goma-Rebellen[900] gipfelte, die der Sicherheitsrat zum Anlass nahm, in ***SCR 1399*** (2002) festzustellen, dass

> *„the situation in the Democratic Republic of the Congo poses a threat to international peace and security in the region.“*[901]

Im operativen Teil der Resolution verlangt der Sicherheitsrat den sofortigen Rückzug der Rebellen, deren Aktionen er als schweren Verstoß gegen das Friedensabkommen von Lusaka ansieht. Dass er zugleich Ruanda auffordert, seinen Einfluss auf die Rebellen geltend zu machen, zeigt, dass sich der Sicherheitsrat – anders als dies in der Feststellung der Friedensbedrohung zum Ausdruck kommt – der Implikationen auf die Region im Klaren ist.

In ***SCR 1417*** (2002) verurteilt der Sicherheitsrat das von den RCD-Goma-Rebellen zu verantwortende Massaker in der südkongolesischen Stadt Kisangali, nicht ohne zuvor den Fortbestand einer Friedensbedrohung in der Demokratischen Republik Kongo festgestellt zu haben.

Am 30.07.2002 wurde in Pretoria ein Friedensvertrag zwischen der Demokratischen Republik Kongo und Ruanda unterzeichnet[902].

Unruhen in dem kongolesichen Ituri-Distrikt, an denen sich mittelbar auch Ruanda beteiligte, führten am 20.05.2003 zur Verabschiedung von ***SCR 1468*** (2003), die die Feststellung einer Friedensbedrohung durch die Situation in der Demokratischen Republik Kongo enthält.

---

899 Und *SCR 1376 (2001).*

900 RCD = Rassemblement Congolais pour la Démocratie .

901 Letzter pr. para.

902 Das Abkommen wurde vom Sicherheitsrat in ***SCR 1445*** (2002) vom 04.12.2002 begrüßt. Die Resolution enthält in ihrem letzten pr. para. die Feststellung einer Friedensbedrohung.

Mit ***SCR 1484*** (2003) vom 30.05.2003 wurde die Entsendung einer militärischen Eingreiftruppe der Europäischen Union gebilligt.

Der von einer vom Generalsekretär eingesetzten Expertenkommission verfasste Bericht über die illegale Ausbeutung von Bodenschätzen in der Demokratischen Republik Kongo[903] hatte die Verurteilung der darin beschriebenen Zustände in ***SCR 1475*** (2003) zur Folge. Die Resolution enthält die Feststellung einer Bedrohung des Friedens in der Region der Großen Seen[904], die auf die Beteiligung zahlreicher afrikanischer Staaten an der äußerst lukrativen illegalen Ausbeutung insbesondere der kongolesischen Diamantenvorkommen im Wert von mehreren Milliarden US-Dollar jährlich gestützt wird[905].

Im Einzelnen lassen sich die Resolutionen zum Konflikt in der Demokratischen Republik Kongo im Hinblick auf die der Annahme einer Friedensbedrohung zugrundeliegenden Umstände wie folgt kategorisieren:

- humanitäre Situation/Leiden der Zivilbevölkerung[906],
- Verstöße gegen das humanitäre Völkerrecht[907],
- bewaffnete grenzüberschreitende Auseinandersetzungen[908],
- Nichtbeachtung eines Waffenstillstandes[909].

16. Der Konflikt in Albanien (1997)

Anfang 1997 verlor ein Großteil der albanischen Bevölkerung infolge des Zusammenbruchs betrügerischer, auf dem Schneeballsystem aufbauender Anlagefonds sein ganzes Vermögen. Infolgedessen kam es zu bürgerkriegsähnlichen, anarchischen Zuständen in Südalbanien[910]. Die Regierung konnte der Lage nicht Herr werden. Waffen- und Munitionsdepots wurden von der Bevölkerung geplündert. Dabei gelangten auch Chemiewaffen in die Hände von Zivilisten[911]. Am 13.03.1997 brach die Ordnung in Albanien völlig zusammen. Im ganzen Land wurden Waffendepots und Lagerhäuser geplündert[912]. Ein Ersuchen des albanischen Präsidenten Berisha an die europäischen Staaten, zur Vermeidung

---

903 Vom 15.10.2002 – S/2002/1146.

904 Letzter pr. para.

905 Zur Bedeutung des Diamantenhandels für die Entstehung von Konflikten vgl. auch SCR 1459 (2003).

906 *SCR 1078 (1996), 1080 (1996), 1291 (2000), 1341 (2001), 1355 (2001), 1484 (2003).*

907 Erklärung des Ratspräsidenten vom 13.07.1998 (S/PRST/1998/20).

908 *Erklärungen des Ratspräsidenten vom 31.08.1998 (S/PRST/1998/26) und 11.12.1998 (S/PRST/1998/36), SCR 1234 (1999), 1291 (2000), 1304 (2000), 1341 (2001), 1355 (2001), 1468 (2003).*

909 *SCR 1291 (2000), 1341 (2001), 1399 (2002), 1417 (2002).*

910 AdG, S. 41871.

911 Vgl. Der Tagesspiegel vom 07.04.1997.

912 AdG, S. 41877.

eines Bürgerkrieges militärisch zu intervenieren, scheiterte an der ablehnenden Haltung der EU-Außenminister[913]. Ende März drohten die Lebensmittelvorräte in Albanien zur Neige zu gehen.

Am 28.03.1997 verabschiedete der Sicherheitsrat die Resolution ***1101***[914], in deren letztem pr.para. er feststellt („determine")

> *„that the present situation of crisis in Albania constitutes a threat to peace and security in the region".*

Im 1. pr. para. nimmt er Bezug auf jeweils einen Brief des italienischen und des albanischen Vertreters bei den Vereinten Nationen vom 27. bzw. 28.03.1997[915]. Die Mitgliedstaaten unter der Führung Italiens werden dazu ermächtigt, humanitäre Hilfslieferungen militärisch zu sichern.

Nie zuvor hat der Sicherheitsrat so pauschal eine „Krisensituation" als Friedensbedrohung bezeichnet. Es gab infolge der Krise zwar Flüchtlingsbewegungen in Richtung Griechenland und über die Adria nach Italien. Es drohte jedoch zu keinem Zeitpunkt eine militärische Auseinandersetzung Albaniens mit seinen Nachbarstaaten. Die Feststellung der Friedensbedrohung erfolgte wohl vor allem wegen des Fehlens einer durchsetzungsfähigen Staatsgewalt in Albanien und um die gewünschte Rechtsfolge zu ermöglichen.

In *SCR* *1114* vom 19.06.1997 wiederholt der Sicherheitsrat die Feststellung der Friedensbedrohung im letzten pr.para., um die beteiligten Staaten nach Kapitel VII ChVN zum Schutz des Personals der multinationalen Schutztruppe zu ermächtigten.

17. Der Konflikt in der Zentralafrikanischen Republik (1997 bis 1998)

Im Jahre 1996 führten wachsende soziale und wirtschaftliche Probleme in der Zentralafrikanischen Republik, insbesondere lange ausstehende Gehaltszahlungen durch die von dem im Jahre 1993 demokratisch gewählten[916] Präsidenten

---

913 Vom 16.03.1997- AdG, S. 41878; ausweislich der Erklärung des Rates der EU vom 24.03.1997 (S/1997/259 – Annex III) befürwortete dieser ein Tätigwerden im Rahmen der OSZE.

914 Zustandegekommen mit 14:0 Stimmen bei Enthaltung Chinas, nach dessen Auffassung es sich um eine innere Angelegenheit handelte – Press Release SC/6347 vom 28.03.1997.

915 S/1997/258 und 259. Der Brief des italienischen Vertreters ist an den Generalsekretär adressiert. Er erklärt die Bereitschaft einiger OSZE-Staaten, zur Sicherung der humanitären Hilfe in Albanien bewaffnete Einheiten nach Albanien zu senden. Allein zum Zweck der Gewährleistung der Sicherheit des dabei tätigen Personals soll der Sicherheitsrat nach Kapitel VII ChVN handeln. Der Brief des albanischen Vertreters stellt sich inhaltlich hinter die Bitte Italiens.

916 Als sich seine Niederlage abzeichnete wollte der seit 1981 regierende Präsident Kolingba die Stimmen zunächst nicht auszählen lassen. Auf Druck insbesondere Frankreichs wurden die Wahlen dann dennoch im Herbst 1993 durchgeführt – AdG, S. 38309 f.

Patassé eingesetzte Regierung zu mehreren aufeinanderfolgenden Meutereien von Teilen des Militärs, infolge derer sich die wirtschaftliche Situation weiter verschlechter-te[917].

Vermittlungsversuche der Präsidenten Gabuns, Burkina Fasos, des Tschad und Malis führten zur Unterzeichnung der sog. Bangui Agreements am 25.01.1997. Zur Überwachung der Einhaltung dieser Vereinbarungen und um Frieden und Sicherheit in der Zentralafrikanischen Republik wiederherzustellen wurde durch Beschluss der Präsidenten Gabuns, Burkina Fasos, des Tschad und Malis mit Wirkung zum 31.01.1997 die Inter-African Mission to Monitor the Implementation of the Bangui Agreements (MISAB) eingerichtet, die am 08.02.1997 mit logistischer und finanzieller Unterstützung Frankreichs ihre Arbeit aufnahm.

Nach weiteren Unruhen in Bangui im März und Juni 1997 und der Unterzeichnung eines Waffenstillstandsabkommens richteten die Präsidenten Gabuns und der Zentralafrikanischen Republik, Bongo und Patassé, jeweils in einem Brief an den Sicherheitsrat[918] die Bitte an diesen, MISAB unter seine Kontrolle zu stellen.

Der Sicherheitsrat verabschiedete daraufhin die Resolution ***1125*** vom 06.08.1997, in deren letztem pr.para. er feststellte,

> *„that the situation in the Central African Republic continues to constitute a threat to international peace and security in the region".*

Der Sicherheitsrat hatte zuvor nicht die Bedrohung des Friedens festgestellt, es bleibt daher unklar, warum er statt „constitutes" die Wendung „continues to constitute" verwendet[919]. Aus dem Zusammenhang der Resolution ist zu entnehmen, dass die friedensbedrohende Situation in der Lage innerhalb der Zentralafrikanischen Republik und dort insbesondere in der nach wie vor bestehenden Bewaffnung einiger Milizen in Verletzung der Bangui Agreements gesehen wird. Der Sicherheitsrat wird vor allem zur (erbetenen) Unterstützung der regionalen Initiative tätig[920].

---

917 Nach dem Bericht des Generalsekretärs an den Sicherheitsrat vom 23.01.1998 (S/1998/61) lebten 1996 65 % der Erwachsenen unterhalb der Armutsgrenze, nur 42 % der Bevölkerung hatte Zugang zu Trinkwasser und 75 % der Kinder zwischen 2 und 12 Jahren litten unter Unterernährung.

918 S/1997/543 bzw. 561 annex – in seinem Brief vom 04.07.1997 betont Patassé den „context of great regional instability" und führt weiter aus, dass „serious tensions persist in the Central African Republic. They are likely to affect regional stability and therefore threaten international peace and security"

919 Vgl. zur Verwendung der „continuance-Formel" oben S. 50.

920 Vgl. Press Release SC/6407 vom 06.08.1997.

Der Sicherheitsrat wiederholt diese Feststellung in ***SCR 1136*** vom 06.11.1997, in der er die bereits in SCR 1125 (1997) enthaltene Ermächtigung an die Mitgliedstaaten, die Sicherheit und die Bewegungsfreiheit ihres MISAB-Personals zu sichern, zeitlich bis 06.02.1998 verlängert.

Ausweislich eines Berichtes des Generalsekretärs an den Sicherheitsrat vom 23.01.1998[921] besserte sich die Lage in der Folgezeit, von den sieben Hauptpunkten der Bangui Agreements waren zu diesem Zeitpunkt drei erfüllt, die Rückgabe leichter Waffen und die Auflösung bestimmter Truppenteile standen teilweise noch aus.

Der Sicherheitsrat erkannte die Besserung der Situation in ***SCR 1152*** vom 05.03.1998 und ***SCR 1155*** vom 16.03.1998 an, in denen er erneut das Fortbestehen einer Friedensbedrohung für die Region feststellt und bis zum 27.03.1998 eine Entscheidung darüber ankündigt, ob er eine UN-Peacekeeping Operation in der Zentralafrikanischen Republik einrichten wird. Dies geschah am 27.03.1998 in ***SCR 1159*** mit der Einrichtung von MINURCA[922]. Im letzten pr.para. der Resolution stellt der Sicherheitsrat erneut fest, dass die Situation in der Zentralafrikanischen Republik eine Bedrohung des internationalen Friedens und der Sicherheit in der Region darstellt.

Am 22.11. und 13.12.1998 fanden Parlaments-[923], am 19.09.1999 Präsidentenwahlen[924] in der Zentralafrikanischen Republik statt, aus denen Felix Patassé und seine MLPC als Sieger hervorgingen.

Im Hinblick auf die Verwendung des Friedensbedrohungsbegriffs ist der Konflikt insoweit von Bedeutung, als der Feststellung wiederum rein interne Vorgänge innerhalb eines Staates zugrunde liegen. Von Bedeutung für das Eingreifen des Sicherheitsrates war jedoch auch das Ersuchen der zentralafrikanischen Regierung und der Regierungen der Nachbarstaaten nach einem Tätigwerden des Sicherheitsrates zur zusätzlichen Absicherung der von diesen Staaten geschlossenen bzw. protegierten Bangui Agreements.

18. Der Konflikt in Sierra Leone (seit 1997)

Die ehemalige britische Kolonie Sierra Leone ist eines der ärmsten Länder der Welt, dessen innenpolitische Situation seit seiner Unabhängigkeit im Jahre 1961 immer wieder von Militärputschen gekennzeichnet war. Zuletzt war nach fünf

---

921 S/1998/61.

922 United Nations Mission in the Central African Republic.

923 In SCR 1230 (1999) als „free and fair“ bezeichnet (2. pr. para.). In der Resolution kommt zum Ausdruck, dass es Anliegen des Sicherheitsrates ist, zur Sicherung des erreichten Friedens i.S.v. „post-conflict peace building“ beizutragen (17. op. para., vgl. dazu grundsätzlich die Erklärung des Ratspräsidenten vom 29.12.1998 (S/PRST/1998/38)).

924 Vgl. SCR 1271 (1999).

Jahren Bürgerkrieg am 30.11.1996 in Abidjan (Elfenbeinküste) ein Friedensabkommen zwischen der Regierung von Präsident Kabbah und der Revolutionary United Front (RUF) unterzeichnet worden.

Am 25.05.1997 rissen Teile der Armee unter der Führung des Major Johnny Paul Koroma bei einem bewaffneten Militärputsch gegen die Regierung des gewählten[925] Präsidenten Ahmad Tejan Kabbah die Macht an sich[926]. Der nach Guinea geflohene Präsident Kabbah rief die Mitgliedstaaten der westafrikanischen Wirtschaftsgemeinschaft ECOWAS zur Hilfe. Deren Friedenstruppe ECOMOG sicherte daraufhin zusammen mit den USA zunächst die Evakuierung der in Sierra Leone lebenden Ausländer, deren Sicherheit infolge der in Sierra Leone herrschenden anarchischen Zustände akut gefährdet war.

Der Sicherheitsrat hatte zunächst in zwei Erklärungen seines Präsidenten vom 27.05.1997[927] und 06.08.1997[928] den Militärputsch verurteilt und geeignete Maßnahmen für den Fall der Nichtwiedereinsetzung der demokratisch gewählten Regierung angekündigt. Nun verhängte er in ***SCR 1132*** vom 08.10.1997[929] diplomatische Sanktionen gegen die Militärjunta und ein Ölembargo gegen Sierra Leone. Die Resolution enthält im vorletzten pr.para. die Feststellung, dass

> *„the situation in Sierra Leone constitutes a threat to international peace and security in the region“.*

Bei der Beschreibung der Situation in Sierra Leone spricht der Sicherheitsrat in der Präambel vor allem die anhaltende Gewalt im Lande, die Weigerung der Militärjunta, die demokratisch gewählte Regierung wieder einzusetzen[930], die sich verschlechternde humanitäre Situation, aber auch die Auswirkungen auf die

---

925 Die Wahlen vom 15.03.1996 waren von den Rebellen boykottiert worden – AdG, S. 40831 und 40890.

926 Vgl. AdG, S. 42052 f.

927 S/PRST/1997/29.

928 S/PRST/1997/42.

929 Zustandegekommen mit 15:0 Stimmen.

930 Dieser Aspekt beherrschte auch die Redebeiträge in der Debatte, soweit sich dies aus dem Press Release SC/6425 vom 08.10.1997 entnehmen lässt (vgl. Kenia aaO, S. 8, Frankreich, S. 9, Großbritannien, S. 9, und Korea, S. 10) Der Vertreter Cinas stellte demgegenüber auf das Leiden der Menschen in Sierra Leone, der russische Vertreter auf das Ersuchen der ECOWAS ab – S. 10 (China), S. 12 (Russland). Die Resolution nimmt im 4. pr. para. Bezug auf einen Brief des Generalsekretärs vom 08.10.1997 (S/1997/776), in dem es auszugsweise heißt: „At stake is a great issue of principle, namely, that the efforts of the international community for democratic governance, grounded in the rule of law and respect for human rights, shall not be thwarted through illegal coups.“

Nachbarstaaten an. Letztere bestanden aus den wachsenden Flüchtlingsströmen überwiegend in das benachbarte Guinea[931].

In einer Erklärung des Ratspräsidenten vom 14.11.1997[932] wird das Vorliegen einer Friedensbedrohung bekräftigt.

Infolge des militärischen Eingreifens der ECOMOG konnte die Militärjunta am 13. Februar 1998 gestürzt werden. Die Truppen der Junta wurden aus der Hauptstadt Freetown vertrieben.

Am 10.03.1998 kehrte Präsident Kabbah nach Freetown zurück.

Am 16.03.1998 erfolgte mit **SCR 1156** die Aufhebung des Ölembargos gegen Sierra Leone durch den Sicherheitsrat. Mit **SCR 1171** (1998) wurden die übrigen Maßnahmen der SCR 1132 (1997) aufgehoben. Gleichzeitig wurde ein Waffenembargo gegen alle Nichtregierungstruppen verhängt. Mit **SCR 1181** (1998) wurde die United Nations Observer Mission in Sierra Leone (UNOMSIL) eingesetzt.

Nach der Rückkehr Kabbahs überzogen die Junta und die mit ihr verbündete RUF das Land mit einer Terrorwelle, Ende 1998 kontrollierten die Rebellen, die von Liberia mit Waffen unterstützt werden, große Teile des Staatsgebietes, Anfang 1999 auch Teile Freetowns, die jedoch am 14.01.1999 von der ECOMOG zurückerobert werden.[933]

In **SCR 1231** (1999) bekräftigt der Sicherheitsrat das in SCR 1171 (1998) gegen die Rebellen verhängte Waffenembargo. Der Sicherheitsrat unterstützt das Eingreifen der ECOMOG.

Am 07.07.1999 unterzeichneten die an den Auseinandersetzungen beteiligten Parteien in Lomé ein Friedensabkommen.

In ***SCR 1270*** (1999) stellt der Sicherheitsrat eine Friedensbedrohung fest, um dann nach Kapitel VII ChVN die United Nations Mission in Sierra Leone (UNAMSIL) einzurichten, die die Einhaltung des Friedensabkommens und die Entwaffnung der Rebellen überwachen soll.

Keines der fünf ständigen Mitglieder im Sicherheitsrat entsendet Truppen.

Aufgrund der nach wie vor angespannten Lage in Sierra Leone stellt der Sicherheitsrat in ***SCR 1289*** (2000) das Fortbestehen der Friedensbedrohung fest

---

931 Vgl. 15. op. para., in dem von der Notwendigkeit der Unterstützung der Nachbarstaaten wegen der sozialen und wirtschaftlichen Konsequenzen der Flüchtlingsströme die Rede ist.

932 S/PRST/1997/52.

933 FWA 2000, Spalte 722; in SCR 1220 (1999) vom 12.01.1999 äußert der Sicherheitsrat seine Besorgnis über die sich verschlechternde Situation, ohne jedoch einzugreifen.

und beschließt die Aufstockung der UNAMSIL und (nach Kapitel VII ChVN) eine Ausdehnung ihrer Kompetenzen.

Nach anfänglichen Erfolgen bei der Umsetzung des Friedensabkommens kommt es Anfang Mai 2000 zu einer Wiederaufnahme des Bürgerkrieges. Dabei werden einige UN-Soldaten von RUF-Kämpfern getötet, andere gefangengenommen.

In einer Erklärung des Ratspräsidenten vom 04.05.2000[934] verlangt der Sicherheitsrat von der RUF die Freilassung der festgehaltenen UN-Soldaten, sowie die Einhaltung des Friedensabkommens von Lomé. Er betont die persönliche Verantwortlichkeit des Führers der RUF, Foday Sankoh, für die Handlungen der RUF.

Nachdem er in ***SCR 1306*** (2000) festgestellt hatte, dass die Situation in Sierra Leone

> *„continues to constitute a threat to international peace and security in the region",*

um Maßnahmen zur Verhinderung des Handels der Rebellen mit Diamanten zu ergreifen[935], wiederholte er diese Feststellung in **SCR 1315** (2000). Statt wie in den Fällen Jugoslawien und Ruanda selbst ein Gericht einzurichten ersucht der Sicherheitsrat den Generalsekretär, mit der Regierung von Sierra Leone über die Einrichtung eines „special court" zur Verfolgung insbesondere von

> *„crimes against humanity, war crimes and other serious violations of international humanitarian law, as well as crimes under relevant Sierra Leonean law committed within the territory of Sierra Leone"*

zu verhandeln.

Nach der Unterzeichnung eines Waffenstillstandsabkommens in Abuja am 11.11.2000 beruhigte sich die Situation in Sierra Leone. Der Sicherheitsrat begleitete diese Entwicklung mit den Resolutionen **1346 (2001)** und **1370 (2001)**, die jedoch keine Feststellung nach Kapitel VII ChVN enthalten.

In ***SCR 1385*** (2001) erfolgt die Feststellung einer Friedensbedrohung, um nach Kapitel VII ChVN die in SCR 1306 (2000) verhängten Maßnahmen bis Ende 2002 zu verlängern.

In ***SCR 1389*** (2002) begrüßt der Sicherheitsrat die Fortschritte im Friedensprozess in Sierra Leone, stellt jedoch zugleich fest, dass die dortige Situation nach wie vor eine Friedensbedrohung darstellt.

---

934 S/PRST/2000/14.

935 Vgl. dazu die Ausführungen zu SCR 1343 (2001) oben S. 143.

Tatsächlich war der Bürgerkrieg Anfang 2002 beendet; eine offizielle Erklärung der Beendigung folgte im November 2002.[936] Hintergrund der Feststellung war die Bekräftigung der Funktionen der nach Kapitel VII ChVN eingesetzten UNAMSIL im Zusammenhang mit *„election-related tasks“* (1. op. para.) wie Sicherung der Wahlstationen und Gewährleistung einer möglichen öffentlichen Unruhen entgegenwirkenden Abschreckung.

Die Bedeutung freier Wahlen wird erneut hervorgehoben in ***SCR 1400*** (2002), in der ebenfalls eine Bedrohung des Friedens festgestellt wird. Ohne dass der Sicherheitsrat dabei ausdrücklich nach Kapitel VII ChVN handelt, wird das Mandat der UNAMSIL bis 30.09.2002 verlängert[937]. In **SCR 1436** (2002) erfolgt eine Verlängerung um weitere sechs Monate – diesmal ohne Feststellung einer Friedensbedrohung und ohne Hinweis auf ein Handeln oder das Erfordernis eines Handelns nach Kapitel VII ChVN.

Im Mai 2002 hatten freie Wahlen in Sierra Leone stattgefunden, aus denen Präsident Kabbah als klarer Sieger hervorging. Im Januar 2002 war – wie in SCR 1315 (2000) beschrieben – durch Vereinbarung zwischen den Vereinten Nationen und der Regierung und nicht wie in den Fällen Ruanda und Jugoslawien über Kapitel VII ChVN, ein Kriegsverbrechertribunal eingesetzt worden.

In keiner der genannten Resolutionen zu dem Konflikt in Sierra Leone wird die Gefahr grenzüberschreitender militärischer Auseinandersetzungen angesprochen. Grund des Handelns des Sicherheitsrates ist allein die Situation im Innern des Landes. Die Behandlung des Konfliktes durch den Sicherheitsrat ist vergleichbar mit der Behandlung des Konfliktes in Angola.[938]

Im Einzelnen lassen sich die Resolutionen zum Konflikt in Sierra Leone im Hinblick auf die der Annahme einer Friedensbedrohung zugrundeliegenden Umstände wie folgt kategorisieren:

- Nichtwiedereinsetzung der demokratisch gewählten Regierung[939]/mögliche Vereitelung demokratischer Wahlen[940],
- Flüchtlingsströme[941],
- Bürgerkrieg[942],
- Nichteinhaltung von Friedensabkommen[943].

---

936 Vgl. FWA 2003, Spalten 720-722.

937 In SCR 1470 (2003) erfolgt eine Verlängerung bis 30.09.2003.

938 S.o. S. 133 ff.

939 *SCR 1132 (1997).*

940 SCR 1389 (2002).

941 *SCR 1132 (1997).*

942 SCR 1231 (1999).

943 *SCR 1270 (1999), 1289 (2000).*

19. Der Konflikt in Afghanistan (seit 1978)

Das Gebiet des heutigen Afghanistan war ursprünglich Teil Indiens und Persiens. 1747 erlangte Afghanistan als Monarchie die Unabhängigkeit, die es in drei Kriegen gegen Großbritannien (1838-1842, 1878-1881 und 1919) behaupten musste[944]. Im ersten Weltkrieg blieb es neutral. Seit 1919 erhielt das Land Wirtschafts- und Militärhilfe aus der Sowjetunion. 1973 wurde durch einen Putsch des ehemaligen Regierungschefs Daoud die Monarchie gestürzt. Im April 1978 putschte sich die marxistische Demokratische Volkspartei an die Macht, die im Dezember 1978 einen Freundschaftsvertrag mit der UdSSR schloss. Nach einer gescheiterten Boden- und Landwirtschaftsreform kam es zu bewaffneten Unruhen, bei denen sich islamische Mudschaheddin gegen die Regierung wandten. Ende 1979 beschloss die sowjetische Führung unter Leonid Breschnjew ein militärisches Eingreifen zugunsten der Regierung von Babrak Karmal. Ein Resolutionsantrag vom 07.01.1980[945], der den Rückzug der ausländischen (sowjetischen) Truppen forderte, scheiterte an dem Veto der UdSSR[946]. Daraufhin überwies der Sicherheitsrat die Angelegenheit mit SCR 462 (1980) an die Generalversammlung.

Die teilweise von den USA und Pakistan unterstützten ungefähr 30 Mudschaheddin-Gruppen bedienten sich in der unzugänglichen Gebirgslandschaft einer Guerilla-Taktik, die einen Sieg der von den Sowjets unterstützten Regierungsseite unmöglich machte. Über eine Million Menschen floh in den Iran und nach Pakistan. Bis Mitte 1980 starben ca. eine Million Afghanen bei den Auseinandersetzungen. Wegen der großen Verluste auch der sowjetischen Truppen und der immensen Kosten des zunehmend aussichtsloser werdenden Krieges leitete der sowjetische Präsident Gorbatschow Ende 1985 eine Wende ein, die zum Abschluss des Genfer Afghanistan-Abkommens vom 08.04.1988 führte. Im Februar 1989 verließen die letzten sowjetischen Truppen das Land.

a. Nach dem Abzug der sowjetischen Truppen

Hatten die Mudschaheddin-Truppen bisher vor allem wegen des gemeinsamen Gegners zusammengehalten, gab es nun zunehmend Streitigkeiten untereinander. Im Jahr 1994 kam es zu einem Eingreifen der in Pakistan ausgebildeten Taliban-Milizen[947], die das Land zunehmend unter ihren Einfluss brachten und ein

---

944 Zur Geschichte Afghanistans vgl. *Patil* S. 231 f.

945 S/13729 – vorgelegt von Bangladesch, Niger, den Philippinen, Tunesien und Zambia.

946 Dazu *Patil*, S. 230.

947 „Taliban" heißt übersetzt „Koranschüler". Es handelt sich um Paschtunen, die mit ca. 40 % Bevölkerungsanteil die größte Bevölkerungsgruppe in Afghanistan darstellen. Es gibt Mutmaßungen, nach denen die USA Pakistan finanziell bei der Ausbildung dieser *sunnitischen* Fundamentalisten unterstützt haben – vgl. FWA 1998 – Sonderbeitrag „Taliban: Koranschüler des Westens" in der CD-Ausgabe.

streng-islamisches Regime errichteten, dessen Rechtssystem auf der islamischen Scharia beruht und insbesondere die Frauen weitgehend rechtlos stellt.

In sechs Erklärungen des Ratspräsidenten[948] rief der Sicherheitsrat die Parteien zur sofortigen Beendigung der Kämpfe auf („*calls upon*"). Eine Erklärung spricht von dem

> „*threat to the stability and security of other countries in the region*",

den der Bürgerkrieg in Afghanistan darstelle[949]. Die Erklärungen sind dem Wortlaut nach unverbindlich und wohl auf der Grundlage des Kapitels VI ChVN ergangen. Die Erklärung vom 28.09.1996 erfolgte am Tag der Ermordung des ehemaligen Präsidenten Afghanistans, Najibullah, und seines Bruders durch die Taliban, nachdem man die beiden aus Räumlichkeiten der UN Sondermission in Afghanistan (USMA) entführt hatte, und einen Tag nach der Einnahme Kabuls durch die Taliban am 27.09.1996.

In der knapp einen Monat später verabschiedeten Resolution **1076** (1996) heißt es im 5. pr. para.:

> „*expressing concern over the continuation and recent intensification of the military confrontation in Afghanistan which have caused civilian casualties and an increase in refugees and displaced persons, and which seriously endanger the stability and peaceful development of the region.*"

Der Sicherheitsrat zeigt sich besorgt über die Diskriminierung der Frauen und die sonstigen Menschenrechtsverletzungen in dem Land und verlangt („*demands*") im 10. op. para. den Schutz des UN-Personals und ein Ende der Behinderung der humanitären Hilfe.

In der *Erklärung des Ratspräsidenten vom 16.12.1997*[950] nimmt dieser Bezug auf einen Bericht des Generalsekretärs vom 14.11.1997[951], in dem jener ausführlich die Lage in Afghanistan beschreibt und seiner Überzeugung Ausdruck verleiht, dass die militärische Unterstützung der jeweiligen Kräfte durch nicht näher bezeichnete UN-Mitgliedstaaten in Form von Waffenlieferungen den anhaltenden Kämpfen wesentlich zugrundeliegt. Seines Erachtens bietet der Afghanistan-Konflikt ein typisches Beispiel für einen „*post cold-war regional and ethnic*

---

948 Erklärung vom 24.01.1994 (S/PRST/1994/4), vom 23.03.1994 (S/PRST/1994/12), vom 11.08.1994 (S/PRST/1994/43) vom 30.11.1994 (S/PRST/1994/77), vom 15.02.1996 (S/PRST/1996/6) und vom 28.09.1996 (S/PRST/1996/40).

949 Erklärung vom 11.08.1994, 3. Absatz (S/PRST/1994/43).

950 S/PRST/1997/55.

951 A/52/682-S/1997/894.

conflict", der überdies durch das faktische Fehlen einer zentralen Staatsgewalt[952] und dadurch gekennzeichnet sei, dass die jeweiligen „*warlords*" vor allem ihre eigenen Interessen verfolgten. Der Generalsekretär weist darauf hin, dass Afghanistan der größte Heroin-Hersteller der Welt sei und der Rauschgifthandel eine wesentliche Einnahmequelle der Taliban darstelle.

In der Erklärung beauftragt der Sicherheitsrat den Generalsekretär daraufhin zu erkunden, wie ein wirksames Waffenembargo gegen Afghanistan verhängt werden kann. Der Sicherheitsrat betont, dass ein weiterer Fortgang des Konfliktes einen Nährboden für Terrorismus und Drogenanbau und -handel biete, der sich destabilisierend für die Region und darüber hinaus auswirke[953]. Im zweiten Absatz der Erklärung heißt es:

> *„The Security Council reiterates its grave concern at the continued military confrontation in Afghanistan, which has caused human suffering and material destruction, which threatens to lead to the disintegration of the country and which represents a growing threat to regional and international peace and security".*

Nach einem erneuten Bericht des Generalsekretärs, in dem dieser keine Besserung der Situation mitteilen konnte, sondern vielmehr eine noch weiter verschlechterte humanitäre Situation infolge der Behinderung der Hilfslieferungen, des Winters und eines Erdbebens, erklärt der Sicherheitsrates in seiner *Erklärung vom 06.04.1998*[954],

> *„its grave concern at the continued Afghan war, which is a serious threat to regional and international security, and causes extensive suffering, further destruction, refugee flows and other forcible displacement of large numbers of people."*[955]

Die Erklärung lässt den Schluss darauf zu, dass der Bürgerkrieg in Afghanistan sowie die Verletzungen des humanitären Völkerrechts der Annahme einer Friedensbedrohung zugrundelagen. In dem zitierten Ausschnitt kommt dies dadurch zum Ausdruck, dass der Sicherheitsrat die Flüchtlingsproblematik erst nach der Feststellung der Friedensbedrohung und als Folge des Bürgerkrieges anspricht.

---

952 In seinem Bericht vom 19.06.1998 (S/1998/532) spricht der Generalsekretär davon, dass Afghanistan „typical failed-state symptoms" zeige – vgl. para. 50 des Berichts.

953 Diese Erklärung wird in sämtlichen nachfolgenden Erklärungen des Ratspräsidenten wiederholt.

954 S/PRST/1998/9.

955 Diese Erklärung wird wörtlich wiederholt in der Erklärung des Ratspräsidenten vom 14.07.1998 (S/PRST/1998/22).

Hatte sich der Sicherheitsrat bei seinen Aufforderungen an die Parteien bislang einer auf die Anwendung des Kapitels VI ChVN hindeutenden Sprache bedient, so änderte sich das mit der *Erklärung des Ratspräsidenten vom 06.08.1998*[956], in deren erstem Absatz es heißt:

> *„The Security Council expresses its grave concern at the new sharp escalation of the military confrontation in Afghanistan, which is a growing threat to regional and international peace and security, and demands an urgent and unconditional ceasefire leading to a final end to the hostilities."*

Der Sicherheitsrat verlangt von den Parteien die Beachtung der einschlägigen Resolutionen des Sicherheitsrates und der Generalversammlung.

In ***SCR 1193*** (1998) vom 28.08.1998 drückt der Sicherheitsrat

> *„its grave concern at the continued Afghan conflict"*

aus,

> *„which has recently sharply escalated due to the Taliban forces' offensive in the northern parts of the country, causing a serious and growing threat to regional and international peace and security, as well as extensive human suffering, further destruction, refugee flows and forcible displacement of large numbers of people".*

Durch die gewählte Formulierung wird deutlich, dass der Sicherheitsrat die Friedensbedrohung ausschließlich in den bewaffneten Auseinandersetzungen im Norden Afghanistans sieht. Das menschliche Leiden und die Flüchtlingsströme[957] werden separat angeführt. Bei der Feststellung der Friedensbedrohung verwendet der Sicherheitsrat jedoch nicht mehr das feststellende „*is* a growing/serious threat ...", sondern „*causing* ..." – ein Hinweis darauf, dass nicht die Kämpfe selbst, sondern ihre (möglichen) Auswirkungen als friedensbedrohend angesehen werden.

Der Sicherheitsrat verlangt („*demands*") die Einstellung der Kämpfe und die Wiederaufnahme der Verhandlungen zwischen den Parteien, sowie den Schutz des UN-Personals und die Abstandnahme von der Ausbildung von Terroristen und den Drogen-Aktivitäten.

Nachdem die Taliban Anfang September 1998 zugegeben hatten, acht iranische Diplomaten und einen Journalisten ermordet zu haben, bezeichnet der Si-

---

956 S/PRST/1998/24.

957 In der Debatte erklärte der Vertreter Pakistans, dass sein Land 1,5 Mio. Flüchtlinge beherberge – vgl. Press Release SC/6626, S. 22.

cherheitsrat diese Tat in einer Erklärung seines Präsidenten vom 15.09.1998[958] als *„crime committed in flagrant violation of international law"*. Von den Taliban verlangt (*„demands"*) der Sicherheitsrat die Einhaltung des humanitären Völkerrechts und die Gewährleistung der Sicherheit des internationalen Personals. Der Begriff der Friedensbedrohung wird in der Erklärung nicht gebraucht.

Als Reaktion auf die Ermordung der iranischen Diplomaten hielt der Iran Ende Oktober/Anfang November 1998 Manöver an der afghanischen Grenze ab, an denen 200.000 Soldaten teilnahmen[959].

Die Erklärung vom 15.09.1998 stellt den (vorläufigen) Endpunkt einer Entwicklung dar, die von einem bedingt durch den Ost-West-Gegensatz völligen Untätigbleiben des Sicherheitsrates bis hin zu immer eindeutiger formulierten und auf Verbindlichkeit der Maßnahmen hinweisenden Erklärungen des Ratspräsidenten und Resolutionen des Sicherheitsrates reicht. Trotz der mehrfach geäußerten Empfehlung des Generalsekretärs hat der Sicherheitsrat bis Ende 1999 kein Waffenembargo gegen die beteiligten Parteien verhängt oder ausdrücklich nach Kapitel VII ChVN gehandelt. Dabei mögen im Zusammenhang mit Rohstoffausbeutung und -durchlieferung stehende Interessen der (ehemaligen) Großmächte eine Rolle gespielt haben[960]. Die Feststellungen, dass eine Friedensbedrohung vorliege, bezogen sich jeweils auf den Bürgerkrieg in Afghanistan. Zwar werden in allen Erklärungen/Resolutionen des Sicherheitsrates die schlechte humanitäre Situation, die Situation der Frauen in Afghanistan und die Frage der Unterstützung des Terrorismus sowie des Drogenhandels angesprochen. Diese Aspekte werden allerdings im Zusammenhang mit den verbindlich formulierten Anordnungen des Sicherheitsrates und den Feststellungen der Friedensbedrohung nicht in den Vordergrund gestellt.

Wegen der Interessen zumindest Pakistans und des Irans in Afghanistan hat der an sich rein inner-afghanische Konflikt internationale Auswirkungen verbunden mit der Gefahr bewaffneter grenzüberschreitender Auseinandersetzungen, nicht zuletzt auch wegen der zahlreichen Flüchtlinge in ebendiese Nachbarstaaten[961].

---

958 S/PRST/1998/27.

959 So AP in: Yahoo! – Schlagzeilen (www.yahoo.de) vom 02.11.1998, 14:50 Uhr.

960 Vgl. dazu Sonderbeitrag „Taliban: Koranschüler des Westens" in FWA, aaO (siehe oben S. 193, FN 947).

961 Im Dezember 1996: 1,2 Mio. Binnenflüchtlinge, 1,4 Mio. Flüchtlinge im Iran, 1,2 in Pakistan, 18.600 in Indien – Quelle: FWA 1998, Land und Bevölkerung Afghanistan, CD-Version; bei den benachbarten Staaten besteht Angst vor dem grenzüberschreitenden Vordringen muslimischer Kräfte – diese Gefahr war Gegenstand eines Treffens der Staats- und Regierungschefs Russlands und fünf zentralasiatischer Staaten in Almaty am 04.10.1996 – vgl. FWA aaO (siehe oben S. 193, FN 947). Die Besorgnis einiger Staaten vor den grenzüberschreitenden Auswirkungen des Konfliktes kommt auch in einer De-

b. *Nach der Zerstörung der US-amerikanischen Botschaften in Nairobi und Dar-es-Salaam*

Eine Änderung der Situation trat ein, nachdem die Bombardierung der US-amerikanischen Botschaften in Nairobi und Dar-es-Salaam die Aufmerksamkeit des Sicherheitsrates auf die Unterstützung des verantwortlich gemachten Usama bin Ladens durch die Taliban gelenkt hatte. Der mit den „Lockerbie -“ und den „Mubarak -“ Resolutionen beschrittene Weg wurde daraufhin, allerdings ohne ausdrückliche Bezugnahme auf Art. 2 (4) ChVN[962], erneut eingeschlagen.

In ***SCR 1214*** (1998) vom 08.12.1998 wiederholt der Sicherheitsrat mit denselben Worten wie in SCR 1193 (1998) die Feststellung einer Friedensbedrohung. Stärker noch als in jener Resolution stellt er die Tatsache in den Vordergrund, dass die Taliban Terroristen ausbildet. So nimmt er in der Präambel Bezug auf **SCR 1189** (1998), eine Resolution, in der sich der Sicherheitsrat nach den Anschlägen auf die amerikanischen Botschaften in Nairobi und Dar-es-Salaam mit dem internationalen Terrorismus auseinandersetzt. Im 14. pr. para. heißt es:

> *„deeply disturbed by the continuing use of Afghan territory, especially areas controlled by the Taliban, for sheltering and training of terrorists and the planning of terrorist acts, and reiterating that the suppression of international terrorism is essential for the maintenance of international peace and security“.*

Im operativen Teil der Resolution steht an erster Stelle das an die Taliban und die anderen afghanischen Parteien gerichtete Verlangen („demand“), die Kämpfe einzustellen[963]. Außerdem verlangt der Sicherheitsrat eine Beendigung der Diskriminierung von Frauen und Mädchen und eine Beendigung der Verletzungen der Menschenrechte und des humanitären Völkerrechts[964]. Im 14. op. para. verlangt er, dass die Taliban *„halt the cultivation, production and trafficking of illegal drugs“*[965]. Schließlich heißt es im 13. op. para.:

> *„demands also that the Taliban stop providing sanctuary and training for international terrorists and their organizations, and*

---

batte des Sicherheitsrates vom 09.04.1996 (S/PV. 3648 und 3650) zum Ausdruck – vgl. Japan, S. 15, Russland, S. 5, Turkmenistan, S. 24 (alle S/PV. 3650) und Großbritannien (wegen der Ausbildung von Terroristen) S/PV. 3648, S. 13.

962 Vgl. zum Lockerbie-Konflikt oben S. 148.

963 1. op. para.

964 12. op. para.

965 Schätzungsweise die Hälfte der weltweiten Opium-Produktion des Jahres 1998 stammt aus Afghanistan – vgl. den Bericht des Generalsekretärs vom 31.02.1999 – S/1999/362, para. 31.

that all Afghan factions cooperate with efforts to bring indicted terrorists to justice".

Geht man davon aus, dass der Sicherheitsrat nur solche Handlungen mit bindender Wirkung verlangen kann, die zur Abwendung der Friedensbedrohung erforderlich sind, so folgt daraus, dass neben den Kämpfen in Afghanistan auch die Menschenrechtsverletzungen, der Drogenhandel und die Unterstützung des internationalen Terrorismus der Feststellung der Friedensbedrohung in SCR 1214 (1998) zugrundelagen.

Im Hinblick auf den internationalen Terrorismus wird dieser Eindruck noch verstärkt durch ***SCR 1267*** (1999), in der der Sicherheitsrat die in SCR 1214 (1998) angesprochenen Themen erneut aufgreift. Im 4. pr. para. erinnert er an die Anti-Terrorismus-Konventionen und die Verpflichtung der Vertragsstaaten dieser Konventionen, Terroristen zu verfolgen oder auszuliefern. Diese Verpflichtung trifft nach Auffassung des Sicherheitsrates auch die Taliban, die dem in den Vereinigten Staaten wegen der Bombardierung der amerikanischen Botschaften in Nairobi und Dar-es-Salaam angeklagten Usama bin Laden Schutz gewähren. Im 8. pr. para. heißt es:

> „*determining that the failure of the Taliban authorities to respond to the demands in paragraph 13 of resolution 1214 (1998) constitutes a threat to international peace and security*".

Im operativen Teil der Resolution verlangt der Sicherheitsrat die Auslieferung („*turn over*") Usama bin Ladens an die USA oder ein sonstiges Land, in dem er „*arrested and effectively brought to justice*" wird[966]. Für den Fall der Nichterfüllung bis zum 14.11.1999 werden Wirtschaftssanktionen gegen die Taliban verhängt.

In einer *Erklärung des Ratspräsidenten vom 07.04.2000*[967] und in **SCR 1333** (2000)[968] werden die Vorwürfe des Sicherheitsrates gegen die Taliban noch einmal zusammenfassend dargestellt. In SCR 1333 (2000) wird die Nichtbefolgung von SCR 1297 (1999) und die sonstige Situation in Afghanistan (insbesondere die gravierenden Menschenrechtsverletzungen) zum Anlass genommen, umfassende wirtschaftliche, politische und diplomatische Sanktionen gegen die Taliban zu verhängen. Der Sicherheitsrat verlangt erneut die Auslieferung Usama

---

966 2. op. para.

967 S/PRST/2000/12.

968 Angenommen bei Enthaltungen Chinas und Malaysias. Die Resolution enthält keine Feststellung einer Friedensbedrohung, ergeht aber unter Kapitel VII ChVN. Die nach Kapitel VII ChVN ergangene *SCR 1363* (2001) enthält ohne nähere Ausführungen die Feststellung einer Friedensbedrohung, Festlegungen zur Ausgestaltung des Kontrollmechanismus und die Aufforderung an alle Betroffenen, die Resolutionen 1267 (1999) und 1333 (2000) einzuhalten.

bin Ladens an „*appropriate authorities*“[969] und das Einfrieren seiner Vermögensgegenstände.

Bis Ende 1998[970] wird man davon ausgehen können, dass der Sicherheitsrat bei der Feststellung der Friedensbedrohung die möglichen grenzüberschreitenden militärischen Auswirkungen des afghanischen Bürgerkrieges im Auge hatte. Mit SCR 1214 (1998) und den nachfolgenden Resolutionen tritt der Aspekt der Förderung des internationalen Terrorismus, wie zuvor schon im Fall Lockerbie[971] und dem Attentatsversuch auf den ägyptischen Präsidenten Mubarak,[972] sowie die katastrophale Menschenrechtssituation[973] in den Vordergrund.

c. *Nach den Terrorangriffen auf die USA am 11. September 2001*

Im Oktober 2001 – nur knapp einen Monat nach den Terrorangriffen auf die USA am 11.09.2001 – begannen die USA und Großbritannien mit Luftangriffen auf Afghanistan, die zusammen mit raschen militärischen Erfolgen der sog. Nordallianz bereits im Januar 2002 zur Beendigung der Taliban-Herrschaft führten.

Die vom Sicherheitsrat noch während der Auseinandersetzung verabschiedeten und an Afghanistan gerichteten Resolutionen **1378** (2001) und **1383** (2001) enthalten weder die Feststellung einer Friedensbedrohung noch Rechtsfolgen, die auf ein Handeln nach Kapitel VII ChVN schließen lassen.

Erst in ***SCR 1386*** (2001) vom 20.12.2001 stellt der Sicherheitsrat unter Bezugnahme auf die vorangegangenen Resolutionen zu Afghanistan (insbesondere SCR 1378 (2001) und 1383 (2001)) und die nicht konfliktbezogenen Anti-Terrorismus-Resolutionen 1368 (2001) und 1373 (2001)[974] eine Friedensbedrohung fest[975], um nach Kapitel VII ChVN eine „International Security Assistance Force“ einzurichten, die zur Erfüllung ihres Mandates auch zum Einsatz von bewaffneter Gewalt berechtigt sein soll.

Mit ***SCR 1390*** (2002) vom 16.01.2002 schließlich werden umfassende Sanktionen gegen Usama bin Laden, die Al-Quaida-Organisation und die Taliban verhängt. Im vorletzten pr.para. der Resolution heißt es:

---

969 2. op. para.

970 SCR 1214 (1998) – s.o. S. 198.

971 S.o. S. 145 ff.

972 S.o. S. 168 f.

973 Afghanistan hatte 1999 die höchste Analphabetenquote und die höchste Kindersterblichkeit der Welt – vgl. FWA 2001, Spalte 53.

974 Dazu siehe unten S. 258.

975 Drittletzter pr. para.: „determining that the situation in Afghanistan still constitutes a threat to international peace and security“.

„Reaffirming further that acts of international terrorism constitute a threat to international peace and security“.

In ***SCR 1413*** (2002) und ***SCR 1444*** (2002) erfolgt die Feststellung einer Friedensbedrohung[976], um nach Kapitel VII ChVN das Mandat der Security Assistance Force zu verlängern.

Zur Verbesserung der Durchsetzung der gegen die Taliban verhängten Maßnahmen ergeht schließlich ***SCR 1455*** (2003), deren 3. und vorletzter pr.para. wie folgt lauten:

„Reaffirming the need to combat by all means, in accordance with the Charter of the United Nations and international law, threats to international peace and security caused by terrorist acts, ...
Reaffirming that acts of international terrorism constitute a threat to international peace and security“.

d. Kategorisierung

Im Einzelnen lassen sich die Resolutionen des Sicherheitsrates zum Konflikt in Afghanistan im Hinblick auf die der Annahme einer Friedensbedrohung zugrundeliegenden Umstände wie folgt kategorisieren:

- humanitäre Situation/Leiden der Zivilbevölkerung[977],
- Bürgerkrieg[978],
- Flüchtlinge[979],
- Drogenhandel/Unterstützung des internationalen Terrorismus[980],
- Verstoß gegen vorangegangene Resolutionen des Sicherheitsrates[981].

---

976 Jeweils im 8. pr. para.: „Determining that the situation in Afghanistan still constitutes a threat to international peace and security.“.

977 *Erklärung des Ratspräsidenten vom 16.12.1997* (S/PRST/1997/56), *SCR 1214 (1998).*

978 Erklärung des Ratspräsidenten vom 16.12.1997 (S/PRST/1997/56) , *SCR 1193 (1998).*

979 Erklärung des Ratspräsidenten vom 06.04.1998 (S/PRST/1998/9).

980 *SCR 1214 (1998).*

981 *SCR 1267 (1999),* 1333 (2000).

20. Der Konflikt zwischen Äthiopien und Eritrea (1998 bis 2000)

Im Mai 1998 kam es zwischen Eritrea und Äthiopien wegen eines ca. 400 qkm großen Grenzgebiets zu einem Krieg[982].

Nachdem der Sicherheitsrat in zwei Resolutionen[983] die Bemühungen der OAS begrüßt und unterstützt hatte, stellte er in ***SCR 1227*** (1999)[984] fest,

> *„that the situation between Ethiopia and Eritrea constitutes a threat to peace and security".*

Wie in SCR 1264 (1999) und SCR 1272 (1999)[985] fehlt der sonst übliche[986] Zusatz „international" (peace and security) – möglicherweise, weil nicht die Gefahr der Ausweitung des Konfliktes auf andere Staaten bestand.

Wegen des eindeutigen Verstoßes gegen das Gewaltverbot des Art. 2 (4) ChVN hätte der Sicherheitsrat ohne weiteres einen Bruch des Friedens feststellen können.

Am 12.12.2000 wurde in Algier ein Friedensvertrag unterzeichnet. Die danach eingesetzte Grenzkommission gab am 13.04.2002 ihre Entscheidung über die Festlegung des endgültigen Grenzverlaufs bekannt, die von beiden Staaten formal akzeptiert wurde.

21. Der Konflikt in Ost-Timor (1999)

Der Ostteil der Insel Timor war bis 1975 portugiesische Kolonie. Im Ergebnis eines sich an den Abzug der portugiesischen Kolonialtruppen anschließenden Machtkampfes konnte die linksgerichtete Frente Revolucionaria de Timor Leste Independiente (FRETILIN) Ende November 1975 die Unabhängigkeit ausrufen[987].

Anfang Dezember ließ der indonesische Präsident Suharto die Insel militärisch besetzen. In zwei Resolutionen forderte der Sicherheitsrat unter Berufung auf das Selbstbestimmungsrecht der Ost-Timoresen Indonesien daraufhin zum Rückzug der Truppen auf[988]. Mit Gesetz vom 17.07.1976 wurde Ost-Timor zur

---

[982] Vgl. dazu FWA 2000, Spalte 90 f.

[983] SCR 1177 (1998) und 1226 (1999).

[984] Auch in SCR 1297 (2000) und SCR 1298 (2000).

[985] Beide Ost-Timor – s.u. S. 204.

[986] Vgl. unten S. 225.

[987] Zur Geschichte: *Dingemann*, S. 332 f.; FWA 2000, Spalte 355.

[988] SCR 384 (1975) und SCR 389 (1976) – beide Resolutionen nehmen Bezug auf GA Res. 1514 (XV) vom 14.12.1960. Nach RP 1975 – 80, S. 396 handelt es sich um Resolutionen nach Art. 40 ChVN.

27. Provinz Indonesiens, das in der Folgezeit den Zuzug von Menschen aus dichter besiedelten Inseln förderte.

Im November 1991 verübten indonesische Soldaten ein Massaker vor einem Friedhof in Dili, bei dem mindestens 19 Menschen getötet wurden. Daraufhin kam es zu scharfen ausländischen Protesten[989].

Im Jahre 1993 wurde der Führer der im Untergrund als Guerillaarmee weiter bestehenden FRETILIN zu 20 Jahren Haft verurteilt.

1996 erhielten der ost-timoresische Bischof Belo und der Bürgerrechtler Horta den Friedensnobelpreis. Dadurch wurde die Aufmerksamkeit eines größeren Teils der Weltöffentlichkeit auf das Ost-Timor-Problem gelenkt.

Unter Vermittlung der Vereinten Nationen nahmen Portugal und Indonesien Mitte 1998 Verhandlungen über die Zukunft Ost-Timors auf.

Ende 1998 begannen die von Indonesien unterstützten pro-indonesischen Milizen mit Terrorakten gegen Ost-Timoresen, die zu Tausenden aus ihren Dörfern fliehen mussten.

Nach dem Bruch zweier Waffenstillstandsabkommen durch die Milizen kam es am 05.05.1999 in New York zu einem Abkommen zwischen Portugal und Indonesien. Indonesien hatte zuvor einen Autonomiestatus für Ost-Timor angeboten, Portugal die Verwirklichung des Selbstbestimmungsrechtes der Ost-Timoresen angemahnt. Man einigte sich darauf, ein Referendum über ein von Indonesien vorgelegtes Autonomiestatut abzuhalten. Für den Fall, dass dies nicht die Zustimmung der Mehrheit finden sollte, verpflichtete sich Indonesien, den Status Ost-Timors vor dem 17.07.1976 wiederherzustellen.

Der Sicherheitsrat begrüßte dieses Abkommen[990] und errichtete zur Unterstützung bei der Durchführung des Referendums die United Nations Mission in East Timor (UNAMET)[991].

Trotz Behinderungen durch die pro-indonesische Miliz konnte am 30.08.1999 das Referendum durchgeführt werden. Bei einer Wahlbeteiligung von 98,6 % stimmten 78,5 % gegen den Autonomie-Status und für die Unabhängigkeit Ost-Timors[992].

Daraufhin kam es zu massiven Ausschreitungen der pro-indonesischen Milizen gegen die Zivilbevölkerung und infolgedessen zu einer großen Zahl von Binnenflüchtlingen.

---

989 *Dingemann*, S. 333.

990 SCR 1236 (1999).

991 SCR 1246 (1999).

992 Vom Sicherheitsrat in SCR 1264 (1999), 3. pr. para., als „accurate refection of the views of the East Timorese people“ angesehen.

Im vorletzten pr.para. seiner in Folge dessen verabschiedeten Resolution ***1264*** (1999) stellt der Sicherheitsrat fest,

> *„that the present situation in East Timor constitutes a threat to peace and security"*

Wie in SCR 1227 (1999)[993] fehlt der Zusatz „international". Die Situation ist gekennzeichnet durch die Verschlechterung der Sicherheitslage in Ost-Timor[994], Angriffe auf die Mitarbeiter der UNAMET[995] und die Verschlechterung der humanitären Situation[996].

Im 13. pr. para. heißt es:

> *„expressing its concern at reports indicating that systematic, widespread and flagrant violations of international humanitarian and human rights law have been committed in East Timor, and stressing that persons committing such violations bear individual responsibility."*

Im 1. op. para. verlangt („*demands*") der Sicherheitsrat, dass die Verantwortlichen „*be brought to justice*". Erst im 3. op. para. genehmigt der Sicherheitsrat, einem Ersuchen der indonesischen Regierung folgend, eine multinationale Truppe unter gemeinsamer Führung, mit der Aufgabe

> *„to restore peace and security in East Timor, to protect and support UNAMET in carrying out its tasks and, within force capabilities, to facilitate humanitarian assistance operations,"*

und ermächtigt alle an der multinationalen Truppe teilnehmenden Staaten, alle notwendigen Maßnahmen zur Erfüllung des Mandats zu ergreifen.

In der Folgezeit gelang es der multinationalen Truppe unter der Führung Australiens zunehmend, die Ordnung in Ost-Timor wiederherzustellen. Die indonesischen Truppen verließen im Oktober 1999 das Land, das Gesetz vom 17.07.1976 wurde am 19.10.1999 vom indonesischen Parlament aufgehoben.

In ***SCR 1272*** (1999) vom 25.10.1999 stellt der Sicherheitsrat mit denselben Worten wie in SCR 1264 (1999) das Vorliegen einer Friedensbedrohung fest[997]. Er richtet eine United Nations Transitional Administration in East Timor (UNTAED) ein. Dieser wird die Gesamtverantwortung für die Verwaltung Ost-Timors, sowie die Befugnis übertragen, die gesamte gesetzgebende und vollzie-

---

993 Zum Konflikt zwischen Äthiopien und Eritrea – s.o. S. 202.

994 4. pr. para.

995 5. pr. para.

996 7. pr. para.

997 Vorl. pr. para. statt „present" benutzt der Sicherheitsrat das Wort „continuing". SCR 1264 (1999), 13.pr.apra. (s.o.) wird wiederholt im 14. pr. para.

hende Gewalt einschließlich der Rechtspflege auszuüben[998]. Erneut verlangt der Sicherheitsrat, dass die für die Gewalt Verantwortlichen vor Gericht gestellt werden[999].

SCR 1264 (1999) und 1272 (1999) nehmen Bezug auf die Vereinbarung zwischen Portugal und Indonesien vom 05.05.1999. Tragender Gedanke dieser Vereinbarung ist das Selbstbestimmungsrecht des osttimoresischen Volkes. Bei Ost-Timor handelte es sich um ein Hoheitsgebiet ohne Selbstregierung i.S.d. Kapitel XI ChVN. Aus Sicht der Vereinten Nationen stand Ost-Timor auch während der indonesischen Besatzung unter portugiesischer Verwaltung.

Die Behandlung dieses Konfliktes ist – vergleichbar den Konflikten in Südafrika[1000] und Südrhodesien[1001] – vor diesem (kolonialen) Hintergrund zu sehen. Der Sicherheitsrat hat nicht die gewaltsame Machtübernahme durch Indonesien im Jahre 1975 zum Anlass der Feststellung einer Friedensbedrohung genommen, sondern die Terrorakte durch pro-indonesische Rebellen. Diese hatten – trotz der Unterstützung durch das indonesische Militär und der Flüchtlingsbewegungen nach West-Timor – keinen grenzüberschreitenden militärischen Charakter.

Mit **SCR 1414** (2002) wurde Ost-Timor, nunmehr Timor-Leste, als Mitglied in die Vereinten Nationen aufgenommen.

22. Der Konflikt in Elfenbeinküste (2002/2003)

Nach einer Rebellion muslimischer Militärs am 19.09.2002 kam es binnen weniger Tage zu einem Bürgerkrieg in Elfenbeinküste. Über eine Million Binnenflüchtlinge und zehntausende Flüchtlinge in Nachbarländer waren die Folge[1002].

Zur Unterstützung der von der ECOWAS im Oktober 2002 entsandten Friedenstruppe stattete der Sicherheitsrat diese sowie die französischen Truppen im Land in ***SCR 1464*** (2003) mit der Befugnis zu militärischen Zwangsmaßnahmen aus.

Der letzte pr.para. der Resolution lautet[1003]:

> *„Noting the existence of challenges to the stability of Cote d'Ivoire and determining that the situation in Cote d'Ivoire constitutes a threat to international peace and security in the region".*

---

998 1. op. para.; vgl. auch SCR 1338 (2001).

999 16. op. para.; vgl. auch SCR 1319 (2000).

1000 S.o. S. 82 ff.

1001 S.o. S. 72 ff.

1002 FWA 2004, Spalte 314.

1003 Wiederholt in SCR 1479 (2003) – letzter pr. para.

Grenzüberschreitende militärische Auseinandersetzungen hatte es zu diesem Zeitpunkt nicht gegeben, auch wenn die Regierung die Nachbarstaaten Mali und Burkina Faso der Unterstützung der muslimischen Rebellen bezichtigt hatte[1004]. Vor dem Hintergrund, dass Elfenbeinküste und Liberia über eine gemeinsame Grenze verfügen, und dem Konflikt in dem an Liberia angrenzenden Sierra Leone kann davon ausgegangen werden, dass das Fortbestehen eines Binnenkonfliktes in Elfenbeinküste sich weiter destabilisierend auf die krisengeschüttelte Region ausgewirkt hätte.

23. Sonstige Konflikte (insbesondere vor 1975)

Der Sicherheitsrat hat sich außer bei den bisher dargestellten Konflikten auch in einigen weiteren Fällen mit der Anwendung des Kapitels VII ChVN beschäftigt:

Im Jahr 1946 lehnte er nach gründlicher Diskussion der Angelegenheit ein Eingreifen in den **spanischen Bürgerkrieg** ab. Grund dafür war, dass man sich nicht darauf einigen konnte, die bloße Existenz des faschistischen Franco-Regimes als Friedensbedrohung anzusehen. Die Mitglieder des Sicherheitsrates kamen zu dem Schluss, dass es wegen der nicht akuten Möglichkeit bewaffneter Auseinandersetzungen mit Frankreich (trotz Schließung der gemeinsamen Grenze) an der Unmittelbarkeit der Bedrohung fehle[1005].

Ein Eingreifen des Sicherheitsrates in den **griechischen Bürgerkrieg** 1946/1947[1006] scheiterte an dem Widerstand der UdSSR. Mit SCR 15 (1946) wurde nach Art. 34 ChVN eine Untersuchungskommission eingesetzt.

Bei der militärischen Auseinandersetzung zwischen den **Niederlanden** und der neu gegründeten Republik **Indonesien** wurde der Sicherheitsrat nicht ausdrücklich nach Kapitel VII ChVN tätig[1007]. Es gelang ihm zwar zunächst, den niederländischen Vormarsch vom Juli 1947 zu stoppen, letztlich entscheidend für das Ende des Konfliktes war jedoch der US-amerikanische Druck und die Einsicht der Niederlande, einen Guerilla-Krieg auf Dauer nicht gewinnen zu können. Während des Konfliktes hatten die Niederlande sich auf Art. 2 (7) ChVN berufen. Im Rat war umstritten, ob Indonesien bereits als Staat zu behandeln war.[1008]

Noch am Tag des nordkoreanischen Angriffs auf **Südkorea** am 25.06.1950 stellte der Sicherheitsrat in SCR 82 (1950) erstmalig einen Bruch des Friedens

---

1004 FWA 2004, aaO.

1005 Vgl. zu den Auffassungen im Sicherheitsrat *Baroni*, S.109 f.; eingehend *Fink*, S. 49 ff.

1006 Vgl. hierzu eingehend *Fink*, S. 109 ff.

1007 CP-*Simon* S. 677 f., 682, scheint Art. 40 als Rechtsgrundlage der Resolutionen 27 (1947), 30 (1947), 31 (1947) und 63 (1948) anzusehen.

1008 Vgl. eingehend *Fink*, S. 73 ff.

fest[1009]. Ermöglicht wurde diese Feststellung durch die zeitweilige Abwesenheit des Vertreters der UdSSR.

Infolge der Uneinigkeit der ständigen Mitglieder scheiterte ein wirksames Tätigwerden des Sicherheitsrates im Rahmen der **Suez-Krise**. Mit SCR 119 (1956) wurde die Angelegenheit unter Berufung auf die Uniting For Peace – Resolution an die Generalversammlung übergeben.[1010]

Dasselbe geschah mit SCR 120 (1956) im Fall der **Ungarn-Krise** 1956.

Im Rahmen seiner Befassung mit den infolge der Sezession der Provinz Katanga und deren Unterstützung durch belgische Truppen entstandenen Unruhen im **Kongo**[1011] verabschiedete der Sicherheitsrat am 21.02.1961 die Resolution 161 (1961), in der er sich tief besorgt („*deeply concerned*“) über die Gefahr einer Ausweitung des Bürgerkrieges im Kongo und die Bedrohung des Weltfriedens und der internationalen Sicherheit zeigt[1012]. Im Vordergrund steht dabei der Bürgerkrieg und nicht die Gefahr grenzüberschreitender Auseinandersetzungen[1013]. Im ersten op.para. des Teiles B zeigt sich der Sicherheitsrat zutiefst besorgt („*gravely concerned*“) über

> *„the continuing deterioration of the situation in the Congo and at the prevalence of conditions which seriously imperil peace and order and the unity and territorial integrity of the Congo, and threaten international peace and security“.*

Im darauf folgenden Absatz äußert der Sicherheitsrat sein tiefes Bedauern und seine Besorgnis über die systematischen Menschenrechtsverletzungen und die Abwesenheit der „*rule of law*“ im Kongo[1014].

In dem Konflikt zwischen Marokko, Mauretanien, Algerien und der Polisario um die Region „**Westsahara**“ hat der Sicherheitsrat bisher nicht nach Kapitel VII ChVN gehandelt[1015].

1009 Vgl. dazu *Frowein* zu Art. 39, Rdnr. 10, in: *Simma* (Hrsg.), Charta. Zum Korea-Konflikt vgl. *Fink*, S. 205 ff., nach Ansicht der Westmächte handelte es sich bei Südkorea um ein de facto-Regime.

1010 Vgl. eingehend zur Suezkrise *Fink*, S. 245 ff.

1011 Zur Geschichte des Konfliktes ausführlich *Patil*, S. 141 ff.; außerdem *Fink*, S. 270 ff.

1012 Teil A, 3. pr. para.

1013 *Arntz* misst diesen (Beteiligung Belgiens) auf S. 86 entscheidende Bedeutung bei. Ebenso *Fink*, S. 868 f.

1014 Zur Analyse der Praxis des Sicherheitsrates zum Kongo-Konflikt vgl. *Gading*, S. 95 ff. m.w.N., nach deren Auffassung letztlich die „potentielle“ Verletzung des Gewaltverbotes entscheidend für die Feststellung einer Friedensbedrohung war.

1015 A.A. RP 1975 – 1980, S. 396: SCR 380 (1976) auf der Grundlage des Art. 40 ChVN. Das Thema steht ständig auf der Agenda des Sicherheitsrates, vgl. zuletzt SCR 1485 (2003).

Der Sicherheitsrat hat sich in einigen Resolutionen[1016] mit den **portugiesischen Kolonien** in Afrika befasst. Dabei handelte es sich um grenzüberschreitende Konflikte, die überdies stark vom kolonialen Aspekt bzw. dem Grundsatz des Selbstbestimmungsrechtes der Völker geprägt waren.

In SCR 307 (1971) bezeichnete der Sicherheitsrat die infolge der bewaffneten Auseinandersetzungen zwischen **Indien und Pakistan** um Bangladesch auf dem indischen Subkontinent entstandene Situation als Friedensbedrohung[1017].

Türkisch-Griechische Grenzstreitigkeiten im Zusammenhang mit der Abgrenzung des Kontinentalschelfes in der **Ägäis** führten zu der Verabschiedung von SCR 395 (1976) auf der Grundlage von Kapitel VI ChVN.

Ein amerikanischer Resolutionsantrag vom 13.01.1980[1018], der wegen der Besetzung der **amerikanischen Botschaft in Teheran** vom 04.11.1979 die Feststellung einer Friedensbedrohung vorsah[1019], scheiterte an dem Veto der UdSSR, die eine Bedrohung des internationalen Friedens nicht für gegeben hielt, da es sich nur um einen bilateralen (und keinen internationalen) Konflikt handele und Sanktionen die Spannungen erhöhen und erst recht zu einer Bedrohung des Friedens führen würden[1020].

Der Sicherheitsrat hatte zuvor in SCR 457 (1979) und SCR 461 (1979) die beiden Parteien an ihre Verpflichtung erinnert, Streitigkeiten friedlich und in einer Weise beizulegen, die den Weltfrieden und die internationale Sicherheit nicht *gefährdet* und den Iran dazu aufgefordert („*urgently calls upon*"), die Geiseln freizulassen[1021]. In SCR 461 (1979) nimmt der Sicherheitsrat im 5. pr. para. Bezug auf einen Bericht des Generalsekretärs vom 25.11.1979, in dem dieser mitgeteilt hatte, dass die Krise zwischen dem Iran und den USA seines Erach-

---

1016 Guinea – Portugal *SCR 290* (1970); Senegal – Portugal SCR 273 (1969), 294 (1971), 302 (1971), 321 (1972) – jeweils Feststellung einer Friedengefährdung – vgl. zum ganzen *Arntz*, S. 87 ff.

1017 Bei dem Kaschmir – Konflikt zwischen Indien und Pakistan war hingegen keine entsprechende Feststellung erfolgt. Die Resolutionen 209, 210, 211, 214 und 215 (alle 1965) wurden nach Ansicht von *Bailey*, 1977, S. 466, auf der Grundlage des Art. 40 ChVN erlassen.

1018 S/13735 – vgl. *Patil*, S. 348 ff.

1019 Vorletzter pr. para.: „bearing in mind that the continued detention of the hostages constitutes a continuing threat to international peace and security, [ ] acting in accordance with Articles 39 and 41 of the Charter of the United Nations".

1020 Vgl. *Patil*, S. 351; interessanterweise bezogen sich die EG-Minister in ihrem Beschluss, Sanktionen gegen der Iran zu verhängen, auf den amerikanischen Resolutionsentwurf – vgl. *Frowein*, 1987, S. 74 f.

1021 SCR 457 (1979) spricht von einem „dangerous level of tensions between Iran and the United States of America, which could have grave consequences for international peace and security".

tens eine Bedrohung des Weltfriedens und der internationalen Sicherheit darstelle. Im 6. op. para. kündigt der Sicherheitsrat an,

> *„to meet on 7th January 1980 in order to review the situation and, in the event of non-compliance with the present resolution, to adopt effective measures unter Articles 39 and 41 of the Charter of the United Nations.“*

VI. Die Erklärung des Ratspräsidenten vom 31.01.1992

Am 31.01.1992 fand in New York eine Sitzung des Sicherheitsrates auf der Ebene der Staats- und Regierungschefs statt. Anlass war die infolge des Endes des Ost-West-Gegensatzes veränderte geopolitische Lage. Im Anschluss an die Sitzung gab der britische Premierminister John Major als amtierender Ratspräsident eine Erklärung ab[1022], die folgende Passagen enthält:

Unter der Überschrift „*A time of change*“ heißt es unter anderem:

> *„The absence of war and military conflicts amongst states does not in itself ensure international peace and security. The non-military sources of instability in the economic, social, humanitarian and ecological fields have become threats to peace and security.“*

Die Bezugnahme auf „*(In-)stabilität*“ ist neu und in der Folgezeit verschiedentlich vom Sicherheitsrat aufgegriffen worden. Durch die Gleichsetzung von Ursachen der Instabilität mit Bedrohungen des Friedens wird Stabilität mit Frieden gleichgesetzt. Im Gegensatz zu dem vorangegangenen Satz fehlt die Bezugnahme auf die Zwischenstaatlichkeit der Instabilität. Die zitierte Passage enthält eine klare Hinwendung zu einem positiven Friedensbegriff[1023].

Unter der Überschrift „*Commitment to collective security*“ heißt es:

> *„The members of the Council pledge their commitment to international law and to the Charter of the United Nations. [...] The members of the Council reaffirm their commitment to the collective security system of the Charter to deal with threats to peace and to reverse acts of aggression. The members of the Council express their deep concern over acts of international terrorism and emphasize the need for the international community to deal effectively with all such acts.“*

1022 S/23500.

1023 *Herdegen*, S. 14.

Das Problem des internationalen Terrorismus wird in einen engen Zusammenhang zum System der kollektiven Sicherheit der Kapitel VI und VII ChVN gestellt.

Unter der Überschrift „*Disarmament, arms control and weapons of mass destruction*“ heißt es u.a.:

> „*The proliferation of all weapons of mass destruction constitutes a threat to international peace and security.*“

Unter der Überschrift „*Peacemaking and peace-keeping*“ enthält die Erklärung eine Bitte an den Generalsekretär,

> „*to prepare, ... his analysis and recommendations on ways of strengthening and making more efficient within the framework and provisions of the Charter the capacity of the United Nations for preventive diplomacy, for peacemaking and for peacekeeping.*“

Dieser Bitte ist der Generalsekretär mit seiner „Agenda for Peace“[1024] vom 17.06.1992 nachgekommen. Die Agenda wurde am 03.01.1995 ergänzt durch ein „Supplement to an Agenda for Peace“[1025]. Darin stellt er u.a. eine deutliche Zunahme der innerstaatlichen Konflikte seit Ende des Ost-West-Gegensatzes fest[1026]. Damit gehe eine neue Entwicklung einher, nämlich die der Verwendung von UN-Kräften zur Sicherung humanitärer Hilfe und nicht zur Beendigung der jeweiligen Konflikte[1027].

Einige Erklärungen des Ratspräsidenten befassen sich mit der Agenda for Peace[1028].

So z.B. die Erklärung vom 26.02.1993[1029], in der es auszugsweise heißt:

> „*[The Security Council] notes that in some particular circumstances there may be a close relationship between acute needs for humanitarian assistance and threats to international peace and security.*“
> „*The Council notes with concern the incidence of humanitarian crisis, including mass displacements of population, becoming or aggravating threats to international peace and security.*“

[1024] S/24111.

[1025] S/1995/1.

[1026] 10. para.

[1027] Paras 18 f. – der Generalsekretär nennt Bosnien und Somalia als Beispiele.

[1028] Die Agenda und die dazugehörigen Dokumente der Generalversammlung und des Sicherheitsrates sind in einem Band einer UN-Publication (Sales No. E.95.I.15) zusammengefasst.

[1029] S/25344.

VII. Nichthandeln des Sicherheitsrates

Insbesondere zu Zeiten des Kalten Krieges, aber auch danach, hat der Sicherheitsrat in Fällen nicht gehandelt, die gemessen an den Fällen, in denen der Sicherheitsrat gehandelt hat, ein Handeln ebenfalls zugelassen hätten:

Grund für das Nicht- bzw. „Kaum-"Tätigwerden des Sicherheitsrates in den Fällen der Konflikte im Rahmen der Auflösung der Sowjetunion, des **Tibet-Problems**, der inneren Zustände in **Kambodscha** unter PolPot, **Vietnams**[1030], **Grenadas**[1031], des **Jemen**[1032], der **Berlin-Krise**[1033], **Ungarns, Burmas, Nord-Irlands** und der **Suez-Krise** – um nur einige Beispiele zu nennen – war die Beteiligung eines oder mehrerer der fünf ständigen Mitglieder des Sicherheitsrates an diesen Konflikten.

Die Zurückhaltung des Sicherheitsrates im Nahostkonflikt hat ihren Grund in der Haltung Washingtons zu diesem Problem. Dasselbe gilt für die z.T. ausweichende Haltung im Fall Südafrikas und Namibias.

Aber auch nach Beendigung des Ost-West-Konfliktes werden Konflikte mit zweierlei Maß gemessen. So steht das relativ zügige Einschreiten des Sicherheitsrates in Somalia in krassem Gegensatz zu dem – wegen der negativen Erfahrungen in Somalia – zögerlichen Eingreifen in Ruanda bzw. Burundi und in Sierra Leone.

Obwohl die humanitäre Situation in **Nordkorea** zeitweise ebenso dramatisch zu sein schien wie die seinerzeitige Lage in Somalia, existiert bisher keine einzige Resolution des Sicherheitsrates zu dieser Frage. Ähnliches gilt für den Bürgerkrieg im **Sudan**[1034].

Der Sicherheitsrat erweist sich damit als politisches Organ[1035], das sein Eingreifen nicht alleine davon abhängig macht, ob der Tatbestand des Art. 39 ChVN tatsächlich eröffnet ist. Selbst bei Vorliegen der Voraussetzungen des Art. 39 ChVN besteht keine Verpflichtung des Sicherheitsrates einzuschreiten[1036].

1030 Zwei Resolutionsentwürfe Chinas scheiterten – S/13119 (1979) und S/13022 (1979).

1031 Ein Resolutionsentwurf vom 27.10.1983 (S/16077/Rev.1) scheiterte an dem Veto der USA – vgl. *Patil*, S. 378 f.; *Simon*, S. 145 f.

1032 In SCR 924 (1994) nach Ende des Ost-West-Konfliktes heißt es bloß: „considering that the continuance of the situation could *endanger* peace and security in the region." (Hervorhebung durch den Verfasser).

1033 Ein Resolutionsentwurf vom 22.10.1948 scheiterte an dem Veto der UdSSR vom 25.10.1948 – *Patil*, S. 61; eingehend *Fink*, S. 181 ff.

1034 Vgl. *Nass*, EA 1993, S. 284.

1035 Vgl. oben S. 56.

1036 *Krökel*, S. 73; *Schilling*, S. 78, jeweils m.w.N. auch zur A.A.; *Lorinser*, S. 50; *Simon*, S. 151 (bezogen auf die Humanitäre Intervention); *Puissochet*, S. 327; *Wallensteen*, 1993

VIII. Die Praxis des Sicherheitsrates in Bezug auf die anderen Tatbestandsmerkmale des Art. 39 ChVN

1. Angriffshandlung

Zwischen 1946 und Ende 2000 hat der Sicherheitsrat den Begriff der Angriffshandlung in 23 Resolutionen verwendet[1037], zuletzt in SCR 667 (1990) zum **Kuwait**-Konflikt[1038]. Vor Erlass der Resolution der Generalversammlung zur Definition der Angriffshandlung[1039] erfolgte keine entsprechende Feststellung – ein Zeichen für die Bedeutung dieser Resolution, an die der Sicherheitsrat rechtlich jedoch nicht gebunden ist. 14 Resolutionen sind gegen **Südafrika** gerichtet, fünf Resolutionen gegen **Rhodesien**. 15 Resolutionen enthalten neben der Feststellung des Vorliegens einer Angriffshandlung auch diejenige des Vorliegens einer Friedensbedrohung[1040] – z.T. wird die Friedensbedrohung auch in der Angriffshandlung gesehen:

In SCR 445 (1979)[1041] bekräftigt der Sicherheitsrat im 7. pr. para., dass die

> *„continuance of its [Südrhodesiens] acts of aggression against neighbouring independent states constitute a threat to international peace and security".*

In SCR 546 (1984) spricht der Sicherheitsrat im 3. pr. para. zunächst von einer Angriffshandlung. Im 6. pr. para. bringt er den Begriff der Angriffshandlung in Zusammenhang mit dem der Friedensbedrohung. Im 1. op. para. erfolgt – bezogen auf einen Einzelfall – die Feststellung, dass diese Angriffe eine Friedens*gefährdung* seien. Dieselben Feststellungen wie SCR 546 (1984) enthalten SCR 567 (1985) und SCR 571 (1985) mit dem Unterschied, dass der Sicherheitsrat im 1. op. para. von SCR 571 (1985) eine *Bedrohung* des Friedens annimmt.

I, S. 307, 332; *Kouassi*, S. 331; *Sur*, S. 148; *Bothe*, 1992, S. 89; nach *Krökel*, S. 71, folgt das Einschreitensermessen des Sicherheitsrates aus der Unbestimmtheit der – intendierten – Tatbestandsmerkmale des Art. 39 ChVN; A.A. *Dahm* II, S. 388, *Tomuschat*, 1995, S. 122 f.

1037 SCR 387 (1976), *418* (1977), 428 (1978), 454 (1979), 466 (1980), *475* (1980), *546* (1984), *567* (1985), *571* (1985), *574* (1985), *577* (1985), 580 (1985), 581 (1985), *602* (1987) – alle Südafrika; SCR *411* (1977), *423* (1978), *424* (1978), *445* (1979), *455* (1979) – alle Südrhodesien; SCR 405 (1977) – complaint by Benin; SCR *573* (1985), *611* (1988) – Israelische Angriffe auf Tunesien; SCR 667 (1990) – Kuwait; SCR 447 (1979) verwendet im Zusammenhang mit Angriffen Südafrikas auf Angola die Wendung „armed invasion", SCR 386 (1976) „aggressive acts". Unzutreffend daher Arend/Beck, S. 48.

1038 Bzw. in SCR 984 (1995) – dort aber nicht konfliktbezogen.

1039 Resolution on the Definition of Aggression GARes. 3314 (XXIX), GAOR, 29th Session, Supp. 21.

1040 Die in Fußnote 1037 *kursiv* gedruckten Resolutionen.

1041 Ebenso in SCR 424 (1978).

SCR 574 (1985) entspricht wieder SCR 567 (1985), während SCR 577 (1985) eher SCR 571 (1985) entspricht.

Man kann sich diese Vorgehensweise nur so erklären, dass sich eine Angriffshandlung als solche in ihren Auswirkungen nur auf die von dieser Handlung betroffenen Staaten beschränkt, während die Bedrohung und auch eine Gefährdung des internationalen Friedens darüber hinaus gehen kann. Nur so[1042] ist verständlich, dass eine Angriffshandlung zugleich eine Bedrohung und auch eine Gefährdung des Weltfriedens sein kann.

Insgesamt erscheint die beschriebene Vorgehensweise des Sicherheitsrates jedoch eher zufällig. Seit SCR 611 (1988) hat der Sicherheitsrat die Begriffe „Angriffshandlung" und „Bedrohung des Friedens" nicht mehr in direktem Zusammenhang miteinander gebraucht.

2. Bruch des Friedens

Zwischen Anfang 1973 und Ende 1999[1043] hat der Sicherheitsrat nur in drei Fällen einen Bruch des Friedens festgestellt: In SCR 502 (1982) betreffend den **Falkland**-Konflikt[1044], in SCR 598 (1987) wegen des Krieges zwischen dem **Iran** und dem **Irak**[1045] (sieben Jahre nach dem Angriff des Irak) und in SCR 660 (1990) im Rahmen des **Kuwait**-Konflikts. In SCR 598 (1987) und 660 (1990) handelte der Sicherheitsrat ausdrücklich nach Art. 39 und 40 ChVN. Die in SCR 54 (1948) sich andeutende Haltung des Sicherheitsrates, dass die Feststellung eines Friedensbruchs abhängig von der gewählten Rechtsfolge nach Kapitel VII ChVN ist[1046], hat sich in der weiteren Praxis nicht bestätigt. In der Erklä-

---

1042 *Lailach*, S. 52, geht unter Berufung auf *Gowlland – Debbas*, S. 446, davon aus, dass „act of aggression" nicht stets im Sinne des Art. 39 ChVN verwendet worden sei. Dies ergebe sich schon aus dem Wortlaut der Resolutionen. Es bleibt jedoch unklar, warum der Sicherheitsrat sich dafür in anderen Resolutionen (z.B. SCR 447 (1978)) einer anderen Terminologie („armed invasion" – oder – z.B. in SCR 393 (1976) – „armed attack") bedient hat. Die Berufung auf den britischen Vertreter im Sicherheitsrat, der bei der Verabschiedung von SCR 418 (1977) ausdrücklich die untechnische Verwendung des Begriffs „act of aggression" betont hat (SCOR, 2046. Sitzung, para. 42) greift insofern nicht, als keiner der anderen Vertreter auf diese britische Haltung eingegangen ist. Nach *Lailach*, S. 53, gibt es „keine Resolution des Sicherheitsrates, in der dieser die Feststellung einer Angriffshandlung gemäß Art. 39 ChVN getroffen hätte" – anders sehen dies z.B. CP-*Simon*, Art. 39 ChVN, S. 660 f., und *Frowein* zu Art. 39 ChVN, Rdnr. 12 (offengelassen in Rdnr. 26), in: *Simma* (Hrsg.), Charter.

1043 Davor nur in SCR 82 und 83 (1950) – Korea und – als Ankündigung in SCR 54 (1948) – 3. op. para.

1044 Dazu ausführlich *Fink*, S. 445 ff.

1045 Dazu ausführlich *Fink*, S. 491 ff.

1046 Vgl. dazu oben S. 62.

rung des Ratspräsidenten vom 31.01.1992[1047] taucht der Begriff des Bruchs des Friedens im Gegensatz zu dem der Friedensbedrohung und der Angriffshandlung nicht auf.

In einigen Fällen, in denen der Sicherheitsrat eine Friedensbedrohung festgestellt hat, lag eine grenzüberschreitende militärische Auseinandersetzung vor, so dass er einen Bruch des Friedens hätte feststellen können[1048]. Dass er dies nicht getan hat, hat wohl überwiegend politische Gründe und ist rechtlich nicht zu erklären. Teilweise ergreift der Sicherheitsrat Maßnahmen nach Kapitel VII ChVN, um den Frieden „wiederherzustellen“, den er zuvor („nur“) als bedroht angesehen hat[1049]. Hier hätte er nur zur „Wahrung“ des Friedens tätig werden dürfen.

IX. Die Praxis des Sicherheitsrates in Bezug auf Gefährdungen des Friedens i.S.d. Kapitel VI der Charta

Bei einigen Konflikten hat der Sicherheitsrat z.T. auch eine *Gefährdung* des Weltfriedens und der internationalen Sicherheit festgestellt.

1. Der Nahost-Konflikt

In seiner Resolution 233 (1967) stellt der Sicherheitsrat nur einen Tag nach Ausbruch des Sechs-Tage-Krieges eine *„menacing situation in the Near East*“ fest. Dieselbe Wortwahl enthält SCR 234 (1967), die zwei Tage nach Ausbruch des Krieges erlassen wurde. Der Sicherheitsrat stellt hier also weder einen Bruch des Friedens, noch eine Bedrohung fest – *„menacing*“ ist wohl im Sinne von „gefährden“ zu verstehen. Die Terminologie des Art. 39 ChVN wird – wohl aus politischen Gründen – gemieden.

Nach einer bloßen Verurteilung Israels wegen dessen Angriffen gegen Jordanien in SCR 248 (1968) und der Ankündigung weiterer Maßnahmen für den Fall weiterer Verstöße gegen das Waffenstillstandsabkommen, stellt SCR 256 (1968) solche weiteren Verstöße fest und enthält einen dritten op.para. mit folgendem Wortlaut:

> *„considers that premeditated and repeated military attacks endanger the maintenance of the peace“.*

1047 Vgl. oben S. 209.

1048 Insbesondere im Jugoslawien- und Nahostkonflikt – siehe dazu oben S. 59 ff und 114 ff., sowie der Krieg zwischen Äthiopien und Eritrea – s.o. S. 202 ff.

1049 Vgl. dazu z.B. oben S. 155 (Somalia).

Wieder werden weitere Maßnahmen für den Fall weiterer Angriffe angekündigt. Nach weiteren Angriffen auf Jordanien heißt es in SCR 265 (1969)[1050]:

> *„gravely concerned about the deteriorating situation which endangers peace and security in the area."*

Eindeutige grenzüberschreitende Militäraktionen werden vom Sicherheitsrat als Gefährdung des Friedens und nicht als Friedensbruch bezeichnet.

2. Die Zerstörung des irakischen Kernreaktors Osirak durch Israel am 07.06.1981

Kurz vor dessen Fertigstellung zerstörte Israel am 7.6.1981 den irakischen Kernreaktor Osirak. Der Irak hatte im Gegensatz zu Israel den Nichtverbreitungsvertrag ratifiziert, die IAEA hatte keine Verstöße festgestellt. Die UdSSR trat für den Erlass einer möglichst scharfen Resolution ein, die USA suspendierten die Lieferung von F 16 Flugzeugen an Israel, erklärte sich aber nur zu einer scharfen Verurteilung Israels bereit:

In der am 19.6.1981 verabschiedeten SCR 487 stellte der Sicherheitsrat (im vorletzten pr.para.) eine *Gefährdung* des internationalen Friedens (und keine Bedrohung) fest[1051]. Die Resolution zitiert im letzten pr.para. die Vorschrift des Art. 2 (4) ChVN und bezeichnet im darauf folgenden 1. op. para. den *„military attack"* Israels als

> *„clear violation of the Charter of the United Nations and the norms of international conduct"*.

Ein Handeln nach Kapitel VII ChVN wäre möglich gewesen, es kam vorliegend aber wegen der völlig abgeschlossenen Maßnahme und der Weigerung der USA nicht zustande. Durch die scharfe Verurteilung Israels wurde dem Irak die Möglichkeit gegeben, sein Gesicht zu wahren und auf Gegenmaßnahmen zu verzichten.

3. Die Konflikte in Südafrika/Südrhodesien

Im Falle Südafrikas lässt sich von SCR 134 (1960) bis SCR 418 (1977) eine Entwicklung von der Feststellung, dass die Situation in Südafrika *„might endan-*

1050 Im letzten pr. para.

1051 Unverständlich ist – auch unter Berücksichtigung des operativen Teiles der Resolution – die Einordnung der Resolution als Maßnahme nach Art. 40 ChVN durch RP 1981 – 1984, S. 322 f.; die Resolution stellt einen Kompromiss zwischen der US-UN-Botschafterin Kirkpatrick und dem irakischen Außenminister Hammadi dar – sie war der Preis, den der Irak für bessere Beziehungen zu den USA zu zahlen bereit war – so die NZZ (zit. nach AdG, S. 24694).

ger international peace and security“[1052] über die Feststellung, dass die Situation „*is seriously disturbing international peace and security*“[1053] und die eines „*potential threat to international peace and security*“[1054] über „*fraught with danger to international peace and security*“[1055] bis hin zur Feststellung einer Friedensbedrohung in SCR 418 (1977) erkennen. Dabei wird der Begriff der „*Bedrohung*“ jeweils nur im äußeren Zusammenhang mit der Aufrüstung Südafrikas gebraucht, „*endanger*“ und „*disturbing*“ im Zusammenhang mit der Situation innerhalb Südafrikas.

Im gleichen Zeitraum hat der Sicherheitsrat mehrfach die Zustände im Inneren Südrhodesiens zum Anlass für die Feststellung einer Friedens*bedrohung* genommen[1056]. Zwar ist darin eine „Ungleichbehandlung“ der beiden Konflikte zu sehen, die sicher mit den unterschiedlichen Interessen insbesondere Großbritanniens zusammenhängt. Der Sicherheitsrat trennt jedoch im Südafrika-Konflikt vom Wortlaut her deutlich zwischen friedens*gefährdenden* inneren Maßnahmen und der friedens*bedrohenden* Aufrüstung Südafrikas. Einzige Ausnahme ist SCR 282 (1970), in der die Zustände im Inneren Südafrikas als „*potential threat to international peace and security*“ angesehen werden[1057] – „*potential threat*“ impliziert die Möglichkeit eines „*actual threat*“. Der Sicherheitsrat behält diese Trennung von der Diktion her bis zum Ende bei, auch wenn in den Resolutionen nach SCR 418 (1977) deutlich die Zustände im Inneren Südafrikas in den Vordergrund treten[1058].

Unverständlich ist die Verwendung des Begriffs der Friedensgefährdung jedoch in den Resolutionen, die Übergriffe Südafrikas auf angolanisches Territorium betreffen:

In SCR 447 (1979) bezeichnet der Sicherheitsrat die Angriffe Südafrikas auf Angola noch als Friedens*bedrohung*. In SCR 545, die im 4. pr. para. ausdrücklich SCR 447 (1979) in Erinnerung ruft, wird die Besetzung von Teilen Südangolas durch Südafrika als Friedens*gefährdung* bezeichnet. Die Resolution verlangt („*demands*“) jedoch einen bedingungslosen Truppenabzug von Südafrika. Diese Rechtsfolge deutet auf ein Handeln nach Art. 40 ChVN hin, das jedoch

---

1052 SCR 134 (1960) – 1. op. para.

1053 SCR 181 (1963) – letzter pr. para., SCR 182 (1963) – 9. pr. para.; SCR 311 (1972) – der Begriff der „Friedensstörung“ ist in der Charta nicht vorgesehen.

1054 SCR 282 (1970) – vorletzter pr. para.

1055 SCR 418 (1977) – 7. pr. para.

1056 Dazu vgl. die Darstellung des Rhodesien-Konfliktes, der jedoch in gewisser Weise einen Sonderfall darstellt – vgl. oben S. 72 ff.

1057 Vgl. dazu oben S. 216.

1058 Vgl. oben S. 82 ff.

die zumindest konkludente Feststellung zumindest einer Friedensbedrohung voraussetzt[1059].

In SCR 546 (1984) zeigt sich der Sicherheitsrat sehr besorgt über die *Angriffshandlungen* Südafrikas gegen Angola[1060]. Im letzten pr.para. heißt es:

> „*conscious of the need to take effective steps for the prevention and removal of all threats to international peace and security posed by South Africa's military attacks*[1061]".

Im ersten op.para. wird die Besetzung von Teilen Angolas als ernstlich den Weltfrieden und die internationale Sicherheit *gefährdend* beschrieben. Im dritten op.para. verlangt („*demands*") der Sicherheitsrat wiederum die Beendigung der „*acts of aggression*". SCR 567 (1985) und 574 (1985) enthalten dieselben Passagen. In SCR 571 (1985) kehrt der Sicherheitsrat wieder zu der Feststellung einer Friedensbedrohung zurück.

4. Der Krieg zwischen Irak und Iran

Acht Tage nach dem irakischen Angriff gegen den Iran erließ der Sicherheitsrat SCR 479 (1980), in der er die Parteien zur Einstellung der Kämpfe aufforderte, aber die Rechtsgrundlage durch die allgemeine Bezugnahme auf Art. 24 ChVN bewusst im Unklaren ließ. Fast zwei Jahre später erging mit SCR 514 (1982) die nächste Resolution in dem Konflikt, die im 2. pr. para. von der durch den Konflikt hervorgerufenen friedensgefährdenden Wirkung spricht („*endangering peace and security*"). In SCR 522 (1982) trifft der Sicherheitsrat dieselbe Aussage, spricht aber im nächsten Absatz von der „*restoration of peace and security in the region*" – eine „*restoration*" (Wiederherstellung) des Friedens setzt jedoch voraus, dass dieser nicht besteht. Auch der Einsatz von Giftgas, die Bombardierung von Städten mit tausenden ziviler Opfer und der Versuch des Irak seit April 1984, den Krieg durch Angriffe auf Schiffe neutraler Staaten im Golf zu internationalisieren, konnten den Sicherheitsrat nicht zu eindeutigen Maßnahmen bewegen[1062]. Erst fast sieben Jahre nach Beginn des Krieges erfolgt in SCR 598 (1987) die Feststellung eines Friedensbruchs und ein Handeln nach Art. 40 ChVN.

5. Der Konflikt zwischen Armenien und Aserbaidschan

Bei dem Konflikt zwischen Armenien und Aserbaidschan um die armenische Exklave Nagornji Karabach handelt es sich um einen der wenigen Konflikte auf

---

1059 Dazu siehe oben S. 54.

1060 3. pr. para.

1061 Nicht „acts of aggression"!

1062 Vgl. Erklärungen des Ratspräsidenten vom 20.03.1984 (S/16454) und 21.03.1986 (S/17932), sowie SCR 582 (1986), die alle eine Friedensgefährdung feststellen.

dem Territorium der ehemaligen Sowjetunion, mit denen sich der Sicherheitsrat wiederholt beschäftigt hat. Dies hat seine Ursache nicht zuletzt darin, dass die russische Minderheit in Armenien und Aserbaidschan sehr klein ist. In Anbetracht der Tatsache, dass beide Staaten seit März 1992 Mitglieder der Vereinten Nationen sind und sich in den Jahren zwischen 1990 und 1994 im Kriegszustand befanden mit Zehntausenden von Toten und Verletzten und Hunderttausenden von Flüchtlingen, sind die Reaktionen des Sicherheitsrat jedoch sehr gemäßigt. Der Sicherheitsrat überlässt Russland und der OSZE die Führungsrolle bei der Lösung des Konfliktes.

Der Konflikt begann 1988, verschärfte sich durch mehrere armenische Großoffensiven im Jahre 1992 und drohte, sich 1993 in Richtung auf eine türkische Beteiligung auszuweiten. Die Türkei beschränkte sich jedoch auf Waffenlieferungen an Aserbaidschan, ohne unmittelbar militärisch einzugreifen.

Die erste Stellungnahme des Sicherheitsrates in Form einer Erklärung des Präsidenten datiert vom 06.04.1993[1063]. In dieser Erklärung sowie in der Resolution 822 vom 30.04.1993 ist von einer *„Gefährdung „* („*endanger*“) des Friedens und der Sicherheit der Region die Rede. Gleichzeitig *„verlangt“* („*demands*“) der Sicherheitsrat die sofortige Beendigung der Feindseligkeiten und den Rückzug der armenischen Streitkräfte aus dem Bezirk Kelbadschar der Republik Aserbaidschan. Die Feststellung der Friedensgefährdung spricht für ein Tätigwerden nach Kapitel VI ChVN, die daraus abgeleitete Rechtsfolge („*demand*“ an eine der Konfliktparteien gerichtet) für eine vorläufige Maßnahme i.S.d. Art. 40 ChVN. In Anbetracht der Situation hätte der Sicherheitsrat ohne weiteres auch einen Bruch des Friedens feststellen können. So verleiht er zwar seiner Mißbilligung Ausdruck, belässt die Rechtsgrundlage seiner Äußerungen aber bewußt im Ungewissen, um nicht in Zugzwang bzw. nicht in Konflikt mit Russland, das anfangs Aserbaidschan unterstützt hatte, zu geraten. Dies gilt entsprechend für die Folgeresolutionen **822** (1993), **853** (1993), **874** (1993) und **884** (1993).

6. Der Bürgerkrieg im Jemen

Zu dem sich an die Wiedervereinigung anschließenden Bürgerkrieg im Jemen erließ der Sicherheitsrat am 01.06.1994 die Resolution 924 (1994), in deren letztem pr.para. es heißt: „*considering that the continuance of the situation could endanger peace and security in the region*“[1064].

1063 S/25539.

1064 *Parsons*, S. 260, führt die geringe Aktivität des Sicherheitsrates u.a. auf die geringe Fernseh-Berichterstattung über den Bürgerkrieg im Jemen zurück.

7. Ergebnis

Abgesehen von dem Konflikt in Südafrika lässt sich bei der Verwendung des Begriffs der Friedensgefährdung in Abgrenzung zu dem der Friedensbedrohung kein System erkennen. Die Einstufung bewaffneter zwischenstaatlicher Konflikte als Friedensgefährdung ist sicher hauptsächlich auf politische Erwägungen zurückzuführen. Letztlich scheint die Bereitschaft des Sicherheitsrates, in solche Konflikte einzugreifen, weniger groß zu sein als bei innerstaatlichen Konflikten mit schweren Menschenrechtsverletzungen bzw. humanitären Notlagen. Seit Ende des Ost-West-Konfliktes hat jedoch die Zahl der ausdrücklich als friedensgefährdend eingestuften Konflikte abgenommen. Es ist eine Tendenz des Sicherheitsrates erkennbar, sich der Terminologie des Kapitels VI ChVN ausdrücklich zu bedienen. Möglicherweise hat der Sicherheitsrat mit der Erklärung des Ratspräsidenten vom 20.07.2000[1065] eine neue Entwicklung in Richtung auf eine stärkere Inanspruchnahme des sechsten Kapitels der Charta angestoßen. In dieser Erklärung ist von dem Erfordernis der Schaffung einer „culture of prevention" und der Förderung einer „culture of peace" die Rede. Weiter heißt es:

> *„The Security Council recognizes that peace is not only the absence of conflict, but requires a positive, dynamic, participatory process where dialogue is encouraged and conflicts are solved in a spirit of mutual understanding and cooperation."*

X. Auswertung der Praxis des Sicherheitsrates

1. Die Bedeutung der Gefahr grenzüberschreitender bewaffneter Auseinandersetzungen für die Feststellung einer Friedensbedrohung in der Praxis des Sicherheitsrates

Die bisherige Darstellung der Praxis hat gezeigt, dass sich der Sicherheitsrat auf der Grundlage des Kapitels VII ChVN überwiegend mit Konflikten befasst hat, die ihre Ursache in einem Bürgerkrieg bzw. den Zuständen im Inneren eines Staates hatten. Er hat dabei seine ursprüngliche Zurückhaltung, eine Situation als friedensbedrohend einzustufen, nach und infolge der Beendigung des Ost-West-Gegensatzes verloren. Dabei hat er bestimmte, stets wiederkehrende maßnahmeauslösende Umstände berücksichtigt, die im Folgenden (unter 3.) noch einmal dargestellt werden sollen.

Im Hinblick darauf, dass „Frieden" i.S.d. der Charta unstreitig jedenfalls die Abwesenheit grenzüberschreitender militärischer Gewalt bedeutet, soll jedoch vorab *zusammenfassend* und im Sinne eines besseren Überblicks dargestellt

---

1065 S/PRST/2000/25; vgl. auch die Ausführungen zur Bedeutung der „prevention of armed conflict" in SCR 1366 (2001).

werden, welchen Konflikten die über eine bloße „Internationalisierung" hinausgehende (wie auch immer geartete) Gefahr grenzüberschreitender militärischer Gewaltanwendung zugrundelag. Die Begründung der Annahme einer Friedensbedrohung bei diesen Konflikten ist im Hinblick auf die (drohende) Verletzung des Gewaltverbotes unproblematisch.

a. Zusammenfassende Darstellung der Konflikte, bei denen der Sicherheitsrat von der Gefahr grenzüberschreitender bewaffneter Auseinandersetzungen ausging

Bei dem **Nahostkonflikt** ist spätestens seit SCR 54 (1948) von einem internationalen Konflikt auszugehen. Das (konkludente) Handeln nach Kapitel VII ChVN ist somit über den gesamten Konfliktverlauf grundsätzlich unbedenklich. Soweit sich die Resolutionen mit dem Status Jerusalems befassen, tun sie dies vor dem Hintergrund, dass Israel die angemaßten Rechte unter Verstoß gegen Art. 2 (4) ChVN erlangt hat.

Soweit der Sicherheitsrat die Angriffe **Südafrikas** auf seine **Nachbarn** als friedensbedrohend angesehen hat, stößt dies im Hinblick auf die grenzüberschreitenden militärischen Aktionen nicht auf Bedenken hinsichtlich einer möglichen Handlungsbefugnis des Sicherheitsrates.

Wegen der (auch militärischen) Beteiligung Griechenlands und der Türkei bestehen an der Internationalität des **Zypern**-Konfliktes im o.g. Sinne keine Bedenken.

Dies gilt entsprechend für die **israelischen Angriffe auf Tunesien**.

Bei dem **Kuwait**-Konflikt handelt es sich zunächst eindeutig um eine grenzüberschreitende militärische Auseinandersetzung. Die im Zusammenhang mit dem Begriff der Friedensbedrohung interessante Resolution 687 (1991) wurde jedoch nach dem Ende des Golfkrieges verabschiedet, knüpft aber überwiegend an der militärischen und damit grenzüberschreitenden Gefährlichkeit des Irak an. Die „Kurdenresolution" 688 (1991) stützt die Feststellung der Friedensbedrohung auf die sich aus der Unterdrückung der Kurden ergebenden grenzüberschreitenden Auswirkungen in Form von Flüchtlingsbewegungen und „cross-border incursions", womit wohl die grenzüberschreitenden Scharmützel gemeint sind[1066].

Bei dem Konflikt in **Jugoslawien** handelte es sich bis März 1992 im wesentlichen um einen internen Konflikt, der Auswirkungen auf die Nachbarstaaten hatte. Es bleibt jedoch unklar, ob damit nur die Flüchtlingsbewegungen oder die Gefahr grenzüberschreitender militärischer Auseinandersetzungen gemeint

---

[1066] Vgl. oben S. 106 ff.

war[1067]. Nach der Unabhängigkeit Sloveniens, Kroatiens und Bosnien-Herzegowinas handelte es sich faktisch um grenzüberschreitende bewaffnete Auseinandersetzungen – wegen der massiven Unterstützung der bosnischen Serben durch Restjugoslawien auch soweit es den Bürgerkrieg in Bosnien betrifft[1068]. Dieser Aspekt steht bei den Resolutionen des Sicherheitsrates jedoch keineswegs im Vordergrund, und man muss wohl davon ausgehen, dass bei dem Jugoslawien-Konflikt beide Aspekte (internationaler und interner Konflikt) parallel zu berücksichtigen sind[1069].

Bei der Behandlung des Konfliktes in **Liberia** durch den Sicherheitsrat stellt dieser zwar nicht in der wünschenswerten Klarheit auf grenzüberschreitende militärische Gewaltanwendung ab. Es ist jedoch davon auszugehen, dass die bereits erfolgten Übergriffe der Rebellen auf das Territorium Sierra Leones und die Befürchtung einer Ausweitung des bewaffneten Konfliktes dem Einschreiten des Sicherheitsrates zugrundelagen[1070].

Im Falle **Burundis** wird die Sorge des Sicherheitsrates vor grenzüberschreitenden gewaltsamen Auswirkungen deutlicher, insbesondere wenn man die Vorgänge in Burundi zusätzlich vor dem Hintergrund der Geschehnisse im benachbarten **Ruanda** betrachtet, bei deren Behandlung der Sicherheitsrat ab SCR 1011 (1995) zunehmend grenzüberschreitende Aspekte in den Vordergrund stellt.

Das Handeln des Sicherheitsrates im Fall **Zaires** war wesentlich durch das Schicksal der ruandischen Flüchtlinge in Zaire infolge der Angriffe der von Einheiten der Nachbarstaaten unterstützten ADFL-Rebellen bestimmt. Dies und die zahlreichen Bezugnahmen auf die Situation in der Region der Großen Seen lassen darauf schließen, dass der Sicherheitsrat auch aufgrund einer gesteigerten Gefahr grenzüberschreitender gewaltsamer Auseinandersetzungen tätig wurde. Für die Zeit nach Beginn des Bürgerkrieges steht dies außer Zweifel[1071].

1067 Zu den Äußerungen im Sicherheitsrat vgl. oben S. 116, FN 525.

1068 Vgl. oben S. 119.

1069 Zutreffend daher *Kooijmans*, S. 117, nach dem interne und internationale Aspekte bei den Resolutionen zum Jugoslawien-Konflitk „inextricably linked" sind. So auch das Jugoslawien-Tribunal im Fall Tadic, HRLJ 16 (1995), S. 453, para. 77, allerdings nicht bezogen auf die Friedensbedrohung, sondern die Frage der Geltung des humanitären Völkerrechts für interne und internationale Konflikte. Gut zur Behandlung des Kapitels VII ChVN durch das Tribunal *Kreß*, 1996, insbesondere S. 640 ff.

1070 Siehe oben S. 141 ff.; a.A. offenbar *Frowein/Krisch*, zu Art. 39 ChVN, Rdnr. 18, in: *Simma* (Hrsg.), Charter, 2. Aufl.

1071 A.A. für Ruanda, Burundi und Zaire offenbar *Frowein/Krisch*, aaO.

Es gibt einige Erklärungen des Ratspräsidenten zur Lage in der Region der Großen Seen[1072], die insbesondere Burundi, Ruanda und die Demokratische Republik Kongo umfasst. Diese „Regionalisierung" der Äußerungen des Sicherheitsrates macht ebenso wie ihr Inhalt deutlich, dass es sich aus der Sicht des Sicherheitsrates spätestens seit Anfang 1997 nicht mehr um rein innerstaatliche Konflikte handelt.

Die Resolutionen des Sicherheitsrates zu dem Bürgerkrieg in **Afghanistan** bis Ende 1998 enthalten außer der allgemeinen Bezugnahme auf die Bedrohung des regionalen und internationalen Friedens keinen Hinweis auf die gesteigerte Gefahr bewaffneter grenzüberschreitender Auseinandersetzungen. Die Tatsache, dass der Sicherheitsrat trotz der heftigen Kämpfe in Afghanistan nur von einem *„growing threat to regional and international peace and security"* spricht[1073], lässt jedoch ebenso wie die Äußerungen der Mitglieder des Sicherheitsrates darauf schließen, dass die Friedensbedrohung in den möglichen grenzüberschreitenden bewaffneten Auswirkungen des Konfliktes gesehen wird. Tatsächlich hat es bereits konkrete Spannungen zwischen der Taliban und dem Iran gegeben.

Insgesamt lässt sich eine Zurückhaltung des Sicherheitsrates erkennen, die Gefahr grenzüberschreitender militärischer Auseinandersetzungen bei ursprünglich rein internen Konflikten zu benennen[1074]. Dies mag daran liegen, dass der Sicherheitsrat es vermeiden will, Nachbarstaaten zu solchen Handlungen zu ermutigen und dann selbst unter Handlungsdruck (etwa im Sinne militärischen Eingreifens nach Art. 42 ChVN) zu geraten.

Daher wurden bei der Einordnung der Konflikte in diese Gruppe verstärkt die rein faktische Situation, die Äußerungen der Staatenvertreter in der Debatte und weniger entsprechende Hinweise im Resolutionstext zugrundegelegt.

b. Zusammenfassende Darstellung der Konflikte, bei denen der Sicherheitsrat nicht von einer Gefahr grenzüberschreitender bewaffneter Auseinandersetzungen ausging[1075]

Der Konflikt in **Südrhodesien** hat seine Ursachen in den Zuständen innerhalb der ehemaligen britischen Kolonie, ohne dass dabei die Gefahr grenzüberschreitender militärischer Auseinandersetzungen eine Rolle gespielt hätte[1076].

1072 S/PRST/1997/5 vom 07.02.1997, S/PRST/1997/10 vom 07.03.1997, S/PRST/1997/19 vom 04.04.1997, S/PRST/1997/22 vom 22.04.1997, S/PRST/1997/24 vom 30.04.1997.

1073 Erklärungen des Ratspräsidenten vom 16.12.1997 (S/PRST/1997/55) und 06.08.1998 (S/PRST/1998/24), SCR 1193 (1998).

1074 Vgl. dazu auch das Urteil des Jugoslawien-Tribunals (Appeals Chamber) zum Fall Tadic, HRLJ 16 (1995), S. 452 f. (paras 74 ff.).

1075 Vgl. auch die – weitergehende – Zusammenstellung bei *Frowein/Krisch*, aaO, Rdnr. 18.

1076 Vgl. oben S. 72 ff., insbesondere FN 341 und 343.

Erst ab 1972 gewinnen grenzüberschreitende Aspekte zunehmend an Bedeutung.

Dem Konflikt in Südrhodesien in seinen kolonialen Ursachen vergleichbar ist der Konflikt in **Ost-Timor**. Auch hier spielte die Gefahr grenzüberschreitender militärischer Auseinandersetzungen erkennbar keine Rolle.

Auch wenn der Sicherheitsrat es im Laufe seiner Befassung mit dem Konflikt in **Südafrika** stets vermieden hat, die Apartheid-Politik als solche als friedensbedrohend zu bezeichnen, so liegt sie jedoch ganz wesentlich den einschlägigen Resolutionen des Sicherheitsrates zugrunde[1077].

Bei dem Problem der südafrikanischen Besetzung **Namibias** handelt es sich um einen Konflikt zwischen Südafrika und den Vereinten Nationen. Grenzüberschreitende Auswirkungen gab es insoweit, als die Angriffe Südafrikas auf Angola und Sambia ihren Grund u.a. in der erstrebten Zurückdrängung der von dort aus operierenden SWAPO hatten. In den Resolutionen des Sicherheitsrates wird dieser Aspekt des Namibia-Problems jedoch nicht angesprochen[1078].

Die Resolutionen zum **Kosovo-Konflikt** enthalten keinen Hinweis auf die Gefahr grenzüberschreitender militärischer Auseinandersetzungen[1079].

Die Resolutionen des Sicherheitsrates zum Konflikt in **Angola** beruhen nicht auf der Gefahr grenzüberschreitender bewaffneter Auseinandersetzungen[1080], sondern auf der humanitären Situation in Angola, sowie der Nichtumsetzung des von den Vereinten Nationen protegierten Friedensvertrages durch die Bürgerkriegsparteien, insbesondere die UNITA, die zum Adressaten der Resolutionen wird.

Im Fall **Lockerbie** bestand wegen der Nichtbefolgung der in SCR 731 (1992) enthaltenen Forderungen durch Libyen wohl keine gesteigerte Gefahr grenzüberschreitender bewaffneter Auseinandersetzungen. Man wird den Konflikt wegen der Bedeutung, die der internationale Terrorismus in diesem Zusammenhang spielt, jedoch auch nicht als rein internen Konflikt bezeichnen können. Der Sicherheitsrat geht offenbar auch von einem internationalen Konflikt aus, indem er in der Unterstützung des internationalen Terrorismus einen Verstoß gegen Art. 2 (4) ChVN sieht[1081].

Anlass für das Feststellen einer Friedensbedrohung und das Einschreiten des Sicherheitsrates im Falle **Somalias** war jedenfalls bei SCR 794 (1992) nicht die

---

1077 Vgl. oben S. 82 ff.

1078 Vgl. oben S. 96 ff.

1079 Vgl. dazu oben S. 127 f., insbesondere FN 584 und andererseits FN 588.

1080 Solche Auseinandersetzungen sind vielmehr Gegenstand von Resolutionen, die sich gegen Südafrika richten – vgl. oben S. 93 ff.

1081 SCR 748 (1992) – 6. pr. para.

Gefahr grenzüberschreitender militärischer Auseinandersetzungen, sondern allein die Situation im Inneren Somalias[1082].

Bei dem Konflikt in **Georgien** handelt es sich um einen inner-georgischen Konflikt. Die Gefahr bewaffneter grenzüberschreitender Auseinandersetzungen wurde vom Sicherheitsrat in keiner Resolution konkretisiert oder gar erwähnt[1083].

Im Falle **Haitis** bestand die internationale Auswirkung nach Aussage des Sicherheitsrates allein in den Flüchtlingsströmen in die benachbarten Staaten[1084]. Eine gesteigerte Gefahr grenzüberschreitender bewaffneter Auseinandersetzungen ging davon jedoch nicht aus und wurde in den Resolutionen auch nicht angesprochen[1085].

Die infolge des **Attentatsversuchs** auf den ägyptischen Präsidenten **Mubarak** gegen den Sudan erlassenen Resolutionen enthalten keinen Hinweis darauf, dass das der Feststellung der Friedensbedrohung zugrundeliegende Verhalten zu einer *gesteigerten* Gefahr grenzüberschreitender bewaffneter Auseinandersetzungen geführt hat.

Grund für ein Eingreifen des Sicherheitsrates in den Bürgerkrieg in **Ruanda** waren jedenfalls bis einschließlich 1994 ganz überwiegend die Zustände im Inneren Ruandas[1086]. Erst mit SCR 1011 (1995) rückt die Situation in der Region der Großen Seen stärker in den Vordergrund.

Der Befassung des Sicherheitsrates mit dem Konflikt in **Albanien** lag allein die Situation im Inneren Albaniens zugrunde.

Auch die Resolutionen, die der Sicherheitsrat anlässlich der Situation in der **Zentralafrikanischen Republik** verabschiedet hat, enthalten keine Anhaltspunkte für eine gesteigerte Gefahr grenzüberschreitender Auseinandersetzungen in der Region.

Dasselbe gilt für die Resolutionen zum Konflikt in **Sierra Leone**, in denen zwar die Flüchtlingsströme in die Nachbarländer angesprochen werden, allerdings im Zusammenhang mit den sich für jene ergebenden sozialen und wirtschaftlichen Problemen, und nicht im Zusammenhang mit einer dadurch gesteigerten Gefahr grenzüberschreitender bewaffneter Auseinandersetzungen.

[1082] Vgl. oben S. 153 ff., FN 729, 747, 749 und 753; im Ergebnis auch *A. Stein*, S. 247 f.

[1083] Vgl. oben S. 161, FN 770.

[1084] SCR 841 (1993) – 11. pr. para.

[1085] Vgl. oben S. 164, FN 791.

[1086] Vgl. vor allem SCR 929 (1994); dies ist um so erstaunlicher, als hier im Gegensatz etwa zu Somalia die Gefahr bewaffneter Auseiandersetzungen etwa mit Burundi wirklich bestand.

c. *Ergebnis*

Bei der Mehrzahl der genannten Konflikte (oben unter b.) lag demnach nach Auffassung des Sicherheitsrats eine Friedensbedrohung vor, ohne dass erkennbar von einer gesteigerten Gefahr grenzüberschreitender bewaffneter Konflikte ausgegangen wurde. Aber auch bei den übrigen Konflikten (oben unter a.) stand diese Gefahr zumeist nicht im Vordergrund des Handelns des Sicherheitsrates. Die großen Schwierigkeiten bei der Einteilung der Konflikte in solche mit und ohne der Gefahr grenzüberschreitender militärischer Auswirkungen zeigen, dass es dem Sicherheitsrat darauf offensichtlich kaum ankommt[1087]. Von den fünf ständigen Mitgliedern im Sicherheitsrat macht allein der Vertreter Chinas seine Zustimmung zu einer Resolution gelegentlich von dieser Frage abhängig[1088].

2. Bedeutung der Feststellung, dass der Frieden *in der Region* bedroht ist

Der Sicherheitsrat beschränkt sich in den seltensten Fällen darauf, eine bloße Bedrohung „des Friedens" festzustellen. Im Rahmen der untersuchten Konflikte hat er dies in SCR 54 (1948)[1089] getan, in der er den Wortlaut des Art. 39 ChVN unter Bezugnahme auf diesen Artikel wiederholt hat[1090], sowie in SCR 221 (1966)[1091], SCR 787 (1992)[1092], drei Resolutionen zum Konflikt in Somalia[1093], sowie in SCR 1227 (1999)[1094] und SCR 1264 (1999) und 1272 (1999)[1095].

In allen übrigen Fällen hat der Sicherheitsrat eine Bedrohung des „*international peace and security*" oder eine Bedrohung des Friedens *in der Region* festgestellt. Es fragt sich, ob sich dabei eine Regelmäßigkeit feststellen lässt, aus der sich Rückschlüsse über die Beweggründe des Sicherheitsrates, etwa im Hinblick auf befürchtete grenzüberschreitende militärische Auswirkungen eines Konfliktes, ziehen lassen könnten.

a. *Feststellung der Bedrohung des internationalen Friedens*

Soweit der Sicherheitsrat eine Bedrohung des „*international peace and security*" feststellt, bedient er sich zunächst nur der Terminologie des Art. 24 (1) und 39

1087 *Frowein/Krisch* aaO Rdnr. 18: „It appears now safe to assume that any internal conflict of a considerable scale an constitute a threat to international peace and security."

1088 So z.B. bei SCR 770 (1992) – Jugoslawien, SCR 1101 (1997) und 1114 (1997) – Albanien und SCR 929 (1994) – Ruanda.

1089 Im Palästina-Konflikt – siehe oben S. 62.

1090 In SCR 598 (1987) – Iran/Irak und SCR 660 (1990) – Kuwait geht der Sicherheitsrat bei der Feststellung eines Bruchs des Friedens entsprechend vor.

1091 Südrhodesien – siehe oben S. 75.

1092 Jugoslawien – siehe oben S. 122.

1093 SCR 897 (1994), 946 (1994), 954 (1994).

1094 Äthiopien – Eritrea – siehe oben S. 202.

1095 Ost-Timor – siehe oben S. 204 und 204.

Halbsatz 2 ChVN, ohne dass damit eine darüber hinausgehende Aussage verbunden wäre. Wie bereits oben[1096] dargestellt taucht der Begriff des Friedens auch in der ChVN zumeist in Verbindung mit dem Wort „international“ auf. Der Sicherheitsrat hat in seinen Resolutionen zu Südrhodesien[1097], Südafrika[1098], Zypern[1099], Jugoslawien[1100], Angola[1101], Liberia[1102], Lockerbie[1103] und zum Attentatsversuch auf Präsident Mubarak[1104] fast durchgehend den „*international peace and security*“ als bedroht angesehen.

b. Feststellung einer Bedrohung des Friedens in der Region

Nach vereinzelten Feststellungen einer Bedrohung des Friedens in der Region im Rahmen des Nahostkonflikts[1105], in den Konflikten in Südrhodesien[1106], Südafrika[1107] und den israelischen Aktionen in Tunis[1108] zeigt der Sicherheitsrat sich in SCR 687 (1991) der Bedrohung bewusst, die Massenvernichtungswaffen für Frieden und Sicherheit „*in the area*“ darstellen. In SCR 688 (1991) spricht er an drei Stellen von einer Bedrohung des „*international peace and security in the region*“[1109].

Seit 1993 hat der Sicherheitsrat nur noch vereinzelt eine Bedrohung des „*international peace and security*“ festgestellt. Ganz überwiegend enthalten die Resolutionen Feststellungen einer Bedrohung des Friedens „*in the region*“. So in den Konflikten in Georgien[1110], Haiti[1111], Ruanda[1112], Zaire/Demokratische Repu-

---

1096 Auf S. 25.

1097 Mit Ausnahme von SCR 221 (1966) – sonst vgl. nur: SCR 217 (1965), 232 (1966), 253 (1968).

1098 SCR 393 (1976), 418 (1977), 421 (1977), 447 (1979), 475 (1980), 546 (1984), 567 (1985), 571 (1985), 574 (1985), 577 (1985), 602 (1987).

1099 SCR 353 (1974), 360 (1974).

1100 Mit Ausnahme von SCR 807 (1993) und 815 (1993) – sonst: SCR 713 (1991), 721 (1991), 743 (192), 757 (1992), 770 (1992), 787 (1992), 808 (1993), 816 (1993), 827 (1993), 836 (1993), 859 (1993), 900 (1994), 913 (1994), 941 (1994), 942 (1994), 958 (1994), 998 (1995), 1021 (1995), 1022 (1995), 1031 (1995), 1037 (1996), 1038 (1996), 1066 (1996).

1101 SCR 864 (1993).

1102 SCR 788 (1992), 813 (1993).

1103 SCR 731 (1992), 748 (1992), 883 (1993).

1104 SCR 1044 (1996), 1054 (1996).

1105 Erklärung des Ratspräsidenten vom 31.03.1989 (S/20554).

1106 SCR 460 (1979).

1107 SCR 581 (1986).

1108 SCR 573 (1985), 611 (1988).

1109 3. pr. para., 1. u. 2. op. para. – zum Wortlaut vgl. oben auf S. 106 f.. Ebenso in den Resolutionen zum Kongo-Konflikt, beispielsweise in SCR 1399 (2002) und 1417 (2002), und zum Konflikt in Angola, zuletzt in SCR 1404 (2002).

1110 SCR 858 (1993), 876 (1993), 881 (1993).

blik Kongo[1113], Albanien[1114], Kosovo[1115], in der Zentralafrikanischen Republik[1116] und in Sierra Leone[1117]. Bei den Resolutionen zu dem Konflikt in Ruanda macht der Sicherheitsrat eine Ausnahme bei SCR 955 (1994), in der der internationale Strafgerichtshof für Ruanda gegründet wird. Für diese Rechtsfolge hätte eine Bedrohung des *regionalen* Friedens nicht ausgereicht[1118].

Besonders deutlich wird der beschriebene Wandel, wenn man die Resolutionen zum Somalia-Konflikt betrachtet: Bis einschließlich SCR 794 (1992) ist stets von einem *„threat to international peace and security“* die Rede[1119]. Das ändert sich mit SCR 814 (1993) vom 26.03.1993, in der der Sicherheitsrat feststellt, dass die Situation „continues *to threaten peace and security* in the region“ – zuvor hatte er jedoch stets von einer Bedrohung des „internationalen“ Friedens gesprochen. Ab SCR 897 (1994)[1120] stellt er fest, dass die *„situation in Somalia continues to threaten peace and security“*.

Im Rahmen des Konfliktes in Liberia stellt der Sicherheitsrat in SCR 788 (1992) vom 19.11.1992 fest, dass *„the deterioration of the situation in Liberia constitutes a threat to international peace and security, particularly in West Africa as a whole“*[1121]. In SCR 813 (1993) vom 26.03.1993 heißt es bereits *„particularly in this region of West Africa“*[1122].

Anders allerdings als die Resolutionen zum Konflikt in Zaire/Demokratische Republik Kongo enthalten SCR 1053 (1996) – Ruanda – und SCR 1072 (1996) – Burundi – die Feststellung einer Bedrohung des Friedens nicht nur der Region, sondern der *„Great Lakes Region“*.

1111 SCR 841 (1993), 873 (1993), 875 (1993), 917 (1994), 933 (1994), 940 (1994), 975 (1995).

1112 SCR 918 (1994), 929 (1994), 1053 (1996).

1113 SCR 1078 (1996), 1080 (1996).

1114 SCR 1101 (1997).

1115 SCR 1160 (1998), 1199 (1998).

1116 SCR 1125 (1997), 1136 (1997), 1152 (1998), 1159 (1998).

1117 SCR 1132 (1997).

1118 Siehe dazu bereits oben auf S. 175. Vgl. in diesem Zusammenhang auch SCR 423 (1978) – Südrhodesien.

1119 Bei der Beschreibung der den internationalen Frieden bedrohenden Situation in Somalia spricht der Sicherheitsrat in SCR 733 (1992) von den Konsequenzen der Zustände in Somalia für „stability and peace in the region“.

1120 SCR 923 (1994), 946 (1994).

1121 5. pr. para.

1122 Letzter pr. para.

Im Rahmen seiner Befassung mit dem Bürgerkrieg in Afghanistan wiederum spricht der Sicherheitsrat in einigen Erklärungen des Ratspräsidenten[1123] und in SCR 1193 (1998) von einem „*threat to regional and international peace and security*".

c. *Grund für eine Feststellung einer Bedrohung des Friedens in der Region und Konsequenz für den Begriff der Friedensbedrohung*

Zusammenfassend fällt auf, dass der Sicherheitsrat bis einschließlich 1992 in der Regel eine Bedrohung des „*international peace and security*" angenommen hat. Bei Konflikten, mit denen sich er Sicherheitsrat erst nach Anfang 1993 befasst hat, wird in der Regel der Frieden *in der Region* als bedroht angesehen. Ausnahmen davon stellen die Resolutionen zu dem Attentatsversuch auf den ägyptischen Präsidenten Mubarak[1124], die Resolution zur Einrichtung des Strafgerichtshofes in Ruanda[1125] und die Entscheidungen zum Bürgerkrieg in Afghanistan[1126] dar:

Bei den Resolutionen gegen den Sudan ging es dem Sicherheitsrat über die Region Nordafrikas hinaus um die Bekämpfung des internationalen Terrorismus, bei SCR 955 (1994) (Ruanda) allein um die Bestrafung von Verstößen gegen das – internationale – humanitäre Völkerrecht. Bei dem Bürgerkrieg in Afghanistan spielt die Tatsache, dass in Afghanistan Terroristen ausgebildet werden und Zuflucht finden, eine nicht unerhebliche Rolle bei der Befassung des Sicherheitsrates mit dem Konflikt. Der Sicherheitsrat sieht demnach im Rahmen von Konflikten, die seines Erachtens grundsätzlich den Frieden in der Region bedrohen, den *internationalen* Frieden als bedroht an, wenn der Konflikt über die Region hinaus Bedeutung hat[1127].

Es fragt sich, ob daraus der Schluss gezogen werden kann, dass der Sicherheitsrat mit einer Feststellung der Bedrohung des Friedens in der Region stets die besondere Bedeutung – regional begrenzter – grenzüberschreitender Auswirkungen auf die Nachbarstaaten unterstreicht.

[1123] Vom 16.12.1997 (S/PRST/1997/55), 06.04.1998 (S/PRST/1998/9), 14.07.1998 (S/PRST/1998/22) und 06.08.1998 (S/PRST/1998/24).

[1124] Siehe oben S. 226, FN 1104.

[1125] SCR 955 (1994).

[1126] Siehe oben S. 228, FN 1123.

[1127] Vgl. insoweit die Äußerung des russischen Vertreters im Sicherheitsrat anlässlich der Verabschiedung von SCR 788 (1992): „... danger not only to neighbouring states but also to international peace and security..." (S/PV. 3138, S. 66), aber auch des Vertreters Simbabwes: „the conflict has now spilled over into neighbouring countries and thus presents a threat not only to the region but to international peace and security" (ebd., S. 62).

Dagegen spricht, dass der Sicherheitsrat im Falle Angolas, Somalias[1128] und Liberias[1129] eine Bedrohung des internationalen Friedens festgestellt hat, obwohl sich die Konflikte nach ihrer Art und ihren Auswirkungen *auf die Nachbarstaaten* nicht von den sonstigen Konflikten auf dem afrikanischen Kontinent, mit denen sich der Sicherheitsrat nach 1993 befasst hat, unterscheiden. Bei SCR 955 (1994) – Ruanda – scheint sich der Sicherheitsrat entsprechende Gedanken nicht gemacht zu haben, da die Formulierung darauf schließen lässt, dass er davon ausgeht, eine Bedrohung des internationalen Friedens schon zuvor festgestellt zu haben. Auch erscheinen die im Jugoslawien-Konflikt für die Resolutionen 807 (1993) und 815 (1993) gemachten Ausnahmen im umgekehrten Fall[1130] eher zufällig. Sobald der Sicherheitsrat die Region näher konkretisiert hat (West Africa, Great Lakes), kann jedoch davon ausgegangen werden, dass grenzüberschreitende Aspekte – insbesondere die Gefahr grenzüberschreitender militärischer Auseinandersetzungen – stärker in den Vordergrund getreten sind.

Ein Grund für die Änderung in der Formulierung könnte vielmehr die stärkere Betonung der Bedeutung regionaler Organisationen bei der Bewältigung von Konflikten sein, die zu einer Entlastung des seit 1991 stark beanspruchten Friedenssicherungssystems der Vereinten Nationen beitragen können: So ist die Unterstützung der ECOWAS in Liberia und Elfenbeinküste wesentlicher Grund für ein Tätigwerden des Sicherheitsrates[1131] – in den Resolutionen zum Liberia – Konflikt kündigt sich die Betonung des Friedens in der Region ja bereits an[1132]. In Georgien stellte sich der Sicherheitsrat hinter die OSZE und überließ im wesentlichen ihr das Feld[1133]. In SCR 841 (1993) zum Konflikt in Haiti[1134] betont der Sicherheitsrat die Rolle der OAS und zitiert deren Resolutionen[1135] – im 12. pr. para. betont er unter Hinweis auf Kapitel VIII ChVN die Wichtigkeit der Kooperation zwischen den regionalen Organisationen und den Vereinten Nationen. Er bestätigt im operativen Teil der Resolution das Wirtschaftsembargo, das die OAS bereits verhängt hatte, und macht es über den Kreis der Mitgliedstaaten der OAS hinaus bindend. In SCR 1101 (1997) überlässt der Sicherheitsrat der OSZE und der Europäischen Union die Führungsrolle bei der Suche nach einer diplomatischen Lösung des Konfliktes in Albanien und wird nur unterstützend tätig[1136]. Im Falle der Konflikte in der Zentralafrikanischen Republik und in

1128 SCR 733 (1992), 746 (1992), 751 (1992), 767 (1992), 775 (1992).
1129 Dazu bereits oben S. 226, FN 1102.
1130 Siehe oben S. 226, FN 1100.
1131 Vgl. die Darstellung der Konflikte in Liberia oben S. 141 ff. und Elfenbeinküste oben S. 205 f.
1132 Vgl. oben S. 227.
1133 SCR 858 (1993) – 10. op. para.
1134 Vgl. oben S. 162.
1135 Im 3. und 4. pr. para.
1136 3. und 7. pr. para., 8. op. para.

Sierra Leone diente das Tätigwerden des Sicherheitsrates der Unterstützung der MISAB bzw. ECOMOG[1137]. SCR 1072 (1996) zum Konflikt in Burundi ist von dem Bemühen des Sicherheitsrates gekennzeichnet, die OAU stärker in den Friedenssicherungsprozess in Burundi einzubinden[1138]. Dasselbe gilt für SCR 1078 (1996) im Falle Zaires[1139].

Der Sicherheitsrat sieht seine Aufgabe zunehmend darin, den regionalen Organisationen zu „assistieren"[1140]. Dies wird auch deutlich in SCR 1170 (1998) vom 28.05.1998, in der sich der Sicherheitsrat allgemein mit der Situation in Afrika befasst und in der er die Rolle des Kapitels VIII ChVN und der OAU in diesem Zusammenhang betont[1141], sowie in SCR 1177 (1998) vom 26.06.1998, in der er die Lösung des Konfliktes zwischen Äthiopien und Eritrea weitgehend der OAU überlässt und sich, ohne ausdrücklich nach Kapitel VII ChVN zu handeln, auf das an die Parteien gerichtete Verlangen beschränkt, die Feindseligkeiten unverzüglich einzustellen[1142]. Auslöser für diese Entwicklung ist sicher auch der Fehlschlag der Operation in Somalia, die zwar zu einer Linderung der humanitären Katastrophe, nicht aber zu einer Befriedung des Landes beitragen konnte und mit dem vorzeitigen Abzug der VN-Truppen endete.

Die Bezugnahme auf den regionalen Frieden erfolgt also, um eine regionale Lösung zu ermöglichen. Dafür spricht auch die besondere Behandlung des Konfliktes in Angola als „rein internationalen Konflikt", die auf der Rolle beruht, die die Vereinten Nationen bei der Lösung des Konfliktes seit SCR 626 (1988) mit der Einrichtung von UNAVEM spielten und darauf, dass sie sich für die Lösung des Konfliktes deshalb besonders verantwortlich fühlten[1143].

1137 Vgl. die Darstellung der Konflikte in der Zentralafrikanischen Republik oben S. 186 f. und in Sierra Leone oben S. 188 f.

1138 10., 12. u. 13. pr. para., 2. u. 8. op. para.

1139 15. u. 16. pr. para., insbesondere 11. op. para, 8. – 10. pr. para., 2. u. 8. op. para.: Staaten der Region.

1140 Vgl. auch SCR 1318 (2000) mit Ziff. VII der anhängenden „Declaration on ensuring an effective role for the Security Council in the maintenance of international peace and security, particularly in Africa".

1141 6. und 7. pr. para., 6. – 10. op. para.; der Sicherheitsrat nimmt dabei im 1. op. para. Bezug auf einen Bericht des Generalsekretärs vom 13.04.1998 (S/1998/318), in dem dieser ebenfalls auf die Zusammenarbeit zwischen den Vereinten Nationen und regionalen Organisationen eingeht. Der Bericht befasst sich eingehend mit den Ursachen der zumeist „intra-state" Konflikte in Afrika, die er neben dem Wunsch einzelner Gruppen nach Zugang zu Bodenschätzen etc. zum einen in den Folgen der Kolonialzeit, zum anderen in der Beendigung des Ost-West-Konfliktes und dem dadurch enstandenen Machtvakuum ausmacht.

1142 1. op. para.

1143 Vgl. die Redebeiträge in der Debatte anlässlich der Verabschiedung von SCR 1173 (1998) – S/PV. 3189, S. 2.

Im Ergebnis ist festzuhalten, dass die Feststellung einer Bedrohung des *regionalen* Friedens für den Begriff der Friedensbedrohung keine Auswirkungen hat. Sie schließt insbesondere nicht aus, dass es sich bei dem jeweiligen Konflikt um einen rein internen Konflikt handelt[1144]. Für die Annahme der Gefahr grenzüberschreitender Auswirkungen bedarf es weiterer, konkretisierender Feststellungen[1145] oder eindeutiger faktischer Verhältnisse.

Die Feststellung eines *„threat to peace and security in the region“* ist daher aus der Sicht des Sicherheitsrates etwa im Sinne von „threat to international peace and security in the region“ zu verstehen. Bei der Bedrohung des regionalen Friedens handelt es sich also aus der Sicht des Sicherheitsrates um einen Unterfall der Bedrohung des internationalen Friedens[1146].

Die Untersuchung der Praxis des Sicherheitsrates zeigt, dass diese Praxis insoweit nicht konsistent ist, als der Sicherheitsrat sein Handeln nach Kapital VII ChVN eher von politischen Erwägungen als von dem Vorliegen der Tatbestandsmerkmale des Art. 39 ChVN abhängig macht.

Zum Teil[1147] wird deshalb der Praxis ein sehr geringer Wert bei der Bestimmung des Inhaltes der Begriffe des Art. 39 ChVN beigemessen. Zu zeigen, dass die Praxis dennoch (zunehmend) eine gewisse Regelmäßigkeit aufweist und sie sich in gewissem Umfang kategorisieren lässt, ist Gegenstand des folgenden Abschnitts.

3. Aspekte, die der Annahme einer Friedensbedrohung zugrundeliegen – Kategorienbildung

Bei der Betrachtung der Resolutionen haben sich im Hinblick auf die der ausdrücklichen oder konkludenten Annahme einer Friedensbedrohung zugrundeliegenden Umstände im Wesentlichen die folgenden Kategorien herausgebildet[1148]. *Zumeist ist dabei nicht eine Kategorie alleine maßnahmeauslösend, sondern erst das Zusammentreffen mehrerer Kategorien*[1149].

a. Ersuchen der Regierung eines betroffenen Staates an den Sicherheitsrat zu handeln/Zustimmung dieser Regierung
b. Ersuchen regionaler Organisationen um Unterstützung

1144 So wohl auch *Lailach*, S. 109, zu SCR 929 (1994) – Ruanda.

1145 *Lailach*, S. 109

1146 So auch *Lailach*, S. 47; *Fink*, S. 877; so erklärt sich auch, dass der Sicherheitsrat in SCR 955 (1994) davon ausgeht, eine Bedrohung des internationalen Friedens bereits zuvor festgestellt zu haben.

1147 Vgl. nur *Ipsen*, 1992, S. 42.

1148 *Farer*, S. 45, unterscheidet vier Kategorien, in denen Zwangsmaßnahmen aus Sicht der liberalen Demokratien wünschenswert sind.

1149 *Herdegen*, S. 16, spricht von einem „Produkt“.

c. Fehlen einer Regierung/Staatsgewalt
d. Nichtanerkennung des Ergebnisses demokratischer Wahlen/fehlende Wiedereinsetzung eines demokratisch gewählten Regimes/Nichtdurchführung demokratischer Wahlen
e. Flüchtlinge
f. Tätigwerden des Sicherheitsrates zum Schutz des Einzelnen
    aa. Schwere Menschenrechtsverletzungen
    bb. Verstöße gegen humanitäres Völkerrecht
    cc. Humanitäre Situation/Leiden der Zivilbevölkerung
    dd. Behinderung humanitärer Hilfslieferungen/Angriffe auf Personal der Vereinten Nationen
g. Verletzung des Selbstbestimmungsrechts der Völker
h. Bürgerkrieg/bewaffnete Auseinandersetzungen/Nichtbeachtung eines Waffenstillstandes bzw. Friedensvertrages
i. Verstoß gegen vorangegangene Resolutionen des Sicherheitsrates
j. Besitz und Herstellung von Massenvernichtungswaffen/illegaler Waffenhandel
k. Förderung des/Verstrickung in den internationalen Terrorismus
l. Nichtbeachtung eines völkerrechtlichen Vertrages/des Völkerrechts

a. Ersuchen der Regierung eines betroffenen Staates an den Sicherheitsrat zu handeln/Zustimmung dieser Regierung

aa. Die Praxis des Sicherheitsrates

Das Ersuchen der jeweiligen Regierung hat insbesondere in den Konflikten in **Albanien**[1150], **Haiti**[1151], **Jugoslawien**[1152], **Liberia**[1153], **Somalia**[1154] und **Zentralafrikanische Republik**[1155], aber auch mit den dort zu beachtenden Besonderheiten[1156] in **Südrhodesien** eine Rolle gespielt. Dabei kommt die unterschiedliche Bedeutung, die der Sicherheitsrat diesem Ersuchen beimisst, in der Art der Bezugnahme darauf in der jeweiligen Resolution zum Ausdruck[1157].

1150 SCR 1101 (1997) – 1. pr. para. („taking note of…“).

1151 SCR 841 (1993) – 1. pr. para. („having received a letter…“) und 13. pr. para. („considering that the … request … defines a unique and exceptional situation…“), der nächste pr. para. enthält die Feststellung der Friedensbedrohung unter Bezugnahme auf diese Situation.

1152 SCR 713 (1991) – 1. pr. para. („conscious of the fact that Yugoslavia has welcomed the convening of a Security Council meeting through a letter …“).

1153 SCR 788 (1992) – 14. pr. para. („taking also into account the letter …“).

1154 SCR 733 (1992) – 1. pr. para. („considering the request by Somalia …“).

1155 SCR 1125 (1997) – 4. pr. para. („taking note of the letter … to the Secretary General“).

1156 Vgl. dazu die Darstellung des Konfliktes in Südrhodesien oben S. 72 ff.

1157 Vgl. jeweils die Zitate in den vorangegangenen Fußnoten.

Einen besonderen Stellenwert nimmt danach die Bezugnahme auf das Ersuchen des Vertreters Haitis[1158] in SCR 841 (1993) ein. Der Inhalt des Schreibens fließt unmittelbar in die Beschreibung der friedensbedrohenden Situation mit ein[1159]. Dabei handelte es sich um den Vertreter einer Regierung, die zu diesem Zeitpunkt keinerlei effektive Regierungsgewalt in Haiti ausübte[1160]. Deren Errichtung war letztlich der Grund des Tätigwerdens des Sicherheitsrates, der sich als Legitimation für dieses Ziel jedenfalls des Einverständnisses der demokratisch gewählten Regierung versichern musste.

Die Bezugnahme auf das Ersuchen Jugoslawiens[1161] in SCR 713 (1991) diente insbesondere dazu, eine einstimmige Verabschiedung der Resolution zu ermöglichen, da zu diesem Zeitpunkt noch keine Übereinstimmung im Rat zu der Frage der grenzüberschreitenden Auswirkungen des Konfliktes bestand[1162]. Auch hier bestehen jedoch Zweifel an der Berechtigung der jugoslawischen Regierung, für einen Gesamtstaat zu sprechen, der sich zu diesem Zeitpunkt bereits in Auflösung befand.

Die Frage nach der Berechtigung der ersuchenden Regierung stellt sich ebenfalls in den Fällen Albaniens und Somalias[1163]: In beiden Ländern herrschte zu dem jeweiligen Zeitpunkt[1164] ein Zustand der Anarchie.

Ähnliches gilt für Liberia[1165], das im relevanten Zeitpunkt zum ganz überwiegenden Teil von den Rebellen der NPFL kontrolliert wurde. Die ersuchende Regierung war als Übergangsregierung von der ECOMOG eingesetzt worden.

Anders ist allenfalls der Konflikt in der Zentralafrikanischen Republik zu beurteilen, deren gewählter Präsident Patassé zwar ernsthaft in Bedrängnis geraten war, aber dennoch die effektive Herrschaftsgewalt im Lande ausübte.

1158 S/25958 vom 07.06.1993 – das Schreiben enthält im wesentlichen die Bitte, das gegen die De-facto-Regierung in Haiti verhängte Embargo der OAS „universal and binding" zu machen.

1159 Vgl. 13. pr. para., im 14. pr. para. stellt der Sicherheitsrat das Vorliegen einer Friedensbedrohung fest.

1160 Vgl. ausführlich *A. Stein*, S. 295 ff.

1161 S/23069 – das sehr kurze Schreiben enthält das Einverständnis mit dem Vorschlag Belgiens, Frankreichs und Großbritanniens, eine Sitzung des Sicherheitsrates einzuberufen. Denselben Inhalt haben die in SCR 713 (1991) angesprochenen Schreiben Österreichs, Kanadas und Ungarns.

1162 Siehe dazu oben S. 116, FN 524.

1163 Vgl. oben S. 152, FN 726 (zu Somalia), und S. 185 f. (zu Albanien).

1164 SCR 733 (1992) vom 23.01.1992; SCR 1101 (1997) vom 28.03.1997.

1165 S/24825 – das Schreiben enthält die Bitte nach einer möglichst kurzfristigen Anberaumung einer Sitzung des Sicherheitsrates, in der die Angelegenheit diskutiert werden soll.

bb. Bewertung

Das *Ersuchen* einer Regierung an den Sicherheitsrat zu handeln stellt als solches *keine Friedensbedrohung* dar. Der Sicherheitsrat hat sich durch die Zustimmung des Mitgliedsstaates (etwa wegen des dann fehlenden Zwangscharakters von Maßnahmen) auch nicht von der Verpflichtung entbunden gesehen, vor einem Eingreifen nach Kapitel VII ChVN eine Friedensbedrohung, einen Bruch des Friedens oder eine Angriffshandlung festzustellen. Er hat dies – sicher schon aus Gründen der Sicherstellung größtmöglicher internationaler Akzeptanz – jeweils getan.

Es fragt sich daher, welche Bedeutung ein Ersuchen im Rahmen der vorliegenden Untersuchung haben kann.

Soweit es sich bei den genannten Konflikten um innerstaatliche Konflikte ohne konkrete Gefahr grenzüberschreitender militärischer Auswirkungen handelte oder um solche, bei denen an dieser Gefahr noch Zweifel bestanden (Jugoslawien und Liberia), könnte die Zustimmung der jeweiligen Regierung den Sicherheitsrat davon freigestellt haben, die für ein Handeln nach Kapitel VII ChVN erforderliche Internationalität des Konfliktes zu prüfen; die Schranke des Art. 2 (7) ChVN könnte dadurch aufgehoben worden sein[1166].

Dies hätte jedoch letztlich eine Ausweitung der (militärischen) Handlungsbefugnisse des Sicherheitsrates unter Kapitel VII ChVN zur Folge, die in der Charta nicht vorgesehen ist. Sofern eine Friedensbedrohung vorliegt, bedarf es einer Zustimmung des betreffenden Staates für ein Eingreifen des Sicherheitsrates nicht. Ist dies nicht der Fall, kann der Sicherheitsrat nicht allein wegen der Zustimmung nach Kapitel VII ChVN tätig werden[1167]. Vor allem aber könnte der Sicherheitsrat für den Fall eines Einschreitens auf Ersuchen der Regierung ohne Vorliegen der Voraussetzungen des Art. 39 ChVN nicht mit bindender Wirkung für Drittstaaten Maßnahmen nach Kapitel VII ChVN (z.B. Wirtschaftssanktionen nach Art. 41 ChVN) verhängen, da die Zustimmung des betroffenen Staates nicht „zu Lasten“ Dritter wirken kann[1168].

Die These, dass das Ersuchen die Zwangswirkung von Maßnahmen des Sicherheitsrates ausschließt und damit die Feststellung der Friedensbedrohung und ein Handeln nach Kapitel VII ChVN entbehrlich macht[1169], stößt auf dieselben Bedenken. Sie stellt sich auch vor dem Hintergrund als problematisch dar, dass

---

[1166] Vgl. *A. Stein* , S. 219; *Szasz*, 1994 I, S. 23, zu Somalia; zur Internationalität siehe oben S. 34.

[1167] Anders verhält es sich bei der Einsetzung von „Peacekeeping-Truppen“, bei der es sich (üblicherweise) nicht um eine Maßnahme nach Kapitel VII ChVN handelt.

[1168] Vgl. *A. Stein*, S. 219 f.

[1169] Vgl. *Fink*, S. 844 f.

der Sicherheitsrat bei der Wahrnehmung seiner Aufgaben an die Vorgaben der ChVN gebunden ist[1170].

Konsequenterweise kommt es nach dem Wortlaut der Resolutionen auf die rechtliche Wirkung des Ersuchens der Regierung nicht an, da der Sicherheitsrat in den entsprechenden Resolutionen jeweils eine Bedrohung des internationalen Friedens[1171] bzw. des Friedens in der Region[1172] festgestellt hat.

Darüber hinaus bezieht sich der Sicherheitsrat nicht in jeder im Rahmen der genannten Konflikte erlassenen Resolution auf das Ersuchen der Regierung. Zum Teil sind diese Regierungen im weiteren Verlauf des Konfliktes nicht mehr vorhanden. Teilweise sind die Maßnahmen, die der Sicherheitsrat im Rahmen der nach der ersten Resolution (auf Ersuchen) folgenden Befassung mit dem Konflikt erlässt, nicht mehr von dem Willen der jeweiligen (ersuchenden oder nachfolgenden) Regierung gedeckt, wovon z.B. im Fall Jugoslawiens auszugehen ist.

Insgesamt ist festzustellen, dass das Ersuchen der Regierung vor allem der „Gewissensberuhigung" des Sicherheitsrates und der Erzielung eines möglichst breiten Konsenses unter den Mitgliedern dient[1173]. So wird dem Sicherheitsrat die Möglichkeit gegeben, sich unter Berufung auf das Ersuchen der Frage nach einer Präzedenzwirkung seines Vorgehens im Einzelfall zu entziehen. Besonders deutlich wird dies im Falle Haitis. Der Sicherheitsrat hat sich in der Praxis durch das Ersuchen bzw. die Zustimmung des betroffenen Staates zurecht nicht davon entbunden gefühlt, vor einem Tätigwerden nach Kapitel VII ChVN das Vorliegen der – auf andere Umstände gestützten – Tatbestandsvoraussetzungen des Art. 39 ChVN festzustellen.

b. *Ersuchen regionaler Organisationen um Unterstützung*

aa. Die Praxis des Sicherheitsrates[1174]

In einigen Fällen nimmt der Sicherheitsrat auch Bezug auf Ersuchen regionaler Organisationen. So z.B. in SCR 788 (1992)[1175] zum Konflikt in **Liberia** und SCR

1170 Vgl. i.e. – sehr weit auslegend – *Delbrück*, zu Art 25 ChVN, Rdnr. 8 ff., in: *Simma* (Hrsg.) Charter, 2. Aufl.; enger: *Kelsen*, S. 284.

1171 SCR 713 (1991), SCR 733 (1992), SCR 788 (1992); Für *Szasz*, 1994 I, S. 23, geschah dies wegen der infolge der fehlenden Regierung nicht erfolgten Zustimmung Somalias. *Szasz* vergleicht die Situation mit der eines bewusstlosen Patienten, der einer Intensivbehandlung nicht zustimmen kann.

1172 SCR 841 (1993), SCR 1101 (1997), SCR 1125 (1997).

1173 Vgl. *Freudenschuß*, 1993, S. 30; So ist SCR 688 (1991) nur mit der knappsten denkbaren Mehrheit zustandegekommen. Sie enthält zwar eine Bezugnahme auf Art. 2 (7) ChVN, aber ihr liegt eben keine Anregung seitens der irakischen Regierung zugrunde.

1174 Vgl. schon oben S. 225 ff.

1125 (1997)[1176] zum Konflikt in der **Zentralafrikanischen Republik**. In letzterem Fall dient das Tätigwerden des Sicherheitsrates allein der gewünschten Ermächtigung an die MISAB-Truppen, ihre Sicherheit und Bewegungsfreiheit sicherzustellen.

In SCR 1101 (1997) zum Konflikt in **Albanien** nimmt der Sicherheitsrat Bezug auf einen Brief Italiens[1177] und auf einen Beschluss der OSZE vom 27.03.1997.

SCR 841 (1993) – **Haiti** – enthält eine starke Betonung der Rolle der OAS und folgt in seiner Rechtsfolge einer Empfehlung der OAS[1178].

Mit SCR 1244 (1999)[1179] – **Kosovo** – verleiht der Sicherheitsrat dem Friedensplan der G8-Gruppe die Autorität des Kapitels VII ChVN.

bb. Bewertung; Exkurs zu Art. 13 und 16 IStGH-Statut

Es ist eine Tendenz erkennbar, dass der Sicherheitsrat nach Kapitel VII ChVN allein tätig wird, um bestimmte, von regionalen Organisationen gewünschte Rechtsfolgen, deren Anordnung nur nach Kapitel VII ChVN möglich ist, anzuordnen[1180]. Dabei beruft er sich nicht immer auf Kapitel VIII ChVN, das diesen Fall in Art. 53 (1) ChVN regelt.

Im Übrigen gilt das oben zu lit. a. bb. Gesagte, insbesondere zu der vom Sicherheitsrat jeweils vorgenommenen Feststellung einer Friedensbedrohung, entsprechend.

Eine von der Rechtsfolge ausgehende Herangehensweise des Sicherheitsrates findet auch in dem zum 30.06.2003 von 140 Staaten unterzeichneten und von 90 Staaten ratifizierten Statut des Internationalen Strafgerichtshofes vom 17.07.1998 (IStGH-Statut)[1181] einen normativen Ansatzpunkt, mit dessen Art. 16 der Sicherheitsrat nach Kapitel VII ChVN einen Ermittlungs- bzw. Verfolgungsaufschub erreichen[1182] und nach dessen Art. 13 der Sicherheitsrat nach

---

1175 13. pr. para. – ECOWAS

1176 5. pr. para. – International Committee for the follow-up of the Bangui Agreements.

1177 2. pr. para.

1178 Vgl. 3. op. para.

1179 Siehe oben S. 130.

1180 Vgl. oben S. 229 f. und insbesondere SCR 1101 (1997) und SCR 1244 (1999).

1181 Zum Stand der Ratifikation unter http://untreaty.un.org. China hat das Statut weder unterzeichnet, noch ratifiziert, die USA und Russland haben nur unterzeichnet, nicht ratifiziert.

1182 Art. 16 hat folgenden Wortlaut: „No investigation or prosecution may be commenced or proceeded with under this Statute for a period of 12 months after the Security Council, in a resolution adopted under Chapter VII of the Charter of the United Nations, has requested the Court to that effect; that request may be renewed by the Council under the same conditions.“ Auf der Homepage des International Centre for Human Rights and

Kapitel VII ChVN Situationen der Strafverfolgung übergeben kann. Es ist davon auszugehen, dass beide Vorschriften einem allein an der gewünschten Rechtsfolge orientierten Tätigwerden des Sicherheitsrates Vorschub leisten werden[1183], bei dem die Voraussetzungen des Art. 39 ChVN vernachlässigt zu werden drohen[1184], ja es auf sie letztlich nicht ankommt. Die Bezugnahme auf Kapitel VII ChVN ist jedenfalls bei Art. 16 fehl am Platz – friedensbedrohend wäre hier nämlich allenfalls die drohende Verfolgung durch den Strafgerichtshof. Da Maßnahmen nach Kapitel VII ChVN der Erhaltung oder Wiederherstellung des Friedens dienen müssen, kommt jedoch in Art. 13 zum Ausdruck, dass die Begehung bzw. Nichtverfolgung der in Art. 5 des Statuts genannten Verbrechen („*(a) The crime of genocide, (b) Crimes against humanity, (c) War crimes, (d) The crime of aggression*") nach dem Verständnis des Statuts und der zahlreichen ihm beigetretenen Staaten als friedensbedrohend angesehen werden[1185].

Der Sicherheitsrat hat von der Ermächtigung des Art. 16 mit SCR 1422 (2002) und 1487 (2003) für Personal einer „*United Nations established or authorized operation*" eines Nichtmitgliedstaates des Statuts, Gebrauch gemacht. Dabei legt der Sicherheitsrat Wert auf die Feststellung, dass er im Rahmen seiner Maßnahmen im Interesse der Wiederherstellung und Sicherung des Weltfriedens und der internationalen Sicherheit tätig werde, und dass es gelte, die Bereitstellung von Personal für solche Maßnahmen zu erleichtern. Die Feststellung einer der Tatbestandvoraussetzungen des Art. 39 ChVN enthalten die Resolutionen nicht.

Democratic Development (http://www.ichrdd.ca) heißt es dazu: „This provision, originally proposed by Singapore, was a compromise between the option of requiring Security Council approval for any case to come within the jurisdiction of the Court, and the option of not allowing any interference by the Security Council. The former option would have drastically limited the number of cases handled by the Court because of the ability of any one of the Permanent Five Members to veto a decision to refer a situation to the ICC. The Singapore proposal, in contrast, turns the veto power around so that all P-5 members must agree (or abstain from a vote) in order to defer an investigation ...".

1183 S. dazu bereits oben S. 115 ff. zu SCR 713 (1991) – Jugoslawien – und S. 186 zu SCR 1101 (1997) – Albanien.

1184 Vgl. als Beispiel in diese Richtung SCR 1411 (2002), SCR 1422 (2002) – Strafgerichtshöfe Jugoslawien und Ruanda.

1185 Diese Auslegung wird gestützt durch den zweiten und dritten Absatz der Präambel des Statuts: „Mindful that during this century millions of children, women and men have been victims of unimaginable atrocities that deeply shock the conscience of humanity, Recognizing that such grave crimes threaten the peace, security and well-being of the world".

c. *Fehlen einer Regierung/Staatsgewalt*

aa. Die Praxis des Sicherheitsrates

In SCR 897 (1994), 923 (1994) und 954 (1994) hat der Sicherheitsrat das Fehlen einer Regierung in **Somalia** als (auch) handlungsauslösend für ein Handeln nach Kapitel VII ChVN angesehen, ausdrücklich jedoch als unabhängigen Faktor für ein Handeln neben dem Vorliegen einer Friedensbedrohung bezeichnet[1186]. Außer im Falle Somalias hat der Umstand des Fehlens einer effektiven Regierung sicher noch im Falle **Albaniens, Liberias** und **Afghanistans**[1187] eine Rolle gespielt, auch wenn dies in den Resolutionen nicht ausdrücklich ausgesprochen wurde.

bb. Bewertung

Wie im Falle der Zustimmung des betroffenen Staates hat der Sicherheitsrat in den genannten Fällen erst nach Feststellung einer Friedensbedrohung eingegriffen. Die Friedensbedrohung bestand jedoch nicht in dem Fehlen einer effektiven Staatsgewalt alleine[1188].

Wie im Fall der Zustimmung zum Eingreifen wird dem Sicherheitsrat ein Eingreifen durch das Fehlen einer effektiven Staatsgewalt gegen Bedenken einiger Mitgliedstaaten im Hinblick auf Art. 2 (7) ChVN bei der Annahme einer Friedensbedrohung allein wegen der humanitären Zustände innerhalb eines Staates erleichtert; als (alleinige) Begründung für ein Eingreifen reicht es jedoch nicht aus. Dies erklärt auch, dass sich der Sicherheitsrat in seiner bisherigen Praxis bei der Feststellung einer Friedensbedrohung nur im Falle Somalias (und dort nicht bei seinen entscheidenden Resolutionen 733 (1992) und 794 (1992)) auf das Fehlen einer Regierung berufen hat.

d. *Nichtanerkennung des Ergebnisses demokratischer Wahlen/fehlende Wiedereinsetzung eines demokratisch gewählten Regimes/Nichtdurchführung demokratischer Wahlen*

aa. Die Praxis des Sicherheitsrates

Die Durchführung freier Wahlen in **Südrhodesien** war erklärtes Ziel des Sicherheitsrates im Rahmen seiner Befassung mit diesem Konflikt. Das Recht der

---

[1186] Zum Wortlaut siehe oben S. 158. A.A: *Herdegen*, S. 1, für den der Wegfall effektiver Staatsgewalt in Somalia allein maßnahmeauslösend war.

[1187] Vgl. *Fischer*, VN 2002, S. 27.

[1188] Zu der These einer suspendierten Souveränität oder einer vermuteten Zustimmung des betroffenen Staates im Sinne einer Notgeschäftsführung eingehend und überzeugend *A. Stein*, S. 255 ff., ebenso *Herdegen*, 1995, S. 116.

Einwohner Südrhodesiens darauf folgt dabei nach Ansicht des Sicherheitsrates aus dem Recht auf Selbstbestimmung[1189], das für das Verständnis der Behandlung der Südrhodesien-Frage durch den Sicherheitsrat von entscheidender Bedeutung ist. In SCR 423 (1978) bezeichnet er den Fortbestand des „illegal régime" in Südrhodesien als Friedensbedrohung[1190].

Ähnliches gilt für die Situation im Inneren **Südafrikas**[1191] und in **Namibia**[1192]. SCR 556 (1984) enthält – ohne allerdings eine Friedensbedrohung festzustellen – in diesem Zusammenhang eine Bezugnahme auf Art. 21 der Allgemeinen Erklärung der Menschenrechte[1193].

Wesentlicher Grund für das Eingreifen des Sicherheitsrates in den Konflikt in **Angola** war die Nichtdurchführung des Acordos da Paz, aufgrund dessen bereits von den Vereinten Nationen als „generally free and fair" bezeichnete Wahlen in Angola stattgefunden hatten, deren Ergebnis die UNITA nicht akzeptierte. Die Nichtanerkennung der Wahlen lag dem Wiederaufflammen des Bürgerkrieges zugrunde. In SCR 785 (1992) rief der Sicherheitsrat noch zur Anerkennung des Wahlergebnisses auf[1194], in SCR 804 (1993)[1195] „verurteilt" er die UNITA u.a. wegen der Nichtanerkennung des Wahlergebnisses, in SCR 811 (1993) „verlangt" er von der UNITA die Anerkennung des Ergebnisses[1196]. In SCR 851 (1993) wiederholt er dieses Verlangen[1197]. Die Nichterfüllung des auch in SCR 864

1189 SCR 328 (1973) – 9. op. para.; SCR 460 (1979) – 4. pr. para.; SCR 423 (1978) – 3. – 5. op. para.

1190 2. pr. para.

1191 SCR 554 (1984) – 4. op. para. und SCR 556 (1984) – 4. op. para. – beide lauten: „solemnly declares that only the total eradication of apartheid and the establishment of a non-racial democratic society based on majority rule, through the full and free exercise of universal adult suffrage ... can lead to a just and lasting solution of the explosive situation in South Africa". Beide Resolutionen enthalten keine Feststellung einer Friedensbedrohung. SCR 581 (1986) greift diese Formulierung wörtlich auf, verbindet sie jedoch mit einem an Südafrika gerichteten entsprechenden Verlangen („demand") – 7. op. para.; SCR 473 (1980) – 4. op. para.; SCR 772 (1992) – 9. op. para.

1192 SCR 385 (1976) – 7. op. para.

1193 In SCR 591 (1986) heißt es im 6. pr. para.: „reaffirming its recognition of the legitimacy of the struggle of the South African people for the eleimination of apartheid and the establishment of a democratic society in accordance with their inalienable human and political rights as set forth in the Charter of the United Nations and the Universal Declaration of Human Rights".

1194 „call upon" im 6. op. para.

1195 2. op. para.

1196 2. op. para.

1197 4. op. para.

(1993)[1198] wiederholten Verlangens fließt letztlich in die Feststellung der Friedensbedrohung in dieser Resolution[1199] mit ein.

Ähnlich liegt der Fall in **Liberia**. Das Einschreiten des Sicherheitsrates in diesen Konflikt beruht nicht zuletzt auf der Missachtung des IV. Abkommens von Yamoussoukro, das u.a. die Abhaltung freier Wahlen in Liberia vorsah. Im Unterschied zu Angola hatten die Wahlen in Liberia nur noch nicht stattgefunden[1200].

Bei den Konflikten in Haiti, in der Zentralafrikanischen Republik und in Sierra Leone stand die Unterstützung bzw. Wiedereinsetzung eines demokratisch gewählten Regimes eindeutig im Vordergrund des Handelns des Sicherheitsrates:

Beginnend mit SCR 841 (1993)[1201] über die Erklärungen des Ratspräsidenten vom 25.10.1993[1202], 30.10.1993[1203] und 15.11.1993[1204], sowie SCR 917 (1994)[1205] und SCR 940 (1994)[1206] zieht sich das Ziel der Wiedereinsetzung der unter Aufsicht der Vereinten Nationen demokratisch legitimierten Regierung wie ein roter Faden durch die Entscheidungen des Sicherheitsrates zum **Haiti**-Konflikt. Dieses Ziel liegt der erstmaligen Feststellung einer Friedensbedrohung in SCR 841 (1993) wesentlich zugrunde. Der Sicherheitsrat hat jedoch im Rahmen der Befassung mit dem Konflikt in Haiti mehrfach dessen Besonderheit hervorgehoben und betont, dass dies keinen Präzedenzfall darstellen solle[1207].

Dennoch weist die Behandlung des Konfliktes in **Sierra Leone** Parallelen zu dem Haiti-Konflikt auf. Diesmal wird jedoch die Situation an keiner Stelle als „außergewöhnlich" eingestuft. Wie im Fall Haitis wird ein Öl- und Waffenembargo gegen Sierra Leone verhängt. Im ersten op.para. der Resolution 1132 (1997) verlangt der Sicherheitsrat von der Militärjunta die Wiedereinsetzung der demokratisch gewählten Regierung. Die Debatte vor Verabschiedung der Resolution war deutlich von diesem Aspekt geprägt[1208], und man wird davon ausgehen können, dass er der Feststellung der Friedensbedrohung wesentlich zugrundelag.

1198 6. op. para.
1199 Teil B, 4. pr. para.
1200 Vgl. die Darstellung des Konfliktes oben S. 141 ff.
1201 Siehe dazu oben S. 162.
1202 S/26633.
1203 S/26668.
1204 S/26747.
1205 10. pr. para.
1206 8. pr. para.
1207 Siehe oben S. 163.
1208 Siehe dazu oben S. 189, FN 930.

Die Resolutionen des Sicherheitsrates zur Krise in der **Zentralafrikanischen Republik** lassen wenig Rückschlüsse auf den Grund der Feststellung einer Friedensbedrohung zu. Es kann jedoch davon ausgegangen werden, dass die Tatsache, dass es sich bei der in Bedrängnis geratenen Regierung um eine demokratisch gewählte Regierung handelte, wesentlich zu dem Entschluss des Sicherheitsrates beigetragen hat, nach Kapitel VII ChVN zur Unterstützung der MISAB beizutragen.

bb. Bewertung

Es ist zweifelhaft, ob der Sicherheitsrat in den Fällen Haiti, Sierra Leone und im Fall der Zentralafrikanischen Republik tätig geworden wäre, wenn der dargestellte Aspekt nicht hätte berücksichtigt werden können.

Das Tätigwerden des Sicherheitsrates insbesondere im Fall Haitis hat nach Auffassung ihrer Anhänger der Theorie eines völkerrechtlichen „Rechtes auf Demokratie" Vorschub geleistet[1209]. Das Bestehen eines solchen Rechtes ist jedoch äußerst zweifelhaft. Es ist allenfalls im Entstehen begriffen[1210]. Aus der Versagung einer demokratischen Regierungsform allein eine Rechtfertigung zum Eingreifen nach Kapitel VII ChVN abzuleiten geht – auch unter Berücksichtigung der höheren „Konfliktträchtigkeit" undemokratischer Regimes[1211] (die auch der Sicherheitsrat erkennt[1212]) – nach geltendem Völkerrecht, auch bei Annahme eines positiven Friedensbegriffs, zu weit[1213].

1209 Vgl. zu dem Recht auf Demokratie grundlegend (und *bejahend*) insbesondere *Franck*, 1992 I, S. 46 ff.; *Cerna*, S. 289 ff.; *Reisman*, 1995, 795 ff.; vgl. auch *Lang*, S. 195 ff. und *A. Stein*, S. 283 ff. (*ablehnend*); nach *Ermacora*, zu Art. 2 (7), Rdnr. 40, in: *Simma* (Hrsg.), Charta und zu Art. 2 (7), Rdnr. 35, in: *Simma* (Hrsg.), Charter, ist der einzige sichere Bestandteil an Angelegenheiten der domestic jurisdiction das Regierungssystem eines Staates sofern (!) es sich durch das Selbstsbestimmungsrecht der in seinem Territorium lebenden Völker, eine repräsentative Regierung und die Achtung der Menschenrechte legitimieren kann. Vgl. auch *Nolte*, zu Art. 2 (7) ChVN, Rdnr. 62 f., in: *Simma* (Hrsg.), Charter, 2. Aufl.

1210 Vgl. *Herdegen*, S. 16; kritisch auch *Farer*, S. 51, und *Gordon*, 1996, S. 53.

1211 Dazu *A. Stein*, S. 291 ff.; *Lang*, S. 196 f. unter Berufung auf Kant; *Reisman*, 1995, S. 804; *Farer*, S. 51 ff., *Tomuschat*, 1992, S. 83, der nach der Schwere des Eingriffs differenzieren will; *Czempiel*, S. 87. Differenzierend: *Farer*, S. 51 ff.; *Annan*, S. 25; vgl. aber auch den Sieg fundamentalistischer Kräfte bei den Wahlen in Algerien – dazu *Isensee*, S. 429.

1212 SCR 1327 (2000), Ziff. V, 1. Absatz: „Emphasizes that the biggest deterrent to violent conflict is addressing the root causes of conflict, including through the promotion of sustainable development and a democratic society based on a strong rule of law and civic institutions, including adherence to all human rigths – civil, political, economic, social and cultural."; vgl. auch SCR 1345 (2001) – 11. op. para. – ehemaliges Jugoslawien.

1213 Siehe auch oben S. 35 ff. und S. 241, FN 1209, zum „domaine réservé". Vgl. eingehend *A. Stein*, S. 285 ff. m.z.w.N.; *T. Stein*, 1992, S. 78; *Frowein*, 1992, S. 94; *Frowein/Krisch*, zu Art. 39 ChVN, Rdnr. 22, in: *Simma* (Hrsg.), Charter, 2. Aufl., die die Maßnahmen des

e. *Flüchtlinge*

aa. Die Praxis des Sicherheitsrates

Flüchtlingsbewegungen sind zwar überwiegend grenzüberschreitend, zeitigen aber nicht immer die Gefahr bewaffneter zwischenstaatlicher Konflikte.

Der Sicherheitsrat hat dementsprechend in SCR 688 (1991) (Kurden im **Nordirak**) nicht allein den durch die Unterdrückung der Zivilbevölkerung hervorgerufenen massiven Flüchtlingsstrom, sondern die grenzüberschreitenden Einfälle als Friedensbedrohung bezeichnet[1214].

In SCR 814 (1993) nimmt der Sicherheitsrat zwar Bezug auf die Flüchtlinge in den Nachbarländern **Somalias**, allerdings nur im Zusammenhang mit dem Dank, den er diesen Ländern ausspricht und in Anerkennung der dadurch verursachten internen Schwierigkeiten[1215]. Grenzüberschreitende flüchtlingsbedingte Konflikte oder die Gefahr derselben spricht der Sicherheitsrat nicht an. Zwar ist in SCR 954 (1994)[1216] von den Auswirkungen der Flüchtlingsströme auf die Nachbarstaaten die Rede, der Schwerpunkt der Resolution liegt jedoch eindeutig auf der internen Situation in Somalia. Tatsächlich drohte zu keinem Zeitpunkt ein militärisches Einschreiten der Nachbarstaaten in den inner-somalischen Konflikt. Die zentralen Resolutionen des Somalia-Konfliktes, SCR 733 (1992) und SCR 794 (1992), nehmen keinen Bezug auf Flüchtlingsbewegungen, obwohl es von Anfang an solche Bewegungen gab[1217].

Die Flüchtlingsfrage hat bei der Behandlung des **Haiti**-Konfliktes eine Rolle gespielt. Wie bereits beschrieben[1218], standen die inner-haitianischen Probleme jedoch im Vordergrund. In SCR 940 (1994) spricht der Sicherheitsrat die verzweifelte Lage der haitianischen Flüchtlinge und damit deren persönliches Schicksal an und nicht die dadurch hervorgerufene Gefahr militärischer Auseinandersetzungen zwischen Haiti und seinen Nachbarstaaten, der Dominikani-

---

Sicherheitsrates in Haiti und Sierra Leone aus anderen Gründen rechtfertigen; *Rubin*, 1992, S. 60, 65, 100; *Nass*, EA 1993, weist auf S. 281 und 286 darauf hin, dass Demokratie als Rechtsform für zahlreiche afrikanische Staaten nicht geeignet zu sein braucht; ebenso *Rubin*, 1992, S. 100. Auch *Reisman*, 1995, S. 804, äußert diese Bedenken: „As in Algeria, it is hard to determine the right thing to do when the government about to be brought to power through a democratic election espouses a manifest program to violate fundamental human rights."

1214 SCR 688 (1991) – 3. pr. para.

1215 15. pr. para.

1216 17. pr. para.

1217 SCR 733 (1992) enthält einen Hinweis auf die Auswirkungen auf die Region, ohne diese jedoch näher zu konkretisieren.

1218 Siehe oben S. 164.

schen Republik und den USA. Tatsächlich bestand eine solche Gefahr zu keinem Zeitpunkt.

SCR 1101 (1997) enthält keinen Hinweis auf die Flüchtlingsbewegungen infolge der Krise in **Albanien**. Zwar haben diese bei Erlass der Resolution eine Rolle gespielt, die Gefahr einer bewaffneten Auseinandersetzung Albaniens mit seinen Nachbarstaaten bestand jedoch zu keinem Zeitpunkt.

Der Konflikt in **Ruanda** war von Beginn an durch große Flüchtlingsbewegungen gekennzeichnet. Der Sicherheitsrat sprach diese internationale Auswirkung in SCR 912 (1994) an und stützte die Feststellung der Friedensbedrohung in SCR 918 (1994) u.a. auch darauf, ohne dabei eine gesteigerte Gefahr grenzüberschreitender militärischer Auseinandersetzungen zu betonen. Die Feststellung der Friedensbedrohung in SCR 929 (1994) und 955 (1994) beruht jedoch ausschließlich auf den Vorgängen innerhalb Ruandas[1219].

Zwar hat der Sicherheitsrat in SCR 713 (1991) die Auswirkungen auf Nachbarländer betont[1220]. SCR 713 (1991) sowie die darauf Bezug nehmenden Folgeresolutionen SCR 721 (1991) und 743 (1992) sehen den Konflikt in **Jugoslawien** jedoch noch als reinen Bürgerkrieg innerhalb des jugoslawischen Gesamtstaates an. Die von einigen Mitgliedstaaten im Sicherheitsrat geäußerten Befürchtungen vor einer Ausweitung des Konfliktes[1221] waren nicht notwendig mit der Flüchtlingsfrage verbunden, sondern können ihre Ursache auch in der ethnischen Gemengelage auf dem Balkan gehabt haben. In den Jahren seit Beendigung der bewaffneten Auseinandersetzungen erlangt die Flüchtlingsfrage im Zusammenhang mit der Rückkehr der Flüchtlinge, insbesondere auch in Gebiete, in denen sie zur Gruppe der ethnischen Minderheit zählen, neue Bedeutung[1222].

In SCR 1132 (1997) spricht der Sicherheitsrat die wirtschaftlichen und sozialen Konsequenzen der Flüchtlinge für die Nachbarstaaten **Sierra Leones** an und bittet andere internationale Organisationen und Finanzinstitutionen um Mithilfe bei deren Bewältigung[1223]. Die Gefahr grenzüberschreitender militärischer Auseinandersetzungen ist wiederum nicht Gegenstand der Resolution.

Zwei Erklärungen des Ratspräsidenten zum Krieg in **Afghanistan**[1224] enthalten folgende Passage:

[1219] Vgl. dazu oben S. 224.

[1220] 3. pr. para.

[1221] Vgl. oben S. 116, FN 524.

[1222] Vgl. SCR 1423 (2002), 9. pr. para.

[1223] 15. op. para.

[1224] Vom 06.04.1998 (S/PRST/1998/9) und 14.07.1998 (S/PRST/1998/22).

„... grave concern at the continued Afghan war, which is a serious threat to international peace and security, and causes extensive suffering, further destruction, refugee flows and other forcible displacement of large numbers of people"

– die Flüchtlingsströme werden neben der Friedensbedrohung angesprochen und nicht als Teil derselben. Eine ähnliche Formulierung enthält SCR 1193 (1998)[1225].

In SCR 1199 (1998) zur Situation im **Kosovo** spricht der Sicherheitsrat das Flüchtlingsproblem an[1226], das sicher wesentlicher Teil der „*impending humanitarian catastrophe*"[1227] im Kosovo ist. Dabei steht das Leid der Flüchtlinge und nicht die Gefahr grenzüberschreitender militärischer Auseinandersetzungen im Vordergrund.

In der nicht konfliktbezogenen Resolution 1296 (2000) schließlich heißt es[1228]:

> *„Invites the Secretary-General to bring to its attention situations where refugees and internally displaced persons are vulnerable to the threat of harassment or where their camps are vulnerable to infiltration by armed elements and where such situations may constitute a threat to international peace and security."*

bb. Bewertung

Der Sicherheitsrat hat in zahlreichen Resolutionen die Flüchtlingsproblematik angesprochen. Er hat dabei das Vorhandensein von Flüchtlingsströmen nicht direkt als Friedensbedrohung bezeichnet, sondern allenfalls (z.B. in SCR 688 (1991)) dessen Folgen. Das Flüchtlingsproblem ist allerdings häufig ein wesentlicher Aspekt bei der Feststellung der Friedensbedrohung, und zwar wegen der Lage der Flüchtlinge und der wirtschaftlichen und sozialen Situation der Nachbarstaaten infolge der Flüchtlingsströme und nicht wegen der gesteigerten Gefahr grenzüberschreitender militärischer Gewaltanwendung.

f. Tätigwerden des Sicherheitsrates zum Schutz des Einzelnen

aa. Schwere Menschenrechtsverletzungen

Nur bei wenigen Konflikten haben Menschenrechtsverletzungen und/oder Verletzungen des humanitären Völkerrechts keine Rolle für ein Tätigwerden des

---

1225 Siehe oben S. 196.

1226 7. und 8. pr. para.

1227 10. pr. para.

1228 Im 14. op. para.

Sicherheitsrates und die Feststellung einer Friedensbedrohung gespielt[1229]. Im Gegenteil:

In SCR 253 (1968) verurteilt der Sicherheitsrat Verletzungen der Grundrechte und Grundfreiheiten des südrhodesischen Volkes[1230] und stellt sie zusammen mit dem Recht auf Selbstbestimmung in unmittelbaren Zusammenhang mit der Feststellung der Friedensbedrohung. Die Resolutionen des Sicherheitsrates zum Konflikt in **Südrhodesien** sind getragen von dem Bestreben der Ablösung des „illegal racist minority regime" in Salisbury (heute: Harare). Zusammen mit dem Selbstbestimmungsrecht ist dieses Ziel Grund für die Feststellung einer Friedensbedrohung in diesem Konflikt[1231].

Im Fall des Konfliktes in **Südafrika** hat der Sicherheitsrat zwar vermieden, das Apartheid-System als solches als Friedensbedrohung zu bezeichnen. Tatsächlich liegt seine Existenz jedoch den auf der Grundlage von Kapitel VII ChVN erlassenen Resolutionen zugrunde. So hat der Sicherheitsrat verschiedentlich festgestellt, dass das System der Apartheid ein Verbrechen gegen die Menschlichkeit[1232] und Ursache der Gewalt in und um Südafrika sei[1233]. Da der Sicherheitsrat jedoch die Gewalt als friedensbedrohend ansieht, ist deren Ursache nicht notwendig selbst eine Bedrohung des Friedens. Die z.T. sehr umfangreichen Ausführungen des Sicherheitsrates zur Apartheid-Politik in den einschlägigen Resolutionen lassen jedoch darauf schließen, dass letztlich dieser Aspekt entscheidend für ein Tätigwerden des Sicherheitsrates und für die Feststellung einer Friedensbedrohung war[1234]. Aus politischen Gründen wurde dieser Zusammenhang jedoch verschleiert.

In SCR 787 (1992) – **Jugoslawien** – nimmt der Sicherheitsrat Bezug auf einen Bericht des von der UN-Menschenrechtskommission ernannten Sonderberichterstatters, aus dem hervorgeht

---

1229 Zypern – siehe oben S. 100 ff., israelische Angriffe auf Tunis und den Irak – siehe oben S. 101 und 215, Irak – Kuwait – siehe oben S. 101 ff., Lockerbie siehe oben S. 145 ff., Attentatsversuch Mubarak – siehe oben S. 168 ff., Zentralafrikanische Republik – siehe oben S. 186 ff.

1230 1. op. para., 6. pr. para.

1231 Siehe oben S. 72 ff.

1232 SCR 392 (1976) – 3. op. para. (ohne Friedensbedrohung); SCR 473 (1980); SCR 556 (1984); vgl. auch Art. 1 der Apartheid – Konvention (siehe oben S. 85, FN 376), in der die Apartheid als Verbrechen gegen die Menschlichkeit bezeichnet wird – diese Einstufung war jedoch umstritten, vgl. *Boutros-Ghali*, Apartheid, S. 38.

1233 SCR 569 (1985), SCR 580 (1985).

1234 Vgl. dazu die Darstellung der Resolutionen zum Konflikt in Südafrika oben S. 82 ff.; vgl. auch *Ramcharan*, S. 26, 29.

„that massive and systematic violations of human rights and grave violations of international humanitarian law continue in the Republic of Bosnia and Herzegovina“[1235].

In SCR 940 (1994)[1236] zeigt sich der Sicherheitsrat im Rahmen der Beschreibung der friedensbedrohenden Situation ernstlich besorgt über die systematischen Grundrechtsverletzungen durch das illegale De-facto-Regime in **Haiti**.

In SCR 1072 (1996) – **Burundi** – sieht er die Friedensbedrohung unmittelbar in der humanitären Situation in Burundi, die gekennzeichnet ist von *„killings, massacres, torture and arbitrary detention*“[1237].

Der Sicherheitsrat nimmt teilweise ausdrücklich auf die (nicht bindende) Allgemeine Erklärung der Menschenrechte Bezug[1238].

bb. Verstöße gegen humanitäres Völkerrecht

Sehr viel häufiger als auf Menschenrechtsverletzungen stützt sich der Sicherheitsrat auf Verletzungen des humanitären Völkerrechts[1239], z.T. (wie in SCR 787 (1992) oder SCR 1296 (2000)) auf beides[1240]. Dies ist wohl darauf zurückzuführen, dass so eine einstimmige Verabschiedung einer Resolution leichter zu erreichen ist[1241].

1235 9. pr. para.

1236 4. pr. para.

1237 3. pr. para.

1238 Ohne Feststellung einer Friedensbedrohung, aber konkludent nach Kapitel VII ChVN: SCR 246 (1968), 276 (1970), 366 (1974) und 385 (1976) – Namibia, SCR 556 (1984), 591(1986), Erklärung des Ratspräsidenten vom 16.04.1987 – Südafrika (S/18808), SCR 605 (1987) – Nahost.

1239 SCR 688 (1991) – Kurden; vor allem zahlreiche Resolutionen zum Konflikt im ehemaligen Jugoslawien – vgl. oben S. 133, FN 608; SCR 864 (1993) – Angola; SCR 788 (1992) – Liberia; SCR 794 (1992) – Somalia; SCR 876 (1993) – Georgien; SCR 918 (1994), 929 (1994) – Ruanda; SCR 1072 (1996) – Burundi; SCR 1199 (1998) – Kosovo; zur Unterscheidung zwischen Menschenrechtsverletzungen und Verletzungen des humanitären Völkerrechts *A. Stein*, S. 5 ff., der unter Verweis auf Art. 60 Absatz 5 WÜV auf Bemühungen um einen einheitlichen Oberbegriff hinweist. Zur Annäherung des humanitären Völkerrechts im Krieg und im Bürgerkrieg vgl. das Zitat aus dem Tadic-Urteil unten S. 252, FN 1282.

1240 Zur zunehmenden Vermischung von „human rights law“ und „humanitarian law“ in der Praxis vgl. *Schindler*, S. 689 ff.

1241 Vgl. oben S. 120 zu SCR 770 (1992) und 771 (1992) – beide ehemaliges Jugoslawien; *Endemann*, S. 239.

In einigen Resolutionen nimmt er dabei ausdrücklich Bezug auf die beiden Genfer Konventionen vom 12.08.1949[1242]. So insbesondere im Nahostkonflikt, dort allerdings nicht im Zusammenhang mit der ausdrücklichen Verwendung des Friedensbedrohungsbegriffes[1243].

In den Resolutionen 808 (1993) und 827 (1993) beispielsweise – beide ehemaliges **Jugoslawien** – bezeichnet er die durch die Verletzungen des humanitären Völkerrechts beschriebenen Situationen als Friedensbedrohung. In beiden Resolutionen bezieht er sich in diesem Zusammenhang ausdrücklich auf die Praxis der ethnischen Säuberungen[1244]. In SCR 771 (1992) nimmt der Sicherheitsrat ausschließlich Verletzungen des humanitären Völkerrechts zum Anlass für ein Handeln nach Kapitel VII ChVN[1245].

In Jugoslawien und **Ruanda** setzt der Sicherheitsrat ein Gericht zur Verfolgung von Verletzungen des humanitären Völkerrechts ein. Wie schon SCR 808 (1993) – Jugoslawien – beruht auch SCR 955 (1994) – Ruanda – und die darin festgestellte Friedensbedrohung auf den Verstößen gegen das humanitäre Völkerrecht.

In der nicht konfliktbezogenen Resolution 1296 (2000) heißt es schließlich[1246]:

> *„Notes that the deliberate targeting of civilian populations or other protected persons and the committing of systematic, flagrant and widespread violations of international humanitarian and human rights law in situations of armed conflict may constitute a threat to international peace and security, ...".*

cc. Humanitäre Situation/Leiden der Zivilbevölkerung

Der Sicherheitsrat hat die Feststellung der Friedensbedrohung in einigen Resolutionen (bzw. Erklärungen des Ratspräsidenten) auf die schlechte humanitäre Situation bzw. das Leiden der Zivilbevölkerung gestützt[1247]. Die Resolutionen

---

1242 Z.B. SCR 808 (1993), 771 (1992), 941 (1994) – alle Jugoslawien; ohne Feststellung einer Friedensbedrohung: SCR 473 (1980) – Südafrika, SCR 764 (1992), 941 (1994) – beide Jugoslawien.

1243 Eine tabellarische Übersicht der Resolutionen des Nahostkonflikts, die sich mit der Umsetzung der Genfer Konventionen beschäftigen enthält *Bailey*, 1994, S. 76; vgl. oben S. 72, FN 304. Die Resolutionen enthalten zum Teil die ausdrückliche Feststellung, dass Israel gegen die Genfer Konventionen verstößt – vgl. nur SCR 605 (1987).

1244 Ebenso in SCR 771 (1992), 819 (1993), 820 (1993), 836 (1993), 941 (1994)

1245 Siehe oben S. 121.

1246 Im 5. op. para.; die Passage wird – erweitert um Kinder als „Zielgruppe" – wiederholt in SCR 1314 (2000).

1247 SCR 1072 (1996) – 3. pr. para. – Burundi; SCR 1078 (1996) – letzter pr. para. -Zaire; SCR 918 (1994) – letzter pr. para., 929 (1994) – letzter pr. para. – beide Ruanda; SCR 841 (1993) – 9. pr. para. – Haiti; SCR 746 (1992), 751 (1992) – 6. pr. para., 767 –

enthalten sehr konkrete Beschreibungen der jeweils friedensbedrohenden Situation[1248]. Der Sicherheitsrat verwendet dabei zunehmend den Begriff der „humanitarian crisis“, in der er Ursache und Wirkung von Konflikten sieht[1249].

In anderen Fällen ergibt sich aus dem Zusammenhang der Resolution, dass die Verschlechterung der humanitären Situation bzw. das Leiden der Zivilbevölkerung der Feststellung einer Friedensbedrohung zugrundelag[1250].

Dass die Konflikte in **Somalia, Ruanda, Albanien** und **Afghanistan** dieser Kategorie unterfallen, ist bemerkenswert im Hinblick auf das dortige Fehlen einer effektiven Staatsgewalt[1251], von der Menschenrechtsverletzungen hätten ausgehen können.

dd. Behinderung humanitärer Hilfslieferungen/Angriffe auf UN-Personal

In einigen Fällen stellten Behinderungen humanitärer Hilfslieferungen einen Aspekt bei der Feststellung einer Friedensbedrohung bzw. einem Handeln auf der Grundlage von Kapitel VII ChVN dar. Dies gilt insbesondere für die Konflikte in **Jugoslawien, Angola, Liberia, Somalia** und **Haiti**. Die Behinderung humanitärer Hilfslieferungen war jedoch in keinem der untersuchten Konflikte allein ausschlaggebend.[1252]

---

7. pr. para., 775 (1992) – 6. pr. para., 794 (1992) – 3. pr. para. – alle Somalia; SCR 1199 (1998) – 10. pr. para., 1. u. 2. op. para. – Kosovo; Erklärung des Ratspräsidenten vom 26.02.1993 betreffend die Agenda for Peace (S/25344).

1248 Vgl. z.B. SCR 1078 (1996), vorletzter pr. para.: „the magnitude of the present humanitarian crisis in eastern Zaire constitutes a threat to peace and security in the region“; SCR 929 (1994), vorl. pr. para.: „the magnitude of the humanitarian crisis in Rwanda constitutes a threat to peace and security in the region“; SCR 794 (1992), 3. pr. para.: „the magnitude of the human tragedy caused by the conflict in Somalia, further exacerbated by the obstacles being created to the distribution of humanitarian assistance, constitutes a threat to international peace and security“.

1249 Vgl. nur die Erklärung des Ratspräsidenten vom 23.03.2000 (S/PRST/2000/10).

1250 SCR 864 (1993)- 3. pr. para. – Angola; SCR 876 (1993) – vorletzter pr. para. – Georgien; SCR 1101 (1997) – letzter pr. para., 2. u. 4. op. para. – Albanien; SCR 1132 (1997) – 8. pr. para. – Sierra Leone. In diesem Zusammenhang fällt auch SCR 1193 (1998) zum Bürgerkrieg in Afghanistan auf, in deren 4. pr. para. das „extensive human suffering“ nicht als Grund der Feststellung der Friedensbedrohung, sondern als zusätzlicher Faktor neben der Friedensbedrohung genannt wird Die Erklärung des Ratspräsidenten vom 16.12.1997 (S/PRST/1997/55) enthält mit einer anderen Satzstellung dieselbe Aussage.

1251 Siehe dazu oben S. 238.

1252 Soweit *A. Stein*, S. 250, auf die Möglichkeit hinweist, dass die internationale Gemeinschaft es selbst in der Hand habe, einen Bürgerkrieg in einen internationalen Konflikt zu verwandeln, wenn man die Behinderung humanitärer Hilfslieferungen als Friedensbedrohung ansehe, übersieht er, dass die VN humanitäre Unterstützung außerhalb des Kapitels VII ChVN nicht ohne Zustimmung des betroffenen Staates leisten kann.

In der nicht konfliktbezogenen Resolution 1296 (2000) heißt es[1253]:

> „... *invites States and the Secretary-General to bring to its attention information regarding the deliberate denial of such access [of humanitarian personnel to civilians in armed conflicts] in violation of international law, where such denial may constitute a threat to international peace and security.*"

In Anbetracht der steigenden Zahl von Peacekeeping- und sonstigen Einsätzen der Vereinten Nationen vor allem in Bürgerkriegssituationen u.a. zur Sicherung von Hilfstransporten ist die Bedrohung des dabei eingesetzten Personals immer häufiger ein Faktor für die Feststellung einer Friedensbedrohung und die Anwendung von Maßnahmen nach Kapitel VII ChVN. Die Behinderung der humanitären Hilfslieferungen und der Schutz des dabei eingesetzten UN-Personals hängen daher eng zusammen[1254].

So sah sich der Sicherheitsrat im Laufe des Jugoslawien-Konfliktes in einigen Resolutionen dazu veranlasst, ausdrücklich zum Schutze des UNPROFOR-Personals nach Kapitel VII ChVN tätig zu werden[1255].

Auch bei dem ersten Peacekeeping-Einsatz überhaupt, der UNTSO, wird der Schutz deren Personals in Zusammenhang mit dem Friedensbedrohungsbegriff gebracht[1256].

ee. Bewertung

Eine Untersuchung der Praxis des Sicherheitsrates ergibt, dass nach Auffassung des Sicherheitsrates schwere Verletzungen von Menschenrechten und/oder des humanitären Völkerrechts, sowie das Leiden der Zivilbevölkerung alleine ausreichend für die Feststellung einer Friedensbedrohung sein können. Dies ist im Ergebnis mittlerweile unbestritten[1257]. Die in der Erklärung des Ratspräsidenten vom 31.01.1992[1258] enthaltene Ankündigung ist umgesetzt worden.

1253 Im 8. op. para.

1254 Vgl. nur SCR 864 (1993) – Angola; die Resolutionen zum Konflikt in Liberia (oben S. 143, FN 677); SCR 767 (1992), 775 (1992), 794 (1992) und insbesondere (besonders hinsichtlich des Schutzes der UNOSOM II – Soldaten) 837 (1993) – alle Somalia; SCR 770 (1992) und 998 (1995) – beide Jugoslawien.

1255 Vgl. nur SCR 807 (1993), 815 (1993), 908 (1994), 913 (1994) – jeweils letzter pr. para.

1256 SCR 59 (1948).

1257 *Ruffert* bezeichnet dies in seinem Aufsatz aus dem Jahr 2001 auf S. 617 (m.z.w.N.) als „common ground". Vgl. auch *Dinstein*, S. 251 ff.. Die entsprechende Auffassung *Simmas*, 1992 II, S. 179, konnte hingegen im Jahre 1992 noch als durchaus „mutig" und fortschrittlich angesehen werden. Sie wird inzwischen von vielen Autoren geteilt – vgl. dazu die Nachweise zu den einzelnen Konflikten. *Frowein/Krisch*, zu Art. 39 ChVN, Rdnr. 21, in: *Simma* (Hrsg.), Charter, 2. Aufl. verweisen darauf, dass eine wie auch immer geartete Verbindung zu einem bewaffneten Konflikt „or other destabilization of the security of a

g. *Verletzung des Selbstbestimmungsrechts der Völker*

aa. Die Praxis des Sicherheitsrates

Die Verletzung des Selbstbestimmungsrechts hat bei den untersuchten Konflikten ganz wesentlich im Rahmen des **Südrhodesien-**[1259], aber auch des **Südafrika**konflikts[1260] und in jüngerer Zeit im **Ost-Timor**-Konflikt[1261] eine Rolle gespielt. Dabei handelte es sich um Konflikte mit kolonialem Bezug, bei denen Gesichtspunkte grenzüberschreitender Gewaltanwendung nicht im Vordergrund standen.

bb. Bewertung

Nach Auffassung des Sicherheitsrates kann die Verletzung des (erga omnes wirkenden[1262]) Selbstbestimmungsrechtes – jedenfalls im Zusammenhang mit einem Entkolonialisierungsprozess – die Annahme einer Friedensbedrohung rechtfertigen[1263].

h. *Bürgerkrieg/bewaffnete Auseinandersetzungen/Nichtbeachtung eines Waffenstillstandes bzw. Friedensvertrages*

Der Sicherheitsrat hat in verschiedenen Bürgerkriegen die Parteien nach Kapitel VII ChVN zur Einstellung der Kämpfe und zur Einhaltung von Waffenstillständen aufgerufen und das Fortdauern der Kämpfe und das Nichteinhalten des Waffenstillstandes als friedensbedrohend angesehen.

So erfolgte die Feststellung einer Friedensbedrohung in SCR 54 (1948) wegen des Bruches des Waffenstillstandes der am arabisch-**israel**ischen Konflikt beteiligten Parteien vom Juni 1948.

---

country or region“ bestehen muss. Diese Einschränkung hilft in ihrer Pauschalität indes nicht weiter.

[1258] Siehe oben S. 209.

[1259] Siehe oben S. 72 ff.

[1260] Siehe oben S. 82 ff.

[1261] Siehe oben S. 202 ff.

[1262] IGH *East Timor*-Urteil, aaO, S. 102, para. 29.

[1263] So auch *Randelzhofer*, 1993, S. 58 ff., und *Blumenwitz*, S. 707; vgl. zum ganzen auch *Fink*, S. 892 ff.; de *Hoogh* geht zu weit, wenn er auf S. 118 und 121 den Haiti-Konflikt unter diesem Gesichtspunkt einzuordnen scheint – dazu fehlt es an dem unmittelbaren kolonialen Bezug; zum dem Selbstbestimmungsrecht innewohnenden Konfliktpotential vgl. auch *Vollmer*.

Im Rahmen seiner Befassung mit den Konflikten in **Südrhodesien** und **Südafrika** hat der Sicherheitsrat verschiedentlich die Übergriffe auf Nachbarstaaten als friedensbedrohend bezeichnet[1264].

Der Feststellung einer Friedensbedrohung in SCR 353 (1974) und SCR 360 (1974) lagen die bewaffneten Auseinandersetzungen in **Zypern** zugrunde.

Bei SCR 688 (1991) (**Irak**) waren „cross-border incursions" in Verbindung mit den infolge der Menschenrechtsverletzungen entstandenen Flüchtlingsströmen der Grund für die Feststellung einer Friedensbedrohung.

Grenzüberschreitende Zwischenfälle bzw. die Befürchtung einer militärischen Ausweitung des Konfliktes lagen – allerdings weniger deutlich – SCR 788 (1992) und SCR 813 (1993) zu dem Bürgerkrieg in **Liberia**, SCR 1072 (1996) zu dem Konflikt in **Burundi**, SCR 1072 (1996) zu den Auseinandersetzungen in **Zaire** und SCR 713 (1991) zum Konflikt in **Jugoslawien** zugrunde.

Waren in den bisher genannten Fällen stets grenzüberschreitende Gewaltanwendungen bereits erfolgt oder aus der Sicht des Sicherheitsrates zu besorgen, so lagen in den Fällen **Somalia**[1265], **Angola**[1266], **Georgien**[1267], **Sierra Leone**[1268], **Zentralafrikanische Republik**[1269], **Kosovo**[1270] und **Afghanistan**[1271] die gewaltsamen Auseinandersetzungen im Inneren der Länder der Feststellung einer Friedensbedrohung zugrunde.

In den meisten Fällen standen dabei auch humanitäre Gesichtspunkte im Vordergrund. Teilweise waren sie der eigentliche Auslöser des Handelns des Sicherheitsrates, mitunter kamen sie im Laufe des Konfliktes als maßnahmenauslösend hinzu, zum Teil erlangten sie auch eine solche Bedeutung, dass sie alleine ausreichten, um die Annahme einer Friedensbedrohung zu rechtfertigen:

So erfolgte das Tätigwerden des Sicherheitsrates nach Kapitel VII ChVN in Somalia[1272], Georgien[1273] und Jugoslawien[1274] zunächst wegen der dort stattfindenden bewaffneten Auseinandersetzungen und des dadurch verursachten Verlusts

---

1264 Siehe dazu oben S. 82, FN 363 und S. 93 ff. sowie S. 212 f. (zur Verwendung des Begriffes der Angriffshandlung).

1265 SCR 733 (1992).

1266 SCR 864 (1993).

1267 SCR 858 (1993).

1268 SCR 1132 (1997).

1269 SCR 1125 (1997).

1270 SCR 1199 (1998).

1271 SCR 1193 (1998).

1272 SCR 733 (1992).

1273 SCR 858 (1993).

1274 SCR 713 (1991).

an Menschenleben. Erst später kamen humanitäre Gesichtspunkte hinzu, die dann im Falle Somalias und Jugoslawiens in den Vordergrund traten.

Anders verhielt es sich in den Fällen Burundi[1275], Ruanda[1276] und Zaire[1277], in denen von Anfang an die humanitären Aspekte den Anlass für die Feststellung einer Friedensbedrohung und einem Einschreiten des Sicherheitsrates zugunsten einer Beendigung der bewaffneten Auseinandersetzungen gaben.

In einigen Fällen war der Verstoß der Parteien des innerstaatlichen Konfliktes gegen Waffenstillstandsvereinbarungen bzw. Friedensverträge entscheidend für die Feststellung der Friedensbedrohung durch den Sicherheitsrat:

Im Falle **Haitis** nahm die Verletzung des Abkommens von Govenor's Island[1278], im Falle Angolas die Verletzung des Acordos de Paz[1279], im Falle Liberias die Nichteinhaltung des IV. Abkommens von Yamoussoukro[1280] und im Falle der Zentralafrikanischen Republik die Verletzung der Bangui Agreements[1281] einen herausragenden Stellenwert im Hinblick auf die Feststellung einer Friedensbedrohung durch den Sicherheitsrat ein.

Es ist festzustellen, dass es dem Sicherheitsrat für die Frage der Behandlung einer militärischen Auseinandersetzung entgegen Art. 2 (4) ChVN weniger auf die Tatsache der Grenzüberschreitung als auf die Frage der militärischen Gewalt als solcher und den damit verbundenen Verlust an Menschenleben ankommt[1282].

1275 SCR 1072 (1996), allerdings stand in SCR 1049 (1996) die Gewalt im Lande im Vordergrund, ohne jedoch Anlass für die Feststellung einer Friedensbedrohung zu geben.

1276 SCR 918 (1994) – die Resolutionen davor enthalten keine Feststellung einer Friedensbedrohung.

1277 SCR 1078 (1996).

1278 SCR 873 (1993), 4. pr. para.: „... failure to fulfil obligations under the [Govenor's Island] Agreement constitutes a threat to peace and security in the region"; *A. Stein*, S. 294, weist darauf hin, dass dieses Abkommen zwischen zwei (inner-) haitianischen Fraktionen geschlossen wurde und keine völkerrechtlichen Verpflichtungen begründete.

1279 Vgl. die Nachweise oben S. 140, FN 651.

1280 Vgl. oben S. 141 ff.

1281 Vgl. oben S. 186 ff.

1282 Deutlich auch in SCR 1296 (2000) – siehe oben S. 247 und der Erklärung des Ratspräsidenten vom 23.03.2000 (S/PRST/2000/10); *Frowein/Krisch*, zu Art. 39, Rdnr. 7, in *Simma* (Hrsg.), Charter, 2. Aufl.; *Frowein*, 1992, S. 94; *Herdegen*, 1995, S. 116; Urteil des Jugoslawien-Tribunals im Falle Tadic, HRLJ 16 (1995), S. 442, Para. 30, und S. 457 f: „A State-sovereignty oriented approach has been gradually supplanted by a human-being-oriented approach ..." – vgl *Kreß*, 1999, S. 3080; *Bothe*, 1993 II, S. 332, spricht von „De-Stateism" der VN und einer „humanization of the international system, in that the interests to be protected are not so much those of states as of human beings"; *Nolte*, S. 202 ff.; vgl. außerdem die Nachweise bei *A. Stein*, S. 302, FN 10.

So wird im Falle Angolas die UNITA zum Adressaten der Maßnahmen des Sicherheitsrates[1283]. In SCR 713 (1991), der „Eingangsresolution" zum Jugoslawien-Konflikt, misst der Sicherheitsrat den Verlusten an Menschenleben eine hervorgehobene Bedeutung bei der Feststellung einer Friedensbedrohung bei. Dasselbe gilt für SCR 733 (1992) im Falle Somalias. In sämtlichen Fällen wird die Frage der Auswirkungen der Gewalt auf die Zivilbevölkerung angesprochen.

Aus den Resolutionen des Sicherheitsrates wird jedoch nicht ersichtlich, dass er den Anwendungsbereich von Art. 2 (4) ChVN auf interne Konflikte ausgedehnt sehen will[1284].

i. Verstoß gegen vorangegangene Resolutionen des Sicherheitsrates

aa. Die Praxis des Sicherheitsrates

In einer Vielzahl von Konflikten misst der Sicherheitsrat diesem Umstand im Zusammenhang mit der Feststellung einer Friedensbedrohung und dem Handeln nach Kapitel VII ChVN besondere Bedeutung bei. Deutlich wird dies insbesondere im **Haiti**-Konflikt[1285], der Krise in **Ruanda**[1286], im **Kuwait**-Konflikt[1287] und vor allem in den „Terrorismus"-Resolutionen zu den Fällen **Lockerbie**[1288] und **Afghanistan**[1289] und den Resolutionen nach dem Attentat auf den ägyptischen Präsidenten **Mubarak**[1290]. Im Rahmen der für diesen Konflikt geltenden Besonderheiten gilt dies auch für den Nahostkonflikt.

bb. Bewertung

In der Regel sieht der Sicherheitsrat einen Verstoß gegen eine vorangegangene Resolution nur dann als Friedensbedrohung an, wenn jene gem. Art. 25 ChVN bindend ist[1291]. Problematisch sind unter diesem Gesichtspunkt die genannten „Terrorismus"-Resolutionen.

1283 SCR 864 (1993) – vgl. oben S. 135.

1284 Vgl. dazu *Nolte*, S. 201 ff.

1285 SCR 917 (1994).

1286 SCR 1053 (1996).

1287 Vgl. die Folgeresolutionen zu SCR 687 (1991) – vgl. dazu oben S. 113, FN 514. *Nolte* bezeichnet dies in der FAZ vom 11.02.1998 als „grotesk". *Herdegen*, 1995, S. 117, rechtfertigt das Vorgehen zurecht mit der dadurch zum Ausdruck kommenden anhaltenden Gewaltbereitschaft des Irak.

1288 SCR 748 (1992).

1289 SCR 1267 (1999).

1290 SCR 1054 (1996).

1291 Nur dann macht es Sinn – vgl. *Fink*, S. 176; *Kelsen*, S. 293; a.A. *Freudenschuß*, 1993, S. 33, FN 68.

Den Verstoß gegen vorangegangene (bindende) Resolutionen als Friedensbedrohung anzusehen, ermöglicht es dem Sicherheitsrat, friedensbedrohende Situationen zu „perpetuieren" und neue Maßnahmen als Sanktion für die Nichtbefolgung von zuvor angeordneten Maßnahmen zu verhängen. So beruhen Resolutionen zum Kuweit-/Irak-Konflikt bis in die jüngste Zeit noch auf der Nichtbeachtung der Resolution 687 (1991)[1292].

j. *Besitz und Herstellung von Massenvernichtungswaffen/illegaler Waffenhandel*

aa. Die Praxis des Sicherheitsrates

Der Sicherheitsrat hat sich mit der friedensbedrohenden bzw. -gefährdenden Wirkung von Massenvernichtungswaffen in zwei Erklärungen seines Präsidenten vom 31.01.1992[1293] und 22.02.1995[1294] und zwei nicht konflikt-, sondern problembezogenen Resolutionen, SCR 255 (1968) und 984 (1995), befasst. Beide Resolutionen enthalten in ihren letzten pr.para. die Formulierung, dass „any aggression accompanied by/with the use of nuclear weapons would *endanger* international peace and security". Die genannten Erklärungen des Präsidenten des Sicherheitsrates enthalten die Feststellung, dass die Verbreitung aller Massenvernichtungswaffen eine *Bedrohung* des Weltfriedens und der internationalen Sicherheit darstellt.

Als einzige konfliktbezogene Resolution enthält SCR 687 (1991) – **Irak** – den Hinweis, dass der Sicherheitsrat sich der *Bedrohung* bewußt ist, die alle Massenvernichtungswaffen für den Frieden und die Sicherheit in dem Gebiet darstellen. Er leitet daraus das Recht ab, dem Irak bindend die Vernichtung seiner Bestände aufzuerlegen.

In SCR 825 (1993) ruft der Sicherheitsrat **Nordkorea** auf, seine Ankündigung, den Atomwaffensperrvertrag zu kündigen, zurückzunehmen[1295]. Die Resolution enthält keine Feststellung einer Friedensbedrohung.

In SCR 418 (1977) zeigt sich der Sicherheitsrat im 5. pr. para. „gravely concerned that South Africa is at the threshold of producing nuclear weapons." Im operativen Teil beschließt er nach Kapitel VII ChVN, dass alle Staaten ihre Zusammenarbeit mit **Südafrika** auf diesem Gebiet einstellen sollen.

Am 11.05.1998 und am 13.05.1998 führte **Indien** insgesamt drei unterirdische Atomtests durch. Am 28.05.1998 tat **Pakistan** dasselbe. Nachdem der Si-

---

1292 Vgl. oben FN 1287 und unten S. 256.

1293 Siehe oben S. 209.

1294 S/PRST/1995/9.

1295 *Tomuschat*, 1995, S. 10, hebt hervor, dass Nordkorea damit lediglich von der Kündigungsklausel in Art. X des Vertrages (BGBl. 1974 II, 786) Gebrauch machte.

cherheitsrat die Tests in zwei Erklärungen seines Präsidenten vom 14.05.1998[1296] und 29.05.1998[1297] bedauert und jeweils einen Verstoß gegen das De-Facto-Moratorium über Atomwaffentests festgestellt hatte, verabschiedete er nunmehr SCR 1172 (1998), in deren 2. pr. para. er Bezug nimmt auf die Erklärung des Ratspräsidenten vom 31.01.1992,

> *„which stated, inter alia, that the proliferation of all weapons of mass destruction constitutes a threat to international peace and security"*.

Die Feststellung einer Friedensbedrohung enthält die Resolution nicht. Der Sicherheitsrat handelt auch nicht ausdrücklich nach Kapitel VII ChVN. Im 3. pr. para. zeigt sich der Sicherheitsrat *„gravely concerned at the danger to peace and stability in the region"*. Im letzten pr.para. zeigt er sich *„mindful of its primary responsibility under the Charter of the United Nations for the maintenance of international peace and security"*. Im 3. op. para. verlangt (*„demands"*) er von Indien und Pakistan, keine weiteren Tests mehr durchzuführen. Er drängt (*„urges"*) die beiden Staaten, dem Nichtverbreitungsvertrag beizutreten. Im 16. op. para. verleiht er seiner Bereitschaft Ausdruck, *„to consider further how best to ensure the implementation of the present resolution."*

In zahlreichen Resolutionen misst der Sicherheitsrat dem illegalen Handel mit (Klein-[1298]) Waffen eine friedensbedrohende Wirkung bei. Dies geschieht jedoch stets im Zusammenhang mit Konflikten, die aus anderen Gründen bereits als friedensbedrohend eingestuft werden oder wie im Fall der Resolution ***1366*** (2001) ohne konkreten Konfliktbezug[1299].

Eine zusätzliche Dimension erhalten die Aspekte der Massenvernichtungswaffen und des Kleinwaffenhandels im Zusammenhang mit dem internationalen Terrorismus, der nach den Anschlägen vom 11. September 2001 verstärkt in den Vordergrund der Tätigkeit des Sicherheitsrates rückt. In SCR 1456 (2003) wird die Notwendigkeit der Bekämpfung des Terrorismus u.a. auch auf die Gefahr gestützt, dass Terroristen Zugang zu Massenvernichtungswaffen erhalten könnten. Der Kleinwaffenhandel wird als mögliche Einnahmequelle von Terroristen angeführt.

1296 S/PRST/1998/12.

1297 S/PRST/1998/17.

1298 Vom 9. bis 20. Juli 2001 fand in New York eine „Konferenz der Vereinten Nationen über den unerlaubten Handel mit Kleinwaffen und leichten Waffen unter allen Aspekten" statt – vgl. dazu *Wulf*, S. 175.

1299 14. pr. para.: „Expressing serious concern over the threat to peace and security caused by the illicit trade in and the excessive and destabilizing accumulation of small arms and light weapons in areas of conflict and their potential to exacerbate and prolong armed conflicts" Vgl. auch – bezogen auf Westafrika – SCR 1467 (2003).

bb. Bewertung

In Anbetracht der Gefährlichkeit des Besitzes von Massenvernichtungswaffen in den „falschen“ Händen scheint in den vom Sicherheitsrat bisher behandelten Fällen die Annahme einer Friedensbedrohung im Hinblick auf Art. 2 (4) ChVN gerechtfertigt[1300]. Es bleibt jedoch unklar, welche Bedeutung die Kündigungsklausel im Nichtverbreitungsvertrag oder die fehlende Ratifizierung desselben haben soll[1301] – die Nichtverbreitung von Massenvernichtungswaffen außerhalb des Regimes des Atomwaffensperrvertrages mit den Mitteln des Kapitels VII ChVN sicherzustellen hieße, eine Austrittsmöglichkeit aus dem Vertrag nicht wirklich zuzulassen. Letztlich bewirkt die Möglichkeit eines Handelns des Sicherheitsrates nach Kapital VII ChVN unter diesem Gesichtspunkt einen Beitrittszwang gerade der „gefährlichen“ Staaten, die sich nur damit zugunsten einer Unterwerfung unter die vertraglichen, dafür vorgesehenen, institutionalisierten Überwachungssysteme einer Überwachung durch den Sicherheitsrat entziehen können. Zugleich bewirkt die Handlungsmöglichkeit des Sicherheitsrates in der Praxis einen Ausgleich unzureichender Regelungsdichte und Kontrollverfahren z.B. im Bereich des Übereinkommens vom 10.04.1972 über das Verbot biologischer Waffen, das keinen Überwachungsmechanismus vorsieht[1302].

k. *Förderung des/Verstrickung in den internationalen Terrorismus*

aa. Die Praxis des Sicherheitsrates

Der Sicherheitsrat hat sich zu dem Problem des internationalen Terrorismus zunächst in gesonderten, nicht konfliktbezogenen Resolutionen geäußert: Die Resolutionen 635 (1989) und 638 (1989) enthalten keine Feststellung einer Friedensbedrohung.

1300 Vgl. *Farer*, S. 53 f.; *Schilling*, S. 91; *Wolfrum*, 1994, S. 91; *Szasz*, 1994 II, S. 87, der es für zulässig erachtet, Staaten mit nuklearen Ambitionen über Maßnahmen nach Kapitel VII ChVN zum Beitritt zu dem Nichtverbreitungsvertrag zu bewegen; siehe aber auch oben S. 105, zu FN 478, zur Kritik an SCR 687 (1991) und *Frowein/Krisch*, zu Art. 39, Rdnr. 24, in: *Simma* (Hrsg.), Charter, 2. Aufl.; *Herdegen*, S. 23, weist darauf hin, dass der völkerrechtskonforme Aufbau eines Militärpotentials zum Kern staatlicher Souveränitätsrechte gehört, nicht jedoch die Freiheit, andere Staaten mit Waffen oder spaltbaren Material für militärische Zwecke zu beliefern. *Tomuschat*, 1993, S. 344, sieht es als zulässig an, dass der Sicherheitsrat die Produktion und Lagerung von biologischen Waffen per se als Friedensbedrohung ansieht; Vgl. auch *Schilling*, S. 91.

1301 Vgl. oben FN 1295.

1302 Übereinkommen über das Verbot der Entwicklung, Herstellung und Lagerung bakteriologischer (biologischer) Waffen und von Toxinwaffen sowie über die Vernichtung solcher Waffen vom 10.04.1972, BGBl. 1983 II, S. 133. *Tomuschat*, 2003, S. 46, weist darauf hin, dass ausgerechnet die USA, die vehement für eine Handlungsmöglichkeit des Sicherheitsrates eintreten, der Anwendung völkervertraglicher Überwachungsregimes auf die USA Hindernisse in den Weg legen.

In der Erklärung des Ratspräsidenten vom 31.01.1992[1303] bringt der Sicherheitsrat den internationalen Terrorismus in engen Zusammenhang mit dem System der kollektiven Sicherheit der Charta[1304]. In der nicht konfliktbezogenen Resolution ***1269*** (1999) geht der Sicherheitsrat davon aus, dass internationaler (staatlicher und nichtstaatlicher) Terrorismus eine Gefährdung[1305] und eine Bedrohung des Friedens[1306] darstellen *kann*[1307].

Die konkretesten nicht konfliktbezogenen Resolutionen zum Thema Terrorismus wurden nach den **Terrorangriffen auf die USA** vom 11.09.2001 verabschiedet[1308]:

In der vergleichsweise knappen Resolution ***1368*** vom 12.09.2001[1309] heißt es:

> *„The Security Council ...*
> *Determined to combat by all means threats to international peace and security caused by terrorist acts,*
> *Recognizing the inherent right of individual or collective self-defence in accordance with the Charter,*
> *1. Unequivocally condemns in the strongest terms the horrifying terrorist attacks which took place on 11 September 2001 in New York, Washington, D.C. and Pennsylvania and regards such acts, like any act of international terrorism, as a threat to international peace and security".*

Der Sicherheitsrat nimmt Bezug auf SCR 1269 (1999). Trotz des Hinweises auf das Selbstverteidigungsrecht werden die Terrorangriffe nicht als „bewaffnete

---

1303 S/23500 – dazu siehe oben S. 209.

1304 SCR 1189 (1998) nimmt darauf Bezug. Anlass für die Resolution waren die Bombenattentate auf die US-amerikanischen Botschaften in Nairobi und Dar-es-Salaam vom 07.08.1998 – sihe oben S. 198 ff.

1305 1. pr. para.

1306 1., 5. u. 6. op. para. – diese scheinen *Bruha/Bortfeld*, S. 163, zu übersehen, die es mit der Diktion des Kapitels VII ChVN („Bedrohung" statt „Gefährdung") allerdings nicht so genau nehmen (vgl. 4. Satz auf S. 163).

1307 Die Erklärung des Ratspräsidenten vom 06.12.2000 (S/PRST/2000/38) nimmt auf SCR 1269 (1999) Bezug – „The Security Coucil reiterates its readiness, ... as provided for in ... [SCR 1269 (1999)] ... to take necessary steps in accordance with its responisbilities under the Charter of the United Nations in order to counter terrorist threats to international peace and security."

1308 Knapp zusammenfassend zu den äußeren Geschehnissen nach dem 11.09.2001 *Bruha/Bortfeld*, S. 162.

1309 Vgl. dazu *Williams*, S. 210

Angriffe“ (Art. 51 ChVN) oder „Angriffshandlungen“ (Art. 39 ChVN) bezeichnet[1310].

Die wesentlich ausführlicher gehaltene Resolution ***1373*** vom 28.09.2001[1311] enthält darüber hinaus nach Kapitel VII ChVN eine Aufforderung an alle Staaten zur Zusammenarbeit in der Terrorismus-Bekämpfung. Die Staaten werden zur legislativen Umsetzung einzeln aufgeführter (Präventiv-) Maßnahmen aufgefordert[1312]. Zur Überwachung der Umsetzung wird ein Anti-Terrorismus-Ausschuss eingesetzt, an den die Mitgliedstaaten berichten sollen.

SCR 1456 vom 20.01.2003 knüpft an SCR 1373 (2001) an. Wie diese auf der Ebene der Außenminister erlassen, stellt sie den Stand der Umsetzung, insbesondere der Berichterstattung an den Anti-Terrorismus-Ausschuss dar und fordert zur weiteren Umsetzung auf. Der friedensbedrohende Charakter des Terrorismus wird abgeleitet aus der zunehmenden Gefahr des Zugangs von Terroristen zu Massenvernichtungswaffen, zu Hochtechnologie, zu finanziellen Mitteln aus illegalen (Drogen- und Waffen-) Geschäften. Die Mitgliedstaaten werden aufgerufen, den bestehenden Anti-Terrorismus-Konventionen beizutreten und im Entwurf vorliegende weitere Resolutionen anzunehmen.

Schließlich enthält eine Erklärung der Außenminister der im Sicherheitsrat vertretenen Staaten (***SCR 1377*** vom 12.11.2001) eine Qualifizierung der Akte des internationalen Terrorismus als

> *„one of the most serious threats to international peace and security in the twenty-first century“.*

Der Sicherheitsrat bekräftigt

> *„its unequivocal condemnation of all acts, methods and practices of terrorism as criminal and unjustifiable, regardless of their motivation, in all their forms and manifestations, wherever and by whomever committed“.*

Weiterhin betont der Sicherheitsrat,

> *„that acts of international terrorism are contrary to the purposes and principles of the Charter of the United Nations, and that the*

1310 Zu den möglichen Hintergründen *Bruha/Bortfeld*, S. 164; *Häußler*, S. 538, spricht davon, dass die Schwelle der Aggression überschritten worden sei.

1311 Zu den Hintergründen dieser Resolution *Williams*, S. 211 f., und *Finke/Wandscher*, S. 171.

1312 Für *Dicke*, 2001, S. 163, handelte der Sicherheitsrat hier „erstmals völlig ungeschminkt in der Pose, vor allem aber in der Verantwortung des Weltgesetzgebers“. Zur Bedeutung der Resolution siehe auch *Finke/Wandscher*, S. 171, mit dem Hinweis, dass die Resolution zahlreiche Regelungen der bestehenden Terrorismus-Konventionen übernommen hat und der Sicherheitsrat als internationaler (Ersatz-) Gesetzgeber tätig geworden ist.

financing, planning and preparation of as well as any other form of support for acts of international terrorism are similarly contrary to the purposes and principles of the Charter of the United Nations."

Der Sicherheitsrat

„underlines that acts of terrorism endanger innocent lives and the dignity and security of human beings everywhere, threaten the social and economic development of all States and undermine global stability and prosperity".

Es ist nicht anzunehmen, dass der Sicherheitsrat mit der Voranstellung der Einordnung terroristischer Akte als Friedensbedrohung ausschließen will, dass die nachfolgend aufgelisteten Verstöße dieser Einordnung zugrundeliegen. Letztlich führen die Ausführungen des Sicherheitsrates im Hinblick auf sein Verständnis von Frieden und/oder dessen Bedrohung nicht weiter, da der Sicherheitsrat (auch nichtstaatliche) terroristische Akte implizit als Verstoß gegen das Gewaltverbot einordnet und sie jedenfalls dazu geeignet sind, zu internationalen bewaffneten Konflikten zu führen.

An konflikt- bzw. anlassbezogenen Resolutionen sind neben SCR 687 (1991)[1313] im Falle des **Irak**/Kuweit-Konfliktes vor allem die „**Lockerbie**-Resolutionen" 731 (1992) und 748 (1992)[1314], die „**Mubarak**-Resolutionen" 1054 (1996) und 1070 (1996)[1315], SCR 1438 (2002) nach dem Bombenanschlag auf **Bali** im Oktober 2002[1316], SCR 1450 (2002) nach den terroristischen Übergriffen in **Kenia** im November 2002[1317], SCR 1465 (2003) nach einem Bombenanschlag in **Bogota**, Kolumbien, sowie einige Resolutionen gegen **Afghanistan** zu nennen[1318]. Besondere Bedeutung kommt der Resolution 731 (1992) zu, in der der Sicherheitsrat festgestellt hat, dass Handlungen des internationalen Terrorismus eine Friedensbedrohung darstellen. Allein in SCR 748 (1992) bezeichnet der Sicherheitsrat die staatliche Unterstützung des Terrorismus als Verstoß gegen Art. 2 (4) ChVN. In den übrigen genannten Fällen vor dem 11. September 2001 knüpft die Annahme einer Friedensbedrohung an die

---

1313 Teil H der Resolution – vgl oben S. 104.

1314 Vgl. oben S. 145 ff.

1315 Vgl. oben S. 168 ff.

1316 Der letzte pr. para. der Resolution lautet: „Reaffirming the need to combat by all means, in accordance with the Charter of the United Nations, threats to international peace and security caused by terrorist acts", der 1. op. para.: „... and regards such acts, like any act of international terrorism, as a threat to international peace and security" und der letzte op. para.: „Expresses its reinforced determination to combat all forms of terrorism in accordance with its responsibilities under the Charter of the United Nations".

1317 Text gleichlautend mit SCR 1438 (2002) – vgl. vorangegangene FN.

1318 Vgl. oben S. 193 ff.

Weigerung des angesprochenen Staates an, des internationalen Terrorismus Verdächtigte auszuliefern[1319]. Hintergrund für diese Vorgehensweise ist das überkommene Verständnis des Erfordernisses der Zurechenbarkeit von für Kapitel VII ChVN relevanten Handlungen zu Völkerrechtssubjekten[1320]. Überdies wird es als problematisch angesehen, Resolutionen gegen die nichtstaatlichen Terroristen bzw. terroristische Gruppen direkt zu richten, deren Aufenthalt und personelle Zusammensetzung – anders als bei Bürgerkriegsparteien – infolge des konspirativen Charakters meist ungewiß ist und die damit nicht mit gegen sie gerichteten Sanktionen versehen werden können[1321].

Die Verurteilung des internationalen Terrorismus durch den Sicherheitsrat geht einher mit der z.T. wortlautidentischen Verurteilung durch die Generalversammlung[1322].

bb. Bewertung

Es besteht spätestens nach den Resolutionen in Folge der Angriffe auf Objekte in den USA vom 11.09.2001, aber auch schon zuvor seit den Resolutionen zum Afghanistan-Konflikt kein Zweifel mehr daran, dass der Sicherheitsrat Akte des internationalen Terrorismus auch ohne staatliche Beteiligung als friedensbedro-

---

1319 Vgl. *Bruha/Bortfeld*, S. 163.

1320 *Häußler*, S. 540, begründet die Zurechenbarkeit der Terrorakte des 11. September 2001 zur Taliban mit deren Eigenschaft als de facto – Regime. Auf S. 541 zieht er diesbezüglich eine Parallele zu dem *Nicaragua-Urteil* des IGH und dem *Teheraner Geiselfall.* Auch *Ruffert*, S. 248, bejaht die Zurechnung und bewertet die Anschläge vom 11.09.2001 als bewaffnete Angriffe Afghanistans auf die USA i.S.d. Art. 51 ChVN.

1321 Für *Farer*, S. 46, scheint dies kein Hinderungsgrund zu sein. Bezogen auf Drogenhandel/organiertes Verbrechen, das sich weniger gegen Staaten als gegen einzelne richtet, schreibt er: „Given the geographic and financial dimensions of organized crime and its evident capacity to penetrate and intimidate civil society and public institutions even in a country as large and powerful as Italy, it is evident that it already constitutes a threat to international peace and security within the terms of Chapter VII.“; *Reisman*, 1992 I, S. 37, sieht „non-state-terror“ als zukünftiges Bedrohungsszenario voraus. In der Präambel von SCR 748 (1992) stellt der Sicherheitsrat beide Formen gleich: „convinced that the suppression of acts of international terrorism, including those in which states are directly or indirectly involved [also auch derjenigen, bei denen das nicht der Fall ist], is essential for the maintenance of international peace and security.“ (4. pr. para.).

1322 Vgl. nur GA-Res. vom 09.12.1994 (A/RES/49/60), Declaration on Measures to Eliminate International Terrorism, Ziff. I.2.: „Acts, methods and practises of terrorism constitute a grave violation of the purposes and principles of the United Nations, which may pose a threat to international peace and security“ – in der Präambel der Declaration nimmt der Sicherheitsrat Bezug auf eine Vielzahl von Dokumenten mit Bezug zum Gewaltverbot und Menschenrechtsschutz; die Declaration wurde ergänzt durch eine „Declaration to Supplement the 1994 Declaration on Measures to eliminate International Terrorism“ vom 16.01.1997 (A/RES/51/210).

hend einstuft[1323], und die Möglichkeit besteht, dass er (jedenfalls bei Vorhandensein eines Zurechnungssubjektes) in ihnen einen Verstoß gegen das Gewaltverbot des Art. 2 (4) ChVN sieht und den betroffenen Staaten ein Recht auf Selbstverteidigung gem. Art. 51 ChVN zuerkennt[1324]. Wegen der Gefahr internationaler bewaffneter Auseinandersetzungen infolge terroristischer Akte begegnet die Annahme einer Friedensbedrohung auch aus dem Blickwinkel der Anhänger des negativen Friedensbegriffes und engen Bedrohungsbegriffes keine Bedenken[1325]. Anders mag dies jedoch im Falle des Vorgehens nicht gegen die Terroristen selber, sondern sie unterstützende Staaten sein, die ihre Auslieferung verweigern. Eine Schwachstelle wird künftig die – vom Sicherheitsrat in Kauf genommene – Unbestimmtheit des Begriffes „Terrorismus" darstellen[1326]. Bei den Konflikten, bei denen bisher der Terrorismus das zentrale maßnahmeauslösende Element für den Sicherheitsrat war, steht jedoch außer Zweifel, dass es sich um Akte des internationalen Terrorismus handelte[1327].

l. Nichtbeachtung eines völkerrechtlichen Vertrages/des Völkerrechts

SCR 687 (1991) stützt sich in ihrer Präambel ganz wesentlich auf die (drohende[1328]) Verletzung[1329] bzw. Nichtratifizierung[1330] diverser völkerrechtlicher Verträge durch den **Irak**.

Im **Nahost**konflikt stellt der Sicherheitsrat in zahlreichen Resolutionen im Zusammenhang mit einem konkludenten Handeln nach Art. 40 bzw. Art. 41 ChVN einen Verstoß gegen die Regeln der Genfer Konventionen fest. Im Zusammenhang mit Verwaltungsmaßnahmen in den von Israel besetzten

---

1323 *Dicke*, TLZ vom 17.11.2001, S. 3, spricht von einer „Friedensbedrohung neuer Art". Siehe auch *Bruha/Bortfled*, S. 163.

1324 Kritisch dazu *Bruha/Bortfeld*, S. 163; unzutreffend *Häußler*, S. 540, der aus der Feststellung einer Friedensbedrohung durch den Sicherheitsrat auf das Vorliegen eines bewaffneten Angriffs gem. Art. 51 ChVN schließt.

1325 *Frowein/Krisch*, zu Art. 39 ChVN, Rdnr. 23, in: *Simma* (Hrsg.), Charter, 2. Aufl.

1326 Dazu Williams, S. 212 f., und Finke/Wandscher, S. 168 ff., unter besonderer Berücksichtigung des Art. 2 Ziff. 1 b des Internationalen Übereinkommens zur Bekämpfung der Finanzierung des Terorrismus – GA Res 54/109 vom 09.12.1999 – und mit dem Hinweis, dass bisher stets Teilbereiche in Konventionen erfasst wurden (insbesondere Flugzeugentführungen). Probleme bestehen hier vor allem bei der Abgrenzung von nationalen Befreiungskämpfen. Zum Stand der Bemühungen der Generalversammlung vgl. Wiesbrock, S. 72 f.

1327 Vgl. für den 11.09.2001 *Williams*, S. 213.

1328 Des Genfer Protokolls vom 17.06.1925.

1329 Protokoll zwischen Kuwait und Irak vom 04.10.1963; Vertrag über die Nichtverbreitung von Kernwaffen vom 01.07.1968.

1330 Des Biotoxinwaffen-Übereinkommens vom 10.04.1972.

Gebieten stellt er eine Verletzung der ChVN und des allgemeinen Völkerrechts fest und erklärt die Maßnahmen deshalb für ungültig.

Dass Verstöße gegen Menschenrechte, insbesondere gegen das Verbot der Apartheid, Verstöße gegen Normen des humanitären Völkerrechts sowie gegen das Selbstbestimmungsrecht in der Praxis zur Grundlage der Feststellung einer Friedensbedrohung gemacht werden können, ist bereits gezeigt worden.

Insgesamt lässt sich eine Tendenz des Sicherheitsrates erkennen, über die Wiederherstellung des (negativen) Friedens hinaus zum Zwecke der Völkerrechtsdurchsetzung tätig zu werden[1331]. Bislang handelt es sich bei den einschlägigen Regeln um solche zum Schutz der Menschenrechte und zur Vermeidung der Verbreitung von Massenvernichtungswaffen, so dass auf die vorstehenden Ausführungen verwiesen werden kann.

[1331] *Frowein/Krisch*, Introduction to Chapter VII, Rdnr. 18 ff., in: *Simma* (Hrsg.), Charter, 2. Aufl.

D. Theorie und Praxis – positiver oder negativer Friedensbegriff?[1332]

Eine Betrachtung der Praxis macht deutlich, dass es regelmäßig eine Mehrzahl von Gründen war, die den Sicherheitsrat zur Feststellung einer Friedensbedrohung veranlasst haben. Dabei ist in den wenigsten Fällen auszumachen, welche Gründe letztlich den Ausschlag gaben.

Insbesondere bei der für die Annahme einer (drohenden) Verletzung des Art. 2 (4) ChVN entscheidenden Frage der Gefahr grenzüberschreitender militärischer Auseinandersetzungen lassen die Resolutionen zu rein internen Konflikten den Betrachter überwiegend im Unklaren. In den Debatten werden die Schwerpunkte unterschiedlich gesetzt.

Sofern man diese umfangreiche Praxis nicht als mit der Charta unvereinbar einordnet, bestehen zwei Möglichkeiten ihrer Legitimation:

1. Es handelt sich bei den als Bedrohung für den internationalen oder regionalen Frieden bezeichneten Situationen um Ursachen für bewaffnete grenzüberschreitende Konflikte. Dann würde der Sicherheitsrat letztlich auf eine Bedrohung des negativen Friedens abstellen[1333].

   oder

2. Die innerstaatlichen Zustände sind allein ausreichend, um eine Friedensbedrohung zu begründen. Das Erfordernis der Bedrohung des negativen Friedens würde dann in den Hintergrund treten.

I. Friedensbedrohung nur bei drohendem grenzüberschreitendem bewaffnetem Konflikt

Für die erstgenannte Möglichkeit spricht deren (vordergründige[1334]) Vereinbarkeit mit dem „klassischen“ negativen Friedensbegriff.

[1332] Gegenüber der nachfolgenden wegen des Praxis-Schwerpunktes dieser Arbeit eher knappen Darstellung enthalten die Arbeiten von *Bauer* (1996), *Gading* (1996), *Endemann* (1997), *Lailach* (1998), *Fink* (1999) und vor allem *A. Stein* (1999) – dort S. 299 ff. – sehr viel ausführlichere Befassungen mit dem Thema, auf die hiermit verwiesen wird.

[1333] So wohl *Tomuschat*, 1995, S. 12 f.; *Schilling*, S. 92; *Baroni*, S. 113; eingehend zu dieser Ansicht *A. Stein*, S. 302 ff., der sie jedoch ablehnt.

[1334] Vgl. dazu die sehr aufschlussreichen Untersuchungen *A. Steins* auf S. 302 ff, insbesondere S. 306. *A. Stein* weist nach, dass sich die Anhänger dieser These – gegen ihren Willen – der Annahme eines positiven Friedens annähern. Zur Auffassung *Froweins/Krischs* vgl. bereits oben S. 249, FN 1257.

Ihr liegt die Annahme zugrunde, dass die wie auch immer geartete Möglichkeit einer grenzüberschreitenden Auseinandersetzung letztlich bei jedem internen Konflikt besteht. Die entscheidende politische Prognose eines weiteren Konfliktverlaufs ist Aufgabe des Sicherheitsrates; deren Nachvollziehbarkeit zum Zwecke der Einordnung der Praxis ist aufgrund der spärlichen Hinweise in den Resolutionen nur eingeschränkt möglich.

Damit ist jedoch bereits der entscheidende Nachteil dieser These angesprochen: Sie führt über eine notwendig weite Ausdehnung des Bedrohungsbegriffs zu wirklichkeitsfremden Prognosen wie z.B. der Gefahr einer militärischen Ausweitung der Konflikte in Haiti oder Somalia, die faktisch zu keinem Zeitpunkt bestand[1335]. Die ohnehin unscharfe Grenze zwischen „Bedrohung" und „Gefährdung" des Friedens verwischt bis zur Unkenntlichkeit – eine tatbestandliche Abgrenzung des Kapitels VII ChVN zu Kapitel VI ChVN ist nicht mehr möglich[1336].

II. Friedensbedrohung auch bei bestimmten rein innerstaatlichen Zuständen. Grenzen des Feststellungsermessens

Die zweitgenannte Ansicht wird durch die Praxis des Sicherheitsrates gestützt, der in der Mehrzahl der relevanten Resolutionen die Gefahr grenzüberschreitender bewaffneter Auseinandersetzungen und teilweise sogar tatsächlich erfolgte Zwischenfälle[1337] nicht anspricht und sich gleichzeitig sehr intensiv mit der innerstaatlichen Situation befasst oder, wie beispielsweise in den Resolutionen 929 (1994) (Ruanda) und 794 (1992) (Somalia), explizit die humanitäre Katastrophe als Friedensbedrohung bezeichnet[1338].

Sie steht darüber hinaus im Einklang mit der Haltung, die die Vertreter im Sicherheitsrat ausweislich ihrer Debattenbeiträge z.B. während der Krisen in Ru-

---

1335 Vgl. auch *A. Stein*, S. 302 ff., und die Darstellung der Konflikte oben S. 152 ff. (Somalia) und S. 161 ff. (Haiti). Vgl. die „Lösung" der Konflikte in Haiti und Sierra Leone auf diese Weise bei *Frowein/Krisch*, zu Art. 39 ChVN, Rdnr. 22, in: *Simma* (Hrsg.), Charter, 2. Aufl.

1336 Vgl. die Beispiele bei *A. Stein*, S. 303 f.

1337 Z.B. in SCR 788 (1992) – Liberia; *A. Stein*, S. 301 spricht von der „nahezu vollständigen Verflüchtigung des tatsächlichen Risikos eines zwischenstaatlichen Konfliktes" in den vom Sicherheitsrat behandelten Fällen.

1338 Als Ausnahme mag allerdings die (konsequenterweise) nicht konfliktbezogene Resolution 1366 (2001) gelten, die sich mit der Prävention bewaffneter Konflikte befasst und in diesem Zusammenhang u.a. Verletzungen des Völkerrechts, der Menschenrechte und des humanitären Völkerrechts, sowie Armut als mögliche Friedensbedrohungen nennt (10. op. para.).

anda und Somalia eingenommen haben[1339] und der Aussage in der Erklärung des Ratspräsidenten vom 31.01.1992:

> *„The absence of war and military conflicts amongst States does not in itself ensure international peace and security. The non-military sources of instability in the economic, social, humanitarian and ecological fields have become threats to peace and security."*

Die Praxis des Sicherheitsrates spricht somit dafür, dass der Sicherheitsrat von einer Ausdehnung des Friedensbegriffs in dem Sinne ausgeht, dass er die Abwesenheit bestimmter innerstaatlicher Zustände, insbesondere schwerer Menschenrechtsverletzungen oder schwerer Verstöße gegen humanitäres Völkerrecht, umfasst[1340]. Unterstützt wird diese Erkenntnis neben der Erklärung des Ratspräsidenten vom 31.01.1992[1341] durch seine Erklärungen zur Agenda für den Frieden[1342]. Nach Wortlaut und System der Charta ist eine solche Auslegung grundsätzlich möglich[1343].

Es ist nun zu fragen, welche **Grenzen** dem Sicherheitsrat im Rahmen dieser weiten Auslegung des Friedensbegriffs bei der Feststellung einer Friedensbedrohung auferlegt sind.

1. (Drohende) Verletzung einer völkerrechtlichen Verpflichtung als Tatbestand

Dabei bietet es sich zunächst an, auf Tatbestandsebene einen Katalog besonders wichtiger Normen neben Art. 2 (4) ChVN zu identifizieren, deren (drohende) Verletzung alleine ein Einschreiten des Sicherheitsrates rechtfertigen kann, und dem (positiven) Friedensbegriff (Frieden dann verstanden als die Unversehrtheit dieser Normen) damit eindeutigere Konturen zu geben.

Dabei kommen vor allem solche Normen in Betracht, deren Verletzung

---

[1339] Siehe oben S. Seite 156, FN 156, und S. 173, FN 839.

[1340] So auch *A. Stein*, S. 306 ff., der (auf S. 309) von einer „Tendenz zur Akzeptanz des positiven Friedensbegriffs im Sinne einer Kapitel VII – Zuständigkeit bei staatsinterner gravierender Nichtgewährleistung des humanitären Mindeststandards anzunehmen" spricht. Die sehr gründliche Untersuchung von *A. Stein* schließt (auf S. 310) mit der Feststellung, dass „nur ein qualitativ veränderter, nämlich Elemente des politikwissenschaftlichen „positiven" Begriffsbedeutung beeinhaltender Friedensbegriff die jüngste Praxis des Sicherheitsrates hinreichend erklären kann." *Herdegen*, 1995, S. 113: „Die neuere Praxis des Sicherheitsrates zeigt eine Tendenz zu einem Begriffsverständnis, welches [...] die Integrität elementarer Werte der Völkerrechtsordnung erfasst."

[1341] Siehe oben S. 209 ff.; dies sieht auch *Paulus*, S. 301, FN 77, so, der der Annahme eines positiven Friedensbegriffs in Art. 39 ChVN ansonsten skeptisch gegenübersteht.

[1342] *Herdegen*, S. 14; dazu auch *A. Stein*, S. 308; vgl. aber auch FN 1338.

[1343] Siehe oben Teil B, S. 19 ff.

– abstrakt die Gefahr bewaffneter Auseinandersetzungen zwischen Staaten erhöht[1344] und
– gegenüber allen Staaten in der Weise wirkt, dass eine kollektive Reaktion gerechtfertigt und sinnvoll ist.

a. *Obligations erga omnes/ius cogens*

Es ist inzwischen weitgehend anerkannt[1345] und bereits angesprochen worden[1346], dass sich bestimmte Normen von anderen Normen insoweit unterscheiden, als es sich bei der Frage ihrer Beachtung – unabhängig von vertraglichen Verpflichtungen des betreffenden Staates – nicht um eine innere Angelegenheit i.S.d. Art. 2 (7) ChVN, sondern eine der internationalen Gemeinschaft handelt[1347] und ihre Verletzung daher unabhängig von den Regelungen in speziellen völkerrechtlichen Verträgen eigene völkerrechtliche Sanktionen nach sich ziehen kann. Solche Normen werden allgemein als „obligations erga omnes" bezeichnet.

Dass das Verbot schwerer Menschenrechtsverletzungen in diesem Sinne erga omnes wirkt, ist allgemein unbestritten, insbesondere sofern es das Verbot des Völkermordes, der Sklaverei, der Folter, des Menschenhandels und der Apartheid betrifft[1348]. Grund für die Annahme der erga omnes – Wirkung dieser Normen ist insbesondere auch die den Verstößen dagegen wegen des Betroffenseins der Völkergemeinschaft[1349] innewohnende – abstrakt – höhere Konfliktträchtigkeit. Damit sind für erga omnes wirkende Normen beide vorgenannten Kriterien erfüllt.

Einen völkervertraglich fixierten, abschließenden Katalog von „obligations erga omnes" gibt es ebensowenig wie einen Katalog von Normen, denen ein zwingender Charakter i.S.d. Art. 53 WÜV (ius cogens) zukommt[1350] und die eine

---

1344 Vgl. *Delbrück*, 1992-2, S. 900.

1345 Vgl. Art. 33 Abs. 1 und Art. 48 Abs. 1 lit. b ILC-Entwurf 2001; Zur Kritik vgl. aber z.B. die Diskussionsbeiträge von *Reisman*, 1992 II, S. 170, und *Rubin*, 1992, S. 172 f.

1346 Siehe oben S. 36.

1347 *Oellers-Frahm* S. 29 f.

1348 Vgl. die Nachweise zu den jeweiligen IGH-Urteilen oben S. 37, FN 121 bis 123. Vgl. außerdem *Lailach*, S. 232 und 233 m.z.w.N., sowie S. 328; *Dicke*, 1993, S. 271.

1349 Zu dem in seiner Bedeutung umstrittenen Begriff der Völkergemeinschaft/Internationale Staatengemeinschaft/international community as a whole, der in zahlreichen internationalen Verträgen und Resolutionen des Sicherheitsrates (z.B. SCR 837 (1993) – Somalia, SCR 940 (1994) – Haiti, SCR 929 (1994) – Ruanda, SCR 1174 (1998) – Jugoslawien) und auch im *Barcelona Traction*-Urteil des IGH (siehe oben S. 37, FN 121) auftaucht, vgl. *Tomuschat*, 1995, S. 1 ff; grundlegend *Simma*, 1994, und *Paulus*; speziell im Zusammenhang mit dem Sicherheitsrat: *Dupuy*, S. 490 f.; *Nettesheim*, S. 202, FN 127 m.z.w.N.

1350 Siehe oben S. 36 zu den einzelnen Normen und deren Anerkennung durch den IGH.

„Untermenge“ der obligations erga omnes darstellen[1351]. Letztlich überschneiden sich beide Kategorien in wesentlichen Teilen[1352]; auch der Kommentar der ILC zu Art. 53 WÜV nimmt Bezug auf die soeben angesprochenen erga omnes wirkenden Verbote, von deren exemplarischer Auflistung in dem WÜV aufgrund der Gefahr eines dadurch entstehenden abschließenden Eindrucks abgesehen wurde[1353].

Hinsichtlich der **Rechtsfolgen** von Verletzungen von erga-omnes-Verpflichtungen besteht noch keine Einigkeit darüber, ob auch nicht unmittelbar betroffene *Staaten* unter Wahrung der sonstigen völkerrechtlichen Voraussetzungen zu Gegenmaßnahmen, insbesondere (nichtmilitärischen) Repressalien, berechtigt sein sollen[1354]. Im Wesentlichen unstreitig ist indes, dass wegen Art. 2 (4) ChVN ein Verbot militärischer Repressalien besteht.

Ungeachtet dessen liegt es nahe, dem *Sicherheitsrat* als einzigem Organ der kollektiven Sicherheit ein (primäres) Recht zum Einschreiten mit den Mitteln des Kapitels VII ChVN gegen den Verletzer bestimmter erga-omnes-Pflichten zu geben[1355], sei es, um ein unkoordiniertes Handeln einzelner Staaten zu verhindern[1356] oder durch die Anordnung der Allgemeinverbindlichkeit (Art. 25 ChVN) zu unterstützen, oder aus der Erwägung, dass der Sicherheitsrat hinter dem Recht des Einzelstaates auf Gegenmaßnahmen nicht zurückstehen soll[1357] oder – und das ist im vorliegenden Zusammenhang entscheidend – weil und wenn die Verletzung ein den Frieden bedrohendes Gewicht hat[1358]. Dazu bedarf es einer näheren Qualifizierung und Präzisierung der in diesem Sinne „geeigneten“ erga omnes – Rechte.

1351 *Simma*, 1994, S. 299 f.

1352 ILC-Entwurf 2001, S. 281; zur Unterscheidung zwischen obligations erga omnes und ius cogens vgl. *Dicke*, 1993, S. 271 ff.; *Simma*, aaO; *Lailach*, S. 230 ff.

1353 ILC-Kommentar 1966, S. 247 f.

1354 Die h.M. geht davon aus – vgl. *A. Stein*, S. 316 m.w.N., *Tomuschat*, 1992, S. 157 f.; *Frowein*, 1984, S. 329, bejaht dies für den Fall der Begehung internationaler Verbrechen; ders., 1992, S. 123, und FS für Doehring, S. 226 ff.; einschränkend *Oellers-Frahm*, S. 33 f.

1355 *Simma*, 1992 I, S. 136 f., ders., 1994, S. 310 ff.; *Oellers-Frahm*, S. 34 f.; *Blumenwitz* , S. 707.

1356 *Oellers-Frahm*, S. 35.

1357 *Gading*, S. 144

1358 Vgl. *A. Stein*, S. 317.

b. *Beispielskatalog des Art. 19 ILC-Entwurf zur Staatenverantwortlichkeit 1976*

Als Ansatzpunkt im Sinne einer Präzisierung bietet sich (der bisherige[1359]) Art. 19 des ILC-Entwurfes zur Staatenverantwortlichkeit[1360] (nachfolgend „Art. 19") an, der bestimmte Verpflichtungen, von denen die wichtigsten *exemplarisch* genannt werden, aus dem Kreis der obligations erga omnes bzw. des ius cogens (als Untergruppe der obligations erga omnes) hinaushebt[1361], zu „international crimes" erklärt und einem speziellen Rechtsfolgenregime unterstellt[1362]. Es handelt sich dabei also um den kleinsten gemeinsamen Nenner, einen gesicherten Bestand von ius cogens[1363].

Im vorliegenden Zusammenhang der Einordnung der Praxis des Sicherheitsrates ist der in Art. 19 Absatz 3 enthaltene, nicht abschließend zu verstehende Katalog von Interesse. Dogmatische Bedenken an der Errichtung einer eigenen Kategorie des „Verbrechens"[1364] stehen nicht im Vordergrund der Betrachtung.

Art. 19 lautet:

„1. An act of a state which constitutes a breach of an international obligation is an internationally wrongful act, regardless of the subject-matter of the obligations breached.

2. An internationally wrongful act which results from the breach by a state of an international obligation so essential for the protection of fundamental interests of the international community that its breach is recognized as a crime by that community as a whole constitutes an international crime.

3. Subject to paragraph 2, and on the basis of the rules of international law in force, an international crime may result, inter alia, from:

   a. a serious breach of an international obligation of essential importance for the maintenance of international peace and security, such as prohibiting aggression;

1359 Dazu gleich unten S. 272.

1360 YILC 1976 II, 2, S. 95; 1980 II, 2, S. 32 und in der letzten, von der ILC vorläufig angenommenen Fassung in YILC 1996 II/2, S. 60; Art. 19 geht auf einen Vorschlag des Special Rapporteur Ago zurück – zur Vorgeschichte eingehend *Rosenstock*.

1361 *Herdegen*, S. 19.

1362 *Simma* 1994, S. 308 f.; *Rubin*, 1994, S. 99, spricht diese Möglichkeit an, ohne sie näher auszuführen, ebenso *Tomuschat*, 1995, S. 14, und *Jaenicke*, S. 1348 ff.; In der ILC wurde über diese Möglichkeit diskutiert – vgl. *Arangio-Ruiz*, S. 23 ff. Weitere Nachweise bei *Lailach*, S. 235, FN 93.

1363 *Klein*, S. 59; *Lailach*, S. 232; *Simma*, 1986, S. 377; de *Hoogh*, S. 65 f.

1364 *Rosenstock*, S. 324; *Simma* 1994, S. 309; *Paulus*, S. 389; *Schröder*, Rdnr. 18.

b. a serious breach of an international obligation of essential importance for safeguarding the right of self-determination of peoples, such as prohibiting the establishment or maintenance by force of colonial domination;

c. a serious breach on a widespread scale of an international obligation of essential importance for safeguarding the human being, such as those prohibiting slavery, genocide and apartheid;

d. a serious breach of an international obligation of essential importance for safeguarding and preservation of the human environment, such as those prohibiting massive pollution of the atmosphere or of the seas.

4. Any internationally wrongful act which is not an international crime in accordance with paragraph 2 constitutes an international delict."

Es fällt auf, dass sich die in Art. 19 Absatz 3 aufgeführten Fälle weitestgehend mit den Kategorien decken, die der Sicherheitsrat in seiner bisherigen Praxis der Annahme einer Friedensbedrohung zugrundegelegt hat[1365] und die in Teil C dieser Arbeit herausgearbeitet wurden. Bei den geschützten Rechtsgütern handelt es sich durchweg um solche mit einem hohen Rang, deren (schwere) Verletzung in der Regel ähnlich destabilisierende Wirkung auf die Staatengemeinschaft insgesamt oder die betroffene Region hat wie ein bevorstehender gewaltsamer zwischenstaatlicher Konflikt[1366]. Der ILC-Kommentar zu Art. 19 vergleicht die Abstufung der „Schwere" („seriousness") demnach auch mit derjenigen in Art. 39 ChVN von „Bedrohung des Friedens", „Bruch des Friedens" und „Angriffshandlung"[1367].

Eine *Ausnahme* in Bezug auf die Praxis des Sicherheitsrates stellt die massive Umweltverschmutzung dar[1368], deren Verbot erst vereinzelt eine Wirkung erga

---

1365 *Lillich*, 1993, S. 572, spricht ohne Bezugnahme auf Art. 19 ILC-draft von der „actual existence or impeding likelihood of Gross and persistent human rights violations that shock the world's conscience". *Bowett*, S. 166, tritt diesem Eindruck mit dem Verweis auf SCR 660 (1990) entgegen, in dem der Sicherheitsrat den Begriff des „crime" nicht verwandt habe.

1366 So leitet der ILC-Kommentar zu Art. 19 die Aufnahme der Apartheid in den Katalog u.a. davon ab, dass der Sicherheitsrat Apartheid mehrfach als den Frieden bedrohend eingestuft habe – YILC 1976 II 2, S. 106 ff.; *Herdegen*, S. 15 f. Für *Herdegen* kommt es auf das Produkt aus 1. dem Stellenwert des bedrohten Rechtsgutes aus der Sicht der Staatengemeinschaft, 2. der Intensität seiner Gefährdung oder Verletzung und 3. den grenzüberschreitenden Auswirkungen an. *Reisman*, 1992 I, S. 13, spricht von drei Achsen, an denen sich die Annahme eines zukünftigen „Security – threat" zu orientieren habe: 1. social vulnerability, 2. threat magnitude und 3. threat probability.

1367 YILC 1976 II 2, S. 110 (para. 34).

1368 Sie taucht auch in der Kommentierung zu dem neuen Art. 40 des Entwurfes (vgl. unten S. 272, FN 1381) nicht mehr auf.

omnes zugesprochen wird[1369]. Man wird den – dazu noch speziellen – Einzelfall der Resolution 687 (1991)[1370] wohl noch nicht ausreichen lassen können, um ein entsprechendes Handeln des Sicherheitsrates in zukünftigen Fällen zu prognostizieren. Genau genommen stellt SCR 687 (1991) in diesem Zusammenhang einen Rückschritt dar, befasst sie sich doch lediglich mit der *Haftung* des Irak für die Umweltschäden im arabischen Golf. Die nicht nach Kapitel VII ChVN erlassene SCR 540 (1983) hingegen hatte noch eine Aufforderung an Iran und Irak enthalten, die maritime Umwelt des Golfes nicht zu gefährden. An der zunehmenden „Konfliktträchtigkeit" solcher Handlungen, insbesondere wenn sie klimaverändernde oder resourcenmindernde Auswirkungen haben, besteht jedenfalls kein Zweifel mehr[1371] – dies sieht auch der Sicherheitsrat ausweislich der Erklärung des Ratspräsidenten vom 31.01.1992[1372] so. In Anbetracht sich abzeichnender globaler Klimaveränderungen und der Verknappung von Ressourcen wie Erdöl, Erdgas und Trinkwasser ist zu erwarten, dass massive Umweltverschmutzungen verstärkt in den Vordergrund des Handelns des Sicherheitsrates rücken werden.

Problematisch im Hinblick auf eine Übereinstimmung mit dem Katalog des Art. 19 bleibt insbesondere die Praxis des Sicherheitsrates zur Durchsetzung der Demokratie[1373]. Es fällt auf, dass auch der Sicherheitsrat dies (möglicherweise unbewusst im vorbeschriebenen Zusammenhang) zu erkennen scheint, indem er beispielsweise im Fall Haiti versucht, die „Einzigartigkeit" der dortigen Situation in den Vordergrund zu stellen. Diese Vorgehensweise wählt er im Falle der

---

[1369] *Simma*, 1992 I, S. 134, klassifiziert den „large scale intentional damage to the environment" als Verstoß gegen eine obligation erga omnes und nennt als Beispiel die vom Irak angezündeten Ölfelder in Kuwait, ihm folgend *Charney*, S. 159 – dagegen: *Rubin*, 1992, S. 172; *Nettesheim*, S. 201, sieht Anzeichen für einen entsprechenden Konsens der Staatengemeinschaft.

[1370] Siehe oben S. 104.

[1371] *Farer*, S. 55, empfiehlt ein Handeln des Sicherheitsrates nach Kapitel VI ChVN; zu dem Potential des Kapitels VII ChVN in diesem Zusammenhang, ohne jedoch näher darauf einzugehen: *Nettesheim*, S. 173 ff. – auf S. 170 spricht *Nettesheim* mögliche Konflikte aus der „Verschärfung des Problems von Umwelt, ressourcen und Gewalt" an; vgl. auch *Herdegen*, S. 1 und 17. *Tomuschat*, 1994, S. 93, befürwortet eine Ausdehnung des Art. 39 ChVN auf „situations in the future which may bear grave threats to the survival of mankind.". *Randelzhofer*, 1979, S. 27 und 29, nennt das internationale Umweltschutzrecht als Beispiel für eine Konkretisierung des positiven Friedens; vgl. auch *Franck*, 1993, S. 100 m.w.N.; *Klein*, S. 53 ff.

[1372] Siehe oben S. 209. Nach Auffassung des deutschen Auswärtigen Amtes hat der Sicherheitsrat in SCR 687 (1991) festgestellt, dass massive Umweltverschmutzung eine Friedensbedrohung darstellt – vgl. Stellungnahme zu dem ILC-Entwurf 1996 vom 18.12.1997 zu FN 26 – homepage des *Lauterpacht* Research Center for International law: www.law.cam.ac.uk/rcil/ILCSR/Statresp.htm.

[1373] Dazu *A. Stein*, S. 288 ff.; *Isensee* überschreibt auf S. 428 einen in diesem Zusammenhang stehenden Absatz mit „Verfassungsstaatliche Erneuerung der Breschnew-Doktrin?".

Feststellung einer Friedensbedrohung wegen schwerer Menschenrechtsverletzungen nicht.

Besonders umstritten bei der Kategorie des internationalen Verbrechens sind (bzw. waren) neben dem Tatbestand[1374] (dessen Existenz der Sicherheitsrat in seiner Resolution 1422 vom 12.07.2002 voraussetzt[1375]) die sich an eine Verletzung anschließenden Rechtsfolgen[1376]. Art. 40 III des ILC-Entwurfes[1377] stellt zwar fest, dass im Falle eines Verbrechens jeder Staat in seinen Rechten verletzt ist. Der Entwurf enthält Regelungen zu Solidarpflichten und „countermeasures“[1378]. Die den Entwurf begleitenden Dokumente gehen jedoch auch davon aus, dass die Durchsetzung im Rahmen der „internationalen Gemeinschaft“ erfolgen soll[1379].

Der Entwurf enthält keine Regelung zur Möglichkeit des Einschreitens des Sicherheitsrates, lediglich einen Rechts*grund*verweis auf die Regeln der Charta „with respect to the maintenance of international peace and security“ in Art. 39 des 2. Teils des Entwurfes[1380]. Dies folgt schon daraus, dass sich die damit angesprochenen Rechtsfolgen (im Sinne eines Rechtsfolgenverweises) der Regelungskompetenz der Vertragsstaaten eines solchen Vertrages entziehen und es in dem einen Fall um das Recht der Staatenverantwortlichkeit und im anderen Fall um das der Friedenssicherung geht.

In seiner jüngeren *Praxis* hat der Sicherheitsrat den Friedensbegriff erkennbar so weit verstanden, dass er inhaltlich die Freiheit von völkerrechtlichen Verbre-

1374 Vgl. diesbezüglich *Klein*, S. 59 f., der annimmt, dass die Mitglieder der ILC davon ausgegangen sind, dass die Unterscheidung zwischen internationalen Delikten und internationalen Verbrechen positives Recht ist. Für *Rosenstock*, S. 325, war die Mehrheit der Mitglieder „caught up in the mood of the moment“; auf S. 327 sieht er Art. 19 als „reflection of the political climate and mood of the 1960s and 1970s“.

1375 5. pr. para.: „Noting that States not Party to the Rome Statute will continue to fulfil their responsibilities in their national jurisdictions in relation to international crimes“.

1376 *Rosenstock*, S. 322, 328 ff.; *Simma* 1994, S. 302 ff.; sehr eingehend *Paulus*, S. 391 ff., der zwischen einem „Sanktionsmodell“, einem „bilateralen“ und einem „institutionellen“ Modell unterscheidet.

1377 YILC 1996 II/2, S. 62 f.

1378 Art. 41 und 49 ff. des Entwurfs.

1379 Vgl. im einzelnen *A. Stein*, S. 320, und *Paulus*, S. 396 f., zur entsprechenden Auffassung des special rapporteurs Riphagen und allgemein auf S. 398 ff.; zur Durchsetzung auch *Frowein*, 1983, S. 247 ff.; *Tomuschat*, 1995, S. 15: „Der Gemeinschaftsgedanke verwirklicht sich am besten durch das Handeln von Gemeinschaftsinstitutionen.“ *Rosenstock*, S. 330 ff.

1380 ILC-Entwurf 1996; *A. Stein*, S. 320 f., auch zu den weitergehenden Ansichten des Berichterstatters Riphagen, die auf einen Rechtsfolgenverweis hinauslaufen und die *Stein* mit überzeugenden Argumenten ablehnt. *Rosenstock*, S. 322 legt Wert auf die Feststellung, dass die Sanktionen den Kapitel VII ChVN nicht der Bestrafung, sondern der Wiederherstellung des Friedens dienten.

chen i.S.d. in Art. 19 enthaltenen Katalogs umfassen kann. Die faktische Annäherung des Verständnisses des Friedensbegriffs und der Verbotsnormen des internationalen Straf- und Deliktsrechts ist dabei Ausfluss der starken Wertebezogenheit beider Kategorien.

c. *Art. 40 des Entwurfes 2001*

Auf ihrer 53. Tagung im November 2001 hat die ILC einen neuen Entwurf einer Kodifikation der Verantwortlichkeit der Staaten für rechtswidriges Verhalten angenommen, der den bisherigen Art. 19 nicht mehr enthält. Dafür wird in Art. 40 des neuen Entwurfes

> *„a serious breach by a state of an obligation arising under a peremptory norm of general international law"*

als besondere Kategorie des „international wrongful act" aufgenommen. Da es sich bei den bisherigen „international crimes" ebenfalls um ernste Verstöße gegen ius cogens (oder „peremptory norms") handelte[1381], ist dies keine wirkliche Neuerung[1382], sondern Ausdruck der Zurückhaltung vor der Einführung eines neuen (strafrechtlich anmutenden[1383]) Konzeptes des Internationalen Verbrechens zusätzlich zu den bestehenden und in ihrer Existenz im wesentlichen unbestrittenen Konzepten der obligations erga omnes und ius cogens. Tatsächlich vermeidet die ILC damit lediglich die (bei Art. 19 kritisierte[1384]) exemplarische Auflistung von internationalen Verbrechen. Der Kommentar zu Art. 40 nimmt dementsprechend Bezug auf die Definition von ius cogens in Art. 53 WÜV und die dort ebenfalls fehlende Auflistung von Beispielen[1385].

Nach Art. 40 Absatz 2 des Entwurfes liegt eine schwere („serious") Verletzung dieser Verpflichtungen dann vor, *„if it involves a gross or systematic failure by the responsible State to fulfil the obligation, risking substantial harm to the fundamental interests protected thereby."* Der Kommentar zu Art. 40 bezeichnet als *„systematic"* Verletzungen, die *„would have to be carried out in an organized and deliberate way"* und als *„gross"* solche *„of a flagrant nature,*

[1381] Dies zeigt der Kommentar zu Art. 40 auf den Seiten 283 ff. des ILC-Entwurfs 2001; vgl. auch den Kommentar zu Art. 19, YILC 1976 II, 2, S. 97: „a limited category comprising particularly serious wrongs, generally called `international crimes´".

[1382] Vgl. Crawford, 2000, para. 43, zu entsprechenden Äußerungen Frankreichs, Japans, der USA und des Vereinigten Königreichs.

[1383] ILC-Kommentar 2001, S. 279.

[1384] Vgl. *Rosenstock*, S. 320 f., der hier offenbar die Einhaltung des strafrechtlichen Bestimmtheitsgrundsatz vermisst. Eine solche Gesetzestechnik ist jedoch z.B. dem deutschen Strafrecht nicht fremd (Regelbeispiele).

[1385] AaO (FN 1381) auf S. 282 f.

amounting to a direct and outright assault on the values protected by the rule"[1386].

Hinsichtlich des Verfahrens der Feststellung des Vorliegens des Tatbestandes des Art. 40 verweist der Kommentar für die „*serious breaches dealt with in this chapter*" auf die „*competent international organizations including the Security Council and the General Assembly*“ und fährt fort, dass „*in the case of aggression the Security Council is given a specific role by the Charter*“[1387]. Unklar ist, warum dies nur im Fall der Aggression und nicht auch in den Fällen der Bedrohung und des Bruchs des Friedens so sein soll. Der Kommentar scheint an dieser Stelle eine Parallele zwischen Art. 40 Absatz 1 des Entwurfes und Art. 39 ChVN zwar zu sehen, scheut sich jedoch, direkt auf sie hinzuweisen.

Als Folge eines Verstoßes gegen die in Art. 40 des Entwurfs beschriebenen Verpflichtungen sieht Art. 41 Abs. 1 des Entwurfes eine Pflicht der Staaten zur Kooperation bei der Beendigung des Verstoßes vor, die insbesondere (und naheliegenderweise) im Rahmen der Vereinten Nationen erfolgen kann[1388]. Nach Art. 41 Abs. 3 bleiben „*further consequences that a breach ... may entail under international law*“ unberührt und damit der weiteren Entwicklung überlassen[1389].

d. Ergebnis

Festzuhalten ist, dass das Konzept der „international crimes“ bzw. „serious breaches“ ungeachtet aller Bedenken[1390] die vom Sicherheitsrat *in seiner Praxis* der Feststellung einer Friedensbedrohung zugrundegelegten Umstände beschreibt und somit eine geeignete **Richtlinie** für künftiges Handeln des Sicherheitsrates darstellt[1391].

Im Sinne einer Fortführung seiner bisherigen Praxis ist der Sicherheitsrat nicht gehindert (*aber* als politisches Organ *nicht verpflichtet*), bei Begehung eines internationalen Verbrechens im Sinne des Art. 19 bzw. eines „serious breaches“ im Sinne des Art. 40 den Tatbestand des Art. 39 ChVN unter Annahme eines so erweiterten (positiven) Friedensbegriffs als eröffnet anzusehen und

---

1386 ILC-Kommentar zu Art. 40 des ILC-Entwurfes 2001, S. 285.

1387 ILC-Kommentar zu Art. 40 des ILC-Entwurfes 2001, S. 286.

1388 So der Kommentar zu Art. 41 des ILC-Entwurfes 2001 auf S. 287.

1389 Vgl. Kommentar zu Art. 41 des ILC-Entwurfes 2001 auf S. 292: „... paragraph 3 reflects the conviction that the legal regimes of serious breaches is itself in a state of development. By setting out basic legal consequences of serious breaches in the sense of article 40, article 41 does not intend to preclude the future development of a more elaborate regime of consequences entailed by such breaches."

1390 Statt aller zusammenfassend *Paulus*, S. 386 ff.

1391 Nach *Bowett*, S. 165, entsprach dies auch einer Ansicht innerhalb der ILC in den Jahren 1995 – 1996; nach *A. Stein*, S. 322, FN 110, handelte es sich dabei um die Auffassung einer Minderheit.

zwar grundsätzlich unabhängig davon, ob es zu grenzüberschreitender Gewaltanwendung gekommen ist oder eine solche unmittelbar bevorsteht, sofern er allerdings die ihm gesetzten weiteren Grenzen beachtet[1392]. Dabei wird er zwar unter dem Gesichtspunkt der *Verhältnismäßigkeit* zu berücksichtigen haben, inwieweit die Gefahr bewaffneter militärischer Auseinandersetzungen im konkreten Fall besteht – die Anforderungen an die Schwere der Rechtsverletzung werden steigen, je weniger konkret diese Gefahr ist. Ein Handeln auch bei fehlender entsprechender Gefahr bleibt jedoch bei besonders schweren Verletzungen möglich[1393].

Im Sinne einer konsequenten Verwendung der in Art. 39 ChVN vorgesehenen Terminologie, sollte zumeist ein *Bruch* des Friedens angenommen werden. Der Begriff der Bedrohung ist demgegenüber – in Abgrenzung zu „Gefährdung" in Kapitel VI ChVN – denkbar eng zu fassen, etwa im Sinne eines unmittelbar bevorstehenden Bruchs. In der Praxis (und überwiegend auch in der Literatur) geschieht jedoch genau das Gegenteil: Der Begriff der Friedensbedrohung hat sich zu einer Bezeichnung all jener Fälle des Art. 39 ChVN entwickelt, bei denen nicht bereits aktuelle grenzüberschreitende gewaltsame Auseinandersetzungen zwischen mindestens zwei Staaten vorliegen. Der Sicherheitsrat geht sogar noch weiter, indem er selbst Fälle eindeutiger grenzüberschreitender Gewaltanwendung nicht als Bruch des Friedens bezeichnet.

Das beschriebene Konzept hat den Vorteil einer (wiewohl werteabhängigen) immanenten Dynamik: Der Inhalt des („positiven") Friedensbegriffs wandelt sich wie Inhalt und Umfang der internationalen Verbrechen/peremptory norms als „Untermenge" der obligations erga omnes und die Reichweite des domaine réservé des Art. 2 (7) ChVN entsprechend den jeweiligen Mindestwertevorstellungen der „international (legal) community"[1394]. Die Internationalität der Friedensbedrohung ist dem so verstandenen Begriff wegen seines Bezugs auf das Konzept der obligations erga omnes inhärent.

Unter Anerkennung der Unzulässigkeit einer einseitigen humanitären Intervention wegen des Verstoßes gegen Art. 2 (4) ChVN[1395] wird dem Sicherheitsrat

---

1392 Dazu gleich unter 2.; *Simma* 1994, S. 311: „Legally nothing stands in the way of the Council adopting a more dynamic concept of peace – and threats thereto – by linking it to the very values that the notions of ius cogens and obligations erga omnes consacrate in legal form."

1393 Vgl. auch *Herdegen*, S. 19.

1394 *Delbrück*, 1996 I, freilich spricht auf S. 31 (in einem anderen Zusammenhang) von der Gefahr einer Rückkehr zur bellum iustum – Lehre und der „Beliebigkeit der Werte". Sehr gut zur „Internationalen Gemeinschaft" *Tomuschat*, 1995, S. 1 ff.

1395 Die Diskussion über deren Zulässigkeit hat im Zusammenhang mit der Kosovo-Aktion der NATO in jüngerer Zeit eine Belebung erfahren. Sogar Vertreter ursprünglich pazifistisch eingestellter Organisationen wie die Partei Bündnis 90/Die Grünen treten für deren Zulässigkeit zur Verhinderung von Völkermord ein – vgl. den Aufsatz der Justitiarin der somit insbesondere auch die Möglichkeit einer „kollektiven" humanitären Intervention eingeräumt. Sein Gewaltmonopol wird für die Fälle besonders schwerer Menschenrechtsverletzungen bekräftigt. Eine exakte, einfach subsumierbare Definition des Friedens oder der Bedrohung des Friedens wird durch dieses Konzept zwar nicht erreicht, der Inhalt dieser Begriffe jedoch deutlicher konturiert – eine genauere Definition ist nicht möglich[1396] und im Sinne einer Flexibilität des Sicherheitsrates nicht wünschenswert[1397].

In der Praxis werden die Ansicht, die den Bedrohungsbegriff weit ausdehnt, und die hier vertretene Ansicht in der Regel zu demselben Ergebnis führen:

Erstere betrachtet den konkreten Fall und trifft dann eine faktische Prognose über den weiteren Konfliktverlauf (häufig unter Inkaufnahme eines unzulässigen „Zurechtbiegens" des Sachverhaltes), letztere verbindet die Feststellung einer Friedensbedrohung mit der Erfüllung bestimmter Kriterien, ohne dass es dabei im Einzelfall auf die konkrete faktische Prognose hinsichtlich der Gefahr grenzüberschreitender Gewaltanwendung ankommen muss. Die Ergebnisübereinstimmung wird dabei dadurch bewirkt, dass es sich bei den relevanten Kriterien um solche handelt, die typischerweise ein erhöhtes Konfliktpotential auszeichnet.

2. Weitere Grenzen

Wie eingangs der Arbeit[1398] gezeigt, enthält die Charta Elemente des positiven Friedens als Grundlage der Gewährleistung des negativen Friedens. Eine (drohende) Verletzung dieser Grundlagen, ohne die die Gewährleistung des negativen Friedens auf Dauer nicht möglich sein wird, *kann* im Einzelfall unter den genannten engen tatbestandlichen Voraussetzungen (hinsichtlich Friedens- und Bedrohungsbegriff) nur dann eine Friedensbedrohung darstellen, wenn der Si-

---

Bundestagsfraktion Birgit *Laubach*, ZRP 1999, S. 276 ff.; dafür auch *Wilms*, S. 227 ff., und *Kreß*, 1999, S. 3077 ff., dagegen (zutreffend) *Deiseroth* S. 3084 ff. m.z.w.N., *Randelzhofer*, zu Art. 2 (4) ChVN, Rdnr. 53 ff., in: *Simma* (Hrsg.), Charter, 2. Aufl. und *Simma*, 1999, S. 5 f.

1396 Daher spricht *Randelzhofer*, 1979, S. 30, von dem *Typus* „positiver Friede"; siehe auch ders. 1992, S. 81. Vgl. auch *Lillich*, 1994, S. 66, der Parallelen zu der „Definition" von „obscenity" durch Justice Potter Stewart sieht: „I cannot define it but I know it when I see it.". Vgl. die Definitionsversuche bei *Scheuner*, S. 571, und *Wright*, S. 525

1397 *Neuhold*, S. 936.

1398 Oben S. 22 ff.

cherheitsrat daneben[1399] die weiteren, ihm hinsichtlich der Befugnis zum Einschreiten[1400] gesetzten Grenzen[1401], namentlich insbesondere

- den Verhältnismäßigkeitsgrundsatz[1402],
- die funktionale Grenze im Verhältnis zu Kapiteln VI und VIII ChVN als Ausprägung des Verhältnismäßigkeitsprinzips[1403],
- Art. 24 (2) ChVN – Ziele und Grundsätze der Vereinten Nationen[1404],
- Art. 2 (1) ChVN – staatliche Souveränität[1405],
- die zeitliche Begrenzung, nach der ein Handeln nach Kapitel VII ChVN nur solange zulässig ist, so lange die Voraussetzung einer Friedensbedrohung anhalten und der Konflikt nicht einer friedlichen Streitbeilegung i.S.d. Kapitels VI ChVN zugänglich ist[1406],

---

1399 „Principle of Limited Powers"

1400 Zur ebenfalls zu beachtenden Begrenzung des Ermessens auf der Rechtsfolgenseite vgl. *Herdegen*, S. 27 ff.; *Sohn*, S. 151 und *Bardonnet*, S. 149 f., der auf die Schwierigkeiten der Handhabung hinweist.

1401 Gute Fragen nach den Grenzen stellt Shahabuddeen in *Lockerbie, Provisional Measures*, S. 142, allerdings ohne sie zu beantworten.

1402 Siehe schon oben S. 274. Vgl. auch *Gading*, S. 222 ff.; *Lillich*, 1993, S. 572; *Gordon*, 1996, S. 45; *Schreuer*, 1992, S. 153; *Simma* 1994, S. 274; gegen eine Berücksichtigung auf der Tatbestandsseite *A. Stein*, S. 332 ff.

1403 *Fink* zieht zur Abgrenzung die Unterscheidung zwischen abstrakter und konkreter Gefahr im deutschen Polizeirecht heran (S. 881). *Krökel*, S. 76 ff.

1404 Weeramantry in *Lockerbie, Provisional Measures*, S. 171 ff., *Conforti*, 1993, S. 54; *Simma* 1994, S. 270; *Pastor Ridruejo*, S. 147; *Frowein/Krisch*, Introduction to Chapter VII, Rdnr. 26 ff., in: *Simma* (Hrsg.), Charter, 2. Aufl.

1405 Vgl. *Wierzbicki/Welhengama*, S. 155 ff.; *Simma* 1994, S. 270; *Gading*, S. 182 ff.; *Lorinser*, S. 54 ff. und *Tomuschat*, 1995, S. 17, der dieser Beschränkung letztlich (zu Recht) keinen entscheidenden Wert beimisst. *Dicke*, 1993, S. 272, beschreibt eine eingeschränkte „sovereignty under law". Nach *Franck*, 1999, S. 857, ist es bemerkenswert, dass die Resolutionen, die die stärksten Eingriffe in die Souveränität beeinhalten (SCR 687 (1991) und 1244 (1999)), die Souveränität der betroffenen Staaten bekräftigen.

1406 Vgl. *Farer*, S. 48, der für die Zulässigkeit von Maßnahmen eintritt, die zum Zweck der Abschreckung anderer potentieller Agressoren, nach Abschluss der Agression verhängt werden; vgl. *Endemann*, S. 258; *Herdegen*, S. 12, und 1995, S. 116 ff. zur „Nachsorge/Nachbehandlung" militärischer Konflikte; *Dahm*, S. 392; Nach *Dicke*, 1993, S. 273, besteht eine größere Vermutung für eine Zuständigkeit des Sicherheitsrates, je stärker die bei der Intervention eingesetzten Mittel sind. Vgl. auch Art. 14 des ILC-Entwurfes 2001. Interessant sind in diesem Zusammenhang insbesondere die Resolutionen, in denen der Sicherheitsrat nach Kapitel VII ChVN handeln muss, obwohl die zugrundeliegende Friedensbedrohung nicht mehr andauert – so z.B. SCR 1411 (2002), 1431 (2002) und 1481 (2003), in denen die Statuten der internationalen Strafgerichtshöfe zu Jugoslawien und Ruanda geändert wird. Vgl. auch zur problematischen Praxis der Perpetuierung friedensbedrohender Situationen durch Einordnung der Nichtbefolgung vorangegangener Resolutionen als Friedensbedrohung oben S. 253 f.

- Art. 27 (3) ChVN – Vetorecht und Mehrheiterfordernis[1407] und
- Art. 51 ChVN[1408]

beachtet[1409].

Wegen der trotz ihrer Begrenzungen immer noch weiten Eingriffsbefugnisse des Sicherheitsrates wäre es im Sinne der Geltung einer „rule of law“ wünschenswert (wiewohl praktisch wegen der Notwendigkeit eines schnellen Einschreitens des Sicherheitsrates problematisch[1410]), wenn die Einhaltung der Ermessensgrenzen des Sicherheitsrates gerichtlich überprüfbar wäre[1411]. Nach derzeit geltendem Recht ist diese Möglichkeit – mit Ausnahme des Verfahrens nach Art. 96 ChVN und der Inzidentkontrolle – nicht vorgesehen.

3. Staatenkonsens

Abschließend ist zu fragen, ob die dargestellte Auslegung von einer ausreichenden Übereinstimmung der Staaten getragen ist, Art. 31 Absatz 3 b WÜV[1412].

Entsprechend der dargestellten Entwicklung von menschenrechtlichen Normen erga omnes und von ius cogens im Völkerrecht kann von einer Bindung aller Staaten an die grundlegendsten Menschenrechte ausgegangen werden. Parallel dazu besteht infolge der Auflösung des ideologisch bedingten Ost-West-Gegensatzes und der zunehmenden gegenseitigen Abhängigkeit in Zeiten der Globalisierung eine deutliche Tendenz zu einer Übereinstimmung der grundlegenden Wertvorstellungen der überwiegenden Zahl der Staaten. Werthöhe und

---

1407 Zu dessen Gebrauch heute vgl. *Schreuer*, 1994, S. 84, *Szasz*, 1994 II, S. 86 f., *Schilling*, S. 72 f, 80 und *Simma* 1994, S. 278; positiv sieht das Vetorecht *Herdegen*, S. 8 – negativ dagegen *A. Stein*, S. 337.

1407 Dafür: *Schilling*, S. 99.

1408 Akte der reinen Selbstverteidigung können nicht Maßnahmen nach Kapitel VII ChVN auslösen – vgl. *Conforti*, 1993, S. 55.

1409 Aus den Worten „stellt fest“ in Art. 39 ChVN kann nicht auf ein unbeschränktes Ermessen geschlossen werden – sehr eingehend dazu *Gading*, S. 42 ff. m.z.w.N.; Als weitere Grenze wird gelegentlich das Budgetrecht der Generalversammlung (Art. 17 ChVN) genannt, vgl. *Rubin*, 1992, S. 172, dagegen *Schreuer*, 1992, S. 178.

1410 *Simma* 1994, S. 282, weist in diesem Zusammenhang auf die vom IGH in den Fällen Lockerbie und Namibia angenommene prima facie – Rechtmäßigkeit von Maßnahmen des Sicherheitsrats hin, die eine nachträgliche Überprüfung nicht ausschließt; vgl. *Herdegen* 1995, S. 118 f.

1411 Die Literatur zu dieser Frage ist inzwischen unübersehbar – vgl. z.B. die Angaben oben in FN 26 auf S. 21 und den sehr guten Überblick bei *Lorinser*, S. 29 ff. *A. Stein*, S. 327 ff., untersucht die Aussagen der Generalversammlung zu den Konflikten Irak (Kuwait), Somalia und Haiti und kommt dabei zu dem Ergebnis, dass daraus keine Billigung der Völkergemeinschaft abgeleitet werden kann.

1412 Siehe dazu bereits oben S. 20 ff. und S. 47 f..

Wertstärke des negativen und des positiven Friedens nähern sich im Sinne einer gemeinsamen Werteplattform einander an[1413].

Ob sich die Zustimmung einer überwältigenden Mehrheit der Mitglieder der Vereinten Nationen auf Befugnis des Sicherheitsrates zur Durchsetzung der Menschenrechte oder der weiteren beschriebenen Elemente des positiven Friedens im Falle ihrer Verletzung erstreckt ist nicht eindeutig[1414]. Die zunehmend unwidersprochen bleibende Praxis des Sicherheitsrates spricht dafür, ebenso Art. 13 des Status über den Internationalen Strafgerichtshof[1415]. Es darf indes nicht übersehen werden, dass die (äußere und ggf. vorübergehende) Zustimmung vieler – vor allem nicht-demokratischer – Staaten zur Praxis des Sicherheitsrates machtpolitisch motiviert ist und nicht der tatsächlichen, dauerhaften Haltung entspricht. Es liegt mitunter die Vermutung nahe, dass die Furcht, selbst Adressat von Maßnahmen des Sicherheitsrates zu werden, der Zustimmung zu dessen Handeln in den beschriebenen Fällen der Verletzung/Bedrohung des positiven Friedens eher zugrundeliegt als eine echte Werteübereinstimmung. Auch unter diesem Blickwinkel erweist sich der Sicherheitsrat als politisches Organ, das primär (also nicht ausschließlich[1416]) von den aktuellen politischen Machtverhältnissen und weniger etwa von Erwägungen einer rule of law[1417] bestimmt wird[1418].

Dieses von vielen als Legitimitätsdefizit empfundenes Manko[1419] wäre erst mit der Anerkennung einer vollständigen Justiziabilität der Entscheidungen des Si-

---

1413 Die Werte-Orientierung der dargestellten Konzepte ist von entscheidender Bedeutung – vgl. *Schreuer*, 1992, S. 147 und *Tomuschat*, 1992, S. 157; *Dicke*, 1993, S. 275, spricht von dem „Friedenskonzept der Charta, Frieden als wertgebundene Rechtsordnung aufzufassen". *Simma* 1992 I, S. 129 ff. Zu der Unterscheidung zwischen Werthöhe und Wertstärke in diesem Zusammenhang vgl. *Randelzhofer*, 1989, S. 776.

1414 Bejahend *Herdegen*, S. 14, und *ders.*, 1995, S. 112 f., wo er im Hinblick auf die sehr weite Regelung des Art. 39 ChVN darauf hinweist, dass an den Nachweis der Akzeptanz durch die Mitgliedstaaten keine allzu hohen Anforderungen gestellt werden dürfen. Bejahend auch Lillich, 1994, S. 69; hinsichtlich der Menschenrechte vgl. auch die Nachweise in FN 1257 oben S. 249.

1415 Vgl. dazu schon oben S. 236.

1416 Vgl. *Schilling*, S. 86.

1417 Dazu *Brownlie*, S. 92; *Schilling*, S. 81 f.

1418 Vgl. die Nachweise oben S. 56, FN 233. In der Literatur wird in diesem Zusammenhang in Abwandlung eines berühmten Satzes von Chief Justice Hughes, das Verhältnis zwischen US-amerikanischer Verfassung und dem Obersten Gerichtshof betreffend, ausgeführt, dass „the Charter is what the Security Council says it is." – vgl. nur *Lillich*, 1993, S. 564. *Higgins*, 1970, S. 16: „... it is for the Council, and the Council alone, to determine the existence of such a threat. Whether one agrees with its judgment is both another point and beside the point."; *Tomuschat*, 1995, S. 12 f.

1419 Vgl. dazu sehr einprägsam *Randelzhofer*, 1989, S. 764 ff., insbes. in FN 87, und *Schilling*, S. 76, insbes. FN 66 zur Hegemonie der USA, sowie *Tomuschat*, 1995, S. 13.

cherheitsrates[1420] zu beheben. Erst dann würde es *für die Praxis* auf die Frage des Vorhandenseins einer wirklichen opinio juris oder Konsenses zum Thema der Eingriffsbefugnis des Sicherheitsrates in den angesprochenen Fällen ankommen[1421]. Für die Frage, ob der Sicherheitsrat überhaupt in einen Konflikt eingreift, wird jedoch die Haltung der fünf ständigen Mitglieder entscheidend bleiben – die Möglichkeit einer Anordnung durch den IGH an den Sicherheitsrat im Falle rechtswidrigen Unterlassens ist schlechterdings nicht denkbar[1422]. Im Übrigen stellt sich das Problem des Erfordernisses der Anerkennung der Gerichtsbarkeit des IGH gem. Art. 36 IGH-Statut.

Trotz starker Tendenzen[1423] kann also von einer vollständigen weltweiten Wertehomogenität im Hinblick auf die relevanten Themenkreise (Menschenrechte, Umweltschutz etc.) und einer weltweiten Anerkennung der Auslegungspraxis des Sicherheitsrates noch nicht mit hinreichender Sicherheit ausgegangen werden. Aktuell geben insbesondere die unterschiedlichen Auffassungen der arabischen/islamischen und westlichen Welt Anlass zu Zweifeln an einer mittelfristigen Erreichbarkeit dieses Zustandes[1424].

1420 Dafür: *Schilling*, S. 99, und allenfalls de lege ferenda: *Simma*, 1992 I, S. 145 m.w.N.; *Schreuer*, 1992, S. 152; *A. Stein*, S. 390 ff.; dagegen: *Lillich*, 1994, S. 67, *Szasz*, 1994 II., S. 85, *Wolfrum*, 1994 S. 91 f., *Tomuschat*, 1994, S. 94; vgl. oben FN 26 auf S. 21.

1421 *Schilling*, S. 99, bejaht ein formelles und materielles Prüfungsrecht der Mitgliedstaaten mit einem aus der staatlichen Souveränität abgeleiteten Recht auf Nichtbefolgung der Resolution im Falle ihrer Rechtswidrigkeit. *Schilling* vertritt hier – wie er selber anmerkt – eine Mindermeinung. *A. Stein*, S. 330 f., geht auf die Möglichkeit einer schnelleren Entstehung von Gewohnheitsrecht ein, die er allenfalls für den Fall einer stärkeren Ausprägung der Rule of Law in Bezug auf Handlungen des Sicherheitsrates in Erwägung ziehen möchte.

1422 Das damit angeprochene Problem der Ungleichbehandlung vergleichbarer Sachverhalte – vgl. bereits oben S. 211 – veranlasst *Isensee*, S. 430, zu der Feststellung, dass die Wiederherstellung des Interventionsverbotes auch um der Gleichheit der Staaten willen erforderlich sei. Nur seine Wirksamkeit könne das tatsächliche Ungleichgewicht an Macht kompensieren. *Rubin*, 1994, S. 101, geht so weit, unilaterale Intervention in manchen Fällen der Nichtintervention des Sicherheitsrates vorzuziehen. Zum Spannungsfeld zwischen „wertegebundener Völkerrechtsordnung“ und politischer Entscheidungen des Sicherheitsrates einerseits und dem Interventionsverbot andererseits vgl. *Dicke*, 1993, S. 264 ff.; *Bothe*, 1992, S. 89: „In any political process that problem of selectivity is apparently unavoidable, and you will not – at least the world is not ripe for that – replace that political process, which means selectivity, by a judicial process, which by definition means – or at least should mean – non-selectivity or strict equality before the law."

1423 *Dicke*, 1993, S. 262, spricht von einem „deutlich gewachsenen Konsens über die Bedeutung der Menschenwürde als Wertgrundlage internationaler Ordnung."

1424 *Randelzhofer*, 1989, S. 777: „Die Schöpfer des Kriegsverhütungsrechts der ChVN gingen daher auch durchaus nicht davon aus, dass sich rasch ein Erfolg einstellen würde, sondern sahen die notwendige Neubildung der Wertvorstellungen hinsichtlich Krieg und Frieden als einen Vorgang an, der einige Generationen dauern würde." *Rubin*, aaO, S. 100 f., geht

Gleichwohl ist die Organpraxis des Sicherheitsrates insbesondere bei der Einordnung von schweren Menschenrechtsverletzungen als Friedensbedrohung inzwischen von einer solchen Beständigkeit, dass das Erfordernis der allgemeinen Übereinstimmung *für die Praxis* zunehmend irrelevant wird und weniger ein Legalitäts- als ein Legitimitätsproblem (der Sicherheitsrat hat nur 15 Mitglieder, davon 5 ständige) darstellt.

III. Ergebnis

Der Sicherheitsrat hat in seiner Praxis zur Beendigung oder Verhinderung von Verletzungen bestimmter international geschützter Rechtsgüter von hohem Rang, insbesondere bei schweren Menschenrechtsverletzungen, unabhängig von der konkreten Gefahr grenzüberschreitender militärischer Auseinandersetzungen, eine Bedrohung des Friedens angenommen. Er hat dabei nicht einen weiten Bedrohungs-, sondern einen erweiterten Friedensbegriff zugrundegelegt.

Hinsichtlich der in Betracht kommenden Rechtsgüter lässt sich eine Übereinstimmung mit den in Art. 19 (alt) bzw. Art. 40 (neu) des Entwurfes der International Law Commission zum Recht der Staatenverantwortlichkeit besonders hervorgehobenen völkerrechtlichen Verpflichtungen feststellen, die folglich als Richtlinie bei der Präzisierung des vom Sicherheitsrat angenommenen Friedensbegriffs dienen können.

Die Charta der Vereinten Nationen lässt eine solche Auslegung des Friedensbegriffs zu[1425].

---

auf die Unterschiede zwischen europäischem und muslimischen Werteverständnis ein. Vgl. auch *Simon*, S. 127 f.

1425 Dazu oben Teil B (S. 19 ff.) der Arbeit und (statt aller) *Simma*, 1992 II, S. 179 und *ders.*, 1994, S. 311 – Zitat oben FN 1392.

Literaturverzeichnis

Adelman, Howard: Humanitarian Intervention: The Case of the Kurds, in: International Journal of Refugee Law, Band 4 Nr. 1, 1992, S. 4-38 (zitiert: Adelman)

Annan, Kofi: Die Grundrechte des einzelnen gelten für Arme wie für Reiche; Nobelpreisrede in Oslo am 10.12.2001, in: Vereinte Nationen, 2002, S. 24-25 (zitiert: Annan)

Alvarez, Jose E.: Judging the Security Council, in: American Journal of International Law, Band 90, 1996, S. 1-39 (zitiert: Alvarez)

D'Amato, Anthony: Domestic Jurisdiction, in: Bernhardt (Hrsg.), Encyclopedia of Public International Law, Band 1, 1992, S. 1090-1096 (zitiert: D'Amato)

Arangio-Ruiz, Gaetano: The Federal Analogy and UN Charter Interpretation: A crucial Issue, in: European Journal of International Law, Band 8, 1997, S. 1-28 (zitiert: Arangio-Ruiz)

Arntz, Joachim: Der Begriff der Friedensbedrohung in Satzung und Praxis der Vereinten Nationen, 1975 (zitiert: Arntz)

Bailey, Sydney D.: Cease-fires, Truces, and Armistices in the Practise of the UN Security Council, in: American Journal of International Law, Band 71, 1977, S. 461-473 (zitiert: Bailey, 1977)

Bailey, Sydney D.: The UN Security Council and Human Rights, 1994 (zitiert: Bailey, 1994)

Baratta, Mario von (Hrsg.): Der Fischer Weltalmanach (zitiert: FWA-Jahr)

Bardonnet, Daniel: Diskussionsbeitrag, in: Dupuy, R.-J. (Hrsg.): The Development of the Role of the Security Council, 1993, S. 149-150 (zitiert: Bardonnet)

Baroni, Franca: Völkerrechtliche Auswirkungen der Friedenssicherungspraxis der Vereinten Nationen nach Ende des Kalten Krieges, 1995 (zitiert: Baroni)

Bauer, Andreas: Effektivität und Legitimität: Die Entwicklung der Friedenssicherung durch Zwang nach Kapitel VII der Charta der Vereinten Nationen unter besonderer Berücksichtigung der neueren Praxis des Sicherheitsrates, 1996 (zitiert: Bauer)

Bentwich, Norman/Martin, Andrew: A Commentary on the Charter of the United Nations, 2. Aufl. 1951 (zitiert: Bentwich/Martin)

Berber, Friedrich: Lehrbuch des Völkerrechts, Band II (Kriegsrecht), 2. Aufl. 1962, Band III (Streiterledigung, Kriegsverhütung, Integration), 2. Aufl. 1977 (zitiert: Berber II bzw. Berber III)

Bernhardt, Rudolf: Interpretation in International Law, in: Bernhardt (Hrsg.), Encyclopedia of Public International Law, Band 2, 1995, S. 1416-1425 (zitiert: Bernhardt)

Bills, David: International Human Rights and Humanitarian Intervention: The Ramifications of Reform on the United Nations Security Council, in: Texas International Law Journal, Band 31, 1996, S. 107-130 (zitiert: Bills)

Bindschedler, Rudolf: Das Problem der Beteiligung der Schweiz an Sanktionen der Vereinten Nationen, besonders im Falle Rhodesiens, in: Zeitschrift für ausländisches öffentliches Recht und Völkerrecht, Band 28, 1968, S. 1-15 (zitiert: Bindschedler)

Blumenwitz, Dieter: Die Vereinten Nationen als Friedensstifter und Friedenswahrer, in: Bayerische Verwaltungsblätter 1995, S. 705-710 (zitiert: Blumenwitz)

Bothe, Michael: Diskussionsbeitrag, in: Delbrück, Jost (Hrsg.), The Future of International Law Enforcement. New Scenarios-New Law?, Proceedings of an International Symposium of the Kiel Institute of International Law March 25 to 27, 1992, 1993, S. 88-90 (zitiert: Bothe, 1992)

Bothe, Michael: Les Limites des Pouvoirs du Conseil de Sécurité, in: Dupuy, R.-J. (Hrsg.): The Development of the Role of the Security Council, 1993, S. 67-81 (zitiert: Bothe, 1993 I)

Bothe, Michael, Diskussionsbeitrag, in: Dupuy, R.-J. (Hrsg.): The Development of the Role of the Security Council, 1993, S. 332 (zitiert: Bothe 1993 II)

Boutros-Ghali, Boutros: The United Nations and Apartheid 1948-1994 (zitiert: Boutros-Ghali, Apartheid)

Boutros-Ghali, Boutros: The United Nations and Somalia 1992-1996 (zitiert: Boutros-Ghali, Somalia)

Boutros-Ghali, Boutros: Setting an Agenda for the United Nations, in: Journal of International Affairs, Band 46, 1993, S. 289-298 (zitiert: Boutros-Ghali, 1993)

Boven, Theo van: The Security Council: The New Frontier, in: The Review of the International Commission of Jurists, No. 48, 1992, S. 12-23 (zitiert: Van Boven)

Bowett, Derek William: Crimes of State and the 1996 Report of the International Law Commission on State Responsibility, in: Euopean Journal of International Law, Band 9, 1998, S. 163-173 (zitiert: Bowett)

Brownlie, Ian: The Decision of Political Organs of the UN and the Rule of Law, in: Ronald St. John Macdonald (Hrsg.), Essays in Honour of Wang Tieya, 1994, S. 91-102 (zitiert: Brownlie)

Bruha, Thomas/Krajewski, Markus: Funktionswandel des Sicherheitsrates als Verfassungsproblem. Zur rechtlichen Sicht der neueren Praxis, in: Vereinte Nationen, 1998, S. 13-18 (zitiert: Bruha/Krajewski)

Bruha, Thomas: Sicherheitsrat, in: Wolfrum (Hrsg.), Handbuch Vereinte Nationen, 2. Aufl. 1991, S. 765 (zitiert: Bruha)

Bruha, Thomas/Bortfeld, Matthias: Terrorismus und Selbstverteidigung – Voraussetzungen und Umfang erlaubter Selbstverteidigungsmaßnahmen nach den Anschlägen vom 11. September 2001, in: Vereinte Nationen, 2001, S. 161-167 (zitiert: Bruha/Bortfeld)

Bush, George: Rede vor dem US-amerikanischen Kongreß vom 06.03.1991, Europa Archiv, Band 46, 1991, S. D 220 (zitiert: Bush)

Cerna, Christina: Universal Democracy: An International Legal Right or the Pipe Dream of the West?, in: New York University Journal of International Law and Politics, Band 27, 1995, S. 289-329 (zitiert: Cerna)

Charney, Jonathan I.: Diskussionsbeitrag, in: Delbrück, Jost (Hrsg.), The Future of International Law Enforcement. New Scenarios-New Law?, Proceedings of an International Symposium of the Kiel Institute of International Law March 25 to 27, 1992, 1993, S. 158-160 (zitiert, Charney)

Charney, Jonathan I.: Anticipatory Humanitarian Intervention in Kosovo, in: American Journal of International Law, Band 93, 4, 1999, S. 834-841 (zitiert: Charney, 1999)

Conforti, Benedetto: Le Pouvoir Discretionnaire du Conseil de Sécurité, en Matière de Constatation d'une Menace contre la Paix d'une Rupture de la Paix ou d'un Acte d'Aggression, in: Dupuy, R.-J. (Hrsg.): The Development of the Role of the Security Council, 1993, S. 51-60 (zitiert: Conforti 1993)

Conforti, Benedetto: The Law and Practise of the United Nations, 1996 (zitiert: Conforti)

Cot, J.-P./Pellet, A.: La Charte des Nations Unies, 2. Aufl. 1991 (zitiert: CP-Bearbeiter)

Czempiel, Ernst-Otto: Frieden und Sicherheit als außen- und innenpolitische Konzepte aus politologischer Sicht, in: Delbrück, Jost (Hrsg.): Völkerrecht und Kriegsverhütung: Zur Entwicklung des Völkerrechts als Recht des friedenssichernden Wandels; Referate, Berichte und Diskussionen eines Symposiums veranstaltet vom Institut für Internationales Recht an der Universität Kiel vom 22.-24.11.1978, 1979, S. 77-92 (zitiert: Czempiel)

Dahm, Georg: Völkerrecht, 2. Aufl. 1961, Band II (zitiert: Dahm II)

Debiel, Tobias: Not und Intervention in einer Welt des Umbruchs. Zu Imperativen und Fallstricken humanitärer Einmischung, in: Aus Politik und Zeitgeschichte – Beilage zur Wochenzeitung „Das Parlament“, B 33-34, 1996, S. 29-38 (zitiert: Debiel)

Deiseroth, Dieter: „Humanitäre Intervention“ und Völkerrecht, in: NJW 1999, S. 3084-3088 (zitiert: Deiseroth)

Delbrück, Jost (Hrsg.): Völkerrecht und Kriegsverhütung: Zur Entwicklung des Völkerrechts als Recht des friedenssichernden Wandels; Referate, Berichte und Diskussionen eines Symposiums veranstaltet vom Institut für Internationales Recht an der Universität Kiel vom 22.-24.11.1978, 1979 (zitiert: Delbrück 1979)

Delbrück, Jost (Hrsg.): The Future of International Law Enforcement. New Scenarios - New Law?, Proceedings of an International Symposium of the Kiel Institute of International Law March 25 to 27, 1992, 1993

Delbrück, Jost (Hrsg.): Allocation of Law Enforcement Authority in the International System, Proceedings of an International Symposium of the Kiel Institute of International Law March 23 to 25, 1994, 1995

Delbrück, Jost: Diskussionsbeitrag, in: Delbrück, Jost (Hrsg.), The Future of International Law Enforcement. New Scenarios – New Law?, Proceedings of an International Symposium of the Kiel Institute of International Law March 25 to 27, 1992, 1993, S. 78-81 (zitiert: Delbrück, 1992-1)

Delbrück, Jost: A Fresh Look at Humanitarian Intervention Under the Authority of the United Nations, in: Indiana Law Journal, Band 67, 1992, S. 887-899 (zitiert: Delbrück, 1992-2)

Delbrück, Jost: Menschenrechte und Souveränität, in: Dicke u.a. (Hrsg.): Die Konstitution des Friedens als Rechtsordnung, Zum Verständnis rechtlicher und politischer Bedingungen der Friedenssicherung im internationalen System der Gegenwart, 1996, S. 22 ff. (zitiert: Delbrück, 1996 I)

Delbrück, Jost: Die Adäquanz völkerrechtlicher Kriegsverhütungs- und Friedenssicherungsinstrumente im Lichte der Kriegsursachenforschung, in: Dicke u.a. (Hrsg.): Die Konstitution des Friedens als Rechtsordnung, Zum Verständnis rechtlicher und politischer Bedingungen der Friedenssicherung im internationalen System der Gegenwart, 1996, S. 201 ff. (zitiert: Delbrück, 1996 II)

Delbrück, Jost: Wirksameres Völkerrecht oder neues „Weltinnenrecht“? Perspektiven der Völkerrechtsentwicklung in einem sich wandelnden internationalen System, in: Kühne (Hrsg.), Blauhelme in einer turbulenten Welt, 1993, S. 101-131 (zitiert: Delbrück, Weltinnenrecht)

Derpa, Rolf: Das Gewaltverbot der Satzung der Vereinten Nationen und die Anwendung nichtmilitärischer Gewalt, 1970 (zitiert: Derpa)

Dicke, Klaus: Interventionen zur Durchsetzung internationalen Ordnungsrechts: Konstitutives Element der neuen Weltordnung?, in: Jahrbuch für Politik, 1993, S. 259-283 (zitiert: Dicke, 1993)

Dicke u.a. (Hrsg.): Die Konstitution des Friedens als Rechtsordnung, Zum Verständnis rechtlicher und politischer Bedingungen der Friedenssicherung im internationalen System der Gegenwart, 1996

Dicke, Klaus: Weltgesetzgeber Sicherheitsrat, in: Vereinte Nationen, 2001, S. 163 (zitiert: Dicke, 2001)

Dicke, Klaus: Einmütigkeit gegen die Taliban, in: Thüringische Landeszeitung (TLZ) vom 17.11.2001, S. 3

Dingemann, Rüdiger: Westermann Lexikon – Krisenherde der Welt, 1996 (zitiert: Dingemann)

Dinstein, Yoram: War, Aggression and Self-Defence, 3. Aufl. 2001 (zitiert: Dinstein)

Dupuy, René-Jean (Hrsg.): The Development of the Role of the Security Council, 1993

Dupuy, René-Jean: Conclusions of the Workshop, in: Dupuy, R.-J. (Hrsg.): The Development of the Role of the Security Council, 1993, S. 487-495 (zitiert: Dupuy)

Einsiedel, Sebastian von/Chestermann, Simon: Doppelte Eindämmung im Sicherheitsrat – Die USA im diplomatischen Vorfeld des Krieges, in: Vereinte Nationen, Heft 2, 2003, S. 47-55 (zitiert: von Einsiedel/Chestermann)

Endemann, Harald: Kollektive Zwangsmaßnahmen zur Durchsetzung humanitärer Normen: Ein Beitrag zum Recht der humanitären Intervention, 1997 (zitiert: Endemann)

Ermacora, Felix: Kommentierung zu Art. 2 (7), in: Simma (Hrsg.), Charter und Simma (Hrsg.), Charta

Faßbender, Bardo: UN Security Council Reform and the Right of Veto. A Constitutional Perspective, 1998 (zitiert: Faßbender)

Farer, Tom: The Future of International Law Enforcement under Chapter VII: Is there Room for „New Scenarios"?, in: Delbrück, Jost (Hrsg.), The Future of International Law Enforcement. New Scenarios – New Law?, Proceedings of an International Symposium of the Kiel Institute of International Law March 25 to 27, 1992, 1993, S. 39-56 (zitiert: Farer)

Fastenrath, Ulrich: Intervention ohne Mandat?, in FAZ vom 22.04.1999 (zitiert: Fastenrath)

Fawcett, J.E.S.: Security Council Resolutions on Rhodesia, in: British Yearbook of International Law, Band 41, 1965/66, S. 102-121 (zitiert: Fawcett)

Fink, Udo: Kollektive Friedenssicherung. Kapitel VII UN-Charta in der Praxis des Sicherheitsrates der Vereinten Nationen, 1999 (zitiert: Fink)

Finke, Jasper/Wandscher, Christiane: Terrorismusbekämpfung jenseits militärischer Gewalt, in: Vereinte Nationen, 2001, S. 168-173 (zitiert: Finke/Wandscher)

Fischer, Joschka: Für den Dialog der Kulturen und Religionen, Rede vor der 56. UN-Generalversammlung am 12.11.2001, in: Vereinte Nationen, 2002, S. 26-27 (zitiert: Fischer)

Franck, Thomas M.: The Emerging Right to Democratic Governance, in: American Journal of International Law, Band 86, 1992, S. 46-91 (zitiert: Franck, 1992 I)

Franck, Thomas M.: The „Powers of Appreciation": Who is the Ultimate Guardian of UN Legality?, in: American Journal of International Law, Band 86, 1992, S. 519-523.

Franck, Thomas M.: The Security Council and „Threats to the Peace": Some Remarks on Remarkable Recent Developments, in: Dupuy, R.-J. (Hrsg.): The Development of the Role of the Security Council, 1993, S. 83-110 (zitiert: Franck, 1993)

Franck, Thomas M.: Lessons of Kosovo, in: American Journal of International Law, Band 93, 4, 1999, S. 857-860 (zitiert: Franck, 1999)

Freudenschuß, Helmut: Article 39 of the UN Charter Revisited: Threats to the Peace and the Recent Practise of the UN Security Council, in: Austrian Journal of Public and International Law, Band 46, 1993, S. 1-39 (zitiert: Freudenschuß, 1993)

Freudenschuß, Helmut: Between Unilateralism and Collective Security: Authorizations of the Use of Force by the UN Security Council, in: European Journal of International Law, Band 5, 1994, S. 492 ff. (zitiert: Freudenschuß, 1994)

Frowein, Jochen A.: Das de facto-Regime im Völkerrecht: Eine Untersuchung zur Rechtsstellung „nichtanerkannter Staaten" und ähnlicher Gebilde, 1968 (zitiert: Frowein, 1968)

Frowein, Jochen A.: Kommentierung zu Art. 39-42, sowie Einleitung zu Kapitel VII ChVN, in: Simma (Hrsg.), Charter (2. Aufl. zusammen mit Nico Krisch – dann zitiert Frowein/Krisch) und Simma (Hrsg.), Charta

Frowein, Jochen A.: Die Verpflichtungen erga omnes und ihre Durchsetzung, in: Bernhardt/Geck (Hrsg.), Völkerrecht als Rechtsordnung, Internationale Gerichtsbarkeit, Menschenrechte, Festschrift für Herrmann Mosler, 1983, S. 242 ff. (zitiert: Frowein, 1983)

Frowein, Jochen A.: Das Staatengemeinschaftsinteresse – Probleme bei Formulierung und Durchsetzung, in: Kay Hailbronner (Hrsg.): Staat und Völkerrechtsordnung, Festschrift für Karl Doehring, 1989, S. 219 ff.

Frowein, Jochen A.: Collective Enforcement of International Obligations, in: Zeitschrift für ausländisches öffentliches Recht und Völkerrecht, Band 47, 1987, S. 66-79 (zitiert: Frowein, 1987)

Frowein, Jochen A.: Legal Consequences for International Law Enforcement in Case of Security Council Inaction, in: Delbrück, Jost (Hrsg.), The Future of International Law Enforcement. New Scenarios – New Law?, Proceedings of an International Symposium of the Kiel Institute of International Law March 25 to 27, 1992, 1993, S. 111-124 (zitiert: Frowein, 1992)

Frowein, Jochen A.: Diskussionsbeitrag, in: Delbrück, Jost (Hrsg.), The Future of International Law Enforcement. New Scenarios – New Law?, Proceedings of an International Symposium of the Kiel Institute of International Law March 25 to 27, 1992, 1993, S. 94 (zitiert: Frowein, 1992)

Gading, Heike: Der Schutz grundlegender Menschenrechte durch militärische Maßnahmen des Sicherheitsrates – das Ende staatlicher Souveränität?, 1996 (zitiert: Gading)

Galtung, Johan: Gewalt, Frieden und Friedensforschung, in: Senghaas (Hrsg.), Kritische Friedensforschung, 1. Aufl. 1971, S. 55-104 (zitiert: Galtung)

Ginther, Konrad: Diskussionsbeitrag, in: Delbrück, Jost (Hrsg.), The Future of International Law Enforcement. New Scenarios – New Law?, Proceedings of an International Symposium of the Kiel Institute of International Law March 25 to 27, 1992, 1993, S. 92 (zitiert: Ginther)

Goodrich, Leland M./Hambro, Edvard/Simons, Anne Patricia: Charter of the United Nations – Commentary and Documents, 3. Aufl. 1969 (zitiert: GHS)

Gordon, Ruth E.: United Nations Intervention in Internal Conflicts: Iraq, Somalia and Beyond, in: Michigan Journal of International Law, Band 15, 1994, S. 519 ff. (zitiert: Gordon, 1994)

Gordon, Ruth E.: Humanitarian Intervention by the Unitd Nations: Iraq, Somali, and Haiti, in: Texas International Law Journal, Band 31, 1996, S. 43-56 (zitiert: Gordon, 1996)

Gowlland-Debbas, Vera: Collective Responses to Illegal Acts in International Law: United Nations Action in the Question of Rhodesia, 1990 (zitiert: Gowlland-Debbas)

Graefrath, Bernhard: Leave to the Court what belongs to the Court. The Libyen Case, in: European Journal of International Law, Band 4, 1994, S. 184-205 (zitiert: Graefrath)

Gross, Leo: Besprechung der Dissertation von Joachim Arntz, in: British Yearbook of International Law, Band 49, 1978, S. 223-230 (zitiert: Gross)

Häußler, Ulf: Der Schutz der Rechtsidee – Zur Notwendigkeit effektiver Terrorismusbekämpfung nach geltendem Völkerrecht, in: Zeitschrift für Rechtspolitik, 2001, S. 537-541 (zitiert: Häußler)

Harper, Keith: Does the United Nations Security Council have the Competence to act as Court and Legislature?, in: New York University Journal of International Law and Politics, Band 27, 1994, S. 103-157 (zitiert: Harper)

Harris, D. J.: Cases and materials in international law, 3. Aufl. 1983 (zitiert: Harris)

Heintze, Hans-Joachim: Die vorherige Nichtbefolgung des Völkerrechts als förderndes Moment für die irakische Aggression gegen Kuwait am 2. August 1990, in: Archiv des Völkerrechts, Band 29, 1991, S. 436-451 (zitiert: Heintze)

Henkin, Louis: Kosovo and the Law of „Humanitarian Intervention“, in: American Journal of International Law, Band 93,4 (1999), S. 824-828 (zitiert: Henkin)

Herdegen, Matthias: Der Sicherheitsrat und die autoritative Konkretisierung des VII. Kapitels der UN-Charta, in: Ulrich Beyerlein (Hrsg.), Recht zwischen Umbruch und Bewahrung: Völkerrecht, Europarecht, Staatsrecht, Festschrift für Rudolf Bernhardt, 1995 (zitiert: Herdegen, 1995)

Herdegen, Matthias: Die Befugnisse des UN-Sicherheitsrates: aufgeklärter Absolutismus im Völkerrecht?, 1998 (zitiert: Herdegen)

Higgins, Rosalyn: The Development of International Law through the Political Organs of the United Nations, 1963 (zitiert: Higgins, 1963)

Higgins, Rosalyn: The Place of International Law in the Settlement of Disputes by the Security Council, in: American Journal of International Law, Band 64, 1970, S. 1-18 (zitiert: Higgins, 1970)

Higgins, Rosalyn: The new United Nations and former Yugoslavia, in: International Affairs, 1993, S. 465-483 (zitiert: Higgins, 1993)

Hollweg, Carsten: Kriegsverbrechen in Ex-Jugoslawien vor dem UN-Tribunal – Die rechtlichen Grundlagen der internationalen Verfolgung schwerer Straftäter durch den UN-Sicherheitsrat, in: Seidl-Hohenveldern, Ignaz (Hrsg.), Vereinte Nationen, Menschenrechte und Konfliktbegrenzungen, 1994, S. 105-140 (zitiert: Hollweg)

Hoogh, André de: Obligations Erga Omnes and International Crimes: A Theoretical Inquiry into the Implementation and Enforcement of the International Responsibility of States, 1996 (zitiert: de Hoogh)

Hutchinson, M.R.: Restoring Hope – UN Security Council Resolutions for Somalia and an Expanded Doctrine of Humanitarian Intervention, in: Harvard International Law Journal, Band 34, 1993, S. 624-640 (zitiert: Hutchinson)

Ipsen, Knut: Auf dem Weg zur Relativierung der inneren Souveränität bei Friedensbedrohung. Zu den Libyen-Resolutionen des Sicherheitsrates, in: Vereinte Nationen, 1992, S. 41-45 (zitiert: Ipsen, 1992)

Ipsen, Knut: Völkerrecht – Ein Studienbuch, 4. Aufl. 1999 (zitiert: Ipsen, VR)

Isensee, Josef: Weltpolizei für Menschenrechte. Zur Wiederkehr der humanitären Intervention, in: Juristenzeitung, 1995, S. 412-430 (zitiert: Isensee)

Jaenicke, Günther: International Public Order, in: Bernhardt (Hrsg.), Encyclopedia of Public International Law, Band 2, 1995, S. 1348-1351 (zitiert: Jaenicke)

Jimenez de Arechaga, Eduardo: United Nations Security Council, in: Bernhardt (Hrsg.), Encyclopedia of Public International Law, Band 5, 1983, S. 345-349, unverändert übernommen in Band 4, 2000, S. 1168-1172 (zitiert: Jimenez de Arechaga)

Johnson, L.D.: Diskussionsbeitrag, in: Dupuy, R.-J. (Hrsg.): The Development of the Role of the Security Council, 1993, S. 464 (zitiert: Johnson)

Karl, Wolfram: Vertrag und spätere Praxis im Völkerrecht, 1983 (zitiert: Karl)

Karl, Wolfram/Mützelburg, Bernd/Witschel, Georg: Kommentierung zu Art. 108 und 109, in Simma (Hrsg.), Charter, 2. Aufl.

Kaul, Hans-Peter: Arbeitsweise und informelle Verfahren des Sicherheitsrates – Beobachtungen eines Unterhändlers, in: Vereinte Nationen, 1998, S. 6-13 (zitiert: Kaul)

Kelsen, Hans: The Law of the United Nations, 1951 (zitiert: Kelsen)

Kirgis, Frederic L.: The Legal Background on the Use of Force to Induce Iraq to Comply with Security Council Resolutions, American Society of International Law (ASIL) Insight 11.1997 (zitiert: Kirgis)

Klein, Eckart: Statusverträge im Völkerrecht, 1980 (zitiert: Klein)

Kouassi, E.K.: Diskussionsbeitrag, in: Dupuy, R.-J. (Hrsg.): The Development of the Role of the Security Council, 1993, S. 327 (zitiert: Kouassi)

Köck, Heribert F.: Ist Art. 2 Ziff. 7 Satzung der Vereinten Nationen tot?, in: Österreichische Zeitschrift für öffentliches Recht, Band 22, 1971, S. 327-361 (zitiert: Köck)

Kooijmans, Peter H.: The Enlargement of the Concept „Threat to the Peace“, in: Dupuy, R.-J. (Hrsg.): The Development of the Role of the Security Council, 1993, S. 111-121 (zitiert: Kooijmans)

Kresock, David M.: „Ethnic Cleansing“ in the Balcans: The Legal Foundations of Foreign Intervention, in: Cornell International Law Journal, Band 27, 1994, S. 203-239 (zitiert: Kresock)

Kreß, Claus: Friedenssicherungs- und Konfliktvölkerrecht auf der Schwelle zur Postmoderne. Das Urteil des Internationalen Straftribunals für das ehemalige Jugoslawien (Appeals Chamber) im Fall Tadic vom 2. Oktober 1995 [HRLJ 1995, 437], in: Europäische Grundrechte Zeitschrift, 1996, S. 638-648 (zitiert: Kreß, 1996)

Kreß, Claus: Staat und Individuum in Krieg und Bürgerkrieg, in: NJW 1999, S. 3077-3084 (zitiert: Kreß, 1999)

Krökel, Michael: Die Bindungswirkung von Resolutionen des Sicherheitsrates der Vereinten Nationen gegenüber Mitgliedsstaaten, 1977 (zitiert: Krökel)

Krug, H. N.: Genocide in Rwanda: Lessons Learned and Future Challenges to the UN Human Rights System, in: Nordic Journal of International Law, 1998, S. 165-213 (zitiert: Krug)

Krylov, Nikolai: Humanitarian Intervention: Pros and Cons, in: Loyola of Los Angeles International & Comparative Law Review, Band 17, 1995, S. 365-407 (zitiert: Krylov)

Kühne, Winrich: Diskussionsbeitrag, in: Delbrück, Jost (Hrsg.), The Future of International Law Enforcement. New Scenarios – New Law?, Proceedings of an International Symposium of the Kiel Institute of International Law March 25 to 27, 1992, 1993, S. 70-71 (zitiert: Kühne)

Kühne (Hrsg.), Blauhelme in einer turbulenten Welt, Beiträge internationaler Experten zur Fortentwicklung des Völkerrechts und der Vereinten Nationen; Prof. Dr. Hans l. Merke, Präsident des Stiftungsrats der Stiftung Wissenschaft und Politik/SWP, gewidmet zum 1. Januar 1993 durch das Forschungsinstitut der SWP, 1993 (zitiert: Kühne, 1993)

Lailach, Martin: Die Wahrung des Weltfriedens und der internationalen Sicherheit als Aufgabe des Sicherheitsrates der Vereinten Nationen, 1998 (zitiert: Lailach)

Lang, Markus: Menschenrecht auf Demokratie – Artikel 21 der Allgemeinen Erklärung als Bestandsgarantie des demokratischen Verfassungsstaates, in: Vereinte Nationen 1998, S. 195-199 (zitiert: Lang)

Laubach, Birgit: Angriffskrieg oder Humanitäre Intervention. Völkerrechtliche Aspekte der Nato-Luftschläge in Jugoslawien, in: Zeitschrift für Rechtspolitik, 1999, S. 276-279 (zitiert: Laubach)

Lillich, Richard B.: Humanitarian Intervention through the United Nations: Towards the Development of Criteria, in: Zeitschrift für ausländisches öffentliches Recht und Völkerrecht, Band 53, 1993, S. 557-575 (zitiert: Lillich, 1993)

Lillich, Richard B.: Diskussionsbeitrag, in: Delbrück, Jost (Hrsg.): Allocation of Law Enforcement Authority in the International System, Proceedings of an International Symposium of the Kiel Institute of International Law March 23 to 25, 1994, 1995, S. 64-71 (zitiert: Lillich, 1994)

Lorinser, Barbara: Bindende Resolutionen des Sicherheitsrates, 1996 (zitiert: Lorinser)

Malanczuk, Peter: The Kurdish Crisis and Allied Intervention in the Aftermath of the Second Gulf War, in: European Journal of International Law, Band 2, 1991, S. 114-132 (zitiert: Malanczuk)

Marauhn, Thilo: Konfliktfolgenbewältigung statt Legalisierung – Die Vereinten Nationen nach dem Irak-Krieg, in: Vereinte Nationen, Heft 4, 2003, S. 113-120 (zitiert: Marauhn)

Martenczuk, Bernd: Rechtsbindung und Rechtskontrolle des Weltsicherheitsrates. Die Überprüfung nichtmilitärischer Zwangsmaßnahmen durch den Internationalen Gerichtshof, 1996 (zitiert: Matenczuk)

Matsui, Yoshiro: The Gulf War and the United Nations Security Council, in: Ronald St. John Macdonald (Hrsg.), Essay in Honour of Wang Tieya, 1993, S. 511-532 (zitiert: Matsui)

McDougal, M./Reisman, M.: Rhodesia and the United Nations: The Lawfulness of International Concern, in: American Journal of International Law, Band 62, 1968, S. 1-19 (zitiert: Mc Dougal/Reisman)

Menk, Thomas Michael: Gewalt für den Frieden. Die Idee der kollektiven Sicherheit und die Pathognomie des Krieges im 20. Jahrhundert, 1992 (zitiert: Menk)

Mössner, Jörg Michael: Einführung in das Völkerrecht, 1977 (zitiert: Mössner)

Morrison, Fred L.: Diskussionsbeitrag, in: Delbrück, Jost (Hrsg.), The Future of International Law Enforcement. New Scenarios – New Law?, Proceedings of an International Symposium of the Kiel Institute of International Law March 25 to 27, 1992, 1993, S. 75-76 (zitiert: Morrison)

Murswiek, Dietrich: Die amerikanische Präventivkriegsstrategie und das Völkerrecht, in: Neue Juristische Wochenschrift, Heft 14, 2003, S. 1014-1020 (zitiert: Murswiek)

Nanda, Ved P.: Tragedies in Northern Iraq, Liberia, Yugoslavia and Haiti – Revisiting the Validity of Humanitarian Intervention under International Law –

Part I, in: Denver Journal of International Law and Politics, Band 20, 1992, S. 305-334 (zitiert: Nanda)

Nass, Klaus Otto: Grenzen und Gefahren humanitärer Interventionen. Wegbereiter für Frieden, Menschenrechte, Demokratie und Entwicklung?, in: Europa Archiv, Band 48 Teil 1, 1993, S. 279-288 (zitiert: Nass)

Nettesheim, Martin: Die ökologische Intervention. Gewalt und Druck zum Schutz der Umwelt?, in: Archiv des Völkerrechts, Band 34, 1996, S. 168-217 (zitiert: Nettesheim)

Neuhold, Hanspeter: Peace, threat to, in: Bernhardt (Hrsg.), Encyclopedia of Public International Law, Band 3, 1997, S. 935-938 (zitiert: Neuhold)

Nolte, Georg: Einschreiten auf Einladung – Zur völkerrechtlichen Zulässigkeit des Einsatzes fremder Truppen im internen Konflikt auf Einladung der Regierung, 1999 (zitiert: Nolte)

Nolte, Georg: Kommentierung zu Art. 2 (7) ChVN, in: Simma (Hrsg.), Charter, 2.Aufl.

Nowlan, Jacqueline: Der Begriff der Friedensbedrohung bei innerstaatlichen Konflikten in der jüngsten Praxis des Weltsicherheitsrates, in: Institut für Friedenssicherungsrecht und Humanitäres Völkerrecht (Hrsg.), Festschrift für Georg Bock, 1993, S. 165-185 (zitiert: Nowlan)

Oellers-Frahm, Karin: Comment: The erga omnes Applicability of Human Rights, in: Archiv des Völkerrechts, Band 33, 1992, S. 28-36 (zitiert: Oellers-Frahm)

Oppenheim, L./Lauterpacht, H.: International Law. A Treatise, 8. Aufl. 1955, Band 1 (zitiert: Oppenheim/Lauterpacht)

Parsons, Anthony: From Cold War to Hot Peace. UN Interventions 1947-1994, 1995 (zitiert: Parsons)

Pastor Ridruejo, J. A.: Diskussionsbeitrag, in: Dupuy, R.-J. (Hrsg.): The Development of the Role of the Security Council, 1993, S. 147 (zitiert: Pastor Ridruejo)

Patil, Anjali V.: The UN veto in world affairs, 1946-1990: a complete record and case histories of the security council´s veto, 1992 (zitiert: Patil)

Paulus, Andreas: Jurisprudence of the International Court of Justice. Lockerbie Cases: Preliminary Objections, in: European Journal of International Law, Band 9, 1998, S. 550 und www.ejil.org (zitiert: Paulus, 1998)

Paulus, Andreas: Die Internationale Gemeinschaft im Völkerrecht – Eine Untersuchung zur Entwicklung des Völkerrechts im Zeitalter der Globalisierung, 2001 (zitiert: Paulus)

Preuss, Lawrence: Art. 2 (7) of the Charter of the UN and matters of domestic jurisdiction, in: Recueil des Cours, Band 74, 1949, S. 547-652 (zitiert: Preuss)

Puissochet: Diskussionsbeitrag, in: Dupuy, R.-J. (Hrsg.): The Development of the Role of the Security Council, 1993, S. 327 (zitiert: Puissochet)

Ramcharan, B. G.: The Security Council: Maturing of International Protection of Human Rights, in: The Review of the International Commission of Jurists, No. 48, 1992, S. 24-37 (zitiert: Ramcharan)

Randelzhofer, Albrecht: Der normative Gehalt des Friedensbegriffs im Völkerrecht der Gegenwart – Möglichkeit und Grenzen einer Operationalisierung, in: Delbrück, Jost (Hrsg.): Völkerrecht und Kriegsverhütung: Zur Entwicklung des Völkerrechts als Recht des friedenssichernden Wandels; Referate, Berichte und Diskussionen eines Symposiums veranstaltet vom Institut für Internationales Recht an der Universität Kiel vom 22.-24.11.1978, 1979, S. 13-75 (zitiert: Randelzhofer, 1979)

Randelzhofer, Albrecht: Use of Force, in: Bernhardt (Hrsg.), Encyclopedia of Public International Law, Band 4, 1982, S. 265-275 mit Addendum in Band 4, 2000, S. 1257-1258 (zitiert: Randelshofer, 1982 und Randelzhofer, 2000)

Randelzhofer, Albrecht: Die Friedenssicherung in der VN-Charta, in: Außenpolitik, Band 36, 1985, S. 230-238 (zitiert: Randelhofer, 1985)

Randelzhofer, Albrecht: Gründe für den nur beschränkten Erfolg der Kriegsverhütung durch Völkerrecht, in: Kay Hailbronner (Hrsg.): Staat und Völkerrechtsordnung, Festschrift für Karl Doehring, 1989, S. 745-777 (zitiert: Randelhofer, 1989)

Randelzhofer, Albrecht: Diskussionsbeitrag, in: Delbrück, Jost (Hrsg.), The Future of International Law Enforcement. New Scenarios – New Law?, Proceedings of an International Symposium of the Kiel Institute of International Law March 25 to 27, 1992, 1993, S. 81-82 (zitiert: Randelshofer, 1992)

Randelzhofer, Albrecht: Neue Weltordnung durch Intervention?, in: Badura/Scholz (Hrsg.), Wege und Verfahren des Verfassungslebens, Festschrift für Peter Lerche zum 65.Geburtstag, 1993, S. 51-63 (zitiert: Randelhofer, 1993)

Randelzhofer, Albrecht: Kommentierung zu Art. 2 (4) und 51 ChVN, in: Simma (Hrsg.), Charter (1. und 2. Aufl.) und Simma (Hrsg.), Charta

Reisman, Michael: New Scenarios of Threats to International Peace and Security: Developing Legal Capacities for Adequate Responses, in: Delbrück, Jost (Hrsg.), The Future of International Law Enforcement. New Scenarios – New Law?, Proceedings of an International Symposium of the Kiel Institute of International Law March 25 to 27, 1992, 1993, S. 13-38 (zitiert: Reisman, 1992 I)

Reisman, Michael: Diskussionsbeitrag, in: Delbrück, Jost (Hrsg.), The Future of International Law Enforcement. New Scenarios – New Law?, Proceedings of an International Symposium of the Kiel Institute of International Law March 25 to 27, 1992, 1993, S. 168-171 (zitiert: Reisman, 1992 II)

Reisman, Michael: Humanitarian Intervention and Fledgling Democracies, in: Fordham International Law Journal, Band 18, 1995, S. 794-805 (zitiert: Reisman, 1995)

Reisman, Michael: Kosovo's Antinomies, in: American Journal of International Law, Band 93, 4, 1999, S. 860-862 (zitiert: Reisman, 1999)

Ress, Georg: Zur Auslegung der Charta, in: Simma (Hrsg.), Charta und Simma (Hrsg.), Charter (1. und 2. Aufl.)

Rosenstock, Robert: Crimes of States – An Essay, in: Ginther, Konrad u.a. (Hrsg.): Völkerrecht zwischen normativem Anspruch und politischer Realität, Festschrift für Karl Zemanek zum 65. Geburtstag, 1994, S. 319-334 (zitiert: Rosenstock)

Rubin, Alfred P.: Diskussionsbeitrag und Comment zu Reisman 1992 I und Farer, in: Delbrück, Jost (Hrsg.), The Future of International Law Enforcement. New Scenarios – New Law?, Proceedings of an International Symposium of the Kiel Institute of International Law March 25 to 27, 1992, 1993, S. 57-67 (Comment), 171-174 (Diskussionsbeitrag) (zitiert: Rubin, 1992)

Rubin, Alfred P.: Diskussionsbeitrag, in: Delbrück, Jost (Hrsg.): Allocation of Law Enforcement Authority in the International System, Proceedings of an International Symposium of the Kiel Institute of International Law March 23 to 25, 1994, 1995, S. 98-102 (zitiert: Rubin, 1994)

Rudolf, Walter: Diskussionsbeitrag, in: Delbrück, Jost (Hrsg.): Allocation of Law Enforcement Authority in the International System, Proceedings of an International Symposium of the Kiel Institute of International Law March 23 to 25, 1994, 1995, S. 100-101 (zitiert: Rudolf)

Ruffert, Matthias: The Administration of Kosovo and East-Timor by the International Community, in: International and Comparative Law Quarterly, Band 50, 2001, S. 613-631 (zitiert: Ruffert)

Schachter, Oscar: United Nations Law in the Gulf Conflict, in: American Journal of International Law, Band 85, 1991, S. 452-473 (zitiert: Schachter)

Schaefer, Michael: Die Funktionsfähigkeit des Sicherheitsmechanismus der Vereinten Nationen, 1981 (zitiert: Schaefer)

Schermers & Blokker: International Institutional Law, 3. Aufl. 1995 (zitiert: Schermers & Blokker)

Scheuner, Ulrich: Friedensbedrohung, in: Hans-Jürgen Schlochauer (Hrsg.), Wörterbuch des Völkerrechts, Band 1, 2. Aufl. 1960, S. 570-572 (zitiert: Scheuner)

Schilling, Theodor: Die „neue Weltordnung" und die Souveränität der Mitglieder der Vereinten Nationen, in: Archiv des Völkerrechts, Band 33, 1995, S. 67-106 (zitiert: Schilling)

Schindler, Dietrich: Humanitarian Assistance, Humanitarian Interference and International Law, in: Ronald St. John Macdonald (Hrsg.), Essays in Honour of Wang Tieya, 1993, S. 689-701 (zitiert: Schindler)

Schmahl, Stefanie: Das Verfahren nach dem VII. Kapitel der UN-Satzung unter besonderer Berücksichtigung des zweiten Golfkrieges 1990/91, in: Seidl-Hohenveldern, I. (Hrsg.), Vereinte Nationen, Menschenrechte und Sicherheitspolitik – Völkerrechtliche Fragen zu internationalen Konfliktbegrenzungen, 1994, S. 153-196 (zitiert: Schmahl)

Schreuer, Christoph: Comment, in: Delbrück, Jost (Hrsg.), The Future of International Law Enforcement. New Scenarios – New Law?, Proceedings of an International Symposium of the Kiel Institute of International Law March 25 to 27, 1992, 1993, S. 147-153 (zitiert: Schreuer, 1992)

Schreuer, Christoph: Diskussionsbeitrag, in: Delbrück, Jost (Hrsg.): Allocation of Law Enforcement Authority in the International System, Proceedings of an International Symposium of the Kiel Institute of International Law March 23 to 25, 1994, 1995, S. 82-85 (zitiert: Schreuer, 1994)

Schröder, Meinhard: Verantwortlichkeit, Völkerstrafrecht, Streitbeilegung und Sanktionen, in: Graf Vitzthum (Hrsg.), Völkerrecht, 2. Aufl. 2001, S. 545-602 (zitiert: Schröder)

Senghaas, Dieter (Hrsg.): Kritische Friedensforschung, 1. Aufl. 1971 (zitiert: Senghaas)

Seidel, Gerd: Ist die UN-Charta noch zeitgemäß?, in: Archiv des Völkerrechts, Band 33, 1995, S. 21-66 (zitiert: Seidel)

Seidl-Hohenveldern, Ignaz: Völkerrecht, 6. Aufl. 1987 (zitiert: Seidl-Hohenfeldern)

Simma, Bruno: Grundfragen der Staatenverantwortlichkeit in der Arbeit der International Law Commission, in: Archiv des Völkerrechts, Band 24, 1986, S. 357-407 (zitiert: Simma, 1986)

Simma, Bruno (Hrsg.): Charta der Vereinten Nationen, Kommentar, 1991 (zitiert: Bearbeiter zu Art., Rdnr., in: Simma (Hrsg.), Charta)

Simma, Bruno (Hrsg.): The Charter of the United Nations, Commentary, 1994 (zitiert: Bearbeiter zu Art., Rdnr., in: Simma (Hrsg.), Charter)

Simma, Bruno (Hrsg.): The Charter of the United Nations, Commentary, 2. Aufl. 2002 (zitiert: Bearbeiter zu Art., Rdnr., in: Simma (Hrsg.), Charter, 2. Aufl.)

Simma, Bruno: Does the UN Charter Provide an Adequate Legal Basis for Individual or Collective Responses to Violations of Obligations Erga Omnes?, in: Delbrück, Jost (Hrsg.), The Future of International Law Enforcement. New Scenarios – New Law?, Proceedings of an International Symposium of the Kiel Institute of International Law March 25 to 27, 1992, 1993, S. 125-146 (zitiert: Simma, 1992 I)

Simma, Bruno: Diskussionsbeitrag, in: Delbrück, Jost (Hrsg.), The Future of International Law Enforcement. New Scenarios – New Law?, Proceedings of an International Symposium of the Kiel Institute of International Law March 25 to 27, 1992, 1993, S. 91, 179 f. (zitiert: Simma, 1992 II)

Simma, Bruno: From Bilateralism to Community Interest in International Law, in: Recueil des Cours, Band 250, 1994-VI, S. 221-384 (zitiert: Simma 1994)

Simma, Bruno: Nato, the UN and the Use of Force: Legal Aspects, in: European Journal of International Law, Band 10, 1, 1999, S. 1-22 (zitiert: Simma, 1999)

Simon, Steve G.: The Contemporary Legality of Unilateral Humanitarian Intervention, in: California Western International Law Journal, Band 24, 1993, S. 117-153 (zitiert: Simon)

Simon, Denys: Kommentierung zu Art. 39 und 40, in Cot, J.-P./Pellet, A.: La Charte des Nations Unies, 2. Aufl. 1991 (zitiert: CP-Simon)

Sinclair, Ian: The Vienna Convention on the Law of the Treaties, 2. Aufl. 1984 (zitiert: Sinclair)

Skubiszewski, Krzysztof: Remarks on the Interpretation of the United Nations Charter, in: Bernhardt (Hrsg.), Völkerrecht als Rechtsordnung, Internationale Gerichtsbarkeit, Menschenrechte, Festschrift für Hermann Mosler, 1983, S. 891-902 (zitiert: Skubiszewski, 1983)

Skubiszewski, Krzysztof: Peace and War, in: Bernhardt (Hrsg.), Encyclopedia of Public International Law, 1997, Band 3, S. 909-913 (zitiert: Skubiszewski, EPIL)

Sohn, L.B., Diskussionsbeitrag, in: Dupuy, R.-J. (Hrsg.): The Development of the Role of the Security Council, 1993, S. 151 (zitiert: Sohn)

Stein, Andreas: Der Sicherheitsrat der Vereinten Nationen und die Rule of Law, 1999 (zitiert: A. Stein)

Stein, Torsten: Das Attentat von Lockerbie vor dem Sicherheitsrat der VN und dem IGH, in: Archiv des Völkerrechts, Band 31, 1993, S. 206-229 (zitiert: T. Stein)

Stein, Torsten: Diskussionsbeitrag, in: Delbrück, Jost (Hrsg.), The Future of International Law Enforcement. New Scenarios – New Law?, Proceedings of an International Symposium of the Kiel Institute of International Law March 25 to 27, 1992, 1993, S. 78 (zitiert: T. Stein, 1992)

Sur, S.: Diskussionsbeitrag, in: Dupuy, R.-J. (Hrsg.): The Development of the Role of the Security Council, 1993, S. 148 (zitiert: Sur)

Szasz, Paul C.: Role of the United Nations in Internal Conflicts, in: Georgia Journal of International Law and Comparative Law, 1983, S. 345-354 (zitiert: Szasz, 1983)

Szasz, Paul C.: Centralized and Decentralized Law Enforcement: The Security Council and the General Assembly Acting under Chapters VII and VIII, in: Delbrück, Jost (Hrsg.): Allocation of Law Enforcement Authority in the International System, Proceedings of an International Symposium of the Kiel Institute of International Law March 23 to 25, 1994, 1995, S. 17-38 (zitiert: Szasz, 1994 I)

Szasz, Paul C.: Diskussionsbeitrag, in: Delbrück, Jost (Hrsg.): Allocation of Law Enforcement Authority in the International System, Proceedings of an International Symposium of the Kiel Institute of International Law March 23 to 25, 1994, 1995, S. 85-89 (zitiert: Szasz, 1994 II)

Tomuschat, Christian: The Lockerbie Case before the International Court of Justice, in: The Review of the International Commission of Jurists, No. 49, 1992, S. 38 ff. (zitiert: Tomuschat, Lockerbie)

Tomuschat, Christian: Die Zukunft der Vereinten Nationen, in: Europa Archiv 1992, Band 47 (Teil 1), S. 42-50 (zitiert: Tomuschat, Zukunft)

Tomuschat, Christian: Diskussionsbeitrag, in: Delbrück, Jost (Hrsg.), The Future of International Law Enforcement. New Scenarios – New Law?, Proceedings of an International Symposium of the Kiel Institute of International Law March 25 to 27, 1992, 1993, S. 82-84 und 156-158 (zitiert: Tomuschat, 1992)

Tomuschat, Christian: Obligations Arising for States without or against their Will, in: Recueil des Cours, Band 241, 1993-IV, S. 199-374 (zitiert: Tomuschat, 1993)

Tomuschat, Christian: Diskussionsbeitrag, in: Delbrück, Jost (Hrsg.): Allocation of Law Enforcement Authority in the International System, Proceedings of an International Symposium of the Kiel Institute of International Law March 23 to 25, 1994, 1995, S. 92-94 (zitiert: Tomuschat, 1994)

Tomuschat, Christian: Die internationale Gemeinschaft, in: Archiv des Völkerrechts, Band 33, 1995, S. 1-20 (zitiert: Tomuschat, 1995)

Tomuschat, Christian: Völkerrecht ist kein Zweiklassenrecht. Der Irak-Krieg und seine Folgen, in: Vereinte Nationen, Heft 2, 2003, S. 41-46 (zitiert: Tomuschat, 2003)

Torrelli, Maurice: La Dimension Humanitaire de la Sécurité Internationale, in: Dupuy, R.-J. (Hrsg.): The Development of the Role of the Security Council, 1993, S. 169-220 (zitiert: Torrelli)

Uerpmann, Robert: Grenzen der Rechtsdurchsetzung im Rahmen der Vereinten Nationen, in: Archiv des Völkerrechts, Band 33, 1995, S. 107-130 (zitiert: Uerpmann)

Urquhart, Brian: The United Nations in 1992: Problems and Opportunities, in: International Affairs 68 (1992), S. 311-319 (zitiert: Urquhart)

Verdroß, Alfred/Simma, Bruno: Universelles Völkerrecht, 3. Aufl. 1984 (zitiert: Verdroß/Simma)

Verosta, Stephan: Der Begriff „Internationale Sicherheit" in der Satzung der Vereinten Nationen, in: Marcic/Mosler (Hrsg.), Internationale Festschrift für A. Verdroß zum 80. Geburtstag, 1971, S. 533-547 (zitiert: Verosta)

Vollmer, Antje: Die Hauptbedrohung des Friedens bändigen. Rechtssicherheit für Minderheiten durch einen Internationalen Gerichtshof, in: Frankfurter Allgemeine Zeitung vom 01.03.2000, S. 11 (zitiert: Vollmer)

Waldock, Humphrey: General Course on Public International Law, in: Recueil des Cours, Band 106, 1962, S. 1 ff. (zitiert: Waldock)

Wallensteen, Peter: The United Nations in Armed Conflicts: An Overview, in: Dupuy, R.-J. (Hrsg.): The Development of the Role of the Security Council, 1993, S. 303-316 (zitiert: Wallensteen, 1993 I)

Wallensteen, Peter: Diskussionsbeitrag in: Dupuy, R.-J. (Hrsg.): The Development of the Role of the Security Council, 1993, S. 332 (zitiert: Wallensteen, 1993 II)

Watts, Arthur: Diskussionsbeitrag, in: Delbrück, Jost (Hrsg.), The Future of International Law Enforcement. New Scenarios – New Law?, Proceedings of an International Symposium of the Kiel Institute of International Law March 25 to 27, 1992, 1993, S. 71-75 (zitiert: Watts)

Wedgwood, Ruth: NATO´s Campaign in Yugoslavia, in: American Journal of International Law, Band 93, 4, 1999, S. 828-834 (zitiert: Wedgewood)

Weizsäcker, Carl Friedrich von: Das Friedensproblem, in: C. F. v. Weizsäcker: Der Garten des Menschlichen. Beiträge zur geschichtlichen Anthropologie, 5. Aufl. 1978 (zitiert: Von Weizsäcker)

Wengler, Wilhelm: Das völkerrechtliche Gewaltverbot – Probleme und Tendenzen, 1967 (zitiert: Wengler)

White, N.D.: The United Nations and the Maintenance of International Peace and Security, 1990 (zitiert: White)

White, N.D./McCoubrey, H.: International Organisations and Civil Wars, 1995 (zitiert: White/McCoubrey)

Wierzbicki, Bogdan/Welhengama, Guanapala: The Problem of Humanitarian Intervention: Developments and Trends, in: The Liverpool Law Review, Band XVI (2), 1994, S. 151-165 (zitiert: Wierzbicki/Welhengama)

Wiesbrock, Katja: Wer ist Terrorist?, in: Vereinte Nationen, Heft 2, 2002, S. 72-73 (zitiert: Wiesbrock)

Williams, Ian: Amerikas Krieg gegen den Terrorismus – Neue Wertschätzung für die Vereinten Nationen in Washington, in: Vereinte Nationen, 2001, S. 209-214 (zitiert: Williams)

Wilms, Heinrich: Der Kosovo-Einsatz und das Völkerrecht, in: Zeitschrift für Rechtspolitik, 1999, S. 227-230 (zitiert: Wilms)

Wolfrum, Rüdiger (Hrsg.), Handbuch Vereinte Nationen, 2. Aufl. 1991 (zitiert: Wolfrum, Handbuch)

Wolfrum, R./Heinz, U./Philipp, Chr.: Zweiter Golfkrieg: Anwendungsfall von Kapitel VII der UN-Charta, in: Vereinte Nationen, 1991, S. 121-128 (zitiert: Wolfrum/Heinz/Philipp)

Wolfrum Rüdiger: Diskussionsbeitrag, in: Delbrück, Jost (Hrsg.): Allocation of Law Enforcement Authority in the International System, Proceedings of an International Symposium of the Kiel Institute of International Law March 23 to 25, 1994, 1995, S. 90-92 (zitiert: Wolfrum, 1994)

Wolfrum, Rüdiger: Kommentierung zu Art. 1 ChVN, in: Simma (Hrsg.), Charter und Simma (Hrsg.), Charta

Wright, Quincy: The Prevention of Aggression, in: Amercan Journal of International Law, Band 50, 1956, S. 514-532 (zitiert: Wright)

Wulf, Herbert: Kleinwaffen – die Massenvernichtungsmittel unserer Zeit, in: Vereinte Nationen, 2001, S. 174-178 (zitiert: Wulf)

Entscheidungen des Internationalen Gerichtshofes

Corfu Channel case, Judgement of April 9th, 1949, I.C.J. Reports 1949, p.4 (zitiert: IGH Corfu Channel Fall)

Competence of the General Assembly for the Admission of a State to the United Nations, Advisory Opinion, I.C.J. Reports 1950, p. 1 (zitiert: Admission-Gutachten)

International status of South-West Africa, Advisory Opinion, I.C.J. Reports 1950, p. 128 (zitiert: South-West Africa-Gutachten)

Certain Expenses of the United Nations (Art. 17, paragraph 2, of the Charter), Advisory Opinion, I.C.J. Reports 1962, p. 151 (zitiert: Certain Expenses)

Barcelona Traction, Light and Power Company, Limited, Judgement, I.C.J. Reports 1970, p. 3 (zitiert: Barcelona Traction-Urteil)

Legal Consequences for States of the Continued Presence of South Africa in Namibia (South West Africa) notwithstanding Security Council Resolution 276 (1970), Advisory Opinion, I.C.J. Reports 1971, p. 16 (zitiert: Namibia-Gutachten)

Aegean Sea Continental Shelf, Judgement, I.C.J. Reports 1978, p. 3 (zitiert: Ägäis-Festlandsockel-Fall)

United States Diplomatic and Consular Staff in Tehran, Judgement, I.C.J. Reports 1980, p. 3 (zitiert: Teheraner Geiselfall)

Military and Paramilitary Activities in and against Nicaragua (Nicaragua v. United States of America), Merits, Judgement, I.C.J. Reports 1986, p. 14 (zitiert: Nicaragua-Urteil)

Questions of Interpretation and Application of the 1971 Montral Convention arising from the Aerial Incident at Lockerbie (Libyan Arab Jamahiriya v. United Kingdom), Provisional Measures, Order of 14. April 1992, I.C.J. Reports 1992, p. 2 (zitiert: Lockerbie provisional measures)

Application of the Convention on the Prevention and Punishment of the Crime of Genocide, Provisional Measures, Order of 13. September 1993, I.C.J. Reports 1993, p. 325 (zitiert: Genocide Provisional Measures II)

East Timor (Portugal v. Australia), Judgement, I.C.J. Reports 1995, p. 90 (zitiert: East Timor-Urteil)

Legality of the Threat or Use of Nuclear Weapons, Advisory Opinion, I.C.J. Reports 1996, p. 226 (zitiert: Nuclear Weapons-Gutachten)

Application of the Convention on the Prevention and Punishment of the Crime of Genocide, Preliminary Objections, Judgement, I.C.J. Reports 1996, p. 595 (zitiert: Genocide Preliminary Objections)

Questions of Interpretation and Application of the 1971 Montral Convention arising from the Aerial Incident at Lockerbie (Libyan Arab Jamahiriya v. United Kingdom), Preliminary Objections, Order of 27. Februar 1998, http://www.icj-cij.org (zitiert: Lockerbie Preliminary Objections)

Case Concerning Armed Activities on the Territory of the Congo (Democratic Republic of the Congo v. Uganda), Provisional Measures, Order of 1. July 2000, http://www.icj-cij.org (zitiert: Kongo Provisional Measures)

Dokumente der International Law Commission

International Law Commission: Kommentar zu Art. 50 (Recht der Verträge), in: Yearbook of the International Law Commission 1966, Band II, S. 247 (zitiert: ILC-Kommentar 1966)

Report of the International Law Commission in its twenty-eighth session on Art. 19 of the Draft articles on State responsibility, in: Yearbook of the International Law Commission 1976, Band II, S. 96-122 – entspricht unverändert dem Kommentar zu dem 1996 verabschiedeten Entwurf des Art. 19

Draft articles on State responsibility, provisionally adopted by the Commission on first reading; ILC Yearbook 1996 II/2, S. 60 (zitiert: ILC-Entwurf 1996)

Crawford, James: Fourth Report on State Responsibility vom 31.03.2000, UN-Doc. A/CN.4/517

Draft articles on Responsibility of States for international wrongful acts, adopted by the International Law Commission at its fifty-third session (2001) – ILC Annual Report 2001, Kapitel IV (zitiert: ILC-Entwurf 2001)

Peter Lang · Europäischer Verlag der Wissenschaften

Lutz Oette

Die Vereinbarkeit der vom Sicherheitsrat nach Kapitel VII der UN-Charta verhängten Wirtschaftssanktionen mit den Menschenrechten und dem humanitären Völkerrecht

Frankfurt am Main, Berlin, Bern, Bruxelles, New York, Oxford, Wien, 2003.
XXX, 592 S.
Europäische Hochschulschriften: Reihe 2, Rechtswissenschaft. Bd. 3689
ISBN 3-631-50851-4 · br. € 97.50*

Die jüngste Sanktionspraxis hat die Frage nach den sich aus den Menschenrechten und dem humanitären Völkerrecht ergebenden Grenzen des Ermessens des Sicherheitsrats aufgeworfen, die beim Einsatz von Wirtschaftssanktionen zu beachten sind. Diese Grenzen werden anhand einer praxisorientierten Auslegung der UN-Charta bestimmt. Die rechtliche Beurteilung dieser Praxis zeigt, daß vor allem die gegenüber dem Irak verhängten Sanktionen den aus den Menschenrechten und dem humanitären Völkerrecht folgenden Anforderungen nicht in vollem Umfang gerecht geworden sind. Seit geraumer Zeit ist aber ein Wandel zu einer Praxis erkennbar, in der „unbeabsichtigte humanitäre Nebenwirkungen" vermieden werden sollen, besonders in Form gezielter Sanktionen. Diese Entwicklung bietet den Ansatzpunkt für ein Sanktionsregime, in dessen Rahmen die Menschenrechte und humanitären Rechte so weitgehend wie möglich gewährleistet werden.

Aus dem Inhalt: Die rechtlichen Grundlagen des UN-Sanktionssystems · Die Sanktionspraxis des Sicherheitsrats von der Verabschiedung der Charta bis zum Ende des Jahres 2000 · Die rechtlichen Grenzen des Sicherheitsrats aus den Menschenrechten und dem humanitären Völkerrecht im Rahmen von Wirtschaftssanktionen · uvm.

Kolibri 360 GmbH
Ferdinand-Jühlke-Straße 7
99095 Erfurt, Deutschland
produktsicherheit@kolibri360.de

Druck:
CPI Druckdienstleistungen GmbH
im Auftrag der
Kolibri 360 GmbH
Ferdinand-Jühlke-Str. 7
99095 Erfurt